抗日战争时期中国人口伤亡和财产损失调研丛书

主　编　李忠杰

副主编　李　蓉　姚金果
　　　　霍海丹　蒋建农

# 辽宁省抗日战争时期人口伤亡和财产损失

辽宁省委党史研究室　编

◎中共党史出版社

**图书在版编目(CIP)数据**

辽宁省抗日战争时期人口伤亡和财产损失/辽宁省委党史研究室编.
—北京:中共党史出版社,2015.9

(抗日战争时期中国人口伤亡和财产损失调研丛书/李忠杰主编)

ISBN 978-7-5098-3121-2

Ⅰ.①辽… Ⅱ.①辽… Ⅲ.①抗日战争－损失－史料－辽宁省
Ⅳ.①K265.06

中国版本图书馆 CIP 数据核字(2015)第 121266 号

出版发行:**中共党史出版社**

责任编辑:王　兵

复　　审:陈海平

终　　审:汪晓军

责任校对:龚秀华

责任印制:谷智宇

责任监制:贺冬英

社　　址:北京市海淀区芙蓉里南街6号院1号楼

邮　　编:100080

网　　址:www.dscbs.com

经　　销:新华书店

印　　刷:北京君升印刷有限公司

开　　本:170mm×240mm　1/16

字　　数:622 千字

印　　张:33　20 面前插

印　　数:1—3000 册

版　　次:2015 年 9 月第 1 版

印　　次:2015 年 9 月第 1 次印刷

ISBN 978-7-5098-3121-2

定　　价:72.00 元

# 《抗日战争时期中国人口伤亡和财产损失调研丛书》

本课题在中共中央党史研究室室委会领导下进行。先后三位时任主任孙英、李景田、欧阳淞对本课题给予了重要指导。

主　编　李忠杰

副主编　李　蓉　姚金果　霍海丹　蒋建农

**参加审稿的领导和专家：**

**一、中共中央党史研究室领导和专家**

　　曲青山　孙　英　龙新民　陈　威　石仲泉

　　谷安林　张树军　黄小同　黄如军　李向前

　　陈　夕　任贵祥　郑　谦　王　洪　黄修荣

　　刘益涛　韩泰华

**二、有关部门和单位的专家**

　　李景田（第十二届全国人大常委、民族委员会主任
　　　　　委员；中共中央党史研究室原主任；中共
　　　　　中央党校原常务副校长）

　　何　理（中国人民解放军国防大学少将、教授、中
　　　　　国抗日战争史学会会长）

　　支绍曾（中国人民解放军军事科学院少将、原军事
　　　　　历史研究部副部长、研究员）

罗焕章 （中国人民解放军军事科学院研究员）

刘庭华 （中国人民解放军军事科学院原军事历史研究部研究室主任、研究员、博士生导师、首席军史专家）

阮家新 （中国人民革命军事博物馆原副馆长、研究员）

步　平 （中国社会科学院近代史研究所原所长、研究员）

汤重南 （中国社会科学院世界历史研究所研究员、中国日本史学会名誉会长）

姜　涛 （中国社会科学院近代史研究所研究员）

荣维木 （《抗日战争研究》原主编）

郭德宏 （中共中央党校党史教研部原主任、教授、博士生导师）

肖一平 （中共中央党校党史教研部教授）

杨圣清 （中共中央党校党史教研部教授）

李东朗 （中共中央党校党史教研部教授、博士生导师）

徐　勇 （北京大学历史系教授、博士生导师）

李良志 （中国人民大学中共党史系教授）

王桧林 （北京师范大学教授、博士生导师）

谢忠厚 （河北省社会科学院原现代史研究所所长、历史研究所顾问、研究员）


## 中共中央党史研究室课题组成员

李忠杰　霍海丹　李　蓉　姚金果　李　颖

王志刚　王树林　杨　凯

《抗日战争时期中国人口伤亡和
财产损失调研丛书》

# 总　　序

中共中央党史研究室副主任　李忠杰

发生在 20 世纪三四十年代的中国人民抗日战争，是中华民族抵抗日本帝国主义侵略的一场规模巨大的战争，是世界反法西斯战争的重要组成部分和东方主战场，是近代以来中国反对外敌入侵第一次取得完全胜利的民族解放战争。中国人民抗日战争的胜利，成为中华民族由衰败走向振兴的重大转折点，也对世界各国人民取得反法西斯战争的胜利、争取世界和平的伟大事业产生了巨大影响。

这场战争，作为世界反法西斯战争的一部分，从根本上来说，是反法西斯正义力量与法西斯侵略势力之间的一场大决战，是文明与野蛮的一场大搏斗。日本侵略者，站在法西斯阵营一边，不仅与中国人民为敌，而且与世界人民为敌，肆意践踏人类的公理和正义，企图以残暴杀戮的手段，将中华民族置于自己的铁蹄之下。日本侵略者先后占领了中国、东南亚、南亚、大洋洲许多国家的领土，杀害居民，掠夺物资，强征劳工，施放毒气，蹂躏妇女和儿童，毁坏和窃取文物，造成了大量人员和财产的损失，给中国人民和亚洲其他许多国家人民留下了巨大的创伤，给世界文明造成了空前的破坏。

中国是受战争摧残最为严重的国家。从 1931 年到 1945 年的 14 年间，日本侵略者先后占领了东北、华北、华中、华南等大片中国最重要的经济政治文化战略地区。在整个战争进程中，日军到处屠杀、焚烧、抢掠、奸淫，使中国人民的生命财产惨遭蹂躏；大量使用生化武器，进行残酷的细菌战和化学战；把大批中国平民和俘虏当作细菌和毒气的试验品；对无辜的中国平民施放毒气，或在河流、湖泊、水井中投毒；掠走大批中国劳工，强迫他们筑路、开矿、拓荒，从事大型军事工程，使其大批冻、饿、病、累而死；强征中国妇女作为"慰安妇"，严重残害妇女的身心健康；对抗日根据地实行"烧光、杀光、抢光"政策，企图摧毁抗战军民起码的生存条件；在许多地方还制造了一系列触目惊心的大惨案。直至今天，日本侵略所造成的后果还难以完全消除，日军遗留的毒气弹还不时地威胁着中国人民的生命安全。

日本侵略者的罪行，违背了起码的人类良知和国际公法，不仅是对人权和人道主义的践踏，而且是对人类文明的挑战。它决不是如某些日本右翼分子所说是解放亚洲和太平洋地区人民的行动，而是亚洲和太平洋地区历史上最黑暗的一幕，是人类文明史上的一场浩劫。第二次世界大战结束后，根据《波茨坦公告》的规定，远东国际军事法庭在东京对日本首要战犯进行了国际审判，确认侵略战争为国际法上的犯罪，策划、准备、发动或进行侵略战争者为甲级战犯。此外，盟军还在马尼拉、新加坡、仰光、西贡、伯力等地，对日本的乙、丙级战犯进行了审判。中国也先后对日本的有关战犯进行了审判。这些审判，与欧洲的纽伦堡审判一起，使发动侵略战争的罪犯受到了应有的惩处，代表了全世界一切爱好和平人民的共同愿望。这是正义的审判，历史的审判！这一审判的结果是不容挑战的！

策划和制造当年这场战争的，是一小撮日本军国主义和法西斯分子。而日本人民，从根本上来说，也是受害者。所以，日本人民也用不同方式对这场战争进行了抵制和反抗。不少参加侵华战争的士兵认识到战争的性质，幡然悔悟，积极参加了国际和日本国内的反战活动。战后，很多人勇敢面对历史事实，以见证人的身份揭露了日本军国主义的罪行。还有很多当年的士兵，真诚忏悔战争的罪行，以实际行动推动世界和平和中日友好，做了很多有益的工作。他们的良知和勇气，应该得到充分的肯定和赞赏。

相反，日本国内一些右翼势力，直到今天仍然否认侵略战争的性质和罪行，竭力推卸侵略战争的责任。对早已由当年远东国际军事法庭作出严正判决的南京大屠杀一案，始终企图翻案。历史不容改变，事实岂能抹杀！企图歪曲历史，掩盖罪行，这是中国人民绝对不能同意的！

中国人民在当年那场战争中的胜利，是正义战胜邪恶、光明战胜黑暗、进步战胜反动的伟大胜利！是正义的胜利、人民的胜利、和平的胜利！既是中华民族永远值得纪念的胜利，也是世界人民永远值得纪念的胜利！但是，在纪念胜利的同时，我们不要忘记，这一胜利是用极为惨重的代价换来的。在这一伟大胜利的背后，是中华民族遭受的巨大人员伤亡和财产损失！中华民族，既为这场战争的胜利作出了巨大的贡献，也在这场战争中付出了巨大的民族牺牲。

1995 年，江泽民同志在首都各界纪念抗日战争暨世界反法西斯战争胜利 50 周年大会上，对当年日本侵略中国造成巨大人口伤亡和财产损失的基本数据作出了重要表述。2005 年，胡锦涛同志在纪念中国人民抗日战争暨世界反法西斯战争胜利 60 周年大会的讲话中，再次郑重宣布，据不完全统计，在抗日战争期间，中国军民死伤 3500 多万人；按 1937 年的比值折算，中国直接经济损失 1000 多亿美元，间接经济损失 5000 多亿美元。中国领导人公开宣布的基本数据，从整体上揭示了中国人口伤亡和财产损失的规模，有力地揭露了日本军国主义侵略的罪行。

数据，是历史的抽象。数据的背后，是大量的事实、确凿的证据，是无数人们的惨痛记忆和血泪控诉。为了更直接、更具体、更全面、更系统、更立体地还原当年的历史，展示中国人民遭受的灾难和损失，揭露日本军国主义的罪行，驳斥日本右翼势力否认侵略罪行的种种言论，我们必须通过更多档案资料的展示、历史文书的挖掘、具体事实的考查、当事人的证词证言、各种各样的物证书证，等等，将侵略者的罪行昭告天下。因此，作为炎黄子孙，作为郑重的历史工作者，有必要、有责任、有义务、也有权利对战争期间中国的人口伤亡和财产损失进行更加系统、详尽、具体的调查研究，将当年中国人民的巨大牺牲和惨重损失永远地记载下来。

这项调查研究工作，本来在抗日战争结束之后，或者在新中国成立时，就应该进行。但由于种种历史原因，未能系统、全面地进行。由于年代久远，资料散失，在世的证人越来越少，现在进行这方面的调查和研究已经有很大困难。但是，无论早晚，这项工作总得有人来做。现在才做，已经晚了几十年。但如果现在再不做，将来就更晚，也更困难了。所以，无论再困难，做，都是必要的。做好这项调研，是对历史负责、对人民负责、对当年的牺牲殉难者负责、对我们的子孙后代负责。根本上，是对整个中华民族负责，也是对国际社会和人类文明负责。

因此，2004年，中央党史研究室决定开展《抗日战争时期中国人口伤亡和财产损失》的课题调研。从2005年开始，组织全国党史部门围绕这一重大课题，开展了系统深入的调研工作。其基本任务，是按照实事求是的原则，调查更加详实、有力、具体、准确的档案、材料、事实，更加清楚准确地掌握日本军国主义的侵略罪行，更加清楚准确地掌握日本侵略在各个不同领域、地区和方面对中国造成的破坏和损失。其中包括：各个省、自治区、直辖市在抗战中的人口伤亡和财产损失情况；历次重大战役战斗中中国军队伤亡的情况；日本从中国掠走各种资源的情况；日本从中国掠走和破坏文物的情况；日军在中国制造的一系列重大惨案；中国劳工的损失情况；中国妇女遭受日军性侵犯的情况，包括"慰安妇"的情况；日军在中国使用细菌武器、化学武器及其造成伤害的情况；日本侵略在其他方面给中国造成破坏的情况；等等。

课题调研的整体布局，实行块块和条条的结合。每个省、自治区、直辖市党史研究室，主要负责把本区域内的情况调查清楚。也可根据实际情况，选择一些重点，进行专题性的调研，形成专题性的研究成果。一些重要专题，单靠某个省（自治区、直辖市）做不了，就采取条条的办法，组织专题性的调研。还有一些，则是条条与块块相结合。如毒气，日军在不同区域使用过，有关的省（自治区、直辖市）都调查。但作为一个专题，由相关的区域进行协调，配合开展调研工作，并形成专项的调研成果。如劳工、性侵犯等，就大致属于这种类型。

课题调研的方式方法，主要是查阅和搜集档案文献资料，包括不同历史时期的统计报表。同时查阅当时有关的报刊资料，查阅多年来涉及有关地方、有关课题的研究成果。对一些特殊的重大事件，特别是重大惨案等，也同时进行社会调查，对当事人、知情人、有关研究人员等进行走访，记录证词证言。对于特别重要的事件，有条件的，还进行必要的司法公证，如南京大屠杀、潘家峪惨案等，使这些调查都成为在法律上可以采信的证据。根据需要与可能，也到国外境外包括台湾地区查阅搜集档案资料。

中央党史研究室进行了大量组织和指导工作。在课题确定前，首先进行了必要的论证，得到了许多专家的支持。随后，制定了详细的工作方案，向各省、自治区、直辖市党史研究室发出正式通知和实施意见，明确了工作的指导思想、组织领导、调研项目、工作步骤、基本要求、注意事项等等。为了提高认识，振奋精神，交流经验，落实措施，专门召开了工作培训会议，就课题的总体规划、调研方法、需要把握的问题等，作了全面部署，特别是提出了把调研工作做成"基础工程、精品工程、警世工程、传世工程"的要求。多年来，一直分阶段、有步骤地把这项课题调研推向前进。有关领导和专家分别到各地参加会议，指导培训，提出要求，统一规格，解答疑难问题。在调研过程中，随时就有关问题进行具体指导。工作班子及时编发简报和简讯，交流情况和经验。

各级党委和政府高度重视。多数地方成立了由党史研究室领导负责的课题组。各地先后召开工作会议、电话会议等，培训人员，落实任务。许多地方形成了由党史研究室牵头，档案、民政、财政、司法、地方志、社科院以及高校等部门单位联合攻关的局面，保证了调研工作扎扎实实、有计划有步骤地向前推进。

《抗日战争时期中国人口伤亡和财产损失》课题调研先后经历了六个阶段。第一，酝酿启动。第二，全面调研。这是最重要的阶段。各地组织专门人员，查询档案，实地走访，搜集了大量资料。第三，起草报告。凡参加调研的县以上单位，都要在搜集整理、考证研究档案文献资料和进行实地调查的基础上，写出调研报告，全面、准确地反映调研成果。同时，将调研中搜集的档案文献资料进行分类整理，制作统计表、大事记和人员伤亡名录等。第四，分级验收。为保证调研成果的科学性、准确性、严肃性，各省、自治区、直辖市调研报告都要经过四级验收。首先由课题领导小组审查通过，然后聘请所在省份资深专家审读验收，合格后报送中央党史研究室课题组。中央党史研究室课题组审读各省、自治区、直辖市的调研报告及相关调研成果，认为合格后，再聘请有全国影响的专家审读，写出书面意见并亲笔署名。根据审读意见，各地都要反复认真进行修改，只有达到规定要求才能通过验收。第五，上报成果。完成调研工作的省、自治区、直辖市，都按统一要求，将调研中收集的档案文献资料等所有文件，精心整理，分类成册，向中央党史研究室提交调研成果。各市县也要逐级向省级报送。第六，反复审核。中央党史研究室召开审稿会，组织各省、自治区、直辖市按照标准自审，相互间互审，将各种材料进行比对，将有关数据核实，解决带有共性的问题，进一步统一标准、统一规范、统一格式。

这项课题调研，作为一项浩大的工程，到目前为止，进行了将近 10 年之久。前后共有 60 多万党史工作者、史学工作者和其他各类有关人员参加。将近 10 年来，各个地方都周密组织，采取有力措施推动工作开展，保证调研质量。如山东省，先在 30 个县（市、区）进行试点，然后在全省普遍推开，形成了纵向省市县乡村五级联动、步调一致，横向十几个部门优势互补、携手攻关的工作格局。课题调研期间，山东省参加工作的同志共查阅档案 238742 卷，复印档案资料 406912 页，查阅抗战期间及战后出版的书刊 61301 册（期），复制文献资料 220177 页。走访调查 8 万余个行政村、609 万名 70 岁以上（即 1937 年全国性抗战爆发以前出生）老人中的 507 万余人，收集证言证词 79 万余份。拍摄照片资料 7376 幅、录像资料 49678 分钟，制作光盘 2037 张。全省 1931 个乡镇，每个乡镇都建立了包括证人证言证词、伤亡人员名录、财产损失清单、人员伤亡和财产损失数字统计、人员伤亡和财产损失大事记、重大惨案证据材料以及证人和知情人口述录音、录像、照片等内容的抗战时期人口伤亡和财产损失材料卷宗，共 12892 个。

这项课题调研，也得到了社会各界特别是档案图书部门、专家学者的普遍支持。许多档案馆、图书馆为这次调研提供各种方便。不少专家学者在教学科研任务繁重、经费困难的情况下，承担专题研究任务。有的外请专家利用学校假期全力以赴做课题，缺少交通工具，就以自行车代步或徒步，到档案馆和图书馆查阅文献资料。

为了扩大搜寻面，中央党史研究室还组织查档小组，分赴美国、俄罗斯、日本，搜集了许多抗战史料。很多地方的课题组都到台湾查档。在台北"国史馆"、中国国民党党史馆、"中央研究院"近代史研究所档案馆等，找到了数量巨大、整理比较细致的抗战档案。台北"国史馆"馆藏的国民党在大陆统治时期行政院赔偿委员会档案，涉及抗战时期中国人口伤亡和财产损失的有8924卷，内容十分翔实具体。既有中央机关、军队系统人口伤亡和财产损失情况，也有地方省、市、县、区和个人填报的资料，包括台湾地区和华侨的档案资料。新疆防空委员会也报送有财产损失材料，如修筑防空工事、疏散费等财产损失。重庆市报送有日机空袭慰恤重伤难胞姓名卡，上面有卡号、伤员姓名、性别、年龄、籍贯、受伤时间、受伤地点、犒金额、发犒金时期、所住医院名称、医院地址、入院时间等，受伤部位还配有图片加以说明。所有这些，为查明当时各方面的人口伤亡和财产损失，提供了重要证据。

这项重大课题调研的成果，均编成《抗日战争时期中国人口伤亡和财产损失调研丛书》公开出版，为国内外学者提供并为子孙后代留下一份关于抗战时期中国人口伤亡和财产损失的系统资料。经过验收、审核合格的调研报告和主要档案文献资料，都按统一体例，编辑成为丛书的A、B两个系列。A系列为各省、自治区、直辖市各一本调研成果，以及若干重要专题的调研成果，由中央党史研究室负责审核。B系列为各省、自治区、直辖市的其他大量调研成果，由各省、自治区、直辖市党史研究室负责审核。全部成果统一设计、统一规格、统一版式、统一编号，由中共党史出版社统一出版。全部出齐之后，将有300本左右。

为了集中反映日本侵略者在中国制造的各种重大惨案，我们专门编纂了一套《抗日战争时期全国重大惨案》，收录抗战时期死伤平民（或以平民为主）800人以上的重大惨案100多个，配以档案、文献、口述及照片等作为历史证据。日本一些右翼分子，常常攻击中国为什么不拿出伤亡人员名单。我们专门安排了一个省，即山东省，公布该省具体的伤亡人员名录（第一批先公布该省100个县＜市、区＞的死难人员名录），包括姓名、籍贯、年龄、性别、伤亡时间等多项要素。以此说明，中国的伤亡人员都是有根有据、铁证如山的。

历史的生命在于真实、客观、准确。《抗日战争时期中国人口伤亡和财产损失》这一课题调研的生命也在于真实、客观、准确。所以，在开展这一课题调研的过程中，我们始终把保证调研质量，保证所有材料、事实、成果的真实性、客观性和准确性放在第一位，并在五个重要环节上严格要求、严格把关。第一，严格要求。一开始就明确规定，课题调研工作坚持实事求是的原则和科学严谨的态度。整个调研工作必须尊重历史事实。档案怎么记录的，就怎么记载，不能随意改变。当事人、知情人怎么说的，就怎么记录，不能随意加工。所有的材料、事实都要经得起法律上和学术上的质证。在需要与可能的情况下，对当事人、知情人的证词证言要进行司法公证。各种数据，都要确有根据，不能随便编排、采信。不许追求任何高数字、高指标。第二，统一规范。对课题调研的项目、内容，都做了认真细致的研究，提出了统一要求和严格规范。对全部调研项目设计了统一的表格，对调研报告的内容和格式做了统一规定。每个数字的内涵外延，包括如何计算、如何换算等等，都有明确的规定。事前对调研人员进行了培训。调研过程中，对没有理解的问题、疑难的问题等，都由专家给予统一的解释、说明。第三，责任到人。对所有参与课题调研的人员，都实行责任制。查档的、笔录的、整理的、起草调研报告的、审读的……，每个环节的人员都要签名，以对这一环节自己的工作负责，对子孙后代负责。明确规定，今后凡遇到质疑，有关环节的调研人员都要能够站出来进行证明、解释和辩论。第四，客观撰写。在汇总情况、起草调研报告阶段，要求所有的数据统计都必须客观、真实、准确。一律用事实说话，材料要具体、实在。不允许像写文艺作品那样来写调研报告；不允许作任何想象、编造和煽情性的描写；不允许刻意追求语言的生动华美；不允许使用任何带有夸张性、主观推断性的文字；不允许用"不计其数"、"无恶不作"这类抽象的形容词来概括相关内容；经过调研，凡是能够说清的事实、数字都予采用，但仍然说不清的情况、数据，就客观地说明未查核清楚，在汇总和整理数据时充分考虑这些因素，绝对不得编造数字。第五，逐级验收。除了在调研过程中由特聘的专家随时给予指导外，对各地提交的调研报告和相关材料，都实行逐级验收制度。其中，对省级调研成果实行由地方到中央的四级验收，其他调研成果由有关省、自治区、直辖市党史研究室组织验收。每一验收环节都要有专家审读、签字。凡存在问题和不符合要求之处，都要退回重新核查和修改。

经过艰苦努力，到 2010 年底，我们在深入调研的基础上，初步编出了几十本成果，先行印制了少量样本作为内部工作用书，组织力量作进一步的研究、审读、复查、校核。从 2014 年初开始，我们又组织展开了新一轮较大规模的审核工作。第一，召开有关省、自治区、直辖市党史部门参加的审稿会，进一步提高认识，明确规范，听取相互评审以及从社会各方面听到的意见，对审核工作提出要求，进行部署。第二，开展自审、复核、修改，确保准确无误。同时在各省、自治区、直辖市党史部门之间交叉审读，相互间进行比较、核对、衔接。自审互审完成后，都要确认是否具备正式出版的质量水准，签署是否同意交付出版的意见。第三，由中央党史研究室组织专家，对所有拟第一批出版的成果（书稿）进行六个环节的审读、检查、修改、校对，不仅检查是否还有表述不够准确或不够清楚的地方，而且对各本书稿之间、每本书稿各个部分之间的内容、叙述、时间、数字等进行统筹检查，排除表述不一致的内容。第四，如实客观地说明我们工作尽最大努力后达到的程度。始终强调，凡是已经清楚的，就清楚表述。还没有搞清楚的，就如实说明还没有搞清楚。某些数据、结论与其他书籍资料不完全一致的，则说明我们是依据什么材料、从什么角度得出和叙述的，不强求一致。第五，组织各地党史部门继续参与审核。凡有疑问的，都与有关地方党史部门联系、查核。多数省、自治区、直辖市都派专人来京参与审核、修改、校对。审核完毕后，又组织各地党史部门对自己书稿的清样再次进行审核。然后再按出版流程交付印制。今年以来对这些成果再次进行如此繁密、细致的复核工作，都是为了进一步保证成果的质量，保证历史事实的真实性和准确性。

特别需要强调的是，开展这项调研，不是为了简单汇总、计算这样那样的数据，而是为了寻找、展示更多的档案、更多的材料、更多的人证物证、更多的历史事实，用具体的事实来反映当年中华民族遭受的巨大灾难，揭露日本侵略者反人类的罪行。时隔几十年，很多数据难以查清，很多数据可能不很吻合，而且数据的分类、统计、核算都极为复杂，远远不是简单做一做加法就能算出来的。所以，我们在数据上采取了十分谨慎的态度。能统计出来的就统计出来，难以统计的也不强求。统计的口径、结果相互有差别的，也注意说明。今后，我们将会对数据问题作进一步研究。因此，目前的研究还只是阶段性的，不能说已经包罗万象，更不是最终的结论。总体上，还是在为今后更加综合性的研究提供一个详尽、扎实的基础。

由于自始至终都高度重视和强调调研的质量，所以，对于这一项目的真实性、客观性、准确性，我们有充分的信心。当然，无论如何，历史已经过去了六七十年，很多当事人已经去世，很多档案资料已经散失。现在再对发生在六七十年前的灾难进行大规模的调查，其困难是可想而知的。所以，即使做了最大的努力，我们仍然充分预计在调研成果及有关材料中，还是会有不足和差错之处，出版之后，肯定会有不同意见。所以，我们真诚地欢迎所有看到这些调研成果的人们，对其中的内容、材料、数据等进行审查、讨论。如此，必将有更多的人们关心和参与对当年那场灾难的调查，必将会提供和发现更多的档案、更多的资料、更多的见证，必将对我们调研成果中的很多内容进行不断的推敲琢磨，从而使我们能够更加准确、系统地展示当年中国的人口伤亡和财产损失，使我们为子孙后代留下的资料更为完整、更为丰富。我们也欢迎日本和其他国家的人们对这些调研成果进行阅读、审查、讨论、质疑。如此，将会有更多的国家和人们关注中国当年所遭受的灾难，也将会有更多的存留于国外境外的档案资料出现在公众面前，也将会使对当年这段历史和灾难的记录、研究更加准确和科学。

《抗日战争时期中国人口伤亡和财产损失》课题调研，是一项学术性的工作。开展这项课题调研，是为了更加准确和详尽地记录这场战争和灾难的历史，更加充分和有力地揭露日本军国主义的侵略罪行、反击日本右翼势力否认侵略战争的言行，更加充分和有效地进行爱国主义教育，毋忘国耻、振兴中华，更加积极地促进两岸交流、推进祖国和平统一进程，同时，也是为了给全世界所有关注当年这场战争和灾难的国家、政府和人们一个更加负责任的交代，为子孙后代继续研究当年中国人民抗日战争和日本军国主义的侵略罪行留下一笔丰富翔实的历史遗产。因此，虽然是学术性调研，但具有重大的历史意义、现实意义、国际意义、政治意义。作为历史工作者，我们有责任、有义务，实事求是地把中华民族在那场战争中蒙受的巨大灾难和损失尽可能完整地记载下来。推动和开展这项课题调研，是良心所在，是责任所在！每每读到那些令人震颤的历史事实，每每想到那数千万死难者的冤魂亡灵，每每掂量我们今人特别是历史工作者的责任，我们都禁不住潸然泪下。将近10年来，所有调研人员本着对历史和民族负责的精神，殚精竭虑，无私奉献，千方百计寻找各种线索，逐字逐页翻阅档案资料。为了做好对当事人、知情人的调查取证工作，顶酷暑，冒严寒，深入村镇，一家一户进行走访。也许，随着时间的流逝，这样的调研工作，以后再也不可能如此全面深入大规模地进行了。所以，对于能够基本完成这一课题的调研，我们极为欣慰，对能够取得今天这样的成果，我们极为珍惜。将近10年来，调研工作遇到过重重困难，调研人员付出了巨大心血，但只要能够对国家、对民族、对人民有一个负责任的交代，我们所有的努力、辛劳甚至痛苦都是值得的！

现在，《抗日战争时期中国人口伤亡和财产损失调研丛书》A系列第一批成果就要正式出版了，随后我们还将根据工作进程陆续出版第二批、第三批……B系列丛书的编纂和出版工作也将同时推进。而且，这项课题调研工作远没有结束。截至目前课题调研取得的成果，都还是阶段性的、部分的、不完全的成果。很多专题性调研还要继续进行，对大量档案资料还要进行分析研究。所有这些，都还需要我们继续不懈地努力。我们将以对历史负责的精神，一如既往地将这项课题调研工作做好。

历史，是现实的基础，更是未来的起点。打开尘封的记忆，重温昔日的往事，我们可以得到很多的启示和教诲，增长很多的聪明和智慧。所以，研究历史，形式上是向后看，但根本目的是向前看。作为一种科学的研究，我们调查历史的真相，记录历史的灾难，不是为了延续旧时的仇恨，不是为了扩大中日之间的裂痕，不是为了煽动狭隘民族主义的情绪，而是为了以史为鉴，不让历史的悲剧重演；面向未来，书写更加友好合作的美好篇章。经历了太多的苦难和挫折之后，我们更加坚定地热爱和平，更加执着地追求正义，更加珍惜国家的主权与独立，也更加关注世界的文明发展和进步。我们真诚地希望，世界各国能够携手努力，平等协商，求同存异，友好相处，共同推进世界的发展，共享人类文明的成果；我们真诚地希望，中日两国人民能够更多地加强交流、理解和合作，共同开辟中日关系的新局面，使中日关系更加健康稳定地向前发展，使中日两国人民真正世世代代地友好下去；我们真诚地希望，中华民族能够始终以坚韧不拔的努力，坚定不移地走和平发展之路，在中国特色社会主义旗帜下全面建设小康社会，努力实现社会主义现代化，为推动建设一个和平发展、文明进步的世界作出自己的贡献！

2014 年 4 月 30 日

# 《抗日战争时期中国人口伤亡和财产损失》课题①调研工作规范和要求

2004 年，中共中央党史研究室决定开展《抗日战争时期中国人口伤亡和财产损失》课题调研。2005 年向全国各省、自治区、直辖市党史研究室发出开展此项工作的正式通知，进行相应部署，着重说明工作的指导思想、调查项目、实施步骤及规范和要求。以后又随着课题调研的深入开展，对规范和要求进行了补充和完善。

## 一、课题调研的基本任务

抗战损失课题调研的目的和任务是深化对抗日战争时期中国人口伤亡和财产损失的研究。1995 年，在首都各界纪念抗日战争暨世界反法西斯战争胜利 50 周年之际，江泽民同志曾经对 20 世纪三四十年代日本侵略中国造成巨大人口伤亡和财产损失的基本数据做出了重要表述。2005 年，在纪念中国人民抗日战争暨世界反法西斯战争胜利 60 周年大会的讲话中，胡锦涛同志再次郑重宣布，据不完全统计，在抗日战争期间，中国军民伤亡 3500 多万人；按 1937 年的比值折算，中国直接经济损失 1000 多亿美元、间接经济损失 5000 多亿美元。中共中央党史研究室组织开展的课题调研，旨在全面详尽调查有关抗日战争时期中国人口伤亡和财产损失的具体事实，为这组基本数据提供强有力的史实支撑，并不是简单地做数据统计。

---

① 本课题亦简称为抗战损失课题或抗损课题。因为抗日战争时期及抗战胜利后国民政府统计人口伤亡和财产损失多采用"抗战损失"等概括性提法，其中将人口伤亡也称作抗战损失之一种，与财产损失并提，故沿用这一表述。

课题调研的基本任务是：按照实事求是的原则，经过广泛、全面、深入细致的调查研究，包括查阅搜集档案资料、对统计数据进行分析等，获得更多的证据，以更加全面和准确地揭露日本帝国主义侵略中国的罪行及其对中国人民造成的伤害。

课题调研的主要内容包括：（1）各个省、自治区、直辖市在抗战中的人口伤亡和财产损失情况；（2）历次重大战役战斗中中国军队伤亡的情况；（3）日本从中国掠走各种资源的情况；（4）日本从中国掠走和破坏文物的情况；（5）日军在中国制造的一系列重大惨案；（6）中国劳工的损失情况；（7）中国妇女遭受日军性侵犯的情况，包括"慰安妇"的情况；（8）日军在中国使用细菌武器、化学武器及其造成伤害的情况；（9）日本侵略在其他方面给中国造成破坏的情况；等等。

## 二、课题调研的方式和方法

主要是组织有关人员查阅和搜集档案馆、图书馆和其他文博单位以及民间保存的有关中国抗战人口伤亡和财产损失的档案资料、报刊杂志、历年出版的专题资料集和发表的研究成果。对一些特殊、重大的事件如重大惨案，则走访当事人、知情人和有关研究人员，进行录音录像，整理和保存证人证言，有条件的还进行司法公证，努力使这些调查材料成为在法律上可以采信的证据。有些省份的课题组还到境外的有关机构查阅相关档案资料，作为对大陆保存的档案资料的丰富和补充。这次课题调研的整体布局，实行块块和条条相结合。每个省、自治区、直辖市党史研究室在负责开展地区性的广泛调研的同时，也从实际出发开展一些专题性调研。一些重要的、涉及多个地方的带有全局性的专题，则另组织专家进行调研。

## 三、对搜集档案资料的要求

1. 明确搜集档案资料的范围。搜集档案资料是本课题调研工作的基础，调研成果的质量也主要决定于档案资料是否翔实，是否尽可能完整和全面。所以,凡相关内容的档案资料,不论是直接反映人口伤亡和财产损失的,还是间接反映的(如关于人口状况、财产状况、生产能力、各类资源情况等资料),都尽量搜集,作为撰写调研报告的客观的历史依据。搜集的要件有:档案、报刊、史志、时人日记、专著专论、实地调查报告、图片、影像资料以及出版、发表的研究成果等。

2. 认真整理原始档案和资料。对于搜集到的档案资料,不论是来自原始的档案,还是来自报刊、史志、日记、图书、专题论文等,都认真整理,每份每件都注明保存的地点、单位,文件卷号、出版或发表处等,然后分类汇总,妥善保存。档案资料使用时一律保持原貌,必要时作注释说明,不允许对原件内容增改、涂抹。对搜集到的档案资料要在分门别类整理的基础上进行必要的考证、鉴别和研究。整理后的档案资料,不仅是有关课题承担者撰写课题调研报告的重要依据,其主要内容也作为附件收入有关的调研成果之中。

**四、有关数据统计中的几个问题**

1. 根据搜集、掌握资料的情况,抗日战争时期中国的人口伤亡分为直接伤亡和间接伤亡两大类。直接伤亡,一般是指日本侵略中国的战争直接导致的中国方面人员的死、伤、失踪等;间接伤亡,一般是指在日本侵略中国的战争包括特定战争环境中造成的中国方面被俘捕人员、灾民、难民、劳工等的伤亡。抗战期间,被俘捕人员、灾民、难民、劳工等伤亡很大,但由于其流动性大等复杂原因,很难形成具体数据资料,统计起来十分困难。因此,本课题调研中,将已确定属于死、伤或失踪的被俘捕人员、灾民、难民、劳工的数据归入有关地方间接伤亡统计数据;无法确定是否伤亡失踪的,可视情况单列相关数据并加以说明。需要补充说明的是,在战争中失踪者,按通常惯例归为死亡。

2. 抗日战争时期中国的财产损失分为直接损失和间接损失两大类。直接损失，一般是指在日军攻击、轰炸或掠夺中直接造成的社会财产损失。居民财产损失列为直接损失。间接损失，一般包括：(1)政府机关等因抗战需要而增加的费用，如迁移费、防空设备费、疏散费、救济费、抚恤费等；(2)各种营业活动可获利润额的减少及由于成本上升等增加的费用；(3)有关伤亡人员的医药、埋葬等费用；(4)为抗战捐献的物资和钱财；(5)有关人力资源的损失。总之，一切因战争造成的间接财产损失均包括在内。

3. 在财产损失中所列的人力资源类损失，包括了被俘捕人员、劳工等在财产方面的损失。中国各级政府所组织的劳役，例如为战争修筑公路、机场、军事工事等抽调民工，都算作人力资源损失。但中国方面征用民工和日本侵略军强征劳工有所区别。日军强征劳工的伤亡率很高，和中国方面征用民工民夫的情况区别很大，因此要分别统计和说明，不能混淆。

4. 中国军队在重大战役战斗中的人员伤亡，分别情况加以统计处理。此次课题调研以统计平民伤亡为主。有关省（自治区、直辖市）如发现有本地发生过军队人员伤亡的重要资料，可以搜集整理并在调研报告中说明，但不计入本地人口伤亡总数。若是本地籍军人的伤亡，则计入本地人口伤亡总数。

5. 海外华侨拥有中国国籍，因此在计算抗日战争时期中国人口伤亡和财产损失时，华侨人口伤亡和财产损失均计算在内。各有关地方在计算本地人口伤亡和财产损失时，视情况可以将本地籍华侨的伤亡、损失计入统计数据总数，亦可单列数据并加以说明。

6. 工厂、学校、机关团体等由于战争原因搬迁造成的损失，算作间接损失，原则上由工厂、学校、机关团体等原所在地方统计。如果原所在地方缺少相关资料，新迁移处具备资料条件，也可由后者统计。为避免交叉和重复，遇到这类情况须特别加以说明。

7. 政党、政府机构的财产损失，归入公用事业的社会团体类财产损失一并计算。

8. 被日军、日本占领当局无偿征用、占用的中国耕地，按农作物的产量及其价值计算财产损失。

9. 伪军、伪政府的人员伤亡和财产损失，一般计入中国人口伤亡和财产损失。

10. 由战争原因导致的如黄河花园口决堤一类重大事件所造成的人口伤亡和财产损失，计算在间接人口伤亡和财产损失中。

11. 重大的财产损失，均以相应数额的货币反映价值。反映财产损失的货币一般要注明币种。

12. 通常用于抗日战争时期财产损失统计的货币（主要是法币），币值问题非常复杂。本课题调研中，涉及财产损失统计的货币数据，有条件进行折算的，一般按1937年即全国抗战爆发当年通用货币法币的币值进行折算，并说明折算的方式方法。因条件不具备，保留原始数据未作折算的，则注明有关数据中用以反映财产损失的货币系何种货币、何年币值。

**五、关于撰写课题调研报告的要求**

本次课题调研，有关课题组和承担专门课题的专家均按要求撰写出调研报告。

1. 各省、自治区、直辖市课题组撰写调研报告，内容大致分为概述、主体、结论三部分。

概述部分主要包括：介绍课题调研工作的基本情况，如：投入多少力量，到过什么地方查阅搜集档案资料，搜集了多少档案资料等。反映本地的自然地理概况，抗战爆发前的经济社会发展和人口状况，以及在抗战时期是重灾区还是大后方，是沦陷区还是根据地等。叙述日本侵略者在本地的主要罪行。还可简略回顾以往相关课题的资料和研究情况。

主体部分主要包括：分析说明本地人口伤亡和财产损失情

况。根据现掌握资料，将本地抗战时期人口伤亡分为直接伤亡和间接伤亡，将本地财产损失分为直接损失和间接损失，并分别说明主要的史料依据和分析结果。

结论部分，汇总本地人口伤亡数据、财产损失数据。据实说明迄今所掌握资料的局限性、本地遭受人口伤亡和财产损失的特点、影响等。

撰写调研报告依据的主要资料以及调研中同步完成的专题研究报告等，作为调研报告的附件，纳入课题调研成果中。

2. 由一批专家承担的全局性专门课题，如抗日战争时期重大惨案、劳工问题、"慰安妇"问题、细菌战、化学战、文化损失、海外华侨人口伤亡和财产损失、中国军队伤亡、重要战役战斗伤亡等，其调研报告的撰写和附件的收录，参照以上要求进行。

**六、对调研成果的验收**

在各省、自治区、直辖市课题调研工作结束后，完成的包括课题调研报告在内的省级调研成果和市、县等调研成果，要装订成册，通过审阅和验收，逐级上报，送交各省、自治区、直辖市党史研究室和中共中央党史研究室分别保存。

为确保质量，在调研过程中形成的各省、自治区、直辖市A、B两个系列书稿（省级调研成果为A系列书稿，市、县等调研成果为B系列书稿），要分别通过验收。其中，省级调研成果要通过由地方到中央的四级验收，市、县等调研成果则在有关省、自治区、直辖市内验收。

省级调研成果上报验收前，课题组先认真进行自审，以保证内容的完整准确，特别是调研报告和有关专题研究报告、资料、大事记的内容和数据要互相补充、印证，不能互相矛盾。课题组完成自审后，省级调研成果首先报送省级抗战损失课题领导小组验收。省级课题领导小组审查通过后，送省级专家验收组验收。省级专家验收组参加验收的专家一般为3—5人，人选来自党史系统、社会科学院和社科联系统、档案史志部门、高等院校等方面，为较有影响力、权威性的专家。省级专家验收组在本省（自治区、直辖市）课题领导小组的指导下，按照学术规范的严格要求和有关规定审读、验收本省（自治区、直辖市）拟提交中共中央党史研究室的省级调研成果。验收的主要标准和目的是确保调研成果的准确性、可靠性。对于验收中指出的问题、提出的意见和建议，各省（自治区、直辖市）课题组须采取有效措施解决和落实。对一次验收不合格的，修改、完善之后进行第二次以至多次验收，直到合格为止。省级专家验收组验收合格后，填写《A系列书稿验收报告表》。填写的报告表和书稿同时报送中共中央党史研究室课题组。

中共中央党史研究室课题组收到经省级专家验收组验收合格的省级调研成果后，先进行验收。认为合格后，再聘请国内知名专家进行验收，并填写《A系列书稿验收报告表》。验收中所提修改意见，由有关省、自治区、直辖市课题组予以逐条落实，对调研成果做出相应修改或者说明相关情况。

由一批专家承担的全局性专题研究成果，最后形成的书稿也纳入A系列，其验收也参照上述程序和要求，由中共中央党史研究室课题组组织有关专家进行。对于验收中提出的意见，承担课题的专家要逐条落实，对调研成果进行修改完善直至合格为止。

最后，中共中央党史研究室课题组对经过反复修改形成的省级调研成果和全局性专门课题调研成果进行复核。完成各项程序并符合要求的调研成果，包括通过四级验收的A系列书稿和由有关省、自治区、直辖市党史研究室组织验收并合格的B系列书稿，分批次送交中共党史出版社付印出版。

中共中央党史研究室课题组

# 《辽宁抗日战争时期人口伤亡和财产损失》编审委员会

主　任　王意恒

副主任　赵焕林

成　员　施海程　高　贤　赵　杰　赵晓光

　　　　孙洪敏　马艳竞　高　静　李树森

　　　　姜铁成　肖连章　鲁鸿明　辛忠发

　　　　郭　明

# 《辽宁省抗日战争时期人口伤亡和财产损失》编纂组

主　编　王意恒

副主编　高　峰　施海程　许晓敏

成　员　程兆申　刘颖萍　许　进　刘　滨

　　　　王全有　王　超　郭作为　高　源

　　　　王　扬　王　崇　裴　雷　孙教涵

　　1931年9月18日夜10时20分，日本关东军在沈阳北郊柳条湖附近自行炸毁南满铁路一段路轨，反诬中国军队所为。日本关东军以此为借口，突然袭击北大营的中国驻军，炮轰沈阳城，制造了震惊中外的九一八事变。图为日本关东军制造的南满铁路被炸现场。

九一八事变中，中国驻军营地北大营被日军炸成断壁残垣。

北大营失陷后，沈阳已基本失去防御能力。图为1931年9月19日日军登上小西门城墙向城内射击。

九一八事变后，日军在张学良官邸抢掠财物。

九一八事变后，日军奉天（沈阳）宪兵队张贴布告，威胁沈阳民众服从日本侵略统治，否则要予以"最严重惩罚，决不宽贷"。

日军强占沈阳后在东北兵工厂门前架设机枪。

日军占领东北重要的金融机关——东三省官银号,在其金库门贴上"日本军占领、犯者死刑"的字样。

日军将九一八事变中掠取的中国军队飞机改涂日徽,立刻用为扩大侵略行动的工具。

被日军抓捕的中国军队士兵。

朝阳县县长呈报日军轰炸造成居民伤亡情况。

1932年9月16日，关东军抚顺守备队及抚顺日军宪兵队包围抚顺平顶山，用机枪疯狂射杀3000多名中国百姓，留下了累累白骨。

日军"讨伐"辽东三角地带的邓铁梅东北民众自卫军。图为战场一角。

日军用铡刀屠杀无辜的百姓。

日军杀害朝
阳县二车户沟村
村民。

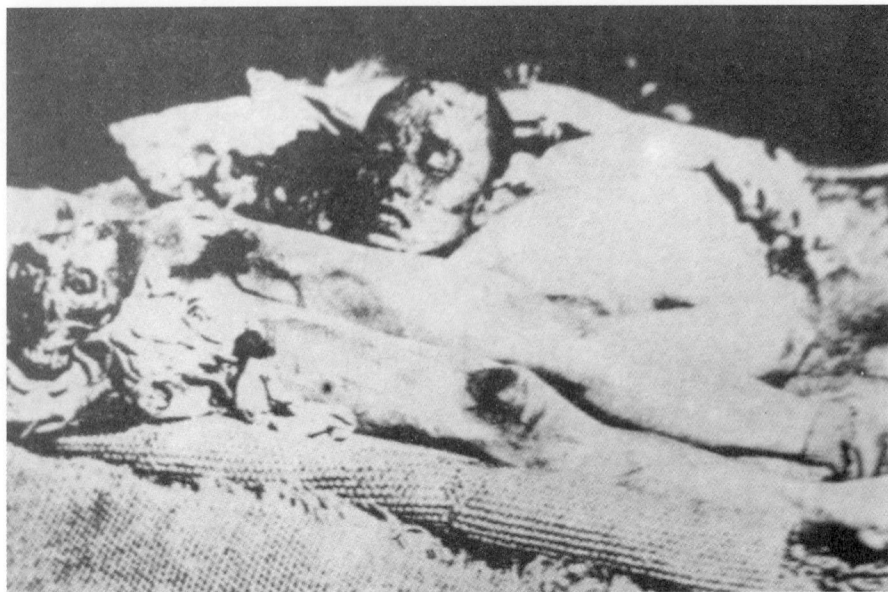

被日军杀害的铁岭民众。

　　为了镇压东北各地的反日力量，切断抗日武装与人民群众的血肉联系，日伪政权推行"集团部落"政策。图为日伪军警为建立"集团部落"在焚烧房屋，驱赶百姓。

　　日伪政权强行建立的"集团部落"被东北人民称作"人圈"。被赶进"人圈"的群众，人身权利受到严重的摧残，徭役繁重，饥寒交迫。图为四周布满铁丝网的"集团部落"之一。

日伪统治时期本溪湖煤铁公司庙儿沟铁矿工人在矿洞内采掘矿石。

日伪统治时期在抚顺西露天煤矿采煤的劳工。

日伪统治时期在大连码头搬运豆饼的中国劳工。

日本侵华期间，将在华北、华中战场抓捕的八路军、新四军及国民党部队的抗日官兵大批押往东北，以"特殊工人"的名义强行送往矿山或日军军事工程工地，从事最艰苦的劳动。图为被押送的部分抗日官兵。

日军占领下北票台吉煤矿在一工区大门构筑碉堡，架设高墙电网，以防劳工逃跑。

营口大石桥镁矿的日伪刑务所为防止劳工逃跑架设的铁刺网。

1942年日军在阜新孙家湾残暴地镇压"特殊工人"的暴动，并将137人活埋。图为解放后发掘出的"特殊工人"尸骨。

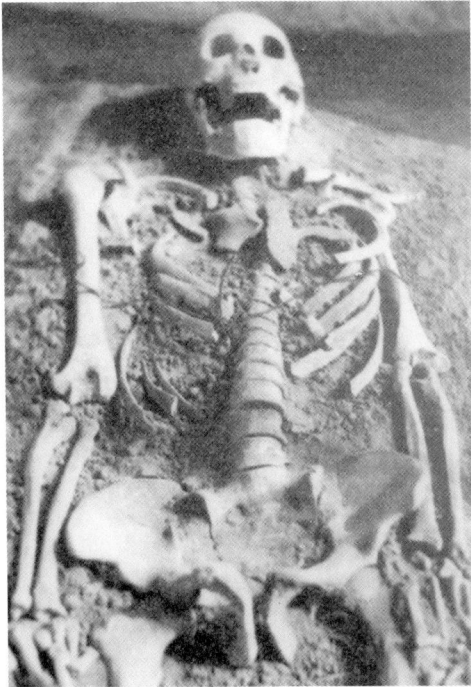

朝阳北票"万人坑"中被捆以铁丝的尸骨。

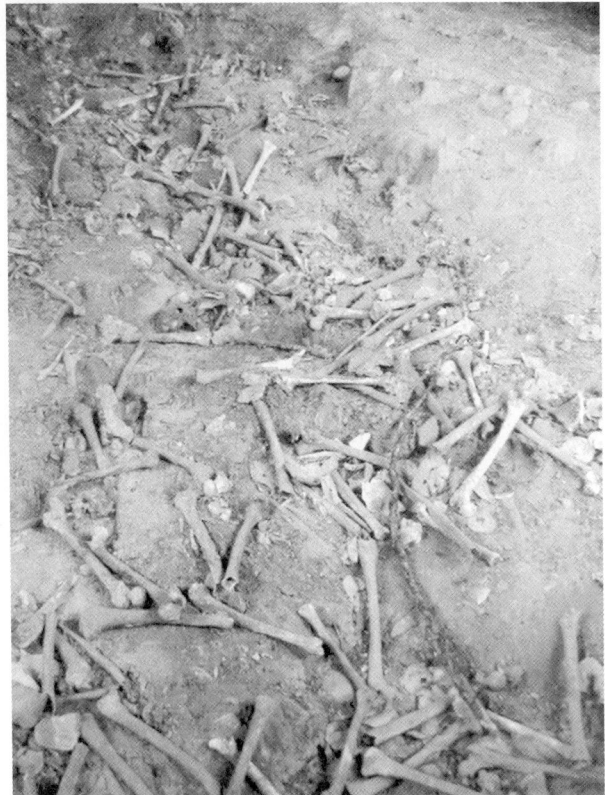

辽阳弓长岭铁矿"千人沟"里的部分遗骨。

日本掠夺营口大石桥镁矿期间，造成大批中国劳工死亡。图为大石桥"万人坑"中头骨被打塌致死的劳工尸骨。

日伪统治时期的鞍山昭和制钢所。

日伪统治时期的本溪湖煤铁公司。

1933年3月15日，伪满洲国奉天当局将原沈阳县第五区划定为铁西工业区，日本侵略者相继在这里开设了233家企业。图为日伪统治时期的奉天铁西工业区。

1933年6月5日设立的伪满石油株式会社大连制油所。

大连港是抗战时期日本掠夺东北资源的主要港口。图为东北生产的大豆、豆饼、豆油等农产品及钢铁、煤炭等矿产资源正在往船上装载，准备运往日本。

鞍山大孤山铁矿资源被日本侵略者大肆掠夺。

日本侵略者将从中国东北掠夺的大批物资运往日本。

日伪政权强迫农民向关东军交纳军粮。图为被武装押运的交粮大车队。

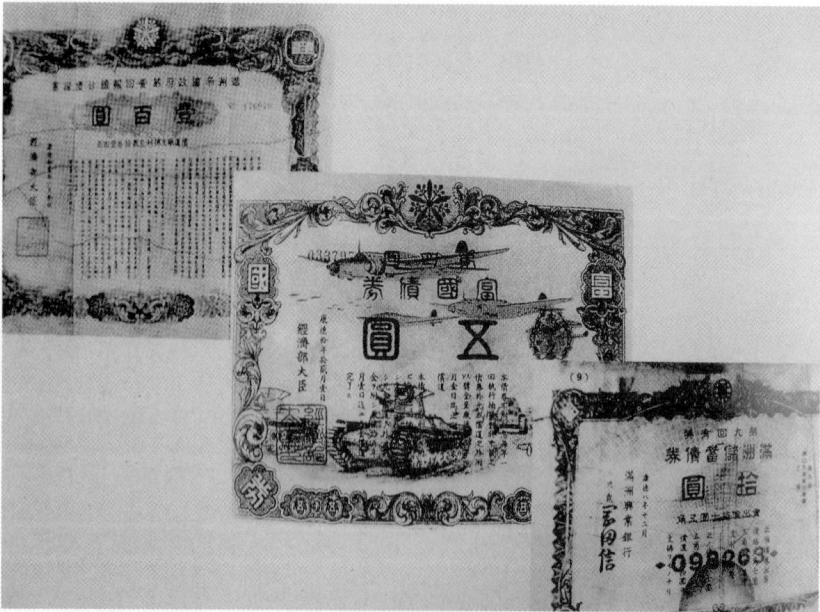

日伪当局采取强制储蓄、摊派公债等手段，榨取人民血汗。图为伪满洲国发行的多种名目的公债、债券、储蓄券、彩票。

移民侵略是日本的国策之一，妄图将中国东北变成日本的领土。为此，1936年5月关东军提出20年内向中国东北移民百万户、500万人的庞大计划。图为日本武装移民在大连码头登陆。

辽宁省锦州女儿河铁路自警村。所谓铁路自警村，是"满铁"在伪满洲国国有铁路沿线以经营农业兼实行警备为目的而创设的"移民村"。

日军侵华时期在沈阳的满洲医科大学里进行大量的人体实验和活体解剖，用做细菌实验。此为沈阳满洲医科大学鸟瞰图。

石井四郎是驻东北日军731部队的组建者，日本细菌战的元凶。图为石井氏细菌炸弹实物。

# 目 录

总序

**《抗日战争时期中国人口伤亡和财产损失》课题**
**调研工作规范和要求**

# 一、辽宁省抗日战争时期人口伤亡和财产损失调研报告

辽宁省抗日战争时期人口伤亡和财产损失专题调研课题组

中国人民抗日战争是20世纪三四十年代在中国共产党主张建立的抗日民族统一战线旗帜下，以国共合作为基础，全国各族人民共同进行的抵抗日本帝国主义侵略的正义战争，是近代以来中国反对外敌入侵第一次取得完全胜利的民族解放战争。中国人民抗日战争的胜利，成为中华民族由衰败走向振兴的重大转折点，为中国共产党团结带领全国各族人民实现民族独立和人民解放、建立新中国奠定了重要基础，也对世界各国人民取得反法西斯战争的胜利、争取世界和平的伟大事业产生了巨大影响。但是，中国人民也为此付出了巨大的代价，广大人民生命和财产蒙受了巨大损失。

辽宁是日本帝国主义向中国东北发动侵略的九一八事变的发生地，是全国最早沦陷的地区，也是遭受迫害最深、损失最严重的地区之一。从1931年九一八事变到1945年8月抗日战争取得胜利，辽宁沦入日本帝国主义的铁蹄之下长达14年之久。日军在辽宁地区大规模的军事进攻和残酷的高压统治造成了数以百万计的人口伤亡，而财产的损失更是无法用数字来展现和衡量的。

时隔近70年，我们抱着对历史负责、对先烈负责、对后代子孙负责的态度开展了此次艰苦困难的关于抗日战争时期辽宁地区人口伤亡和财产损失情况的调研工作。

## （一）调研工作概述

为了弄清抗日战争时期辽宁地区人民生命财产损失的具体情况，辽宁省委党史研究室从2005年10月起开展了专题调研工作，至2009年9月调研工作基本

结束。其后，又对调研成果不断丰富和完善，重新核对了档案资料，修改充实了专题资料，核查了照片，并邀请国内知名专家、学者对调研成果进行审核、修改和补充，最终形成了书稿。

此次调研我们采取纵横交错撒网式的调研方法，纵向统计各市、县（区）人口伤亡和财产损失的情况，横向从全省角度搜集工矿业、农业、交通、商业、财政、金融、教育等方面的资料，这样确保搜集资料和统计数字更加全面。辽宁省委党史研究室对此项工作进行组织协调，省档案局（馆）、省图书馆、省政协文史委、省委党校、省社科院、省统计局、省地方志、省教育厅、省文化厅、省法院、省公安厅、省军区政治部、省财政厅等部门分别承担与其行业有关的专题，并联系其系统内各市、县（区）级部门搜集相关资料统一汇总，同时省教育厅还联系有关高校进行调研工作。各市、县（区）资料由市、县（区）级党史部门进行搜集，并统筹整理本级其他相关单位资料。据不完全统计，有44000多人直接或间接参与了此次调研工作。

在调研方法上，我们采取了总结已有资料、深入挖掘档案和收集最新证据相结合的方法。从1931年九一八事变到1945年抗日战争取得胜利，辽宁一直处于日伪统治之下。抗日战争胜利前夕，日军带走大量档案，剩余档案基本被销毁；抗日战争胜利后，对抗日战争时期辽宁人口伤亡和财产损失也没有进行过专门的统计和研究。虽然所存档案资料极少，但仍有许多专家、学者对抗日战争时期某些问题进行过研究，其中有涉及辽宁人口伤亡和财产损失的内容，如杨仲民主编的《日兵入侵后东三省惨祸》，印维廉、管举先编辑的《东北血痕》等。新中国成立后，特别是20世纪80年代以来，许多相关部门和专家学者整理、出版了一批抗日战争时期人口伤亡和财产损失的材料，如辽宁省档案馆编纂的《东北沦陷及抗日斗争史实图片资料选编》、辽宁省委党史研究室编纂的《历史永远不能忘记——辽宁人民抗日斗争图文纪实》、凌源县委史志办公室编写的《凌源地区日军暴行与民众抗暴录》、解学诗所著的《伪满洲国史新编》、孙玉玲主编的《日军暴行录》、李秉新等主编的《侵华日军暴行总录》、林声主编的《"九一八"事变图志》等，这些材料为此次调研提供了很好的线索和资料，我们此次的调研工作也是在总结这些研究成果的基础上展开的。在档案挖掘上，我们加大工作力度，除了把辽宁省及各市档案馆的相关档案重新查阅一遍外，还组织了有关人员深入搜集新的资料，重点对辽宁省档案馆和大连市档案馆的日文档案进行了翻译和整理。此外，我们还组成了档案搜集小组远赴哈尔滨、长春、南京、重庆等地查阅档案资料。针对辽宁馆藏档案资料较少的情况，我们加大了口述资料的征集力度，深入街道、社区，特别是广大农村地区开展了大规模的口述历史征集活动，采取了大面积调查与重点地区详查相结合的方法，用发放调查表、找受害人及其家属了解情况、召集70岁以上老人座谈等形式收集了大量有力的口述资料。对于一些受迫害较严重的村镇，采取了一家一户逐门调查的方法，力求详细全面地搜集材料。

经过四年的努力，辽宁省抗日战争时期人口伤亡和财产损失调研工作取得了较好的成果，共查阅档案、文献资料3万余卷，调查走访当事人或知情人近3万人。全省14个地级以上市完成上报成果366卷，省级完成调研成果72卷，总计438卷。2009年10月起，课题组又邀请国内著名专家学者对调研成果进行反复审读和修改，至2014年11月最终形成了辽宁省抗日战争时期人口伤亡和财产损失调研成果。

此次调研，以辽宁省目前的行政管辖区域为覆盖范围。

# （二）抗日战争时期辽宁的自然条件、社会经济状况及人口状况

### 1. 辽宁的自然状况及抗日战争时期辽宁的行政区划

辽宁省位于中国东北地区南部，处于东经118°50′—125°47′、北纬38°43′（陆地）—43°29′之间。东北、西北和西南分别与吉林省、内蒙古自治区和河北省接界，南濒黄海和渤海，隔渤海海峡与山东半岛相望，东南以鸭绿江与朝鲜半岛唇齿相依。辽宁省东西最大距离为584.5公里，南北最大距离为529.4公里，面积145740平方公里，约占全国面积的1.5%①。

东北沦陷时期，日本侵略者对辽宁地区的行政区划进行了多次调整，辽宁的行政建置呈现了纷杂混乱的局面。

1931年九一八事变后，东北各地相继沦陷。同年11月20日，日本侵略者将辽宁省强行改为伪奉天省。1932年3月1日，在日本的扶植下，伪满洲国在长春宣布成立。伪满洲国政权建立后，将东北改划为5个省，今辽宁省大部分区域划归伪奉天省。撤销金县建置，其地划归日本的"关东州厅"；将科尔沁左翼前、中、后3旗和科尔沁右翼前、中、后3旗从奉天省划出，建伪兴安省。是时，伪奉天省管

---

① 辽宁省地方志编纂委员会办公室主编：《辽宁省志·地理志建置志》，辽宁民族出版社2002年版，第5页。

辖1个市、58个县。市为奉天市（由沈阳市改称）。58个县为沈阳、辽阳、铁岭、营口、锦县、安东、昌图、海城、盖平、新民、复县、开原、西丰、义县、兴城、绥中、凤城、抚顺、本溪、黑山、北镇、兴京（新宾县）、庄河、法库、辽中、台安、彰武、盘山、锦西、桓仁、清原、康平、宽甸、岫岩、海龙、洮南、柳河、瞻安、通辽、金川、安广、开通、双山、突泉、镇东、瞻榆、安图、抚松、东丰、西安、辽源、梨树、怀德、长白、通化、临江、辑安、辉南。其中沈阳以下34县设在今辽宁省境内，海龙以下24县设在今吉林省境内。

1934年12月，伪满洲国为强化法西斯统治，实行了所谓地方行政改革，将东北区划为14个省。从伪奉天省划出部分区域设置了伪锦州省、伪安东省。1937年又从伪安东省析出部分区域设置伪通化省。1941年又从伪奉天省划出部分区域设置伪四平省。1945年8月，东北全境共置19个省。其中伪奉天、伪安东、伪锦州3省和日本直接统治下的"关东州厅"，以及伪热河省的喀喇沁左翼旗（建昌县、凌源县和喀喇沁左翼蒙古族自治县3县）、喀喇沁右翼旗（建平县地）和伪四平省的开原、西丰、昌图3县在今辽宁省区域。在此之前，伪奉天省增置鞍山、辽阳、抚顺、铁岭、营口、本溪湖市，营口县撤销，沈阳市更名奉天市，新宾县更名兴京县；伪安东省增设安东市；伪锦州省增设锦州、阜新2市；"关东州厅"增设大连、旅顺2市[①]。

## 2. 抗日战争时期辽宁的经济状况

1840年鸦片战争后，帝国主义势力侵入东北。日俄战争以后，日本帝国主义从沙皇手中攫夺了旅大地区设置所谓"关东州厅"，并夺取了中东路南段，建立"南满洲铁道株式会社"（以下简称"满铁"），作为对我国东北进行经济侵略的大本营，辽宁的半殖民地经济开始形成。1911年辛亥革命后，日本帝国主义利用其他帝国主义国家忙于第一次世界大战和清王朝垮台后国内出现军阀长期割据的形势，加剧了对辽宁的掠夺。为了掠夺辽宁地区丰富的矿产资源，日本在本溪建立了全国第一座炼铁高炉，创建了鞍山制铁所，扩大了抚顺、本溪湖煤矿的开采，并建立了纺织、金属、化学、食品等工业。到1931年九一八事变时，日本帝国主义在东北先后开办的工厂已达700余家，资本总额达17.5亿日元，占当时

① 辽宁省地方志编纂委员会办公室主编：《辽宁省志·地理志建置志》，辽宁民族出版社2002年版，第256—257页。

外国资本总额的72%<sup>①</sup>。九一八事变后，日本帝国主义进一步推行殖民地经济掠夺和统治政策，把辽宁地区的工厂、矿山、银行、交通等部门，以所谓"经济统制"的名义完全控制在自己手里。"满铁"逐步完成了对辽宁公路交通运输业的垄断。还通过成立"满洲重工业开发株式会社"加紧对辽宁各种资源的掠夺。1937年七七事变后，日本大举侵略中国，推行"以战养战"的政策，大力扩充军火工业，制订所谓"产业开发五年计划"，对辽宁经济的掠夺更加疯狂。辽宁成为日本帝国主义进行侵略战争的战略物资供应基地。到1943年，全省工厂、矿山、交通、电业等几个主要部门的资本额中，日本的资本达93.8%。矿山、重工业、交通运输被日本独占，轻工业中日本的资本额占92.4%，商业中占72.9%，完全控制和垄断了辽宁的经济命脉。辽宁的民族资本在这几个部门只占6.2%，而且五分之四以上是从事销售日本商品的活动。从1931年到1945年的14年中，日本从我国东北（主要是辽宁地区）运回日本国内供进一步加工用的生铁达496万吨，占14年东北总产量的44.3%，掠取的利润平均每年3.5亿日元<sup>②</sup>。在农村，日本帝国主义通过封建地主和所谓"兴农合作社"等日伪机构对辽宁农民进行残酷剥削和统治。抗日战争胜利前的1944年，辽宁省占农村总人口13%的地主、富农拥有63%以上的耕地，而占农村总人口71%的贫农、雇农只拥有14%的耕地。封建地租的剥削量每年平均折粮20亿公斤，占全省总产量的40%。除地租外，日伪机构还通过所谓"粮谷出荷"、"农产品统制"以及名目繁多的苛捐杂税来对农民进行直接、间接的掠夺，仅每年的"出荷粮"一项，就在10亿公斤以上<sup>③</sup>。

　　鸦片战争前辽宁地区的经济结构是以农业为主体，以牧、渔业为辅助，兼有少量工商业。第二次鸦片战争以后，1858年签订的《中英天津条约》使辽宁的门户被打开，辽宁自给自足的封闭式自然经济逐步沦为半殖民地半封建经济。1931年九一八事变以后，日本帝国主义对我国东北进行疯狂经济侵略，通过"满铁"大肆掠夺资源，又使辽宁沦为殖民地经济。从1931年到1945年日本帝国主义侵占辽宁的14年里，矿产资源的开采和初步加工，以及为矿山工业服务的重型机械及其修理等工业畸形发展，农业落后。1943年与1931年比较，工业在工农业总产值中的比重由30%上升到66%，农业在工农业总产值中的比重则

---

① 岳岐峰主编：《辽宁经济事典》，人民出版社1992年版，第7页。

② 岳岐峰主编：《辽宁经济事典》，人民出版社1992年版，第7页。

③ 岳岐峰主编：《辽宁经济事典》，人民出版社1992年版，第7页。

由70%下降到34%。1940年辽宁工业总产值中矿山开采和钢铁冶炼占32.9%，军火和机械修理占28.6%，两者合计占60%以上。工业部门的59万工人中，有29万人集中在矿山和钢铁冶炼部门，占工人总数的一半，有10万人在军火和机械制造修理部门。这种殖民地的工业生产，反映在内部结构上，是生产能力严重不平衡。1944年辽宁炼铁能力已达250万吨，而炼钢能力只有144万吨，轧钢能力只有87万吨，每年都有大量的生铁、钢锭运往日本加工。机械工业中绝大部分是修配，不能独立制造机器。1943年机械工业总产值中修配产值占75%，制造产值只占25%，辽宁所需机器设备70%以上要依赖日本进口。反映在技术装备上，是设备落后，技术水平低下。辽宁的机械工业1944年共有7337部机床，有70%以上是日本淘汰下来的旧设备。全部工厂中有动力设备的只占三分之一，矿山开采绝大部分作业依靠人力进行。与人民生活有密切关系的纺织、轻工、医药、食品等因大部分由日本进口以致发展更缓慢。在工业畸形发展的同时，农业资源也遭到严重破坏，1943年与1935年相比，主要农作物亩产大幅度下降，高粱下降10.6%，小麦下降37.6%，水稻下降6%，大豆下降11.3%[①]。

### 3. 抗日战争时期辽宁的人口状况

辽宁是东北地区的战略要地，政治、经济、文化发达，人口密度相对较大，人口流动性较强。抗日战争时期，辽宁地区的人口自然变动具有"高出生率、高死亡率、低自然增长率"的特点。

九一八事变的当年即1931年，辽宁地区出现了人口总量的负增长，人口数由1930年的14663449人缩减至1931年的14207990人。其主要原因是东北沦陷，数十万名军政人员及其眷属、大批知识分子和青年学生流亡关内，众多关内移民回流原籍。辽宁沦陷14年中，人口总量又呈现一定的增长，由1931年的14207990人增至1945年的20833031人，14年增加了6625041人，平均每年增加473217人，年均增长率为2.75%。这主要是由于：（1）日本籍、朝鲜籍人口的大量移入。辽宁沦陷前，移居辽宁的日本籍人口已达202822人，朝鲜籍人口达89454人；到1945年日本籍人口增加到694655人，增加了2.42倍；朝鲜籍人口增加到301111人，增加了2.37倍。另外辽西地区也有一部分蒙古族人口移入。（2）日本侵略者对中国人力资源的疯狂掠夺，导致关内大批劳工被迫进入辽宁。东北沦陷初期，日伪当局实行限制关内国人入境的政策，但这种限制政策难于适

---

① 岳岐峰主编：《辽宁经济事典》，人民出版社1992年版，第7页。

应日本侵略者掠夺东北的需要。太平洋战争爆发后，日伪当局将限制关内中国人入境的政策转变为鼓励乃至强制关内青壮年劳动力到东北从事劳役和苦力，形成了从关内移民的高潮。据伪安东省、伪奉天省、伪锦州省和"关东州"统计，从1936年至1942年，由海陆入境的关内人口多达3349509人，减去同一时期离境辽宁的人口，滞留人口为1153321人（均为原行政区划数）。从关内移入辽宁的人口大多聚集于工商业活跃的城市和工矿区，同时工业劳务移民比重增大，农业移民比重下降。1936年辽宁移民人口中从事制造业、土木建造业的占52%，从事农业的仅占12%。这一时期，辽宁地区的人口有一部分迁徙到关内和吉林、黑龙江地区。但总的来说，迁入人口远远大于迁出人口①。

抗日战争时期，辽宁人口的自然增长呈现出"高出生、高死亡"的特点。"关东州厅"对于"关东州"及"南满"附属地人口出生与死亡历年有统计，年均人口出生率为26.3‰，年均人口死亡率为18.1‰②。高于1912年奉天省的水平（出生率25.80‰，死亡率16.71‰）。据1935年和1936年统计，辽宁（含各国籍人口）分别出生231495人和440116人，人口出生率分别为14.73‰和27.05‰；而分别死亡150965人和323445人，人口死亡率分别是9.60‰和19.88‰。从这两年的自然增长来看，分别增长80530人和116671人，人口自然增长率仅分别为5.13‰和7.17‰，远远低于1912年的人口增长率（13.47‰）水平③。这也充分说明了殖民统治下人民生活的悲惨状况。

# （三）抗日战争时期日本侵略者在辽宁的主要罪行

自1931年九一八事变至1945年抗日战争胜利，日本侵略者在辽宁犯下了深重的罪行，为历史永远铭记。其主要罪行概括如下：

## 1. 制造九一八事变

日本侵略者侵略中国的蓄谋由来已久。1894年至1895年中日甲午战争时期，日本就充分地显露了侵略中国的野心，1904年至1905年日俄战争后，日本又

---

① 本段全部数据均引自辽宁省地方志编纂委员会办公室主编：《辽宁省志·人口志》，辽宁民族出版社2005年版，第21—22页。

② 辽宁省地方志编纂委员会办公室主编：《辽宁省志·人口志》，辽宁民族出版社2005年版，第22页。

③ 辽宁省地方志编纂委员会办公室主编：《辽宁省志·人口志》，辽宁民族出版社2005年版，第30、45页。

将中国旅顺、大连等地的租借权和长春至旅顺的铁路及附属设施的财产权利占为己有。1930年，世界资本主义经济危机波及日本。为了转移日益激化的国内阶级矛盾，日本加快了武力侵华的步伐，于1931年7月和8月在东北制造了"万宝山事件"和"中村事件"。9月18日，日本又制造九一八事变，发动了侵略中国东北的战争。

九一八事变是日本侵略者精心策划并细心准备的。1931年6月中旬，日本陆军省、参谋本部五课长共同拟定了《解决满洲问题方策大纲》，规定采取军事行动的时间是一年以后①。8月15日，曾任张作霖军事顾问和驻华武官的本庄繁就任关东军司令。本庄繁一上任便部署各项军事计划，加紧了武力侵略辽宁的脚步②。9月10日，关东军以独立守备队司令官陆军中将森连的名义贴出了最后通牒式的"布告"："我军元为保护南满铁路及附属地为本然之责……因此，而后若有加害于我铁道或犯我附属地者，皆必加以积极之打击。假令虽系附属地外盘踞之匪贼，而探知其苟有犯我守备队应尽之责域，或又有挺进，痛剿不贷之举盖因自卫迫于不得已之所为。"③

1931年9月18日夜，日本关东军炸毁了沈阳柳条湖附近的南满铁路路轨，反诬中国军队破坏，并以此为借口，突然向驻守在沈阳北大营的中国军队发动进攻。据当时参与炸毁南满铁路路轨的日本陆军少佐、关东军参谋花谷正回忆："9月18日夜里……岛本大队（驻奉天第2独立守备大队）川岛中队（驻虎石台的第3中队）的河本末守中尉，以巡视铁路为名，率领部下数名向柳条湖方向走去。一边从侧面观察北大营兵营，一边选了个距北大营约800米的地点。在那里，河本亲自把骑兵用的小型炸药装置安在铁轨旁，并亲自点火。时间是10点刚过。轰然一声爆炸，炸断的铁轨和枕木向四处飞散。"④为了制造假象，日本关东军还在事件现场放置了三具穿着中国士兵服装的尸体，伪装成被击毙的爆炸铁路"凶犯"⑤。

九一八事变爆发当时，在辽宁省城沈阳，日军除驻有独立守备队第2大队

---

① 解学诗著：《伪满洲国史新编》，人民出版社1995年版，第35页。
② 解学诗著：《伪满洲国史新编》，人民出版社1995年版，第36页。
③ 关东军独立守备队《告示》，1931年9月10日，见中央档案馆、中国第二历史档案馆、吉林省社会科学院合编：《日本帝国主义侵华档案资料选编（1）九·一八事变》，中华书局1988年版，第105页。
④ 日本《理性》增刊，"昭和秘史"，1956年12月号。转引自解学诗著：《伪满洲国史新编》，人民出版社1995年版，第40页。
⑤ 林声主编：《"九·一八"事变图志》，辽宁人民出版社1991年版，第81页。

外，还有隶属于第2师团第3旅团的第29联队。柳条湖的枪声响起之后，日军独立守备队第2大队岛本队长一面命令驻沈阳的第1中队和驻高桥的第4中队以及驻抚顺的第2中队向柳条湖北大营进攻，一面与第29联队平田联队长联系。第29联队与第2大队相呼应向沈阳城内进击。

日本关东军迅速开始了大规模的军队行动。关东军的佐佰文郎中佐几乎是在柳条湖爆炸的同时进入了在大连的"满铁"铁道部长室，宣布关东军、"满铁"联合线区司令部成立，立即由铁路作战监部组织大规模军运。从9月18日晚10时20分到19日午后6时，仅20个小时就有13列军车从各地到达沈阳。不但驻辽阳的第2师团司令部、第15旅团司令部和驻公主岭的独立守备队司令部相继迁至沈阳，关东军司令部也乘第909次军用列车于19日上午11时50分由旅顺迁至沈阳，设在"满铁"附属地东拓大楼。自此，日本帝国主义迈出了大规模侵华战争的第一步。

辽宁省的东北军驻军大部分在事变前由张学良带领入关。九一八事变发生时，沈阳及其周围的东北军只剩北大营的第7旅，该旅辖第619团、第620团、第621团三个团。其余几个旅均远在营口、锦州、山海关等地。9月18日晚10时20分左右，北大营西边传来一声巨响，震醒了梦中的东北军第7旅官兵。日本关东军独立守备队第2大队第3中队迅速接近北大营西南角，然后用1个小队切断东北军第7旅的退路。北大营西墙内的东北军第7旅第621团首当其冲。就在中国官兵操起枪炮欲与敌人拼战之际，东北军第7旅旅部赵镇藩参谋长传达了东北军参谋长荣臻的命令："官兵一律不准轻举妄动，更不得还击，原地待命。"可是日军已越墙入营。部分东北军官兵不顾上级的不抵抗命令，英勇抗击。敌人胆怯，不敢十分挺进，主要用24厘米榴弹炮轰击。11时50分，日军第2大队队部及第1、第4两个中队到达柳条湖，与业已占领北大营一角的日军第3中队会合，对北大营开始了猛烈的攻击。19日零时30分起，东北军第7旅旅部及所辖各团在619团掩护下向沈阳的东山嘴子东大营撤退。凌晨3时30分，驻抚顺的日军独立守备队第2大队第2中队赶到，参加对北大营的最后"扫荡"。19日晨5时50分日本关东军全部占领北大营[①]。

在独立守备队第2大队进攻北大营的同时，第2师团第29联队向沈阳城区进击。据1933年8月出版的《东北血痕》一书记载："十九日晨六时，日军大队蜂拥进城，向我警察驻在所开炮轰击，警察死亡一百八十余人，伤三百余人，被缴械

---

① 解学诗著：《伪满洲国史新编》，人民出版社1995年版，第42—43页。

约四五千支。遂次第占领司令长官公署，政务委员会与所属各处，省政府与所属各厅，公安局，航空处，长短波无线电局与有线电报电话局，东省官银号，及边业交通中国等银行，市民多被惨杀。城内各机关占领后，城外之兵工厂，迫击炮厂，飞机厂，海军司令部，亦相继占据。兵工厂为东北军械供给地，亦即东北军之命脉，其规模极为宏大，出品亦极精良。所存军械计步枪八万支，机关枪四千挺，足敷十师之用，皆被日军没收，机器亦被搬走，其不便携运者，悉毁坏之。迫击炮厂存炮六百尊，弹药库存枪弹三百余万发，炮弹十万发，火药五万磅，均被日军运去或轰毁，并屠杀我守厂军约三百名。飞机厂存新旧飞机百余架，亦被日军夺去。粮秣厂被服厂，皆抢劫一空。讲武堂一切器械观测器具，及各式大炮三十余门，均被运去。日军又用火油焚北大营，致巍巍营房，夷为平地，累累国殇，化为尘烟，意盖藉此以灭迹也。凡辽中各种军事建设，破坏无余，东北精华，摧残殆尽，合全部损失，当在两万万元以上。"[1]

此后3日内，日本军队陆续占领了鞍山、安东（今辽宁省丹东）、凤城、本溪、辽阳、海城、营口、抚顺、铁岭等城市。从此，辽宁沦入日本侵略者的铁蹄之下长达14年之久。

九一八事变是20世纪震惊中外的重大历史事件。它不仅是日本帝国主义武力侵略中国大陆的开始，也是法西斯国家在世界历史上点燃的第一把侵略战火。它的爆发，不仅标志着第二次世界大战的序幕已经拉开，更标志着辽宁人民在日本侵略者统治下14年苦难生活的开始。

### 2. 建立傀儡政权

九一八事变后，日本侵略者炮制了一个在中国东北建立"独立国家"进行殖民统治的方案。在关东军策划、操纵下，辽宁地区经过伪"维持会"、"地方自治指导部"等过渡后，于1931年12月16日成立伪奉天省政府，并陆续组建起各级伪政权。1932年3月，日本帝国主义扶植早已退位的清朝末代皇帝溥仪，在长春建立了伪满洲国傀儡政权。根据伪满洲国公布的伪《省公署官制》，辽宁地区改设伪奉天省公署。伪省公署设省长1人，内设总务、民政、警务、实业、教育5厅，省下辖伪奉天市政公署和58个伪县公署。

1932年3月6日，日本关东军司令官本庄繁与溥仪签订"密约"，规定日本人

---

[1] 印维廉、管举先编：《东北血痕》，中国复兴学社1933年版，第7页。原文中涉及损失的货币估算数值，未标明币种。

可充任伪满政权中央及地方各级官吏，其任免权由关东军掌握。据此，伪省、市、县公署中重要职位多由日本人直接充任，并在各不同时期先后实行内部统辖厅制、参事官制、次长负责制等，即在伪省公署中，以日本人充任长官、掌控实际权力的总务厅为中心，实行"内部统辖"；在中国人任主官的伪市、县公署，委派日本参事官，"参与议事"，操控实权，后期又改总务厅长、参事官为次长，"辅佐"监督。这一从上至下的严密的殖民指挥监督体系，把持伪政权实际行政大权，以"自治"或"独立"的名义，通过中国人自己分裂出去，实行由汉奸出面而日本人幕后操纵的殖民统治。伪满洲国的统治机构没有丝毫的独立性，所有政治、经济、军事大权都掌握在日本帝国主义手中，这个政权完全受日本关东军控制与支配[1]。日本侵略者利用伪满洲国政权发布政令，以达到其侵略和掠夺的目的。

3. 监视控制民众

1932年9月12日，日伪政权公布伪《治安警察法》，以"法律"的名义，取缔、剥夺人民结社、集会与言论自由。该法规定，如在室内举行政事集会，发起人必须在会前12小时向相应的警察署提出申请，说明会议的目的、场所和时间，警察可随时以"保持安宁秩序"为由勒令解散集会；禁止发表言论，在街头、大路和公共来往之处，不许张贴图画、散发传单、进行讲演。同时，又公布《暂行惩治叛徒法》和《暂行惩治盗匪法》，把反对日、伪统治的爱国团体和人士诬为"盗匪"和"叛徒"。规定凡参与谋议或加入结社者判无期徒刑或10年以上有期徒刑，对"首魁"将处以死刑；"意图犯"（即所谓思想犯）亦要判刑或处死。两法还规定，日伪军队指挥官和高级警察官在执行"讨伐"任务时，享有"临阵格杀"和"裁量斟酌措置"的无限权力，从而纵容日伪军警对辽宁人民滥施暴虐，肆意制造血腥惨案。如1932年9月16日，日本驻辽宁省抚顺守备队、警察署、宪兵队等把抚顺煤矿附近的居民集中起来，进行了惨绝人寰的大屠杀，3000多名村民惨遭杀害，全村800多座房子和村民的财产被火烧一空[2]。

1933年5月18日，日伪政权公布《暂行枪炮取缔规则》；12月22日公布《暂行保甲法》；1934年1月17日公布《暂行保甲法实施规则》；1935年11月1日公布《火药取缔法》《火药原料取缔法》；1936年公布《枪炮取缔法》；1937年1月4

① 辽宁省地方志编纂委员会办公室主编：《辽宁省志·政府志》，辽海出版社2005年版，第103页。
② 辽宁省地方志编纂委员会办公室主编：《辽宁省志·大事记》，辽海出版社2006年版，第174页。

日公布《刑法》等，都以抗日爱国志士和广大中国民众作为目标，随时加以"背叛罪"、"内乱罪"、"反对帝室罪"、"危害国家罪"、"危险物罪"等罪名予以镇压。1937年12月，日伪当局公布《军机保护法》，并重新公布《暂行惩治叛徒法》《暂行惩治盗匪法》《枪炮取缔法》，规定如平民被认为犯有其中某项"罪名"时，则"牌"（10户编为1牌）内各家均将科以200元的连坐金[1]，以此进一步强化对辽宁人民的严密监视和统治。

1939年9月，日伪政权发布实施《监察令》，规定监察范围包括各级伪官署、伪官吏、伪民间团体，以加强对傀儡政权和汉奸组织的监控和掌握，迫其死心塌地为日伪政权卖命。

1940年12月，日伪政权制定《国民邻保组织确定纲要》，实行所谓"国民邻保"，在20个城市中强制建立邻保组6.1万个。1941年12月，日伪政权公布《治安维持法》，规定对所谓以变革国家为目的的团体组织者、参与者、指导者处以死刑。

1943年2月，日伪政权制定《寄留法》，规定在一地居住达50天以上者为寄留人，一律须到掌管民籍的街、村公所或警署登记；3月，公布《取缔示威请愿办法》；9月，公布《保安矫正法》《思想矫正法》，在奉天、鞍山、本溪、抚顺、阜新、法库等地设立"矫正院"，实行以所谓"预防犯罪"为名的残酷镇压。仅奉天"矫正院"在1944年即关押无辜中国百姓4000人，绝大多数被折磨致死；鞍山"矫正院"关押700余人，至1945年8月只剩下了300人，其余已被折磨致死；弓长岭"矫正院"收押4000人，至1945年8月仅剩下200多人；法库"矫正院"仅1943年即活埋了400余人[2]。

1943年10月，日伪政权公布《紧急动员令》，军、警、宪、特更加肆无忌惮地到处制造法西斯恐怖。在城市，居民被编成"邻保组"；在农村，推行保甲制度，规定以10户组成最小的单位"牌"，然后由村或相当于村区域的"牌"组成"甲"，并由一个警察管辖区域内的若干"甲"组成"保"。被编入"保、甲、牌"的各家均被置于连坐制之下，即"牌"内的人出现"扰乱治安者"，"牌"内各家共同负担责任，若能互相揭发或监视，则可以减免连坐金和处罚。随着一系列日伪法律的公布与实施，日伪统治下的整个辽宁成为一个"活地狱"。老百姓言行稍有不慎，便会触犯名目繁多的"法"，横祸临身，或拘留审讯，或逮捕下狱，

---

① 辽宁省地方志编纂委员会办公室主编：《辽宁省志·政府志》，辽海出版社2005年版，第338页。
② 辽宁省地方志编纂委员会办公室主编：《辽宁省志·政府志》，辽海出版社2005年版，第338—342页。

轻则严刑拷打，重则惨遭杀害。日伪政权对中国人民的严密监视、权力剥夺、残暴统治达到无所不用其极的地步。

### 4. "围剿"抗日武装

东北沦陷后，日伪政权立即对辽宁及东北各地的抗日民众和武装力量展开大规模的"围剿"和"讨伐"，大体可分为4个阶段。

1932年3月至1933年5月为第一阶段。以日本关东军为主力，划分区域对抗日武装进行"围剿"：对辽东地区的"围剿"集中在新宾、桓仁、临江、安图、柳河、通化、辑安等地，主要目标是唐聚五领导的辽宁民众自卫军及民众自卫军王凤阁、李春润等部；在辽宁东南部凤城、岫岩、庄河等地的三角地带"讨伐"邓铁梅领导的东北民众自卫军；在辽南地区海城、辽阳、营口、台安等地"讨伐"李纯华、张海天、项青山等部义勇军；在辽西地区"讨伐"郑桂林、耿继周、宋九龄、朱霁青等部；在辽北地区康平、通辽、辽源、开通、洮南、突泉等地"讨伐"义勇军第五军团。

1933年6月至1934年3月为第二阶段。日、伪军"围剿"、"讨伐"的重点主要是东丰县猴石镇为中心的辽宁民众自卫军周保升部、王凤阁部、梁锡福部和奉天省东南部义勇军刘景文部、任福祥和曹国仕部及邓铁梅部义勇军。

1934年4月至1936年3月为第三阶段。日、伪军对东边道地区进行"讨伐"，主要目标是东北人民革命军第一军独立师和南满人民抗日武装力量；对热河地区进行"讨伐"，主要目标是孙永勤率领的抗日救国军。

1936年4月以后为第四阶段。日伪当局执行第3期"治安肃正"计划，调集日、伪军10万兵力对奉天、安东、三江、滨江、吉林、间岛等地进行重点"肃正"，以杨靖宇、王德泰领导的抗联第1军、抗联第2军和义勇军王凤阁部为重点目标，妄图在3年之内消灭一切抗日力量。

为进一步加强对抗日武装的"围剿"，日伪政权通过"匪民分离"等手段开展"治安肃正"，建立"治安圈"。1939年"讨伐"东边道时，竟强迫当地8县农民提前把未熟庄稼收割下来，由日伪军营"收藏"，以断绝抗联粮食来源。

### 5. 奴役残害劳工

日本帝国主义为了掠夺辽宁丰富的资源，用欺骗、强征、抓捕、非法使用战俘等多种方式集中了数以万计的劳工，送到工厂、矿山从事繁重的体力劳动。由于矿井塌方、瓦斯爆炸等事故，加上过度劳累、伤病、饥饿等，多数劳工都受伤，甚至残疾、死亡。

1938年12月1日，日伪政权公布了实行劳动统制的基本法规——《劳动统制法》。决定运用强力来确立以"国民皆劳"为核心的"劳动新体制"，以此"确保国防、国家建设及战时体制的整备所不可缺少的劳动力"。为了推行这种"新体制"，省及各市、县伪公署相继设立了动员科，作为专门掌理劳动动员和劳动"统制"的机构。

日伪政权推行的"劳动新体制"，主要包括3种征集劳动力的制度，即"勤劳奉公"制度、"勤劳奉仕"制度、"行政供出"和"紧急就劳"制度。所谓"勤劳奉公"，就是从各市、县征召壮丁，然后按军队的组织形式进行编组，强迫壮丁义务献劳役。凡年龄20—25岁（1945年改为20—30岁）青年男子均为壮丁，未被征为"国兵"者，均得服劳役，甚至学生也要参加"勤劳奉公队"。服役时间为3年，必要时还可延长。劳役包括修筑军事工程、铁路、公路、开矿挖煤及从事其他重要生产等。所谓"勤劳奉仕"，是同"勤劳奉公"制度相类似的一种奴役人民的办法，只是所奴役的社会阶层更加广泛，包括机关团体的职员以及中小学校的学生，都有"勤劳奉仕"的义务。所从事的劳役也更加广泛，包括日常生活的各个方面。所谓"行政供出"和"紧急就劳"，就是以强制手段摊派和抓捕劳工，摊派的原则是：有人出人，无人出钱，二者必择其一。抓捕劳工一般都以搜捕逃跑劳工，特别是"抓浮浪"（流浪汉）为借口，此种暴行在东北沦陷末期公然地频繁进行，如1943年4月27日，伪奉天市在全市大街小巷捕获劳工3160人，其中所谓"浮浪者"1062人，行商者333人，摊贩141人，车夫270人，收废品者103人，以及其他无辜群众。这些被抓劳工，在日伪军警强制押送下，有的直接送往劳役地，有的被投入监狱、矫正院、更生训练所、劳动训练所等集中营式机构①。

1941年9月，日伪当局公布《劳务新体制要纲》；翌年公布《劳动者紧急就劳规则》；1943年又公布《国民法》，不断强化其奴役劳动政策。在整个东北沦陷时期，伪奉天、伪安东、伪锦州三省内被抓捕或骗招的劳工都在100万人左右。中国民众一旦成为劳工，就如同进了鬼门关，成千上万劳工像货物一样被塞进闷罐车内，吃、睡、便均不准离开车厢，有时一走就是半个月，才能运达劳役现场。不少人在途中患病，以致死亡。1942年1月至6月，辽宁的东边道开发会社

---

① 辽宁省地方志编纂委员会办公室主编：《辽宁省志·政府志》，辽海出版社2005年版，第349页。

运送劳工，到达目的地时竟有268人死亡[1]。

日伪政权采取最野蛮、最残酷的手段对劳工进行奴役和盘剥。劳工劳动强度大，工作时间长，危险性大，收入低微，生活环境和工作环境极其恶劣，劳工若要逃跑和反抗，即遭到残酷镇压和屠杀，以致大批劳工在服劳役期间死于非命。1942年4月26日，本溪湖煤矿发生瓦斯大爆炸，造成大量中国矿工死亡。关于死亡人数，日伪当局有1296人[2]、1496人[3]等数字，但据亲历者李永普、包景阳等人证言称，实际中国人死亡了3000多人[4]。大量的矿工伤亡导致伪奉天、伪安东、伪锦州省内当时各大型工矿业都毫无例外地留有一种特殊的历史遗迹——"万人坑"。如大石桥的"万人坑"，其总面积约5000平方米，在挖开的3米深的坑内有白骨7层，在不到140平方米的范围内即有劳工遗骨171具。若将10米深的尸坑全部挖开，死难者遗骨远在万人以上。在其不远处尚有"马蹄坑万人坑"、"高庄屯万人坑"等[5]。据不完全统计，在辽宁境内，日本残酷奴役中国劳工形成的规模较大的"万人坑"就达30多处，死亡人数达50余万人[6]。

### 6. 制造"集团部落"

为了达到切断抗日武装与人民群众联系的目的，日伪政权在实行军事"讨伐"、"扫荡"的同时，采取强制归屯并户，建立"集团部落"，实行"保甲连坐"等法西斯统治措施，以配合其军事"围剿"行动，陷抗日武装于孤立无援之绝境。

1934年12月，伪民政部第969号训令《关于建设集团部落之件》要求加快建造"集团部落"。从1935年开始，日伪政权在抗日武装活跃的伪奉天、伪安东、伪锦州、伪热河4省开始强制推行这种"集团部落"。

所谓"集团部落"，实质上是日本侵略者在东北实行法西斯统治的集中营。日伪通过暴力手段强制归屯并户，将老百姓驱赶到指定地点，以40至50户以上、100户以下为居民单位，设置近似正方形的"围子"，四周筑起3米高的土墙，每

---

① 辽宁省地方志编纂委员会办公室主编：《辽宁省志·政府志》，辽海出版社2005年版，第349—350页。

② 见"康德"十年八月即1943年8月日本株式会社本溪湖煤铁公司在埋葬大爆炸死难矿工的仕人沟"肉丘坟"所立的"殉职产业战士之碑"碑文，其碑现立于辽宁省本溪市。

③ "康德"九年五月六日即1942年5月6日日本株式会社本溪湖煤铁公司《本溪湖煤矿灾害事故报告书》，转引自栾莹、吕冬冬：《历史的见证——本溪湖劳工问题研究》，吉林文史出版社2006年版，第222—228页。

④ 本溪湖煤矿李永普证词，1999年7月；包景阳证词，1999年8月。原件存辽宁省本溪市党史地方志办公室。

⑤ 辽宁省地方志编纂委员会办公室主编：《辽宁省志·政府志》，辽海出版社2005年版，第349—350页。

⑥ 李秉刚主编：《历史的疤痕——辽宁境内万人坑》，东北大学出版社2004年版，第20页。

4个"围子"为一个"集团",四角设炮楼,内有警备队看守,墙外挖有深壕,外加铁丝网围绕。这种集中营式的村落,设内外通道,辟4座门。太阳一落,即关门上锁。村落设正、副部落长和自卫团长,内部实行保甲连坐制度,严禁民众与抗日武装接触,凡出现"扰乱治安"者,则"十户连坐",要课以"连坐金"并予严惩。每个部落还常驻有日伪警备队,或设置伪警察派出所监视居民的言行。

被日伪政权以暴力驱入"集团部落"中的居民完全丧失了人身自由。在"部落"里居住要有当局发给的居住证;外出要有伪警察机关签发的通行证,并不得携带粮食、食盐、衣物等;买东西要有购物证;"部落"的耕地被限制在4公里以内,并且严禁栽种马铃薯、玉米和豆类等能直接食用的作物。晚上不准插门点灯,不准互相串门,不准3人以上集聚议论和集群走路,家里来了客人必须先行报告,经过允许才能留宿。对于上述统治办法,居民若有违犯,轻者遭毒打,重者以"通匪"的罪名被关押、杀害。同时,"部落"居民还要负担沉重的徭役,青壮年被编入"自卫团"训练、站岗。

为了建立"集团部落",日伪政权强迫民众离开世代居住的家园和土地,一律迁到指定的地方建"部落",凡是拒绝搬迁的则遭到残杀。同时,日伪军警又将原来的村庄统统烧毁,损毁民房、耕地、财物不计其数[①]。

### 7. 实行奴化教育

九一八事变以后,日伪政权在思想和文化领域实行严酷的法西斯统治,强制灌输所谓"建国精神"、"日满亲善"、"日满一体"等殖民统治思想,大肆宣扬"满洲非中国本土"、"满洲不是中国"、日本侵略中国东北是"解放东北"、资源掠夺是"开发"等侵略谎言,并推行一系列殖民主义思想的文化专制制度和政策,极力摧残中国民族文化,毒化民众思想,妄图从精神上摧毁东北人民的民族意识[②]。

在整个东北沦陷时期,日伪政权凭借法西斯专制手段,竭力推行殖民地奴化教育方针。

日伪政权为有效地推行其殖民地奴化教育政策,首先是把持教育大权,派日本人直接控制、操纵各级伪政权的教育行政机构和各类学校。各伪省、市、县的教育厅(局)都由日本人担任副职,但却掌握实权;各类学校都配有1名日本

① 辽宁省地方志编纂委员会办公室主编:《辽宁省志·政府志》,辽海出版社2005年版,第341—342页。
② 辽宁省地方志编纂委员会办公室主编:《辽宁省志·政府志》,辽海出版社2005年版,第342页。

人担任副校长，全权处理学校一切事务；许多教师也直接由日本人充任，而中国教职员则随时受到严密监视，动辄要被日伪军、警、宪、特机关传讯、搜查，甚至遭到逮捕关押。

日伪政权进行奴化教育的重要手段之一是废除中国原有的教学秩序、内容和教材，以"国定教科书"之类取而代之。在伪教科书未出版之前，则令各学校暂用"四书五经"讲课。到1935年，日伪当局新出版的教科书即达22种、39册，其内容充斥殖民主义奴化思想。以历史教材为例，其内容从辽金时代讲起，中国汉民族历史只字不提。初中一年讲满蒙史，第二年便讲日本史，妄图使中国青少年不知自己是炎黄子孙。在课程设置上，日语作为所谓"国语"被列为大、中、小学的必修课，学习不好者要受到责罚。1942年后，中小学设立"建国精神"课，所授内容均为"日满亲善"、"五族协和"、"大东亚共荣圈"一类的东西。学校教育学生必须"虔心诚意"地崇拜日本天皇和伪皇帝，强迫学生每日"早礼"都必须向"皇宫遥拜"，背诵伪皇帝发布的《国鉴训民诰书》及《国民训》等，接受奴化教育思想的熏染、毒害。

在初等教育方面，日伪政权认为"王道立国，首重教育；教育之基，尤在童蒙"。因此，把培养"忠良之国民"的重点放在发展殖民化学前教育和小学教育上，陆续添设了一些幼稚园，将原初级、高级、短期小学"改造"成"国民学校"、"国民优级学校"、"国民学舍"，甚至将民国初期即已淘汰、废止的私塾恢复"改造"成"国民义塾"。1932年即组成伪"教科书编制编纂委员会"，编纂审查伪教科书，以"王道乐土"、"日满亲善"等奴化思想毒化儿童。

在中等教育方面，日伪政权深感学生心智渐启，其民族意识、爱国思想已难"驾驭"，诬称中学为"排日干部养成所"，遂采取减校缩制、删改课程、改变学校性质、限制专业和升学比例、加重学生课外负担（从事操练、劳作等），强调"以掌握符合实际生活之知识与技能"为目的的种种限制发展措施。到1940年，沈阳只有男子"国高"（即"国民高等学校"，下同）12所，分别为农、工、商各科专业中学（初、高中各2年）；女子"国高"4所，只设烹调、缝纫、纺织等实业课，培养"贤妻良母"式的家庭主妇。"国高"毕业升大学时，只能考预科（日本学生可直接进入本科），升学比例也大大低于日本学生。另有师道学校1所（中师）、南满中学1所（为日本子弟开办）。中等以下的学校名称，一律冠以"国民"二字，日伪当局声称是为了对学生"潜移默化地培养'国民'观念"。

在高等教育方面，九一八事变后，日军残酷镇压抗日爱国师生，东北大学、冯庸大学、交通大学等辽宁省内主要高校被迫流亡关内，其余公立大学皆被关闭，大批师生流散，校园一片萧索。至1933年5月，仅存的几所私立大学才陆续复课，但此后也分别因"经费不足"或"违反建国精神"，被日伪政权强行解散。至此，辽宁民族高等教育被全面扼杀。日伪认为，大学尤其是其法、文科系，是"培养将来处于国家领导地位而进行活动的人才"，因此控制极严，令各地少设法、文科系，以办实业大学为主，且"其数量有一定限度"，学校一律由日本人负责掌管。1938年推行"新学制"后，日伪陆续办了6所农、工、商、医高等专科学校，学制缩短到3年。学生中以日本学生居多，朝、蒙籍学生次之，中国学生最少。如奉天农业大学，日本学生占40%；奉天工业大学，中国学生比例仅为10%。

日伪当局处心积虑地摧残、扼杀辽宁民族教育，肆意侵犯、剥夺中国民众受教育的权利，旨在推行愚民政策，遏制殖民地人民提高文化科学知识水平，使之长期处于愚昧落后状态，成为只粗通文字、掌握一般劳作技能的廉价劳力和任其宰割的"顺民"。为达此目的，日伪政权不择手段横施暴虐。九一八事变后不久，关东军即下发所谓《自治辅导员服务心得》，威胁中国教师"今后再有教授排日教材者，按拿武器反抗日本论处"。1933年，日伪政权又抛出《统治学生思想方案》，除"考查学生之思想，有不合者，加以善导"外，也对教师实行所谓"检定"，考查对日本殖民者的"忠诚"。同年，日伪特务机关制造奉天一中血案，一次杀害爱国师生35人。[1]1936年11月12日，日伪当局以救国会与抗日义勇军有联系为由，在安东县逮捕与救国会有联系的教育界等爱国人士约200人。安东林科高级中学理化教员白玉兰等80余人被无罪释放，安东县教育局局长邓士仁于11月14日死于刑讯。1937年1月，其余被捕人员被转押到沈阳。2月8日，安东省教育厅厅长孙文敷等11人被奉天（今辽宁省沈阳市）日本陆军军事法庭以"反满抗日"的罪名判处死刑，即日被枪杀。安东林科高级中学教员王奉章等83人分别被处以无期徒刑或10年以上有期徒刑，除侯耀宗病死狱中外，其他人在日本投降后幸免于难。[2]

8. 进行细菌实验

日本侵略者曾在我国东北建立了极为秘密的细菌战部队，采用了世界上最残忍的实验手段，即直接用人做试验和对活人解剖的手法来研制细菌武器。他

---

[1] 辽宁省地方志编纂委员会办公室主编：《辽宁省志·政府志》，辽海出版社2005年版，第351—353页。
[2] 辽宁省地方志编纂委员会办公室主编：《辽宁省志·审判志》，辽宁民族出版社2003年版，第301页。

们还冒天下之大不韪，把研制、生产的细菌武器直接用于侵华战场，进行细菌战。为达到此罪恶目的，日本侵略者曾残杀了我国无数的爱国抗日志士和无辜百姓。

日军细菌部队最著名的是731部队和100部队。在辽宁从事细菌实验的机构，从目前收集的资料来看，主要有"满铁"（大连）卫生试验所和满洲医科大学。"满铁"卫生试验所（后改名为大连卫生研究所）是隶属于731部队专门从事细菌实验的秘密机构。"满铁"卫生试验所始建于1925年，九一八事变后几经改扩建，到1937年时，已发展成占地面积38135平方米，建筑面积6120平方米，共41栋建筑的大型机构。当时，从业人员124人，其中日本人91名，中国工人33名。试验所共设置细菌、病理、化学、卫生、血清、疫苗和庶务7个科系；下设8个研究室、5个制造室、7个试验室；附设动物室、仓库、警卫、牧场等。1938年，日本关东军将此所接管，使之成为石井细菌部队（731部队）的直属机构，对外改名为大连卫生研究所，对内则称关东军防疫给水部大连出张所，军内番号为满洲319部队。其内部设置亦有变化，设有研究科、制造科、总务科；人员数量增加至250人，其中中国人120人。大连卫生研究所给辽宁人民带来了巨大的灾难，不仅细菌实验造成大量的人口伤亡，就连研究所附近的居民也饱受影响。据日本战犯高田国胜在1954年7月8日检举材料中说，大连卫生研究所"过去是进行细菌和病理方面试验研究工作的"。"大约1944年秋天，为培养细菌而饲养的老鼠逃跑了，以致于葭町一带的日本人住宅区被断绝交通，禁止出入达一周之久。"[1]日本殖民当局将这一带封锁，为的是避免住在日本住宅区的日本人传染上鼠疫。对此情一无所知的中国人，他们则不管其死活，而且还封锁消息，以致住在这一带的中国人连最起码的预防措施也没有采取。还要特别提到的是，大连卫生研究所同哈尔滨731部队平房本部一样，也极为残忍地使用活人做细菌实验。据原日本"关东州厅"警察部长潮海辰亥1954年8月11日供称："1944年2月至3月，哈尔滨石井细菌部队所辖的大连细菌研究支所，要求我批准用西堀红十字医院（今大连医科大学附属一院前身）的活人作细菌实验。我记得曾批准过一次，将一个人作了细菌实验。对这一行为，我应负直接帮助日本帝国主义研究准备细菌战的责任。"[2]

在满洲医科大学里，进行人体实验和活体解剖更是不胜枚举。北野政次在学校任教授期间就直接用活人（中国人）做细菌实验，这可从他1939年1月11日

① 中央档案馆、中国第二历史档案馆、吉林省社会科学院合编：《日本帝国主义侵华档案资料选编（5）细菌战与毒气战》，中华书局1989年版，第173页。

② 中央档案馆、中国第二历史档案馆、吉林省社会科学院合编：《日本帝国主义侵华档案资料选编（5）细菌战与毒气战》，中华书局1989年版，第174页。

亲笔撰写的题为《斑疹伤寒预防接种的研究——自制斑疹伤寒疫苗的人体实验》的报告书中得到充分的证实。而据当时在解剖室任实验手的张丕卿于1954年揭露：从1942年秋到1943年春，伪奉天南满医科大学解剖室，先后进行过5次左右的活体解剖。受难人数约为25名，一次是3人，一次是7人，一次是12人，另外两次约2—3人，均为男性，年龄在30—40岁。……有朝鲜人1名，德意志籍人1名，俄国人5—6名，其余均为中国人。因这些情况都是解剖以后知道的，其生前之姓名、职业、住址等，中国人是不知道的，因为当时日本帝国主义者控制得很严密[①]。

### 9. 推行经济"统制"

日本侵占中国东北后，极力推行殖民地的经济统制政策，千方百计地垄断辽宁经济，掠夺辽宁资源，进行经济搜刮，抢占战略物资，把东北变成其扩大侵略战争的物资供应基地。

1937年5月1日，日伪政权公布了《重要产业统制法》；同时，发布敕令规定重要产业的范围，凡一切重要产业，都必须由日伪直接操纵的"统制企业"经营。从而为日本产业资本和伪官僚资本垄断市场大开方便之门，而大量华资企业因没有资格跨入"统制企业"门槛，生存空间越来越小，日益衰退。

所谓统制企业是以"特殊会社"为骨干和依托形成的日伪垄断经济集团。初期主要是"一社一业"，一社，即"满铁"（南满洲铁道株式会社）；一业，即"满业"（满洲重工业开发株式会社）。后又发展成为一个行业要有一个主要株式会社的"一业一社"制度。"满铁"、"满业"利用关东军和伪满洲国的军事、行政统治，在东北攫取了巨额利润。"满铁"的总资产在九一八事变前为11亿日元，到1944年已达50.9亿日元，是九一八事变前的4.6倍。1938年"满业"控制了20家子公司，资产达5.5亿日元；1941年控制的子公司达32家，资产为17.24亿日元；1944年控制子公司达40家，资产达28.63亿日元。当年，"满业"控制了整个东北飞机与汽车制造业的100%，机床制造的90%，采煤业、钢铁业、稀有金属生产的80%，武器制造的50%，化学工业的25%[②]。1942年10月，伪满洲国当局用《产业统制法》代替了《重要产业统制法》，规定不仅重要产业，一般产业也要实行统制。

---

① 中央档案馆、中国第二历史档案馆、吉林省社会科学院合编：《日本帝国主义侵华档案资料选编（5）细菌战与毒气战》，中华书局1989年版，第756—757页。

② 辽宁省地方志编纂委员会办公室主编：《辽宁省志·政府志》，辽海出版社2005年版，第348页。

· 20 ·

1937年，日伪政权在伪奉天省试行设立农事合作社（后改建为兴农合作社），以加强对农产品的控制。随着日本发动全面侵华战争，为满足日军战时需求，1938年11月7日，日伪政权宣布对粮谷购销加工实行统制；1940年9月30日，又公布了《主要特产物专卖法》，把"统制"的范围扩大到大豆、苏子、大麻籽、小麻籽等经济作物。自1940年10月1日起，伪奉天省、伪安东省、伪锦州省和东北各地一样，开始强制推行"粮食出荷"政策，对米谷及所有农产品强行收购，以充当"大东亚圣战粮谷兵站基地"。伪政权以"兴农合作社"的名义，强迫农民与之签订"粮食出荷契约"，秋后按"公定"的价格和规定时间，把粮食出售给指定的"粮谷交易所"。每到"出荷"期间，日伪政权派出大量警察、自卫团设岗监视，严禁粮食外运。粮谷"交易"时，日伪验等员、行情员千方百计盘剥农民，一等粮谷硬压成二等，所谓"公定价格"仅按当时市场的最低价格折算，农民连种地的本钱都收不回来。在日伪政权高压搜刮下，仅1943年东北地区即向日本供给粮食767万吨，1944年达到879万吨[1]。

为实现市场独占，攫取高额垄断利润，日伪政权还大力推行商业统制。通过在东北地区的日本商团组织垄断进出口贸易，对关内和西欧产品提高关税率，迫使民族商户不得不经销日货，生存空间越来越狭小。九一八事变前沈阳有工商业户1.4万家，事变后不久即仅存7600家。东北沦陷初期，对于一般工商业，日伪政权主要是从计量、特许权、商标权、输出入检查等方面进行管理。至1937年七七事变后，随着日本军需物资需求量剧增，日伪对商业的"统制"也不断强化。从1937年下半年开始，逐步实行了物资动员、节制消费和配给统制。1939年成立伪满洲生活必需品配给会社，在全东北实行商品配给制。配给的范围十分广泛，从生产资料到生活资料，都由伪政权按标准配售。配给制的实行不仅使经济流通渠道完全殖民化和法西斯专制化，更使人民生活困苦不堪。从粮食到毛巾、肥皂、针线、纸烟等生活必需品完全配给。1941年太平洋战争爆发后，特别是日伪当局颁布了《价格临时措施法》（又称"七二五"物价停止令）后，规定所有物资都必须由日伪统治机构配给、定价，货商不仅分配到的资源数量少，而且多是销路不畅的冷门货，致使货商亏损严重，中小商店纷纷倒闭。1942年，沈阳倒闭的华资工厂即达836家。粮食配给量的不断减少，使老百姓几乎吃不到多少粮食。沈阳市一个成年人每月配给量曾低至4.5公斤，老、小市民只给2.5公斤左右。不论城乡，中国百姓均不准吃大米，如果在中国百姓家里

---

① 辽宁省地方志编纂委员会办公室主编：《辽宁省志·政府志》，辽海出版社2005年版，第348页。

发现一点大米，则要以"经济犯"论处。据不完全统计，当年在东北境内竟制造"经济犯"案件132264起之多①。

商业的另一项"统制"措施是对某些商品实行专卖制度。1932年1月，日伪政权成立了专卖公署（1935年4月改为专卖总署），统理全东北专卖事宜。各省和一些市、县也都设立了专卖机构，不仅对鸦片、硝磺、石油等实行专卖，而且对人民生活必需的食盐、火柴、面粉、灯油等也实行专卖。1937年以后，伪政权为满足日本步步升级的侵略战争需要，逐步从实行产业统制、粮食统制、商业统制，发展到实行配给统制、资本统制、贸易统制、价格统制和劳动统制等全面经济统制政策。

在东北沦陷14年间，由于日伪政权实行经济统制，辽宁的各种资源被掠夺，粮食土地被霸占，财政金融被垄断，企业商业被吞并，社会财产和居民财产被日本侵略者疯狂抢夺，社会动荡不安，人民生活苦不堪言。

# （四）抗日战争时期辽宁地区的人口伤亡情况

九一八事变后，日本侵略者在辽宁地区施行各种野蛮手段，对抗日军民进行野蛮的"围剿"和"讨伐"，对无辜的百姓进行残酷的迫害和屠杀，造成了辽宁地区大量的人口伤亡。据此次调研统计，辽宁14个地级以上城市抗日战争时期人口伤亡总计3255741人，其中直接伤亡382531人，间接伤亡2873210人②。由于抗日战争时期，辽宁所属地区的行政区划数次变更，战争频仍导致人口流动性较大，加上年代久远，档案、文献资料搜集困难，我们仅根据目前所掌握的资料和进行的相关研究，对今属辽宁省的14个地级以上城市的人口伤亡数据进行了汇总，得出了辽宁省抗日战争时期人口伤亡的数据。应该说，我们得出的这个数据还只是初步的和尚不完整的数据，并不能代表整个抗日战争时期辽宁地区人口伤亡的真实情况。今后我们还将继续推进本课题的调研工作，以期在掌握更多资料和取得研究新成果的基础上对有关数据再做出修订和补充。

---

① 辽宁省地方志编纂委员会办公室主编：《辽宁省志·政府志》，辽海出版社2005年版，第348—349页。
② 人口间接伤亡数字主要由劳工伤亡、被捕被俘人员伤亡、制造"集团部落"造成的伤亡等几部分组成，其中劳工伤亡系按当年国民政府统计口径，凡被抓捕为劳工者出现的伤亡均计入间接伤亡。

抗日战争时期辽宁地区人口伤亡简表（1931—1945 年）[1]

| | 直接伤亡 | 间接伤亡 | 合计 |
|---|---|---|---|
| 沈阳 | 200625 | 855917 | 1056542 |
| 大连 | 1075 | 997285 | 998360 |
| 鞍山 | 12184 | 96262 | 108446 |
| 抚顺 | 91671 | 296529 | 388200 |
| 本溪 | 3335 | 128127 | 131462 |
| 丹东 | 8132 | 200789 | 208921 |
| 锦州 | 3706 | 72384 | 76090 |
| 营口 | 9735 | 26408 | 36143 |
| 阜新 | 3530 | 22046 | 25576 |
| 辽阳 | 548 | 7475 | 8023 |
| 铁岭 | 29202 | 115749 | 144951 |
| 朝阳 | 2716 | 45192 | 47908 |
| 盘锦 | 1816 | 528 | 2344 |
| 葫芦岛 | 14256 | 8519 | 22775 |
| 合计 | 382531 | 2873210 | 3255741 |

1. 直接伤亡

（1）平民伤亡

从1931年九一八事变发生至1945年抗日战争胜利，辽宁地区陷入日本侵略者统治之下达14年之久。日本侵略者常以"莫须有"的罪名将无辜百姓抓来，不是砍头、刺杀就是喂狼狗，以各种方式摧残折磨平民百姓，许多人致伤致残甚至失去生命。从此次调研来看，抗日战争时期，平民伤亡在辽宁地区人口直接伤亡中占绝对比重。从伤亡时间上来看，从九一八事变（1931年）到七七事变（1937年）期间，辽宁的平民伤亡较多。全面抗战爆发后，日本侵略者把战争推向关内，辽宁地区作为沦陷区，成为战争的"大后方"，平民伤亡相对较小。由于资料短缺，加之年代久远，此次调研平民伤亡的数字并不能完全反映当时的实际情况，有许多遗漏，还有待于以后进一步补充完善核准。下面仅是此次调查得到的、有据可查的日本侵略者屠杀辽宁平民的死亡较多、具有代表性的部分罪行。

在1931年九一八之夜，沈阳民众死127人，伤270人；工人死220人，伤110人[2]。据某西方记者调查，至9月21日，"确知沈阳华人被日本军队及浪人杀害者

---

① 本表根据此次调研中辽宁省14个地级以上城市分别统计的抗日战争中人口伤亡数据编制而成。

② 杨仲民主编：《日兵侵入后东三省惨祸》，1931年版，第28页，该书由民间收藏家詹洪阁先生收藏。

至（少）有3000人"①。

1931年9月20日，日军侵占葫芦岛，枪杀30余人②。

1931年10月8日，日本关东军作战课长石原莞尔亲自指挥12架日机对锦州进行轰炸，共投75枚25公斤炸弹，炸死36人，重伤21人，省署、车站、学校被毁③。

1931年12月6日，日军以肃清土匪为由，派出飞机10余架向新民县附近及辽阳西北各村落肆意轰炸，村民被害者300余人④。

1932年1月23—25日，日军侵犯阜新蒙古族自治县国华乡梨树营子村，杀死村民24人⑤。

1932年3月27日，日军在兴城县（今辽宁省葫芦岛市兴城市）西部山区"扫荡"，杀害高家岭等村屯无辜村民36人，制造了"高家岭惨案"⑥。

1932年5月24日，日军和伪警察进犯义县肖家屯，大肆烧杀掠夺，共杀害无辜群众25人，制造了"肖家屯惨案"⑦。

1932年8月19日上午11时，日军五架飞机入侵盘山高升镇，并向街内赶集的无辜群众投弹扫射，炸死居民50多人，炸伤百余人⑧。

1932年9月16日，日本驻辽宁省抚顺守备队、警察署、宪兵队等将抚顺煤矿附近的居民集中屠杀，死亡3000多人⑨。

1932年10月9日，日军占领北票三宝营子，杀害无辜居民约100人⑩。

1932年11月12日，日本军队以招降的名义，在盘山县双台子区河南老铁桥西侧，进行了一场血腥大屠杀，杀害四五百人⑪。

1932年12月16日，日军攻占岫岩县城，大肆屠杀无辜群众，仅北城下就抛尸

① 《华北日报》，1931年9月23日。

② 二十日中央社电：《葫芦岛被侵占》，《申报》1931年9月21日第4版。

③ ［日］草柳大藏著、刘耀武等译：《满铁调查部内幕》，黑龙江人民出版社1982年版，第394页；林声主编：《九一八事变图志》，辽宁人民出版社1991年版，第115页。

④ 七日专电：《辽省日军分头扰害农村》，《申报》1931年12月8日第3版。

⑤ 中共阜新蒙古族自治县委党史研究室编：《阜新蒙古族自治县简史》，辽宁民族出版社1992年版，第71—72页。

⑥ 辽宁省地方志编纂委员会办公室主编：《辽宁省志·大事记》，辽海出版社2006年版，第171页。

⑦ 《骇人听闻的肖家屯惨案》，中共义县县委党史研究室室存档案，档案号B3第1—1号案卷，第101页。

⑧ 孙玉玲主编：《日军暴行录：辽宁分卷》，中国大百科全书出版社1995年版，第148页。

⑨ 辽宁省地方志编纂委员会办公室主编：《辽宁省志·大事记》，辽海出版社2006年版，第174页。

⑩ 辽宁省档案馆：《"九·一八"事变档案史料精编》，辽宁人民出版社1991年版，第462—463页。

⑪ 李秉新等主编：《侵华日军暴行总录》，河北人民出版社1995年版，第68页。

30余具①。

1933年3月13日，日军在新宾县旺清门镇、江东、西小堡等村屯抓走无辜群众40余人，不久全部被杀②。

1933年6月16日，日、伪军300多人在凌源县（今辽宁省朝阳市凌源市）东赤里赤村（今属辽宁省朝阳市喀左县），肆意践踏庄稼，抢夺牲畜，殴打村民。当受到村民邹立田、白万升等人反抗后，日、伪军枪杀村民32人，打伤5人③。

1933年8月，日军守备队在清原县南山城杀害无辜群众20人④。

1933年11月9—15日，日军袭击朝阳县王伦沟乡二车户沟，村中57名成年男子被杀害⑤。

1934年5月19日，日军用飞机和大炮轰炸朝阳县羊山镇南营子村，屠杀村民27人，各家财产被日军洗劫一空⑥。

1934年12月7日，日伪军警宪特千余名"围剿"朝阳县南石明信沟，"扫荡"六七天，34人无辜遭杀害⑦。

1935年4月，日军守备队到清原县马架子村"讨伐"，杀害无辜群众20人⑧。

1935年秋，日军进入清原镇，在当地抓捕无辜群众150余人，将他们带到清原镇西浑河桥边，在开阔地进行集体屠杀，制造了"清原镇惨案"⑨。

1935年秋，日、伪军在新宾县响水河子无辜杀害70多人，将另外60多人手腕子上用刀划一个"×"，声称，如果再被抓到时就枪毙⑩。

1935年11月16日，日、伪军重兵突袭朝阳县缸窑岭乡下五家子村（今属辽宁省葫芦岛市），烧杀3个多小时，全村387人被杀害⑪。

1936年2月8日、11日、19日，日军守备队以"通匪"罪名，先后在岫岩县四道河村（今辽宁省鞍山市岫岩县兴隆乡平阶村）进行3次大逮捕，并于15日、20日

① 岫岩县志编辑部编：《岫岩县志》，辽宁大学出版社1989年版，第13页。
② 傅波、曹德全主编：《抚顺编年史》，辽宁民族出版社2004年版，第420页。
③ 朝阳市史志办公室编：《中共朝阳地方史》，辽宁民族出版社2001年版，第53页。
④ 清原县志编纂委员会办公室编：《清原县志》，辽宁人民出版社1991年版，第16页。
⑤ 朝阳市史志办公室编：《中共朝阳地方史》，辽宁民族出版社2001年版，第53—54页。
⑥ 朝阳市史志办公室编：《中共朝阳地方史》，辽宁民族出版社2001年版，第54页。
⑦ 郭亨主编：《朝阳市志》，辽宁大学出版社1996年版，第53页。
⑧ 傅波主编：《抚顺大事记》，辽沈书社1993年版，第214页。
⑨ 邢国良、武英男主编：《抚顺军事志》，辽宁教育出版社1998年版，第495页。
⑩ 傅波主编：《抚顺大事记》，辽沈书社1993年版，第220页。
⑪ 朝阳市史志办公室编：《中共朝阳市地方史》，辽宁民族出版社2001年版，第55页。

进行两次血腥屠杀。村长马玉珍等53人遭杀害①。

1936年6月13日，日军在抚顺刘麻子沟一带屠杀当地居民，造成20余人伤亡②。

1936年7月，日军在新宾县城北山"万人坑"将被捕的20名群众用大刀砍死，另有10名群众被日军作为练习刺杀靶子，全部刺死③。

1936年12月16日，日本守备队及伪警察在安东县南岗头村杀害270多人④。

1936年，新宾县伪县公署警备科和日本守备队把木奇区下湾子村列为"匪区"，指使木奇警察署下湾子分驻所对当地老百姓实行血腥残杀。自1936年8月到1937年底，下湾子村民遭到10余起野蛮的大屠杀。境内原有千余户，五六千人，至1939年时，已经变成了无人区⑤。

1937年7月25日，日、伪军突袭朝阳县北四家子的水泉沟，以开会的名义将村民集中到三间房子里后扫射，屋内49人无一幸免。随后又到邻近的东杖子村挨家挨户搜查，把搜到的人集中后用机枪射杀。两个小时里，日、伪军在两个村共枪杀无辜村民99人。日、伪军回营路过解杖子村时，又用刺刀挑死村民毛凤祥，制造了"日杀百人"的惨案⑥。

1938年4月30日，日、伪军从本溪桥头、胡家堡子、城门沟等地将30多人抓到赛马集（今属辽宁省丹东市凤城市）全部杀害⑦。

（2）抗日义勇军、东北抗日联军等抗日军人的伤亡

义勇军是辽宁地区较早与日本侵略者进行斗争的民众抗日武装。九一八事变以后一周多的时间里，即有高鹏振在新民县组织"东北国民救国军"与日本侵略者展开浴血奋战。最盛时期，辽宁地区的义勇军曾达58路人马，30多万人。这些英勇将士为了保卫国家，抵抗入侵，付出了巨大代价。不仅是义勇军队伍本身，连带他们的家人和朋友、邻居等也牺牲众多。日军在"清剿"义勇军时，往往实行"三光"政策和株连政策，致使广大抗日军民损失惨重。据此次调查，抗战期间辽宁地区义勇军有据可查的伤亡数量为：死亡27016人，伤残4246人，被

① 辽宁省地方志编纂委员会办公室主编：《辽宁省志·大事记》，辽海出版社2006年版，第191页。
② 《日本侵略者在抚顺县的罪行》，见中共抚顺市委党史工作委员会编：《抚顺党史资料》第7辑，1989年内部版，第13页。
③ 《日本战犯矢野荣治供词》（影印件），新宾县党史办公室室存档案，档案号全宗号第24号，第94页。
④ 孙玉玲主编：《日军暴行录·辽宁分卷》，中国大百科全书出版社1995年版，第81—83页。
⑤ 孙玉玲主编：《日军暴行录·辽宁分卷》，中国大百科全书出版社1995年版，第140—142页。
⑥ 朝阳市史志办公室编：《中共朝阳地方史》，辽宁民族出版社2001年版，第54—55页。
⑦ 政协本溪县委员会文史资料委员会编：《本溪县文史资料》第2辑，1987年内部版，第50—53页。

抓捕5537人[①]。由于年代久远，档案文献资料搜集困难，我们仅根据目前所掌握的资料和相关研究得出了这个数据。应该说，这个数据是个初步数据，实际上义勇军的伤亡人数要远远超过这个数字，随着今后工作的深入进行，将对上述数据进行补充和修订。

在鞍山、丹东等地，抗日义勇军将领苗可秀、刘壮飞、盛梅伍、白承润、关世英、赵庆吉、周福海、尤福连、阎生堂、逄景太、李向荣、赵伟等人，以及义勇军下级军官叶成周、刘文明、关宝恒、齐德禄、吴海明、李秀忱、赵华堂、侯振华、顾德贵、黄文荣、黄庆福、黄宝山、鲁盈东、温富林、蔡有权、蔡景春等人，均在作战中牺牲或被俘后被日军杀害[②]。1932年12月中旬关门山会战中，宽甸（今属辽宁省丹东市）义勇军张海川、刘景文部第五旅旅长李向荣，以及近200名义勇军战士血洒疆场[③]。1933年4月21日晨，刘景文、刘同先率义勇军3000余人，围攻庄河县青堆子，下午在青堆子外围小孔屯与日军饭冢小队激战两小时，义勇军死29人[④]。1933年，邓铁梅部第1支队李海山部600余人在辽宁老平顶（凤城、岫岩两县界山）被日、伪军包围，全部壮烈牺牲[⑤]。1933年8月17日10时许，日军500余人分路将李春润部包围，义勇军伤亡营长以下官兵20余人，李春润腿部负重伤[⑥]。据日本奉天军事纪要统计，1931年10月至1933年3月，仅南满线上就发生战斗613次[⑦]。在战斗中，义勇军伤亡惨重，据政协鞍山市委员会初步调查，鞍山地区义勇军死亡2817人，负伤684人，被俘3358人[⑧]。

在本溪，为消灭本溪抗日力量，日、伪军进行了持续不断的军事"扫荡"和"讨伐"。据《警察署讨伐匪贼出动次数调查》记载：1931年9月—1934年3月，本溪湖日、伪军警"讨伐"出动110次，共毙杀"匪贼"364人，伤615人[⑨]。

① 辽宁省政协抗日战争时期人口伤亡和财产损失专题调研课题组：《抗日战争期间辽宁地区义勇军伤亡和财产损失专题调研报告》，2008年，原件存中共辽宁省委党史研究室资料室，资料号"抗损资料"06—00—00—52。
② 中共鞍山市委党史办公室编：《鞍山英烈》，沈阳出版社1996年版，第1—215页。
③ 邢德昶主编：《中共鞍山地方史》，辽宁人民出版社1995年版，第64页。
④ 岫岩县志编辑部编：《岫岩县志》，辽宁大学出版社1989年版，第496页。
⑤ 岫岩县志编辑部编：《岫岩县志》，辽宁大学出版社1989年版，第496页。
⑥ 岫岩县志编辑部编：《岫岩县志》，辽宁大学出版社1989年版，第497页。
⑦ 邢德昶主编：《中共鞍山地方史》，辽宁人民出版社1995年版，第63页。
⑧ 政协鞍山市委员会办公厅：《关于抗战时期鞍山地区义勇军伤亡情况的专题调研报告》，2007年9月，第3页，原件存中共辽宁省委党史研究室资料室，资料号"抗损资料"06—03—00—10。
⑨ 关东局：《关东局施政三十年史》，东京原书房1974年，大连图书馆馆藏图书，藏书号M411—53，第180页。

另据《康德三年（1936年）前半期肃清工作效果表》记载：仅1936年，桓仁县日、伪军警就"讨伐"38次，共"射杀'匪首'4人，射杀总数128人，负伤总数173人。"[1]

在阜新，抗日战争14年中被日伪当局杀害的共产党员及爱国知名人士主要有：阜新地区第一个党小组——彰武党小组成员、彰武赤色工会负责人张振福；中共党员、地下工作者辛志屏（原大连中华工学会秘书部主任）；东北抗日义勇军第一军团第一路军第1支队副支队长苑九占；"东北国民救国军"司令高鹏振。

在辽阳，1932年4月3日，日本侵略者集结数千人对抗日铁血军进行"围剿"，我抗日人员有25人被杀，40多人被俘。4月4日上午7时，日、伪军在辽阳西关外大壕沟杀害抗日铁血军曹广大、陈春一、胡聚才、王树勋、刘继五、张发、马云全、孙继五、张相臣、任树庆、张福元、祁文章、李学文、杨沐波、何泽溥、王希魁、李洪秀、王崇全、吴振东、王中时、兰明山、富明文等22人。4月10日上午5时，杀害铁血军16人[2]。

在朝阳，自1932年起，日本侵略者对朝阳境内的各路义勇军驻地不断派飞机轰炸，遣大军"围剿"，使朝阳境内的义勇军首领李昆山、王震、张奎元、王景明、王景友及大批军士阵亡在战场，部下士兵亦被打散[3]。

在葫芦岛，1932年1月9日，张恩远、刘春山率领锦西民众武装，在龙王庙西山抗击日军石野步兵小队的"扫荡"，激战中，张恩远负伤，刘春山及其弟中弹牺牲。日军遭到打击之后撤回江家屯途中，遭到西园子民众阻击，战斗中刘国臣等8人壮烈牺牲。同日在钱褡岭战斗中，抗日民众牺牲9人，负伤4人[4]。

在众多的抗日武装中，中国共产党领导的东北抗日联军是影响最大的，当然也是日本侵略者倾力"剿杀"的队伍。在辽宁地区活动的，主要是东北抗日联军第1军。这是由抗联著名将领杨靖宇领导的、活跃于南满及东边道地区的人民抗日武装。在抗击日本侵略的斗争中，抗联将士伤亡较大，如抚顺仅在1935年

① 伪满洲国国务院总务厅弘报处编：《省政汇览》第七辑《安东省篇》（日文），大连图书馆馆藏图书，藏书号M4133—2。
② 李秉新等主编：《侵华日军暴行总录》，河北人民出版社1995年版，第62—63页。
③ 朝阳市抗日战争时期人口伤亡和财产损失课题组：《抗日战争时期朝阳市人口伤亡和财产损失调研报告》，2008年4月，原件存中共辽宁省委党史研究室资料室，资料号"抗损资料"06—12—00—01。
④ 葫芦岛市抗日战争时期人口伤亡和财产损失课题组：《抗日战争时期葫芦岛市人口伤亡和财产损失调研报告》，2008年4月，原件存中共辽宁省委党史研究室资料室，资料号"抗损资料"06—14—00—01。

一年时间里，就有人民革命军（抗联前身）第1军1师师长李红光、第1军1师5团团长李明海、新宾东瓜岭人民革命军自卫大队的王全志等7人、第1军1师某部的战士13人、人民革命军教导团1连的李指导员等4人、新宾牛北沟人民革命军某部战士7人，先后在战斗中牺牲或被敌人逮捕杀害。1936年，仅在新宾苇子峪、平顶山、大四平一带被日军守备队杀害的就有自卫军大队长滕××，排长张吉武，某部分队长范明喜，通讯员郭刚，情报员刘治复，战士商连发、高凤君、马长山、贾长福、李玉廷、程亚文、李明相、王长清等；另外惨遭日、伪军杀害的还有地下工作人员王庆春、单景一、王喜彦、于洪元等。1937年10月中旬至12月，抗联第1军3师师长王仁斋、政委周建华先后壮烈牺牲。根据我们调查和查阅有关历史文献统计，东北抗日联军在辽宁地区牺牲1652人，其中有姓名记载的83名。由于资料有限，具体伤亡人员姓名及伤亡数字还需要进一步研究、补充和考证。

（3）国民党东北军及军警公务人员的伤亡

在日本侵占辽宁期间，为了抵抗日军的侵略，辽宁的国民党东北军将士及军警公务人员也付出了鲜血和生命，伤亡数量较大。

九一八事变发生时，国民党东北军陆军独立步兵第7旅驻地北大营是日本侵略者重点攻击目标。日军首先炮轰北大营，由于事前毫无准备，东北军官兵损失惨重。据"满铁"奉天事务所时局综合情报（1931年9月22日）记载："战后已经一昼夜的北大营，营内各处仍在燃烧，死尸遍地，死马也到处可见。其中还有脱下军服，换上便衣，准备逃跑未成而被打死的，还有尚未断气的，其状颇为凄惨。"[1]据1931年11月出版的《满洲事变杂录》记载：此役日军埋葬东北军尸体320人，实际战死在400人左右[2]。据1933年8月出版的《东北血痕》一书记载：9月18日夜10时，日军击毙我北大营驻军约七八百人，被俘颇多[3]。而据时任东北军参谋长荣臻所撰《九一八事变之经过情形》一文记载，北大营之役东北军死亡人数："死亡官长五员，士兵夫一百四十四名，负伤官长十四名，士兵夫一百七十二名，统计伤亡官士兵夫三百三十五员，士兵失踪生死不明者，四百八十三名。"[4]当时北大营东北军准确的伤亡数字目前已无法考证，但从以上3个数据可见当时伤亡颇重。9月19日零点45分至1时许，日本侵略者分3路向沈阳

① 中央档案馆、中国第二历史档案馆、吉林省社会科学院合编：《日本帝国主义侵华档案资料选编（1）九·一八事变》，中华书局1988年版，第247页。

② 《北大营附近日支两军冲突之概况》，《满洲事变杂录》（昭和六年十一月），辽宁省档案馆馆藏档案，档案号日文资料政治1739。

③ 印维廉、管举先编：《东北血痕》，中国复兴学社1933年版，第7—8页。

④ 李云汉编：《九一八事变史料》，台北正中书局1977年版，第245—249页。

城发起攻击。由于当地军警在此前已接到不准抵抗的命令，所以大多数军警已逃避，只有部分警员奋起抵抗。据《东北血痕》一书记载："十九日晨六时，日军大队蜂拥进城，向我警察驻在所开炮轰击，警察死亡一百八十余人，伤三百余人，被缴械约四五千枝。"[1]据《申报》1931年9月23日记载：整个沈阳城警察，或被击毙，或被缴械，城内已无中国警察，各街市站岗者，为便装之日人及朝鲜人，凡中国人着装者，均被拘押或枪毙。无人幸免，有穿马裤者，若遇日兵，即死于刺刀之下。有些缴了械的军警，或押上汽车，或被绳索串绑着，去向不明[2]。

1932年5月16日，沈阳县公安局局长张凤岐和爱国警官杨春元、耿光汉、程云桥、陈范、洪德彰等6人被日本宪兵逮捕。张凤岐被泼上汽油活活烧死；耿光汉等4人被活埋在大石桥虎石沟万人坑；杨春元竟被割去舌头折磨而死[3]。1933年2月27日至3月8日，侵略热河的日军在建昌县境内（今属辽宁省）与设防的东北军激战10昼夜。东北军第8旅2团营长王九皋率部与敌激战，最终，60余名战士倒在血泊之中。1933年2月27日，东北军第19旅孙德奎部在建昌县杨树湾纱帽山与日军展开激战，战斗中阵亡120人。1933年2月28日，在黑山科、北桥（今辽宁省葫芦岛市境内）一带战斗中，东北军阵亡12人。1933年3月1日，日军在石佛金仗子后山（今辽宁省葫芦岛市境内）集体枪杀东北军70多人。1933年3月4日，喇嘛洞（今辽宁省葫芦岛市境内）东北军阵亡48人。1933年3月5日，喇嘛洞（今辽宁省葫芦岛市境内）双龙山东北军阵亡34人。从1933年2月27日至3月8日，在葫芦岛地区，东北军为阻击日军侵热共阵亡500多人[4]。

这里需要说明一下，此次调研工作，部队的伤亡不在调研统计数字之内，但在调研过程中收集了抗战时期辽宁许多有关东北抗联和国民党东北军人口伤亡的资料，在此简要列出，仅供参考。

2. 间接伤亡

（1）劳工伤亡

辽宁矿产资源丰富，日本帝国主义垂涎已久。伴随着日本侵略者对辽宁矿产资源的疯狂掠夺，是对中国人力资源的残酷压榨，从而导致数十万劳工的惨死

① 印维廉、管举先编：《东北血痕》，中国复兴学社1933年版，第7—8页。
② 《申报》，1931年9月23日。
③ 中共辽宁省委党史研究室：《关于对张凤岐等六人历史问题的调查结论》，2005年11月28日，辽宁党研室发[2005]13号，原件存中共辽宁省委党史研究室档案室。
④ 葫芦岛市抗日战争时期人口伤亡和财产损失课题组：《抗日战争时期葫芦岛市人口伤亡和财产损失调研报告》，2008年4月，原件存中共辽宁省委党史研究室资料室，资料号"抗损资料"06—14—00—01。

和更多劳工的伤残。

日本在辽宁经营有抚顺煤矿、阜新炭矿、大石桥镁矿、本溪湖煤铁矿，等等。这些矿区需要大批劳力进行掘采工作，日方采取骗招、强迫民众出劳工、非法使用战俘等方式，征调大批劳工从事采矿业。由于工作环境极其恶劣，生活待遇极为低下，因此，采矿工人的死亡率极高。据国民政府1946年调查情况显示，日伪政权在辽宁地区曾强征大批劳工，多数都未生还，其死亡原因主要是过度劳累、伤病、饥饿以及矿井事故，等等。

从1946年12月27日锦县余积村民众抗战损失调查表来看，仅此一村共有崔忠祥等17人在被强征劳工服役中伤亡。锦县凌安村有王洪田等43人在1943年5—8月间因出劳工而死亡。锦县石屯卫村群众在日伪统治时期被强迫出劳工伤亡61人。锦县光荣村因服劳役而死亡朱永润等42人，伤1人。锦县彰良村群众被强征劳役死亡刘玉玺等52人，伤3人。锦县大凌河、绥丰、双羊、新开各村1933—1934年劳工死亡74人。死亡原因有因伤而死，因病而亡，因过劳而死，因饮食不足饥饿而亡等。死亡时间大多集中在1933—1935年间[1]。

日本侵略者疯狂掠夺煤炭，根本不顾工人死活。因矿井下缺乏必要的安全措施，致使事故频出，造成大量矿工死亡。

在日本侵占抚顺煤矿的14年里，抚顺地区埋葬死难工人的"万人坑"就有36处[2]。1931—1942年间因事故而致伤的工人数为70501人[3]。

日本侵略者在对本溪进行经济掠夺过程中，也夺去了十几万劳工的生命。在本溪有6处较大的死难矿工遗体埋葬地，分别为仕人沟、月牙岭、砰石山、柳塘南天门、太平沟、本钢一厂等处。其中，仕人沟肉丘坟为1942年4月本溪湖煤矿瓦斯大爆炸中死难矿工的集体墓葬。当时事故发生后，矿方封盖进口，致使井下作业的数千名工人全部死亡，死难工人的遗体，在6400平方米的大坑中埰

---

① 中共辽宁省委党史研究室编：《历史永远不能忘记——辽宁人民抗日斗争图文纪实》，辽宁人民出版社2005年版，第172—173页。

② 李秉刚主编：《历史的痕迹——辽宁境内万人坑》，东北大学出版社2004年版，第170页。这36处"万人坑"遗址是：新屯南山、新屯东山、龙凤南山、搭连南山、万达屋西山、万达屋东山、老虎台后山、老虎台西山、老虎台南沟、南大岭、阿金沟、马厂沟、刘山、丘楼子、荒地沟、古城子、二龙山、程家坟、演武、戈布西山、抚顺城北山、马架子、夜海沟南山、夜海沟西山、五龙沟、东洲东山、五老屯、蛇窝、望花北大坑、月牙山、高尔山、青草沟、塔湾、栗子沟、南花园和腰截子。

③ 中共辽宁省委党史研究室编：《历史永远不能忘记——辽宁人民抗日斗争图文纪实》，辽宁人民出版社2005年版，第173页。

了5层①。

　　日本对阜新煤炭资源的攫取，从1914年就已开始，而1936年10月1日成立满洲炭矿株式会社阜新矿业所以后，更开始了大规模的掠夺。至1939年，阜新矿已成为"满炭"系统的最大煤矿。1939年10月，阜新矿业所实现日产万吨。据不完全统计，从1936—1945年，日本侵略者从阜新共掠走2500多万吨煤炭，这些煤炭是以数万劳工的生命为代价换来的。在阜新有4处劳工墓地，分别位于新邱兴隆沟、城南、孙家湾、五龙南沟。根据"满炭"内部出版的《满炭统计年报》和"满铁"内部出版的《满炭生产力诸问题》等资料记载，以及根据部分日伪资料记载的数字进行统计分析，从阜新矿业所建立后十年间（1936—1945），以各种方法征用劳动力总数在50万人以上，死难矿工总数约为7万多人②。

　　抗日战争时期，日本侵略者除了在采矿业征用大批劳工外，在几项重大工程的修建上，也征用数万劳工，致使大量劳工伤亡。在修建丹东鸭绿江畔水丰水电站过程中，征用劳工数万名，并造成约2万中国劳工死亡③。在大连金州龙王庙军事工程修建过程中，先后征用劳工数万人，死亡劳工8000人④。在铁岭乱石山军事工程修建过程中，征用劳工数量巨大，仅1945年在工程现场施工的各类劳工就达10万人，死亡劳工在1万人以上⑤。下面是日本侵占辽宁期间，因矿井发生重大安全事故而伤亡的中国劳工情况的一个概略统计。由于档案、文献资料及证人口述资料有限，以下列举的数据只是初步的和不完整的。随着资料的不断丰富，我们还将进一步补充完善。

---

① 栾莹、吕冬冬著：《历史的见证——本溪湖劳工问题研究》，吉林人民出版社2006年版，第103页。
② 中共辽宁省委党史研究室编：《历史永远不能忘记——辽宁人民抗日斗争图文纪实》，辽宁人民出版社2005年版，第174页。
③ 军事科学院外国军事研究部编：《日本侵略军在中国的暴行》，解放军出版社2005年版，第276页。
④ 李秉刚主编：《历史的疤痕——辽宁境内万人坑》，东北大学出版社2004年版，第395页。
⑤ 李秉刚主编：《历史的疤痕——辽宁境内万人坑》，东北大学出版社2004年版，第410—413页。

## 辽宁地区抗日战争期间矿业重大事故劳工伤亡简表

| 时间 | 地点 | 原因 | 伤亡人数 | 出处 |
|---|---|---|---|---|
| 1932年4月 | 本溪湖煤矿2坑13道 | 瓦斯爆炸 | 死10余人 | 本溪市党史地方志办公室编:《本溪市志》第二卷,大连出版社1998年版,第281页。 |
| 1933年9月5日 | 本溪湖煤矿5坑 | 瓦斯爆炸 | 死27人 | 本溪市党史地方志办公室编:《本溪市志》第二卷,大连出版社1998年版,第281页。 |
| 1934年8月21日 | 本溪湖煤矿2坑15道西1道 | 瓦斯爆炸 | 死8人 | 本溪市党史地方志办公室编:《本溪市志》第二卷,大连出版社1998年版,第281页。 |
| 1934年12月25日 | 北票煤矿冠山竖井 | 瓦斯爆炸 | 死52人 | 马永春主编:《北票矿务局志》(上卷),1993年内部版,第146页。 |
| 1934年12月 | 北票煤矿冠山竖井600英尺四层处 | 瓦斯爆炸 | 死23人 | 马永春主编:《北票矿务局志》(上卷),1993年内部版,第146页。 |
| 1935年4月10日 | 抚顺炭矿万达屋坑东部小卷扬机坑道第14水平巷道 | 瓦斯爆炸 | 死12人,重伤39人 | 傅波、曹德全主编:《抚顺编年史》,辽宁民族出版社2004年版,第434页。 |
| 1935年7月29日 | 本溪南芬庙儿沟铁矿 | 山啸 | 死300余人 | 本钢史志办公室编:《本钢志》(上),辽宁人民出版社1989年版,第91页。 |
| 1936年1月9日 | 南芬庙儿沟铁矿坑道内 | 炸药爆炸 | 死29人 | 本钢史志办公室编:《本钢志》(上),辽宁人民出版社1989年版,第91页。 |
| 1936年5月31日 | 抚顺炭矿 | 瓦斯爆炸 | 死20余人 | 傅波主编:《抚顺大事记》,辽沈书社1993年版,第226页。 |
| 1936年5月 | 抚顺炭矿东乡坑 | 瓦斯爆炸 | 死伤31人 | 傅波主编:《抚顺大事记》,辽沈书社1993年版,第227页。 |
| 1936年10月31日 | 抚顺煤矿东乡采炭所的东部第12卷扬机巷道内的西侧第8水平巷道掌子 | 火灾 | 死6人,伤12人 | 傅波主编:《抚顺大事记》,辽沈书社1993年版,第230页。 |
| 1937年10月15日 | 抚顺境内老虎台矿第5采煤区第28巷道第8斜巷内 | 瓦斯爆炸 | 死15人,伤25人 | 傅波主编:《抚顺大事记》,辽沈书社1993年版,第239页。 |

| 时间 | 地点 | 原因 | 伤亡人数 | 出处 |
|---|---|---|---|---|
| 1938年 | 抚顺境内老虎台矿—225米第8水平西第3马机处 | 瓦斯爆炸 | 死28人，伤30余人 | 傅波主编：《抚顺大事记》，辽沈书社1993年版，第245页。 |
| 1939年4月26日 | 抚顺炭矿龙凤坑 | 瓦斯爆炸 | 死70人，伤70人 | 傅波主编：《抚顺大事记》，辽沈书社1993年版，第247页。 |
| 1939年12月26日 | 抚顺境内东乡坑0号卷扬机坑道第11水平巷道 | 瓦斯爆炸 | 死2人，伤9人 | 傅波主编：《抚顺大事记》，辽沈书社1993年版，第248页。 |
| 1939年 | 抚顺境内万达屋坑东斜井 | 瓦斯爆炸 | 井口死2人，井下死17人，重伤20多人 | 傅波主编：《抚顺大事记》，辽沈书社1993年版，第248页。 |
| 1939年 | 北票台吉一井 | 瓦斯爆炸 | 死19人 | 孙玉玲主编：《日军暴行录：辽宁分卷》，中国大百科全书出版社1995年版，第156页。 |
| 1940年1月 | 阜新新邱采炭所第3坑 | 瓦斯爆炸 | 死100余人 | 中共阜新市委党史研究室编：《中国共产党在阜新地区活动大事记》（1984年5月），中共阜新市委党史研究室室存档案，档案号82—6—118，第125页。 |
| 1940年3月 | 阜新新邱采炭所1坑 | 瓦斯爆炸 | 死40多人 | 中共阜新市委党史研究室编：《阜新市工人运动大事记》（1984年4月19日），中共阜新市委党史研究室室存档案，档案号82—6—112，第55页。 |
| 1940年4月2日 | 抚顺龙凤坑 | 昼夜爆炸43次 | 死159人 | 傅波主编：《抚顺大事记》，辽沈书社1993年版，第249页。 |
| 1940年4月26日 | 抚顺龙凤坑 | 瓦斯爆炸 | 死58人，伤200余人 | 傅波主编：《抚顺大事记》，辽沈书社1993年版，第249—250页。 |
| 1940年4月29日 | 抚顺龙凤坑第5本部21路 | 瓦斯爆炸 | 死80多人，伤150多人 | 傅波主编：《抚顺大事记》，辽沈书社1993年版，第250页。 |
| 1940年5月23日 | 抚顺境内万达屋坑东斜井16路三道盘 | 瓦斯爆炸 | 死32人，伤20人 | 傅波主编：《抚顺大事记》，辽沈书社1993年，第250页。 |

| 时间 | 地点 | 原因 | 伤亡人数 | 出处 |
|---|---|---|---|---|
| 1940年6月27日 | 抚顺万达屋坑东斜井坑 | 瓦斯连续爆炸7次 | 死30人，伤20人 | 傅波主编：《抚顺大事记》，辽沈书社1993年版，第250页。 |
| 1940年7月4日 | 抚顺煤矿 | 两次爆炸 | 死13人 | 《抚顺煤矿两度爆炸》，《申报》1940年7月6日。 |
| 1940年7月29日 | 阜新新邱采炭所东1坑 | 瓦斯爆炸 | 死31人 | 阜新市地方志办公室编：《阜新市志》第1卷，中国统计出版社1993年版，第34页。 |
| 1940年8月16日 | 本溪湖煤矿大斜坑电车道三平上 | 瓦斯爆炸 | 死30余人 | 本溪市党史地方志办公室编：《本溪市志》第二卷，大连出版社1998年版，第281页。 |
| 1940年冬 | 阜新太平4坑1个采煤掌子 | 崩露了天 | 83人全埋在里头 | 中共阜新市委党史资料征集编写办公室编：《阜新党史资料》（抗日斗争史专辑）1985年版，第55页。 |
| 1941年3月 | 北票煤矿台吉1坑东1片4层采场 | 冒顶 | 死11人 | 马永春主编：《北票矿务局志》（上卷），1993年内部版，第149页。 |
| 1941年4月19日 | 本溪湖煤矿第3坑 | 瓦斯爆炸 | 死10人 | 本溪市党史地方志办公室编：《本溪市志》第二卷，大连出版社1998年版，第281页。 |
| 1941年6月 | 北票煤矿台吉1坑东5片 | 瓦斯燃烧 | 死20人 | 马永春主编：《北票矿务局志》（上卷），1993年内部版，第149页。 |
| 1941年9月 | 阜新新邱采炭所2坑 | 冒顶 | 死20多人 | 《齐学孔回忆录》（1960年8月25日），辽宁省阜新阜矿集团档案馆馆藏档案，档案号7—82。 |
| 1941年11月6日 | 本溪湖煤矿柳塘压风机房着火 | 瓦斯爆炸 | 死9人 | 本溪市党史地方志办公室编：《本溪市志》第二卷，大连出版社1998年版，第496页。 |
| 1941年 | 阜新平安采炭所3坑东2路半本层采煤掌子 | 冒顶 | 死16人 | 《把头梁汝镇的证词》（1999年4月21日），阜新市委党史研究室室存档案，档案号82—6—359，第23页。 |

| 时间 | 地点 | 原因 | 伤亡人数 | 出处 |
|---|---|---|---|---|
| 1942年4月26日 | 本溪湖煤铁公司 | 瓦斯爆炸 | 死3000多人 | 《本溪湖煤矿灾害事故报告书》（株式会社本溪湖煤铁公司1942年5月6日），转引自栾莹，吕冬冬：《历史的见证——本溪湖劳工问题研究》，吉林文史出版社2006年版，第222—228页；本溪湖煤矿李永普证词，1999年7月，包景阳证词，1999年8月，原件存辽宁省本溪市党史地方志办公室。 |
| 1942年5月 | 阜新新邱采炭所东2坑采煤掌子 | 连续两次大冒顶 | 死伤共100多人，当场死70多人 | 中共阜新市委党史研究室编：《阜新市工人运动大事记》（1984年4月19日），中共阜新市委党史研究室室存档案，档案号82—6—112，第56页。 |
| 1942年7月27日 | 北票矿台吉1坑 | 瓦斯爆炸 | 烧死150多人 | 徐国林主编：《北票市志》，国际商务出版社2003年版，第384页。 |
| 1942年11月 | 北票矿台吉1坑西3片4层挺眼 | 瓦斯爆炸 | 死30人 | 马永春主编：《北票矿务局志》（上卷），1993年内部版，第149页。 |
| 1942年 | 北票矿台吉1坑1斜井3片 | 瓦斯爆炸 | 死5人 | 马永春主编：《北票矿务局志》（上卷），1993年内部版，第149页。 |
| 1942年 | 北票矿三宝1坑采场 | 瓦斯爆炸 | 死32人 | 马永春主编：《北票矿务局志》（上卷），1993年内部版，第149页。 |
| 1942年 | 北票矿冠山竖井2号井 | 瓦斯爆炸 | 死50人 | 马永春主编：《北票矿务局志》（上卷），1993年内部版，第149页。 |
| 1942年 | 北票矿三宝1坑3片采场 | 瓦斯爆炸 | 死12人 | 马永春主编：《北票矿务局志》（上卷），1993年内部版，第149页。 |
| 1943年1月8日 | 抚顺境内老虎台坑330米西第4水平第43号大掌子 | 瓦斯爆炸 | 死15人，伤10人 | 傅波主编：《抚顺大事记》，辽沈书社1993年版，第267页。 |
| 1943年8月25日 | 抚顺龙凤矿第6主斜巷道西侧0号水平巷道掌子处 | 瓦斯爆炸 | 死27人，伤49人 | 抚顺市总工会工运史志研究室编：《抚顺工人运动大事记》，1991年内部版，第49页。 |

| 时间 | 地点 | 原因 | 伤亡人数 | 出处 |
|---|---|---|---|---|
| 1943年9月15日 | 辽阳灯塔的烟台采炭所西大斜井右 | 瓦斯爆炸 | 死12人，伤11人 | 灯塔县志办公室编：《灯塔县志》，辽宁人民出版社1990年版，第17页。 |
| 1943年冬 | 台吉一井 | 瓦斯爆炸 | 死亡10余人 | 孙玉玲主编：《日军暴行录：辽宁分卷》，中国大百科全书出版社1995年版，第156页。 |
| 1944年冬 | 阜新平安监狱平安3坑 | 跑车事故 | 撞死10多人 | 中共阜新市委党史研究室编：《日伪阜新平安监狱概况》（1985年7月18日），阜新市委党史研究室室存档案，档案号82—6—134，第27页。 |
| 1944年底 | 北票矿台吉1坑3片西延 | 透火事故 | 烧死17人 | 孙玉玲主编：《日军暴行录：辽宁分卷》，中国大百科全书出版社1995年版，第156页。 |
| 1945年1月25日 | 抚顺老虎台斜井东部－330米第4平巷与第5平巷间 | 瓦斯爆炸 | 死10人，伤3人 | 傅波主编：《抚顺大事记》，辽沈书社1993年版，第277页。 |
| 1945年1月 | 北票矿台吉1坑3片采场 | 瓦斯爆炸 | 死70多人 | 孙玉玲主编：《日军暴行录：辽宁分卷》，中国大百科全书出版社1995年版，第156页。 |

（2）被俘、被捕人员伤亡

从1931年九一八事变发生至1945年抗日战争胜利，日本侵略者在辽宁地区实行残暴的法西斯统治，组建起庞大的警察特务机构，进行"治安整肃"，残酷镇压抗日民众和抗日组织；在各地城乡大搞所谓"检举"，搜查、破坏中国共产党及其他抗日组织，大肆捕杀抗日爱国人士。日伪统治机构对被捕者施以上夹棍、坐老虎凳、灌凉水、灌煤油、灌辣椒水、火烤、冷冻、滚钉笼、刀劈、刀铡、活埋、剜心、扒皮、点天灯、活人解剖等酷刑，严刑逼供，将难以计数的抗日爱国人士活活折磨致死或秘密杀害。

1932年5月1日，中共奉天造兵所（原东三省兵工厂）党支部书记梁永盛，根据奉天特委指示，利用五一国际劳动节和群众赶天齐庙会的机会，散发抗日传单，进行抗日宣传。遭到日伪警特抓捕后，梁永盛坚贞不屈，宁死不肯透露半句党的机密，被施以灌凉水、灌辣椒水、灌火油、跪碗碴子并压杠子、刑具刀刮肋骨等酷刑后杀害①。

1934年5月末，因内奸出卖，日伪警宪将因患痢疾秘密养病的著名抗日将领、东北民众自卫军司令邓铁梅逮捕。在以高官厚禄引诱、拉拢，以及威胁、酷刑等一切伎俩均告失败后，同年9月28日，日本宪兵将邓铁梅秘密杀害于狱中，并于同日残忍地将邓妻张玉姝活埋在浑河沿②。

1935年10月12日，伪奉天警厅特务科在科长、日本人筑谷章造指挥下，对地下抗日组织"一分会"成员进行大搜捕。该组织以"读书"、"研究学问"为掩护，表面上规定凡参加者每天捐一分钱资助失学青年读书，实际是以此为联络契机，从事抗日爱国活动。日伪警特先后逮捕该组织数十人，施以灌凉水、上大挂、滚钉笼、浇开水、挖脚心、刮肋骨、火烧等酷刑。该组织负责人钱福荣及何士义、张金声被折磨致死，刘开平惨遭活埋，牛光仆、牛家林、张上民、陈守礼等人被判重刑，余者均被列入"要视察人"之列，长期受到日伪监视和迫害③。

1935—1940年，抗日组织"大连放火团"（又称国际反帝同盟，系苏联红军参谋部直接领导的一个国际性反法西斯组织），先后放火57次，烧毁日军大量军用物资。日伪军警抓捕了该组织大部分成员，施以严刑拷打后，判处姬守先、秋世显、黄振林、邹立升、高绪慎、孙玉成、李化钧、吴成江、王有佐、孙文凯、黄振先、赵国文等12人死刑（其中秋世显等3人惨死于狱中，其余被绞死）；包玉侠（邹立升妻子）等13人各有期徒刑7年；另有唐中选、王芝盛、赵锦江、王进臣、李顺宾、张守仁、丁兰盛、徐高氏等人被日本人活活打死④。

1937年8月，日伪军警因昌图泉头车站列车颠覆案，将西沙河子和满井村农民22人抓至四平，严刑逼供，一部分人被残害致死⑤。

据有关材料记载，仅1939年日伪当局公布的"检举"事件即达2483起，抓捕35875人⑥。

① 辽宁省地方志编纂委员会办公室主编：《辽宁省志·政府志》，辽海出版社2005年版，第339页。
② 辽宁省地方志编纂委员会办公室主编：《辽宁省志·大事记》，辽海出版社2006年版，第183页。
③ 辽宁省地方志编纂委员会办公室主编：《辽宁省志·政府志》，辽海出版社2005年版，第339页。另参见《"一分委员会"案》，中华人民共和国最高人民法院档案馆馆藏档案，档案号[56]特字四号副卷7号，第235—240页。
④ 辽宁省地方志编纂委员会办公室主编：《辽宁省志·审判志》，辽海出版社2003年版，第327—328页。
⑤ 辽宁省地方志编纂委员会办公室主编：《辽宁省志·政府志》，辽海出版社2005年版，第340页。按照现在的行政区划，此22人属辽宁人，在辽宁被捕，但在吉林省境内被杀害。
⑥ 辽宁省地方志编纂委员会办公室主编：《辽宁省志·政府志》，辽海出版社2005年版，第340页。

（3）制造"集团部落"造成的伤亡

为了切断抗日武装和人民群众的联系，日本侵略者从1933年起强制推行归屯并户，制造"集团部落"和"无人区"，实行"保甲连坐"等法西斯统治措施，以配合其军事"围剿"行动，陷抗日武装于孤立无援之绝境。为了建立"集团部落"，日伪政权强迫民众离开世代居住的家园和土地，一律迁到指定的地方建立"部落"。同时，日伪军警又将原来的村庄统统烧毁，损毁民房、耕地、财物不计其数，凡是拒绝搬迁的则遭到残杀，造成辽宁民众的大量伤亡。

1936年春，日、伪军在北票县（今辽宁省朝阳市北票市）北部的二龙台川"集家并屯"，两个月内就有35人遭刀劈、枪杀①。

1936年8月，日军将宽甸县石柱子村21名不愿搬迁到"集团部落"的农民沉入鸭绿江淹死②。

1936年，日伪军警在桓仁县铧尖子川里谷草垛实施"集家并屯"，平民李春阳一家6口人以及碑登村程绍清、由长东、王某、"曲老王"4家11口人，共17人均被杀害③。

喀左县羊角沟南部有21个自然村散落在一条长达15公里多的沟内。1937年10月25日，日伪军警来此强制所有农户拆房搬家，限期半个月。丰振伍等12名农民因拒迁被枪杀④。至1943年6月，先后从这里驱赶走485户、2365人，使这条山沟成为无人区⑤。

1942年，由于日、伪军在喀左旗（今辽宁省朝阳市喀左县）一带推行"集家并村"、制造惨案、抓劳工、搞移民等，喀左旗1942年人口比1939年减少33879人，其中仅男性就减少25605人⑥。

1943年至1944年，日、伪军集中力量在凌源县（今辽宁省朝阳市凌源市）推行"集家并村"，强迫11705户、70100人住进"集团部落"内⑦。"集家并村"过程中，有3030人被打死⑧。

① 中共北票市委组织部、北票市史志办公室编：《北票风云》，2003年内部版，第30页。

② 宽甸县志编纂委员会编：《宽甸县志》，辽宁科学技术出版社1993年版，第607页。

③ 政协辽宁省桓仁满族自治县委员会文史资料委员会编：《桓仁文史资料》第1辑，1985年内部版，第98—102页。

④ 张德钦主编：《喀喇沁左翼蒙古族自治县志》，辽宁人民出版社1998年版，第496页。

⑤ 辽宁省地方志编纂委员会办公室主编：《辽宁省志·政府志》，辽海出版社2005年版，第342页。

⑥ 张德钦主编：《喀喇沁左翼蒙古族自治县志》，辽宁人民出版社1998年版，第140页。

⑦ 凌源县志编纂委员会编：《凌源县志》，辽宁古籍出版社1995年版，第492页。

⑧ 凌源市史志办公室编：《凌源地区日军暴行与民众抗暴录》，2002年内部版，第62页。

据不完全统计，1935—1937年，日伪政权在伪安东省建立"集团部落"227个，在伪奉天省建立"集团部落"614个，仅1937年一年伪锦州省就建立"集团部落"23个，伪热河省建立"集团部落"38个。1936年桓仁县设立"集团部落"199处，强迫1.2万户居民迁入。凌源县被枪杀和抓捕的无辜百姓达1.4万人[①]。其他如辑安（集安）、兴京（新宾）、清原、辉南、金川、东丰、宽甸、桓仁等抗联活动的地区，因日伪统治机构强行归屯并户，实行烧光、杀光、抢光"三光"政策，造成瘟疫流行，土地荒废，被杀害的中国百姓逾万人。

更为悲惨的是，由于日本侵略者强制"集家并屯"，生存环境和卫生条件恶劣导致疫情时有发生，且流行极快。而且日本侵略者根本不把中国人当人，对疫情漠然置之，造成了大量人口伤亡。

1936年至1939年，本溪地区由于日伪当局施行"集家并屯"，导致瘟疫流行，人口伤亡极大。1936年，桓仁县死于天花、斑疹伤寒的平民达4000余人[②]。1937年全年，桓仁县因瘟疫病死70000余人[③]。1937年，本溪县死于斑疹伤寒5126人，1937年至1938年，死于霍乱428人[④]。1939年2月，由于日伪当局在本溪县实行"集家并屯"，导致天花流行，中国平民死亡1000多人[⑤]。

1939年3月，由于日伪推行"集家并屯"政策，在喀左县的"人圈"里发生传染病，12天就死去青壮年12人，小孩16人[⑥]。

1940年12月，抚顺煤矿发生斑疹、伤寒、回归热、赤痢等传染病，日本工头不予治疗，造成工人死亡。煤矿工人患病1594人，死亡187人，占发病人的11.9%[⑦]。

（4）日军遗留武器造成的人口伤亡[⑧]

需要说明的是，本次课题调研规定的起止时间为1931年九一八事变发生至1945年抗日战争取得胜利，但辽宁因其地理位置的特殊性，九一八事变后很快

① 辽宁省地方志编纂委员会办公室主编：《辽宁省志·政府志》，辽海出版社2005年版，第342页。

② 政协辽宁省桓仁县满族自治县委员会文史资料委员会编：《桓仁文史资料》第3辑，1990年内部版，第162—164页。

③ 桓仁县地方志办公室编：《桓仁县志》，方志出版社1999年版，第727页。

④ 本溪市党史地方志办公室编：《本溪市志》第4卷，辽海出版社2004年版，第404—406页。

⑤ 本溪市党史地方志办公室编：《本溪市志》第4卷，辽海出版社2004年版，第403页。

⑥ 张德钦：《喀喇沁左翼蒙古族自治县志》，辽宁人民出版社1998年版，第497页。

⑦ 傅波主编：《抚顺大事记》，辽沈书社1993年版，第259页。

⑧ 此部分内容数字源于辽宁省公安厅：《关于日军遗留武器造成辽宁省人口伤亡和财产损失专题调研报告》，2006年12月，原件存中共辽宁省委党史研究室资料室，资料号"抗损资料"06—00—00—62。

就全部沦陷，而日本侵略者对辽宁地区造成的人口伤亡和财产损失在抗日战争胜利后仍在继续，如1945年日本投降后，由于撤退匆忙，在辽宁境内遗留了大量的生化武器和常规武器，由此引发并造成了很多人口伤亡事故、事件或案件。为此，辽宁省抗日战争时期人口伤亡和财产损失专题调研课题组特意委托辽宁省公安厅开展了"日军遗留武器造成人口伤亡和财产损失"专题调研活动。此次课题调研内容的起止时间划定为1945年9月3日至2004年12月31日。通过调查，辽宁全省公安机关共搜集相关线索1700余件，其中有价值线索442件。在有价值线索中，属人口伤亡线索317件；属财产损失线索125件。共查实"日军遗留武器造成人口伤亡和财产损失"案（事）件220件。其中生化武器造成人口伤亡6件，常规武器造成人口伤亡214件。此部分内容仅作辅助参考，并未计入此次调研辽宁间接人口伤亡总数。

以下为几起典型案例：

1）沈阳陈景德等人被日军遗留武器毒害事件。受害人陈景德（男，1922年12月7日生，家住沈阳市和平区北四经街1号），于1940年从山东来到奉天（沈阳），居住在日军化学武器库邻屋，靠给日军化学武器库搬运武器为生。1945年日军投降后，陈发现自己四肢抽搐，大小便不能自理，无法行走，周围住户30多人相继出现同样症状。陈的弟弟系其中之一，终身未婚，于2005年去世。陈本人解放后被确诊为化学药品中毒致神经麻痹，至今不能自理，靠政府救济生活。

2）鞍山原日军机场遗留武器造成群死群伤事件。1945年日本投降后，坐落在鞍山市千山区的日军军用飞机场遗留了大量武器弹药。当时居住在周围的村民前往拣"洋落"时，先后发生21起炮弹（毒气弹）爆炸事件，共造成20人死亡、31人致残。

3）铁岭县下甸子地雷坑爆炸致14人死亡事件。1946年3月，铁岭县腰堡镇三家子村和李千户乡柴家村14名村民到下甸子原日军仓库铁路专用线的站台上捡拾日军遗留物质，不慎引发了炮弹爆炸，在场14人全部被炸死。此外还炸毁5辆马车，炸死12匹牲口。

另外，仍然埋藏在地下的日军遗留武器继续对人们的生命财产安全构成威胁。如沈阳市公安局了解到，1985年9月，沈阳军区某防化器材仓库将收缴存放的日军遗留毒剂共5.5吨（芥子气0.56吨、芥路混合剂3.1吨、苯氯乙酮0.14吨、二苯氰砷1.7吨）深埋于沈阳市苏家屯区某地。大连、鞍山、铁岭等市公安局也在调查中发现仍有一些日军遗留生化武器和弹药仓库没有找到，给人民群众的生命财产留下了安全隐患，这些都是不能确定的损失。

# （五）抗日战争时期辽宁地区的财产损失情况

九一八事变前，辽宁已经成为东北地区工业中心和商贸金融中心。日本侵略者占领辽宁初期，采取"速战速决"的军事战略方针，对辽宁的经济、军事、商业、贸易等方面资源进行疯狂地掠夺。在日本侵占辽宁的14年间，日本侵略者为了巩固统治地位，建立殖民地统治的大后方，在辽宁大规模投资建厂，掠夺资源和财富。为了配合战争的需要，日本侵略者将辽宁大批的物资运往日本国内或直接运往战争前线，给中国人民及全世界人民带来了一场灾难。日本侵略者的疯狂掠夺，使辽宁遭受了极其严重的财产损失。

据此次调研统计，抗战时期辽宁地区社会财产主要损失如下：工业4771802.12万元法币（当时亦称为国币，下同）；矿业583978.13万元法币；农业427744.89万元法币；交通1826776.72万元法币；商业24058061.17万元法币；财政15441046.60万元法币；等等①。抗日战争时期辽宁地区居民财产主要损失如下：土地901870791.92亩；房屋147070间；粮食12837315.39吨并3995120石并1545袋；生产工具106525件；家禽牲畜213996头（只）；等等②。

需要说明的是，此次调研所涉及的物品种类繁多，但单位并不统一，涉及货币币种也并不完全一样，换算极其复杂且未必准确。有些损失可以根据相关材料换算成货币。我们请专业的统计人员将可以换算的财产损失统一折算成法币，主要是社会财产损失部分；对于无法折算的内容，包括同一种类不同单位的物品我们则分别列出，主要是居民财产损失部分（由于涉及的品类繁杂，仅将主要内容列出）。

---

① 以上财产损失的数据根据辽宁省14个地级以上城市上报的数据统计汇总而成，时间段限为1931年九一八事变发生至1945年8月15日日本宣布投降。各市上报损失内容包含东北流通券、伪满洲国币、日元、现大洋、奉洋、关金、法币等多类币种。受限于客观条件，我们只是将同一币种数据逐年简单相加（未对照货币贬值情况进行换算），然后根据《辽宁省志·金融志》（辽宁省地方志编纂委员会办公室主编，辽宁科学技术出版社1996年版）上卷第143—150页所载1937年7月前后法币与其他币种兑换比率统一折算成法币。谨此说明。具体内容可详见辽宁省抗日战争时期人口伤亡和财产损失专题调研课题组：《辽宁省抗日战争时期财产损失统计表》，2008年10月，原件存中共辽宁省委党史研究室资料室，资料号"抗损资料"06—00—00—06。

② 详见辽宁省抗日战争时期人口伤亡和财产损失专题调研课题组：《辽宁省抗日战争时期财产损失统计表》，2008年10月，原件存中共辽宁省委党史研究室资料室，资料号"抗损资料"06—00—00—06。

1. 社会财产损失

辽宁是个土地肥沃、物产丰富的省份，农作物产量高，工矿业十分发达。1931年九一八事变以后，辽宁成为沦陷区，成为日本侵略全中国的"大后方"，因此，抗日战争时期辽宁地区的社会财产损失主要体现在日本侵略者通过日伪政权采取行政手段垄断辽宁的经济、财政、金融、商业等领域，并大量开办工厂、企业，掠夺资源，剥削工人，且通过强占土地、强征粮食、牲畜等方式进行大肆掠夺。

（1）资源惨遭掠夺

辽宁矿产资源极其丰富，早在日俄战争时期，日本已经觊觎辽宁的资源，并逐步蚕食鲸吞，通过各种方式进行掠夺。九一八事变后，日本侵略者变本加厉，由原来的暗箱操作变成巧取豪夺，甚至明抢或强行霸占，疯狂掠夺矿产资源，其中，以对钢铁、煤炭、石油和有色金属资源的掠夺最为严重。

1）钢铁

东北铁矿资源主要分布在辽宁省一带，其中鞍山附近的大孤山等铁矿、弓长岭铁矿、本溪湖附近的庙儿沟铁矿因埋藏量极为丰富堪称东北地区三大铁矿。

九一八事变后，在日本扩军侵略政策的刺激下，辽宁的钢铁工业随之扩展。1933年4月，"满铁"与关东军部在鞍山组建昭和制钢所，开始建设制钢工场（第一炼钢厂）、第一钢片工场（第一初轧厂）、第一压延工场（大型轧钢厂）、第二压延工场第一小型工场（小型轧钢厂）。1935年，制钢工场4座平炉和第一钢片工场、薄板工场、第一小型工场、第一压延工场等先后建成投产。1937年5月建成容积777立方米高炉1座。随着"卫星厂"的陆续建立，昭和制钢所的钢铁连续作业生产体系基本形成。1938—1943年，昭和制钢所又陆续建成了容积947917立方米高炉5座；增建了第二制钢场，炼钢年生产能力达75万吨。

1933年9月，本溪湖煤铁公司开始筹建特殊钢试验工场。1935年5月正式进行海绵铁生产，以海绵铁作原料冶炼特殊钢，成为东北地区首家从事特殊钢生产的专业厂。本溪煤铁公司在宫原厂区建设2座容积758立方米高炉，并以巨资建了特殊钢株式会社。1941年投产后生产的不锈钢、高速钢，主要供给日本野日航空工厂、陆军兵工厂和奉天兵工厂生产军械。

1937年七七事变以后，为全面掠夺东北的钢铁资源，日本于同年冬建立了满洲重工业开发株式会社（以下简称"满业"），垄断了东北的钢铁工业。"满业"对辽宁的昭和制钢所、本溪湖煤铁公司、协和铁山会社（成立于1939年8月，主要开采清原一带铁矿）均有巨额投资，投资比例是伪满政府和日本产业株式会社各占一半。1938年后，辽宁的钢铁产量急剧增长。1937年，生铁和钢的产量分别是81万吨和51万吨，1943年增加到170万吨和87万吨[1]。

日本在辽宁发展钢铁工业是以掠夺为目的的，是典型的殖民地工业结构。其策略是把辽宁变成其军事侵略所需物资的原料供应基地，结果造成了以鞍山、本溪等为代表的钢铁业的巨大损失。

1931年，鞍山制铁所生铁产量26.9万吨，而运往日本就达20.2万吨。1933年和1934年，昭和制钢所分别制订一、二期增产计划，计划中的钢铁产品主要运往日本。1931—1936年，昭和制钢所生铁输往日本近152万吨。1937年，伪满洲国开始执行所谓"产业五年计划"，进入了经济全面军事化的时期。七七事变后，又加快了这一进程。1937年，鞍山昭和制钢所年产生铁已达37万吨，钢53万吨，其中生铁产量相当于日本全国生铁产量的三分之一。在此之后，昭和制钢所制订了增产五年计划，增产目标为生铁253万吨、钢锭185万吨、钢材150万吨[2]，钢铁增产幅度进一步提高。1940年昭和制钢所资本达17500万元[3]。1941年生铁产量118.1万吨，钢锭56.1374万吨，钢坯48.0012万吨。1942年130.9万吨，钢锭73.1626万吨，钢坯50.9103万吨。1943年生铁为130万吨，钢锭84.3053万吨，钢坯71.8905万吨[4]。钢铁产量逐年提高，掠夺也就不断增多。1937年7月—1945年8月8年间，鞍山昭和制钢所共产铁781.5万吨，钢325.5万吨[5]。这些生铁和钢坯，绝大部分被运往日本。

---

① 辽宁省地方志编纂委员会办公室主编：《辽宁省志·黑色冶金工业志 有色金属工业志 黄金工业志》，辽宁民族出版社1999年版，第7页。

② 解学诗、张克良编：《鞍钢史》，冶金工业出版社1984年版，第265页。

③ 解学诗、张克良编：《鞍钢史》，冶金工业出版社1984年版，第261页。原文未注明币种。

④ 解学诗、张克良编：《鞍钢史》，冶金工业出版社1984年版，第318—319页。

⑤ 邢德昶主编：《中共鞍山地方史》，辽宁人民出版社1995年版，第75页。

1927—1933 年鞍山制铁所向日本各港口输出生铁数量统计表（单位：吨）[1]

| 时间　地区 | 1927 年 | 1928 年 | 1929 年 | 1930 年 | 1931 年 | 1932 年 | 1933 年 4—5 月 |
|---|---|---|---|---|---|---|---|
| 东京 | 22030 | 16676 | 16562 | 23840 | 44439 | 80399 | 18520 |
| 伊势 | 4402 | 3917 | 4014 | 1078 | 9417 | 4404 | 2102 |
| 阪神 | 70897 | 68151 | 68204 | 56742 | 101211 | 121016 | 25505 |
| 吴 |  |  | 810 | 30 |  | 1042 | 505 |
| 广岛 |  |  |  |  |  | 151 | 214 |
| 门司 | 1640 | 4375 | 4091 | 14350 | 3067 | 6032 | 1891 |
| 户畑 | 650 | 1448 | 1237 | 779 | 787 | 1688 | 243 |
| 八幡 | 72535 | 72553 | 60045 | 1047 |  | 27138 |  |
| 小仓 | 727 | 446 | 210 |  | 44075 | 38102 | 55892 |
| 若松 | 701 | 121 | 580 | 632 | 3023 | 4952 | 361 |
| 长崎 | 1320 | 2920 | 2730 | 360 | 1200 | 1710 | 870 |
| 新潟 |  |  |  |  |  | 180 | 90 |
| 青森 |  |  |  |  |  | 600 | 240 |
| 伏木 |  | 120 | 240 | 240 | 270 | 750 | 120 |
| 合计 | 174902 | 170727 | 158723 | 99098 | 207489 | 288164 | 55892 |

　　1927年，本溪湖煤铁公司接受日本海军吴工厂的订货，开始生产低磷铁，产量逐年增加，在公司生铁总产量中的比重也越来越高。1931年，本溪湖煤铁公司生产生铁共计65620吨，其中低磷铁10196吨，占总量的15.54%。1939年，本溪湖煤铁公司生产生铁144541吨，其中低磷铁137046吨，占总量的96.06%。1931—1945年，本溪湖煤铁公司累计生产生铁2577369吨，其中低磷铁1689974吨。据伪满奉天省本溪县公署编制的《本溪县经济调查（矿产编）》统计，1932年，本溪湖煤铁公司共计生产生铁92270吨，直接输入日本为78360吨，占生铁总量85%，低磷铁更是全部输往日本。随着本溪低磷铁的不断输入，使日本从第三国进口铁逐年减少，1936年度几乎接近于零的状态。1941—1942年，从辽宁运往日本国内的生铁，分别占日本当年进口量的70.5%和81.4%。特别是生产军舰、兵器用的本溪低磷铁，则全部运往日本[2]。

---

① 中共辽宁省委党史研究室编：《历史永远不能忘记——辽宁人民抗日斗争图文纪实》，辽宁人民出版社2005年版，第140页。

② 辽宁省地方志编纂委员会办公室主编：《辽宁省志·黑色冶金工业志 有色金属工业志 黄金工业志》，辽宁民族出版社1999年版，第7页。

2）煤炭

九一八事变后，日本帝国主义侵占东北，把辽宁地区作为战略后方，大肆掠夺辽宁煤炭资源，变本加厉地在抚顺、阜新、本溪、北票、烟台（今辽宁省辽阳市境内）等地掠夺开采。从1931—1945年的14年间，日本共掠夺开采煤炭17596万吨[1]。

日本对抚顺的资源掠夺由来已久。早在1905年，日本侵占抚顺煤矿后就大肆进行鲸吞、扩张和掠夺，到1931年九一八事变前，已有采煤炭坑12处及附属工厂13座，使用华工3万多人，形成年产煤炭800多万吨的生产规模。1907—1931年，抚顺煤矿（含抚顺露天、井下煤矿及烟台煤矿）生产煤炭约9906万吨[2]。生产的煤炭，一部分供"满铁"内部自用，一部分销往中国华北、华中、华南各地，一部分输出日本、朝鲜。1908—1931年，向日本输出煤炭约1665万吨，向朝鲜输出煤炭约675万吨[3]。九一八事变后，日本加紧对抚顺煤炭的掠夺。1932—1944年，抚顺煤矿（含抚顺、烟台、蛟河、老头沟、瓦房店煤矿）生产煤炭11479万吨[4]。1932—1943年，向日本输出煤炭1716万吨，向朝鲜输出煤炭387万吨[5]。抚顺煤在日本用于煤气发生炉上，也被制铁业、化学工业、金属工业、其他窑业等所重用，对日本的工业发展做出了极大的贡献[6]。从1905—1945年，日本在抚顺共掠夺2.02亿吨煤炭，获取了高达26.8亿日元的巨额利润[7]。

从1931年到1945年，日本共掠采阜新煤炭2547.8万吨。其中，九一八事变后至1933年春，由于阜新地区抗日怒火高涨，抗日义勇军控制阜新县城及海州地区达16个月之久，日本的"大新"、"大兴"公司仅象征性生产，年出煤量约为4—5万吨。1933年4月—1935年末，日本在霸占阜新煤田全部开采权得逞后的初期，因忙于对阜新煤田进行全面调查，研究、确定掠采方案及开发新矿井，年产煤量未见增加。其大肆掠夺阜新煤炭是在阜新矿业所建立之后，即1936年10月—1945年8月间。"满炭"阜新矿业所的建立，为"满炭"掠采阜新煤炭资源提供了组织保障。矿业所建立后，"满炭"先后在阜新矿区投建生产斜井44

① 辽宁省地方志编纂委员会办公室主编：《辽宁省志·煤炭工业志》，辽宁民族出版社1999年版，第4页。
② 解学诗主编：《满铁史资料》第四卷，中华书局1987年版，第214页，抚顺矿业集团档案馆藏。
③ 解学诗主编：《满铁史资料》第四卷，中华书局1987年版，第246页，抚顺矿业集团档案馆藏。
④ 解学诗主编：《满铁史资料》第四卷，中华书局1987年版，第392页，抚顺矿业集团档案馆藏。
⑤ 抚顺矿务局煤炭志编纂委员会编：《抚顺矿区史略（1901—1985）》，第62页，抚顺矿业集团档案馆藏。
⑥ ［日］满史会编著：《满洲开发四十年史》下卷，1988年内部版，第626页。
⑦ 抚顺矿务局煤炭志编纂委员会编：《抚顺矿区史略（1901—1985）》，第6页，抚顺矿业集团档案馆藏。

个，露天矿3座，并建立了与之配套的火药厂、选煤厂、发电厂、新义线铁路等，掠采煤炭能力迅速增强。1939年10月13日日产超万吨。1940年时年产337万吨，居"满炭"系统各煤矿之首，占"满炭"总产量的34%。1944年，年产量达456万吨，为日伪时期产煤量最高的年份[①]。

1931年，本溪地区年产原煤50.92万吨（其中，本溪湖煤矿46.77万吨，田师傅煤矿0.5万吨，牛心台煤矿3.65万吨）。此后煤炭产量逐年增长，至1944年达到抗日战争时期煤炭产量的最高点，年产原煤172.21万吨（其中本溪湖煤矿95.1万吨，田师傅煤矿61.83万吨，牛心台煤矿15.28吨）。1931—1945年，本溪地区共计生产煤炭1616.63万吨[②]。关于本溪煤炭的掠夺使用情况，据《1931年至1943年本溪湖煤铁公司自用及销售统计表》统计：1931—1943年，本溪直接发往日本的煤炭共计17.6356万吨，只占总产量的1.75%。但是，由于本溪煤是主焦煤，是炼铁所必需的原料，输往"满铁"所属的鞍山制铁所和由日本控制的朝鲜兼二浦制铁所的煤共计272.3911万吨，占总产量的27.1%，再加上本溪湖煤铁公司本身留用炼焦的394.8416万吨，占总产量的39.28%。合计68.13%的本溪煤炭由焦炭转化为生铁输往日本了。而"满铁"转卖、东北及朝鲜零售和本溪湖煤铁公司杂用三项中，实际有很大一部分转到日本控制的企业，变成其他形式为日本侵略者所有。这样算来，至少有80%的本溪湖煤被日本侵略者掠走。1937年伪满洲国实行第一次"五年计划"后，规定全东北的炼铁厂一律混用30%的本溪湖煤。从此，本溪煤炭便主要用于全东北炼焦制铁了。据本溪湖煤铁公司1939年统计，本溪湖煤铁公司向鞍山昭和制铁所供应煤炭55万吨、向朝鲜兼二浦制铁所供应煤炭7万吨，加上本溪湖煤铁公司自用炼焦煤炭27万吨，三者共计89万吨，占当年本溪湖煤矿产量的90%[③]。

除了抚顺、阜新、本溪外，朝阳及辽阳等地区的煤炭资源也遭到不同程度的掠夺。据张福全著的《辽宁近代经济史》统计，从1932年至1945年间，抚顺煤矿产煤9749.1万吨，阜新煤矿产煤2400.8万吨，本溪煤矿产煤1045.9万吨，北票煤矿（属今朝阳）产煤1063.3万吨，烟台煤矿（属今辽阳）产煤424.5万吨[④]，这些煤大都被日伪掠夺和使用。

---

① 阜新市抗日战争时期人口伤亡和财产损失课题组：《辽宁省阜新市抗日战争时期财产损失统计表》，2008年。原件存中共辽宁省委党史研究室资料室，资料号"抗损资料"06—09—00—03。

② 本溪市党史地方志办公室编：《本溪市志》第二卷，大连出版社1998年版，第266页。

③ 本溪湖煤铁公司：《株式会社本溪湖煤铁公司事业概要》，1939年8月编，本钢档案馆馆藏。

④ 张福全著：《辽宁近代经济史》（1840—1949），中国财政经济出版社1989年版，第493页。

## 伪满时期辽宁地区主要煤矿原煤产量（万吨）[1]

| | 抚顺煤矿 | 阜新煤矿 | 本溪煤矿 | 北票煤矿 | 烟台煤矿 | 八道壕煤矿 | 复州煤矿 | 溪碱煤矿 | | 南票煤矿 |
| --- | --- | --- | --- | --- | --- | --- | --- | --- | --- | --- |
| | | | | | | | | 田师付 | 牛心台 | |
| 1932 | 562.7 | 1.0 | 50.3 | 3.5 | 15.9 | 4.8 | 20.3 | — | 4.5 | — |
| 1933 | 706.1 | 1.6 | 61.2 | 6.7 | 17.5 | 6.3 | 19.3 | … | 6.2 | — |
| 1934 | 757.2 | 3.7 | 67.2 | 29.9 | 23.2 | 6.5 | 16.5 | 0.3 | 9.3 | — |
| 1935 | 873.3 | 3.4 | 70.0 | 28.8 | 26.8 | 8.7 | 14.4 | 0.4 | 14.7 | — |
| 1936 | 959.3 | 7.6 | 70.0 | 38.8 | 31.0 | 8.4 | 15.4 | 0.3 | 15.6 | — |
| 1937 | 953.0 | 33.4 | 77.0 | 36.9 | 34.8 | 6.7 | 14.1 | 0.4 | 16.5 | — |
| 1938 | 913.6 | 127.1 | 86.3 | 40.1 | 36.4 | 6.0 | 13.8 | 1.1 | 19.7 | — |
| 1939 | 891.9 | 278.1 | 95.0 | 74.6 | 38.1 | 10.3 | 13.6 | 7.3 | 17.9 | — |
| 1940 | 777.0 | 337.6 | 77.4 | 116.2 | 36.5 | 8.9 | 13.5 | 25.0 | 5.6 | 0.1 |
| 1941 | 680.9 | 398.7 | 75.0 | 145.1 | 36.8 | 11.0 | 14.9 | 55.7 | 6.7 | 3.1 |
| 1942 | 628.6 | 385.9 | 79.8 | 138.3 | 40.4 | 15.9 | 12.4 | 57.2 | 8.5 | 3.2 |
| 1943 | 561.9 | 410.2 | 86.5 | 152.5 | 39.6 | 25.8 | 14.5 | 69.5 | 15.5 | 3.0 |
| 1944 | 483.6 | 412.1 | 95.1 | 164.0 | 31.5 | 27.9 | 12.3 | 61.8 | 15.3 | 6.5 |
| 1945 | … | … | 55.1 | 87.9 | 16.0 | … | … | … | … | … |

## 1931—1941 年大连港输出煤的数量及向日本输出数量表（单位：吨）[2]

| 时间 | 辽宁煤产量（抚顺、烟台、瓦房店矿） | 大连港输出煤数量 | 大连港向日本输出煤数量 | 日本所占百分比 |
| --- | --- | --- | --- | --- |
| 1931年 | 6147026 | 2399968 | 1635500 | 68.1% |
| 1932年 | 5812821 | 2284722 | 1658844 | 72.6% |
| 1933年 | 6990693 | 2688525 | 2284853 | 85.0% |
| 1934年 | 7802897 | 2565447 | 2466993 | 96.2% |
| 1935年 | 7931883 | 2079630 | 2014646 | 96.7% |
| 1936年 | 8306340 | 1804536 | 1748404 | 96.9% |
| 1937年 | 8619200 | 1585713 | 1560175 | 98.4% |
| 1938年 | 8368078 | 1018437 | 1013451 | 99.5% |
| 1939年 | 8182800 | 795581 | 780873 | 98.1% |
| 1940年 | 6588240 | 675876 | 672824 | 99.5% |
| 1941年 | | 645543 | 644932 | 99.9% |
| 总计 | 74749978 | 18543978 | 16481495 | |

① 张福全著：《辽宁近代经济史》（1840—1949），中国财政经济出版社1989年版，第493页。

② 中共辽宁省委党史研究室编：《历史永远不能忘记——辽宁人民抗日斗争图文纪实》，辽宁人民出版社2005年版，第136页。

3）石油

日本侵略者在掠夺我国石油资源方面，其急迫程度较之煤炭掠夺有过之而无不及。缺乏石油是日本经济的最大弱点，也是日本军国主义准备战争和进行战争的一大障碍。日本帝国主义对辽宁石油资源的掠夺主要是抚顺的页岩油。抚顺煤矿的油页岩在煤层的顶端，厚约为一百二三十米，藏量达55亿吨，按平均含油量5.5%计算，可得原油3亿吨，所以日本侵略者把抚顺的页岩油作为十分重要的油源来对待，坚持进行试验和生产，建立了庞大的页岩油工厂。1930年5月13日，炼制0.4万吨油的设备开始作业，1931年生产粗油6.3万余吨。

抚顺页岩油工厂是在日本军部直接控制和陆海军之间进行争夺的情况下扩张起来的。1934年4月，制油厂开始第一次扩建，1935年完成，年产粗油能力增至14.5万吨。1936年4月又实行第二次扩建计划。此项计划完成后，每年可炼油30万吨左右，比当时日本国内产油量25万吨还多。从1937年起扩建工程纳入伪满洲国第一个"产业开发五年计划"，同年5月"满铁"抚顺制油工厂又制定了第三次扩张计划。1939年第二次扩建工程完成，经过几次扩建，油厂产量逐年提高。

抚顺产的重油和石蜡大都输往日本，输出数量分别占总产量的60%—94%和100%。据辽宁省档案馆馆藏档案资料统计，1930年抚顺制油厂生产的重油向日本输出2.75万吨，1931年输出3.9807万吨，占该厂总产量的99.1%；1932年输出4.2555万吨，占该厂总产量的98.3%；1933年输出5.1252万吨，占该厂总产量的93.6%；1940年从大连港输出到日本的重油达5.9165万吨，占该厂总产量的78.6%[1]。

1931—1940 年抚顺西制油厂的产量表（单位：吨）[2]

| 时间 | 页岩干馏量 | 含油率（%） | 原油 | 重油 | 粗蜡 | 硫安 | 挥发油 |
|------|-----------|------------|------|------|------|------|--------|
| 1931 | 1344286 | 5.57 | 63059 | 40161 | 12640 | 15802 | |
| 1932 | 1417658 | 5.50 | 72108 | 43275 | 13897 | 16415 | 942 |
| 1933 | 1589888 | 6.16 | 90743 | 54772 | 19066 | 19874 | 1653 |
| 1934 | 1267893 | 6.01 | 58232 | 37402 | 12048 | 12428 | 1363 |
| 1935 | 2495296 | 6.03 | 120299 | 67347 | 23640 | 23301 | 3706 |
| 1936 | 2609741 | 5.76 | 123627 | 66059 | 17514 | 25359 | 9514 |

① 中共辽宁省委党史研究室编：《历史永远不能忘记——辽宁人民抗日斗争图文纪实》，辽宁人民出版社2005年版，第138页。

② 中共辽宁省委党史研究室编：《历史永远不能忘记——辽宁人民抗日斗争图文纪实》，辽宁人民出版社2005年版，第137页。

| 时间 | 页岩干馏量 | 含油率（%） | 原油 | 重油 | 粗蜡 | 硫安 | 挥发油 |
|------|-----------|-----------|--------|-------|-------|-------|--------|
| 1937 | 2793603 | 5.97 | 141169 | 79346 | 20802 | 26645 | 11996 |
| 1938 | 2734411 | 6.81 | 143677 | 76482 | 18505 | 25804 | 14733 |
| 1939 | 3950754 | 5.85 | 164428 | 73495 | 17560 | 16611 | 14652 |
| 1940 | 4308969 | 5.44 | 165932 | 75288 | 23248 | 14188 | 12363 |

4）有色金属

九一八事变后，日本为其侵略战争的需要，先后建立了满洲矿山株式会社、满洲矿业株式会社，对辽宁有色金属矿产资源进行了掠夺式开采。

1933年，满洲矿山株式会社开采杨家杖子矿（今属辽宁省葫芦岛市）铅锌矿体。1936年经德国和日本专家鉴别，原堆弃的低品位铅锌矿是富有战略价值的辉钼矿，于是在1937—1941年建设了钼系统的采选设施，以钼矿为主进行开采。该矿1944年时有职工1.1万人，年采矿能力16.8万吨[1]。

凤城县青城子矿（银、铅、锌）1938年由满洲矿山株式会社经营，并建设了机械化采选设施。该矿1945年时有职工3572人，年采矿能力13万吨[2]。

其间，满洲矿山株式会社和满洲矿业株式会社或收买或鲸吞，相继兼并了复县华铜矿、桓仁铅锌矿、岫岩铅锌矿、庄河芙蓉铜矿、兴城夹山金铜矿、本溪马鹿沟铜矿、东沟县接梨树铜矿等有色金属矿山，共有职工2.5万人，产量最高的1943年，产铜、铅、锌精矿含量1.92万吨，钼精矿801吨[3]。钼精矿绝大部分供给日本陆军部和海军部。

日本侵略者在掠夺有色金属矿山资源的同时，先后在沈阳、抚顺、锦西等地建立了有色金属冶炼、加工及配套企业，主要有：奉天制炼所、满洲轻金属株式会社抚顺制造所和满洲铅矿株式会社葫芦岛制炼所（沈阳冶炼厂、抚顺铝厂和葫芦岛锌厂等三个冶炼企业的前身）；大信洋行奉天工场和满洲汤浅伸铜株式会社（沈阳有色冶金机械厂和沈阳有色金属加工厂的前身）；满洲选矿剂株式会社奉天工场（铁岭选矿药剂厂的前身）。上述6个企业，连同满洲轻金属制造

---

[1] 辽宁省地方志编纂委员会办公室主编：《辽宁省志·黑色冶金工业志 有色金属工业志 黄金工业志》，辽宁民族出版社1999年版，第492页。

[2] 辽宁省地方志编纂委员会办公室主编：《辽宁省志·黑色冶金工业志 有色金属工业志 黄金工业志》，辽宁民族出版社1999年版，第492页。

[3] 辽宁省地方志编纂委员会办公室主编：《辽宁省志·黑色冶金工业志 有色金属工业志 黄金工业志》，辽宁民族出版社1999年版，第492页。

株式会社营口镁工厂等有色金属冶炼、加工企业，共有职工1.4万人，最高年产量的1943年生产电铜2160吨、电铝8556吨、电铅6800吨、黄药700吨、混合起泡浮选油300吨[①]。

此外，日本侵略者于1938年在海城杨家甸西山成立矿山事务所，修建镁砂窑和轻烧窑，生产镁砂和菱苦土。1938—1945年8月，日本从鞍山掠走镁砂、轻烧镁粉20多万吨，运往日本[②]。同时攫取了岫岩县164处矿藏点所有权，建立大土岭等21处铅矿采矿点，共掠走铅锌矿石13万吨及其他各类矿石计17万多吨。1935—1942年，岫岩地表高品质玉石基本被采尽。

日本侵略者自1917年便开始掠夺营口的镁矿。1937年，为加强对镁矿的掠夺，还把"南满矿业株式会社"由大连迁到了今营口市大石桥市。到1945年共开掘了圣水寺、青山怀、高庄屯、牛心山、关马山、金家堡子、陈家堡子、杨家店等8个采矿场。建设菱镁矿工厂18处，轻烧窑11处[③]。其主要产品有镁砂、菱苦土等。

1944年南满矿业和其他各会社开采菱镁矿的概况[④]

| | 从现场向连京线站运输 | 矿石用途 | 开采会社 | 1944年度日均开采量（吨） | 开采设备 |
|---|---|---|---|---|---|
| 牛心山 | "满铁"干线中间站 | 轻烧用，部分重烧用 | "满铁"制铁 | 150 | |
| 官马山 | 往大石桥站，卡车或马车往圣水寺，卡车或马车圣水寺—大石桥，"满铁"支线 | 轻烧用 | 南满矿业一部及其他 | 300 | 手工开采 |
| 圣水寺 | 往大石桥站，"满铁"支线 | 轻烧用 | 南满矿业 | 300 | 压缩机100马力一台冲击锤 |
| 平二房（包括小高庄屯） | 往大石桥站，卡车或马车往圣水寺，卡车或马车平二房—圣水寺—大石桥，"满铁"支线 | 轻烧用一部分，重烧用 | 南满矿业 | 500 | 手工开采 |

① 辽宁省地方志编纂委员会办公室主编：《辽宁省志·黑色冶金工业志　有色金属工业志　黄金工业志》，辽宁民族出版社1999年版，第492页。

② 鞍山市人民政府地方志办公室编著：《鞍山市志·工业卷》，沈阳出版社1994年版，第111页。

③ 营口市史志办公室编：《营口抗日风云》，中国经济出版社2005年版，第14页。

④ ［日］满史会编著：《满洲开发四十年史》（上卷），1988年内部版，第799页。

| | 从现场向连京线站运输 | 矿石用途 | 开采会社 | 1944 年度日均开采量（吨） | 开采设备 |
|---|---|---|---|---|---|
| 小圣水寺 | 往圣水寺电气铁路，往双水寺—大石桥站，"满铁"支线 | 重烧用 | 南满矿业 | 800 | 压缩机200马力1<br>压缩机100马力4<br>冲击锤30<br>凿岩磨削机1 |
| 青山槐 | 往圣水寺，架空索道从圣水寺往大石桥，"满铁"支线 | 重烧用 | 南满矿业 | 300 | 压缩机100马力4<br>冲击锤20 |
| 金家堡子 | 往海城，卡车或马车 | 轻烧用 | 南满矿业 | 100 | 手工开采 |
| 杨家店 | 往海城，卡车或马车杨家店—他山轻便铁路 | 轻烧用一部分，重烧用 | 康德矿业 | 150 | |

5）黄金

东北沦陷时期，日本侵略者竭力控制辽宁的黄金产地和金矿，疯狂掠夺黄金矿产资源，使辽宁的黄金开采进入高峰期。

1933年起，日伪当局相继炮制了《金输出禁止法》《产金买上法》和《重要产业统制法》，日本侵略者通过这些殖民主义政策的施行，将东北的黄金资源完全控制在手中。1937年以后，为加剧对黄金的掠夺，又先后组建了满洲矿业会社、满洲矿山会社和热河开发会社等，专事管理和经营黄金生产，还在各产金地区设立区域性株式会社及矿业所等机构直接管理黄金矿山。其间由各株式会社在辽宁地区经营的较大金矿、伴生金矿、选矿厂、制炼所等计有16座。

1936年8月，日伪当局在奉天（今沈阳）筹建国立金矿精炼厂，计划年处理金矿7万吨。翌年秋，在营口县分水建成日处理黄金矿石500吨的选矿厂，建竖井2个。满洲矿山会社清原矿业所侵占枸乃甸子金矿和苍石金矿后，于1937年在清原建一座日产150吨的选矿厂，还在枸乃甸子金矿—清原选矿厂之间架设一条空中索道运矿。到1939年，日采矿石量最高时达300吨，有生产工人1500人。1938年，满洲矿山会社建立苍石矿业所，下设王家大沟和下大堡两个坑口，年产黄金200余两。1939—1941年间，满洲矿山株式会社在安东开办的黑山、元宝、六道沟、安东、五龙、五道沟、板石、东洋河8座金矿就产金18274两[1]。热河开发株式会社在朝阳地区开办了五家子、青沟梁、孟家沟等金矿。1938年，东亚矿山公司在喀左县境内开办丛元号金矿，翌年又开办建平县瓦房店金矿，建有竖井25个，坑口遗址至1985年尚存。同年，奉天国立金矿精炼厂归属满洲矿业株式会社，更名为奉天制炼所（今辽宁省沈阳冶炼厂）。

太平洋战争爆发后，日本出于侵略战争的需要，由满洲矿山株式会社出资收买了五龙金矿，改称五龙采矿所。从1941年到1945年抗日战争胜利时止，日本侵略者从五龙金矿共掠走高品位矿石7万多吨，仅1944年就掠走黄金5103两[2]。

东北沦陷期间，辽宁曾被开采过的金矿有200多处。1934—1937年的4年里，仅满洲矿业株式会社就生产黄金28394两。奉天制炼所在产量最高年份的1942年电解成品金27040两。在有据可查的1937—1944年8年间，五龙、分水、清原、盘岭、五家子、华铜、夹山、芙蓉8座金矿共生产黄金51693两。日本在侵占辽宁的14年里，从辽宁掠走黄金约10吨[3]。

（2）企业被占改建

九一八事变后，日本为达到侵略全中国的罪恶目的，把东三省作为战略后方和"以战养战"的重要基地，极力发展掠夺型工业。1933年3月1日，日伪政权发布《满洲国经济建设纲要》，将发展工矿业重点定向为"开发矿山资源、基础工业和国防工业"。伪奉天、锦州、安东省公署均设置实业厅，内置矿务科、工商科，以强化工矿业行政的统一领导。先后在沈阳、抚顺、阜新、辽阳等地改、扩、建军工厂，在鞍山、本溪、抚顺、大连等地发展了钢铁工业，在本溪、安东、锦西等地扩建了有色金属矿山，在沈阳、抚顺、锦西、葫芦岛等地建了有色金属冶炼厂，在抚顺、本溪、北票等地扩建了煤矿，在抚顺、阜新等地建了火力发电厂，在抚顺、锦州、大连等地建了炼油厂。日本侵略者通过政治、军事等手段极力遏制辽宁民族工业的发展，强占民族资产阶级企业，并开办了大量工厂，为其生产进行战争的必需品。到1940年，辽宁工业总产值中，矿山开采和钢铁冶炼占

① 辽宁省地方志编纂委员会办公室主编：《辽宁省志•黑色冶金工业志 有色金属工业志 黄金工业志》，辽宁民族出版社1999年版，第697—698页。

② 辽宁省地方志编纂委员会办公室主编：《辽宁省志•黑色冶金工业志 有色金属工业志 黄金工业志》，辽宁民族出版社1999年版，第698页。

③ 辽宁省地方志编纂委员会办公室主编：《辽宁省志•黑色冶金工业志 有色金属工业志 黄金工业志》，辽宁民族出版社1999年版，第698页。

32.9%，军火和机械维修占28.6%，两者合计已占到60%以上[1]，使辽宁人民饱受损失。

九一八事变的第二天，日军即强行占领东三省兵工厂（该厂占地逾千亩，员工近3万人，生产枪械、子弹、火药等全部陆军兵器，其规模、技术和资本在当时中国名列前茅），同时抢占东三省官银号、边业银行、中国银行、交通银行等四大银号及四行号联合发行准备库。随之，辽宁迫击炮厂、大亨铁工厂、东三省官银号各附属工厂、辽宁矿务局及所属各矿、辽宁纺纱厂、粮秣厂、被服厂等重点工矿企业，以及金融机构、交通通讯资产和设施等也全部落入日军之手[2]。日军掠夺辽宁的官产和张作霖等个人资产主要有16家，仅从其中8家掠夺的金银和物资总值就有9亿元现大洋。此外，被日本侵略者掠夺的官产还有各系统的财产，折值计算民政3685万元、财政2955万元、军政47100万元、铁路63074万元、航业2030万元、电台260万元、银行58898万元、矿业965万元、林场16万元、东北大学1188万元、税收1518万元，总计达现大洋18.2亿元[3]。

1932年伪满洲国成立后，日伪政权立即根据所谓《遗产处理法》，宣布对辽宁一切"遗产"、"逆产"全部没收；同时规定将铁、金、铅、锡、镁、特殊工业用煤、石油矿等收为官营。同年6月15日，以日本正金银行（日本政府设在中国东北的官方银行）为最大股东之一的伪"中央银行"成立，原东三省官银号被改为伪"中央银行奉天分行"。原各中国银行大量储备黄金、白银和现钞4.19亿元奉大洋，以及没收的大批工厂、矿山、重要资源等，变为日伪政权"发展"和"振兴"殖民经济的物质基础[4]。

1933年，日伪政权在辽宁地区投资重点是建立以奉天市铁西工业区为主的加工工业体系。为建立铁西工业区，1933年9月成立了日伪合办的奉天工业土地株式会社，当时资本250万元，1935年又把资本增加到550万元。在铁西经营土地的第一期计划425万坪，合23611市亩；第二期计划占地225万坪，合12500市亩。到1935年12月在铁西实际出租土地325万坪，合32370市亩。当时建成投产的工厂有：中山钢业所、满洲制帽、日本涂料、岛屋商店、鹤原文雄制药、嘉纳制酒、田崎铸造锅、日满钢材、本田铁工场、板内洋行制瓶、三浦洋行皮革工场、本嘉纳商店清酒制造、满洲电信电话修理工场、明治制糖饼干工场、满洲制

① 辽宁省地方志编纂委员会办公室主编：《辽宁省志·政府志》，辽海出版社2005年版，第346页。
② 辽宁省地方志编纂委员会办公室主编：《辽宁省志·政府志》，辽海出版社2005年版，第345页。
③ 辽宁省地方志编纂委员会办公室主编：《辽宁省志·财政志》，辽宁人民出版社2000年版，第139—140页。
④ 辽宁省地方志编纂委员会办公室主编：《辽宁省志·政府志》，辽海出版社2005年版，第346页。

酒、日满制果（饼干）、极东制果、内德吉次郎胶靴、哈利洋行（生产锅炉）、康德染场、满洲工作所、伊贺原组（生产建筑五金）、江崎利一工场（生产饼干）、奉天麻袋（麻袋）、日满皮革兴业工场、国产电机、山地准太（水泥制品）、满洲窑业、东北铁工公司（铸造工场）、乾卯工业厂、满洲啤酒等。竣工和正在建筑的工厂有国益制粮公司（制粉）、康泰织布厂、大林组（铁工场及仓库）、钧舟铁工所、半通渡盛广铅笔、满洲机器、昌和洋行、富宫平与助等。准备施工建筑的有16家。正在申请办理手续的9家。这些投产和正在施工的工厂都是由日本投资。除铁西工业区外，同时期日本人在奉天其他区还新建、扩建了同和自动车工业、满洲工厂、樱屋酿造厂、旭酒制造、大同工业照相、满洲染色、满洲产业公司、大同制帽商会（生产帽子）、满洲制品公司奉天支店、京城制果奉天工场、满洲制罐公司、佐藤制作所、三省橡胶厂、康德橡胶厂和扩建奉天造兵所等较大工厂①。

　　在九一八事变前原本比较发达的民族工业历经长达14年的殖民统治和经济掠夺，日益衰败。以纺织工业为例，日本侵略者早在20世纪初就已侵入辽宁，九一八事变后，日本不仅将辽宁原来的5个棉纺织厂扩建，又新建了瓦房店、沈阳和锦州3个大型棉纺织厂及辽阳纺麻株式会社，还先后建成印染厂6个、丝绢纺企业7个，并建成当时中国境内规模最大的人造纤维工厂——安东人造纤维株式会社。至40年代中期，辽宁共拥有棉纺织厂13个，毛纺织厂5个，麻纺织厂4个，柞蚕丝绸厂5个，印染厂4个，人造纤维工厂1个②。以辽阳为例，1926年，辽阳有民族纺织工业企业133家，其中棉纺织工业企业74家，针织品制造业48家，印染业11家，逐渐形成本地区民族纺织工业的雏形，有"工业盛甲于各县"之誉。正当民族纺织工业兴起之际，日本帝国主义势力也在扩张。以掠夺我国资源和劳动力为目的的日本商号相继创办满蒙棉花株式会社（床单厂前身）、满洲纺织株式会社（纺织厂前身）、辽阳纺麻株式会社（麻纺厂前身）、东洋亚麻株式会社等，极大地扼制了民族纺织工业的发展。特别是九一八事变后，辽阳纺织工业私营业主大都小本经营维持生计，各厂家从业人员只有5—10人，极少数超过20人，1932年起诸多厂家陆续停业。到1939年，辽阳地区民族纺织只有棉织工业8家，针织制造业18家，印染业10家，缫丝业2家。由于日伪政权对棉

① 本段所引数字均出自张福全著：《辽宁近代经济史》（1840—1949），中国财政经济出版社1989年版，第366—367页。原文中涉及货币数值的内容，未注明币种。
② 辽宁省地方志编纂委员会办公室主编：《辽宁省志·纺织工业志》，辽宁民族出版社2001年版，第3页。

麻制品工业实行组合，在产供销各环节上加以限制，大部分厂家因原料不足及压低产成品销售价格而停产，生产每况愈下[①]。1934年辽宁境内有5442家工厂，资本金额29168万元，生产额36894万元。其中中国人经营的4436家，占企业总数的81.5%；资本金额3806万元，占资本金额的13%；生产额为13153万元，占生产总额的35.6%。日本人经营的企业有983家，仅占企业总数的18.1%；资本金额25253万元，占资本金额的86.6%；生产额为23378万元，占生产总额的63.4%。到1940年，辽宁省境内有工厂6661家，比1934年增长了22.4%。其中中国人经营的5155家，占工厂总数的77.4%，比1934年增长了16.2%；日本人经营的1484家，占工厂总数的22.4%，比1934年增长了50.9%。1940年6661家工厂的生产总额为193584万元，其中中国人经营的38513万元，占生产总额的20%；日本人经营的153572万元，占生产总额的79.3%。资本金总额为173051万元，其中中国人经营的13668万元，仅占资本金总额的7.9%；日本人经营的多达158352万元，占资本金总额的91.5%。日本人经营的工厂户数虽仅占总户数的22.4%，但工业生产额和资本金额却占总额的79.3%和91.5%。东北沦陷的14年中，辽宁工业总产值约增加3.3倍，平均每年增长11.9%，但80%—90%的工业控制在日本人手中[②]。在日伪政权的摧残下，辽宁的民族工业逐渐没落和衰败。

（3）土地被占被夺

1931—1945年，日本侵略者在辽宁地区强行霸占大量土地。按其强占土地的使用性质，可分为日本"开拓团"占地、"满铁"附属地及"都邑计划"等。

1）日本"开拓团"占地

九一八事变后，日本侵略者把移民作为对东北进行殖民战略的一个重要组成部分。除一般移民外，1932年开始组织"开拓团"向东北武装移民（移民配备武器以镇压中国人民的反抗）。所谓"开拓团"实际是侵占中国农民的熟地，迫使农民去开荒或逃避到其他地方。到1933年，日本已向东北移民5批，占地22万公顷。此外，日本帝国主义者还迫使朝鲜贫民移居东北。1933年末移到中国东北的朝鲜移民达27.7万人，落在辽宁的14.3万人，占地3.5万町步（1町步〈朝鲜〉=14.85市亩=0.99公顷）。1936年日本建立了移民的具体实施机关"满洲拓殖股份公司"（后改"满洲拓殖公社"）和"满鲜拓殖股份公司"，拟定《满洲移

① 郭洪仁主编：《辽阳市志》第三卷，中国社会出版社2002年版，第70页。
② 辽宁省地方志编纂委员会办公室主编：《辽宁省志·政府志》，辽海出版社2005年版，第346—347页。原文中涉及货币数值的内容，未注明币种。

民百万户移住计划》草案，并由"满洲拓殖股份公司"全面实施。日伪当局全力支持将原拓政司扩大为开拓总局，各省、县设开拓厅和科，并制订有关法令。1938年制订《开拓团法》《开拓农业协同组合法》《开拓农场法》，即所谓"开拓三法"，使日本"开拓团"进驻合法化。其向东北实施的百万移民计划分四期进行，计划占地1000万町步。到日本帝国主义投降时，只实施两期，全东北共移民30.7万人，占地320万町步①。铁岭县1939年建立了日本"开拓团"，昌图、新宾建有"集团开拓民"，安东、庄河、锦县建立了烟草开拓组合，盘山县建立了日本"开拓团"，"开拓团"的形式多样，但都是打着各种幌子进行强占土地的活动。有的土地虽然是付款收购，却以极其低廉的价格强行购买，如本来价值6万多元的土地，仅给1.1万元就强行购买②，仅此一项就损失4.9万元。

　　1940年2月，从日本国本州岛秋田县向桓仁移民60多户农民、260多人，在普乐堡建立所谓"开拓团"。"开拓团"到桓仁后，并未"开拓"新耕地，而是以低价强行"购买"桓仁土地，并立下契约，限期交地，霸为己有。逾期不交者，按反满抗日罪名论处。在普乐堡和牛毛沟村，"开拓团"利用这种强行手段，低价征购上等耕地1500余亩，其中水田800余亩。"开拓团"只种水田，农忙时雇佣中国农民劳作；700亩旱田全部租给中国农民耕种，收取地租。翌年2月，日本侵略者又扩大掠夺，从普乐堡"开拓团"中拨出18户、77人移民到二户来龙头屯，建立二户来所谓"开拓分团"，隶属普乐堡"开拓总团"领导。"开拓分团"在龙头屯低价征购良田3000亩，其中水田1000多亩，以同样的方式经营。"开拓团"人员所住房屋，系强迫当地居民在大年初一前倒出，给"开拓团"无偿居住③。

　　日本侵占安东（今辽宁省丹东市）后，以军事占领和组织所谓"开拓团"强行霸占农民土地。据调查统计，14年间，安东县（今辽宁省丹东市东港市）被强行霸占农民良田46192.5亩，仅大东区被占土地就有36000余亩，黄土坎区扬名村一个村被强征土地就达845亩④。日本在安东地区实行"集家并屯"后，更使大批农民被迫离开原居住地，丧失田地。1946年3—5月，在安东省开展的没收

① 辽宁省地方志编纂委员会办公室主编：《辽宁省志·农业志》，辽宁民族出版社2003年版，第33页。

② 辽宁省地方志编纂委员会办公室主编：《辽宁省志·农业志》，辽宁民族出版社2003年版，第33页。原文中涉及货币数值的内容，未注明币种。

③ 桓仁县地方志办公室编：《桓仁县志》，方志出版社1999年版，第124页。

④ 东港市抗日战争时期人口伤亡和财产损失课题组：《东港市抗日战争时期人口伤亡和财产损失调研报告》，2008年。此数字由东港市史志办公室下发各村统计表汇总而成。原件存中共辽宁省委党史研究室资料室，资料号"抗损资料"06—06—03—01。

日伪土地的斗争中，仅安东市3个农村区没收的日伪土地就达14483亩，宽甸县4551亩①。

1941年春季，"开拓团"来到绥中县小庄子团山子屯，用低廉的价格将道南的200多亩上等土地全部收去，给当地农民造成了巨大的损失。秦振华家15亩地，竟被收去12亩。失去土地的农民为了生活，只得背井离乡。1942年，"开拓团"占用小孙屯150多亩土地②。1943年，日本侵略者在高桥一带派驻一支由50多户移民组成的日本"开拓团"，享有高度特权，扰乱民众，坐享其成，直至1945年日本投降才撤走。据统计，从1932年1月到1945年期间，葫芦岛地区损失土地合计大约1020亩③。

2）"满铁"附属地

20世纪初期，日本殖民者以修铁路和经营附属地为名，强买和霸占大片土地，到1919年，"满铁"附属地已占地408400多亩。"满铁"附属地是日本侵略者在辽宁境内的特殊区域。日本侵略者以"附属地"的名义，在所谓"满铁"附属地内为所欲为，甚至行使行政、司法、征税等权。

1905年3月日俄战争结束后，日本侵略者就强占了抚顺煤矿公司和华兴利公司，并极力扩大"满铁"在抚顺的"附属地"。继而日本人一批接一批地到抚顺，在千金寨居住。为了扩大势力，掠夺煤炭，鲸吞抚顺，"满铁"于1908年5月，同采矿用地一起，在千台山北面山脚下铁道北收买30万坪近百万平方米（1坪等于3.30582平方米）土地，作为炭矿附属事业和市街用地。至1936年，"满铁"在抚顺的附属地沿沈抚铁路抚安（今榆树台）以东（不包括抚安）至抚顺，长52.9公里，其中包括铁路、市街和矿区等占地，总面积为68397059平方米④。在本溪市，1935年，附属地租出地面积达133040平方米，关东军和日本陆军侵占用地分别为9307平方米和46875平方米⑤。1946年国民党资源委员会接管本溪湖煤铁公司，清理公司侵占土地14819508.34平方米，价值东北流通券9115564968元⑥。

① 中共辽宁省委党史研究室编：《解放战争时期的安东根据地》，中共党史出版社1993年版，第5页。

② 绥中地方志编纂委员会编：《绥中百年大事记》，2002年内部版，第14页。

③ 葫芦岛市政协文史资料委员会编：《葫芦岛文史资料》第三辑，1995年内部版，第23页。

④ 抚顺市地方志办公室编：《抚顺市志》，辽宁人民出版社1993年版，第171页。

⑤ 《本溪湖事情》校注，第2页，本溪市档案馆馆藏档案，原件为日文，翻译件现存于本溪市档案馆编研处。

⑥ 《资源委员会本溪湖煤铁公司接管伪产清册明细表》，本溪市档案馆馆藏档案，档案号122—1—51卷，第510页。

日本侵略者在营口地区的附属地包括营口"新市街"和牛家屯附属地。"新市街"占地分为"满铁"所有地（包括接管居留良民团的土地）、陆军用地和私有地，共计5513036平方米；牛家屯占地分为铁道用地和地方设施用地，共计3902857平方米[①]。

3）都邑计划

1938—1941年，根据"鞍山都邑计划"，日本侵略者在鞍山"购入"土地3170万平方米。其中长甸铺附近372万平方米，铁西1187.3万平方米，对炉山、前立山432万平方米，立山、沙河378.7万平方米，灵山区（铁东部分）236.3平方米，兴工区（灵山铁西部分）394万平方米，另有墓地及住户转移用地169.7万平方米[②]。日本殖民者在1917—1924年与1937—1941年两次"购买"鞍山土地面积达53.40平方公里。1938—1941年期间，日本殖民者"购入"土地以亩计价，旱田分一至九等地，一等130元，九等50元；菜田分六等，一等200元，六等100元；生荒地一等地每亩60元，六等地每亩3元[③]。按当时地价，这种作价等于抢占。在"购买"土地后，日本侵略者予以规划，将土地分成商业区、住宅区、工业区，留出道路位置，修成道型，立即转卖。其出售按每平方米计算，地价奇昂。商业区，1940年平均每平方米6.86元，最高为12.76元；居住区，1940年平均每平方米3.55元，最高为6.40元；工业区，1940年平均每平方米1.12元，最高为1.21元。1938—1942年，日本殖民者在鞍山大搞土地交易，赚取巨额利润，达134.6万元[④]。

4）其他方式掠夺土地

日本侵占大连地区后，即把大连地区的土地作为主要的掠夺对象，以没收、抢占、强征等多种手段，侵占大量的土地资源，使许多失地的中国民众流离失所。据不完全统计，从1931年到1945年14年间，日本殖民统治当局共侵占大连土地1264万亩，建筑房屋面积423.70万平方米[⑤]。

---

① ［日］满史会编著：《满洲开发四十年史》（下卷），1988年内部版，第425—426页。

② 鞍山市人民政府地方志办公室编：《鞍山市志·城乡建设卷》，沈阳出版社1992年版，第57页。

③ 鞍山市人民政府地方志办公室编：《鞍山市志·城乡建设卷》，沈阳出版社1992年版，第58页。原文中的货币数值，未注明币种。

④ 鞍山市人民政府地方志办公室编：《鞍山市志·城乡建设卷》，沈阳出版社1992年版，第58页。原文中的货币数值，未注明币种。

⑤ 大连市史志办公室编：《大连市志·土地志》，大连出版社1998年版，第98、108页；关东局编：《关东局第37统计书》，满洲日日新闻社印刷所1943年版，第2、3、61、81、83夹页、83页（不含瓦房店）。此处数据根据上述资料汇总而得出，转引自大连市抗日战争时期人口伤亡和财产损失专题调研课题组：《大连市抗日战争时期人口伤亡和财产损失调研报告》，2008年4月，原件存中共辽宁省委党史研究室资料室，资料号"抗损资料"06—02—00—02。

锦州地区，1942年10月，日本关东军在黑山县双山子屯（今新立屯双山子村）圈地4500亩，修建飞机场，1944年竣工[①]。

葫芦岛地区，日本侵略者占领绥中后，于1932年3月开始在绥中车站南修建飞机场，分4次扩展，强占民地704.42亩，137户农民土地被夺、断绝生路。同时，强占前所西甸子南民田795.3亩，建筑临时飞机场，43户农民土地被夺、生活无着落。同年8月，日军强占火车站南民田267.7亩，使78户农民土地被夺，惨遭冻饿之苦[②]。

（4）强行"粮谷出荷"

1933年3月，伪满当局公布《满洲国经济建设纲要》，对国民经济的重要产品逐步实行统制，唯对农业产品未加统制。所需粮谷，通过一般贸易手段控制。随着侵华战争的扩大，用粮数量日益增多，为满足战争之需，日伪当局将粮谷自由贸易变为强制购销，推行"粮谷出荷"政策，最后甚至动用武力，强行搜荷，疯狂掠夺广大农民的劳动果实，使农民无粮果腹，饥寒交迫，给中国人民带来无穷灾难。

"粮谷出荷"政策从1940年开始推行。出荷政策规定，农民按照耕种面积，必须以官定的数量与价格，将粮谷出售给统制机关。粮谷出售标准，开始无统一规定，如盘山县每市亩出荷10—12.5公斤；喀喇沁左旗8月规定，上等地每亩出荷15公斤，中等地10公斤，下等地5公斤；朝阳县由于农产品评议往往高定亩产，出荷量高于原定的上等地每亩15公斤、中等地10公斤、下等地5公斤的出荷量；营口地区出荷的第一年，水、陆稻均按估产的60%征收。伪关东州1941年推行"粮谷出荷"，每亩征收10—12.5公斤。1942年后在省内实行强制摊派，大田上等地一垧出荷1.2—1.35石；中等地0.8—1石；下等地0.5石。水田上等地出荷9石；二等地8石；三等地7石[③]。

农民送交"出荷粮"常遭欺压盘剥。日伪当局收荷机关压等、压价、检斤弄虚作假等现象司空见惯。据1943年伪满洲帝国协和会中央本部在《出荷与农村》一书记载：收荷机关在收粮时，乘农民不识计量器之机，欺骗糊弄。检斤过秤口头喊的数量与开票数量不一致，有的将百元以下的尾数也给抹去。日伪当局在收荷时，还向农民收取手续费，如1940年伪兴农合作社手续费收入512万

① 黑山县地方志编纂委员会编：《黑山县志》，辽宁大学出版社1992年版，第22页。

② 绥中地方志编纂委员会编：《绥中百年大事记》，2002年内部版，第10—11页。

③ 辽宁省地方志编纂委员会办公室主编：《辽宁省志·粮食志》，辽宁大学出版社2000年版，第26页。1垧=10亩，1石=200公斤。

元。此外，农民送交"出荷粮"时，还得缴纳15项杂税。据伪满兴农合作社调查课发行的资料表明，农民"出荷"一货车一等大豆（30吨）收入3538元，支付15项费用318元，占"出荷"收入的9%，加上其他开支占11.6%[①]。

日伪当局还推行强力搜荷政策，疯狂从农民手中掠夺粮谷。1940年东北地区的"出荷"量为4920497吨，到1941年则达到5486042吨[②]，而1942年，仅伪奉天省（沈阳县等15个县）、锦州省（锦县等13个县）、安东省（安东县等6个县）"出荷"量就达660512吨。

1942年伪奉天、锦州、安东省粮谷"出荷"数量表（单位：吨）[③]

| 省　别 | 生产量 | 出荷量 | 农村留量 | 出荷率（%） | 农村留粮率（%） |
|---|---|---|---|---|---|
| 奉天省 | 1681474 | 332737 | 1348737 | 19.8 | 80.2 |
| 锦州省 | 1281655 | 196328 | 1085327 | 15.3 | 84.7 |
| 安东省 | 547148 | 131447 | 415701 | 24.0 | 76.0 |
| 合　计 | 3510277 | 660512 | 2849765 | 18.8 | 81.2 |

1943年，从辽宁地区44个县中搜刮"出荷"粮谷155万吨，占当年生产量的31.6%。（由于当时"出荷"粮谷涉及大米、高粱、小米、苞米等不同品种，且地域不同价格也不同，因此无法折算具体损失数额。但根据辽宁省地方志编纂委员会办公室编的《辽宁省志·粮食志》第157页记载的"1944年伪满机关收荷、出售粮谷差价表"可见损失巨大）"出荷"最多的是昌图县，"出荷"量占生产量的50.6%。"出荷"量占生产量40%以上的有抚顺、桓仁、清原、西丰、开原、铁岭、彰武等县；"出荷"量占生产量30%以上的有沈阳、辽阳、安东、新宾、法库、新民、黑山等县[④]。

由于对粮谷实行统制，日伪当局对农产品购销价格采取强制的价格政策，由政府强制农民低价"出荷"。广大农民出荷给统制机关的粮谷价格，同统制机关出售给消费者的粮谷价格差价较大。1944年伪满统制机关在南满收荷与出售粮谷价格，以100公斤计算，其差价如下：

---

① 辽宁省地方志编纂委员会办公室主编：《辽宁省志·粮食志》，辽宁大学出版社2000年版，第30页。原文中涉及货币数值的内容，未注明币种。

② 中共辽宁省委党史研究室编：《历史永远不能忘记——辽宁人民抗日斗争图文纪实》，辽宁人民出版社2005年版，第179页。

③ 辽宁省地方志编纂委员会办公室主编：《辽宁省志·粮食志》，辽宁大学出版社2000年版，第30页。

④ 辽宁省地方志编纂委员会办公室主编：《辽宁省志·粮食志》，辽宁大学出版社2000年版，第31页。

1944 年伪满统制机关收荷、出售粮谷差价表[1]

| 品种 | 农民出售价（元） | 统制机关出售价（元） | 差价（元） | 统制机关高于农民的％ |
|------|------|------|------|------|
| 大豆 | 19.51 | 22.98 | 3.47 | 17.8 |
| 高粱 | 10.11 | 14.27 | 4.16 | 41.1 |
| 苞米 | 10.01 | 14.79 | 4.78 | 39.4 |
| 谷子 | 11.88 | 16.39 | 4.51 | 38.0 |
| 水稻 | 24.20 | 29.30 | 5.10 | 21.1 |
| 高粱米 | 14.05 | 18.02 | 3.97 | 28.3 |
| 小米 | 18.38 | 22.65 | 4.27 | 23.2 |
| 大米 | 38.48 | 45.20 | 6.72 | 17.5 |

1943—1944年日本帝国主义为满足其侵略战争的需要，以"协助大东亚圣战"为名，加大"出荷"数量，并以"报恩出荷"、"紧急出荷"、"义仓粮"等名义，层层加码，强迫出荷，更加变本加厉地进行掠夺。1943年清原县粮食总产量68300吨，"出荷"量31100吨，占总产量的45.5%。当时全县有农户21388户，农业人口118297人，平均每农户负担"出荷粮"1454公斤，每个农业人口263公斤。1944年清原全县粮食总产70000吨，强征"出荷粮"35000吨，占总产量的50%[2]。

1943 年辽宁地区各县"出荷粮"情况[3]

| 市县别 | 粮豆出荷量（吨） | 出荷率（％） | 农业人口每人出荷粮豆（公斤） | 市县别 | 粮豆出荷量（吨） | 出荷率（％） | 农业人口每人出荷粮豆（公斤） |
|------|------|------|------|------|------|------|------|
| 沈阳 | 88330 | 31.1 | 306 | 新民 | 69870 | 37.1 | 988 |
| 抚顺 | 35905 | 42.1 | 614 | 辽中 | 20520 | 16.2 | 138 |
| 辽阳 | 88290 | 33.4 | 266 | 彰武 | 31780 | 40.6 | 344 |
| 海城 | 69370 | 28.0 | 208 | 台安 | 11280 | 17.6 | 108 |
| 营口 | | | | 盘山 | 22905 | 24.7 | 152 |
| 盖平 | 81220 | 24.7 | 156 | 黑山 | 36005 | 31.9 | 206 |
| 复县 | 19655 | 10.8 | 66 | 北镇 | 18670 | 27.7 | 136 |
| 庄河 | 55110 | 29.1 | 180 | 义县 | 14970 | 21.1 | 90 |

① 辽宁省地方志编纂委员会办公室主编：《辽宁省志·粮食志》，辽宁大学出版社2000年版，第157页。原文中的货币数值，未注明币种。
② 辽宁省地方志编纂委员会办公室主编：《辽宁省志·粮食志》，辽宁大学出版社2000年版，第32页。
③ 辽宁省地方志编纂委员会办公室主编：《辽宁省志·粮食志》，辽宁大学出版社2000年版，第31页。

| 市县别 | 粮豆出荷量（吨） | 出荷率（%） | 农业人口每人出荷粮豆（公斤） | 市县别 | 粮豆出荷量（吨） | 出荷率（%） | 农业人口每人出荷粮豆（公斤） |
|---|---|---|---|---|---|---|---|
| 岫岩 | 16920 | 22.0 | 128 | 锦县 | 29685 | 23.4 | 154 |
| 凤城 | 24730 | 25.5 | 154 | 锦西 | 11070 | 18.2 | 94 |
| 安东 | 62605 | 38.2 | 201 | 兴城 | 18095 | 22.8 | 166 |
| 宽甸 | 16255 | 24.0 | 134 | 绥中 | 11795 | 16.1 | 88 |
| 本溪 | 1125 | 20.8 | 98 | 凌源 | 25367 | 23.5 | |
| 新宾 | 23705 | 35.8 | 189 | 喀左 | 43830 | 24.2 | |
| 桓仁 | 21725 | 45.1 | 358 | 建平 | 17815 | 25.0 | |
| 清原 | 31100 | 45.5 | 263 | 朝阳 | | | |
| 西丰 | 74425 | 46.9 | 614 | 阜新 | 11599 | 20.3 | 394 |
| 昌图 | 174220 | 50.6 | 794 | 旅顺 | | | |
| 开原 | 90775 | 48.7 | 608 | 大连 | | | |
| 铁岭 | 73400 | 43.5 | 448 | 金州 | 34531 | 18.5 | |
| 法库 | 52885 | 38.9 | 418 | 普兰店 | | | |
| 康平 | 18275 | 29.2 | 220 | 魏子窝 | | | |

日伪当局掠夺的"出荷粮"，除供军需外，还大量输出境外。从推行"出荷粮"的1940年到1943年经由大连港输出的粮油达375万吨[1]。

### 1940—1943年大连港输出粮油情况表（单位：万吨）[2]

| 年份 | 合计 | 粮谷 | 大豆 | 豆饼 | 豆油 |
|---|---|---|---|---|---|
| 1940 | 131 | 34 | 80 | 45 | 2 |
| 1941 | 78 | 23 | 27 | 27 | 1 |
| 1942 | 112 | 21 | 36 | 54 | 1 |
| 1943 | 54 | 21 | 5 | 27 | 1 |
| 合计 | 375 | 99 | 118 | 153 | 5 |

（5）民族商业萎缩

辽宁全境沦陷后，日本侵略者完全操控了辽宁的经济。伪满洲国成立后，日本侵略者更是利用政治手段，将商业全部垄断，日商比例逐步扩大，民族商业日益萎缩。

---

① 辽宁省地方志编纂委员会办公室主编：《辽宁省志·粮食志》，辽宁大学出版社2000年版，第32页。

② 辽宁省地方志编纂委员会办公室主编：《辽宁省志·粮食志》，辽宁大学出版社2000年版，第32页。

九一八事变后，一批民族工商业企业倒闭，一些资本转移外地经营。据1931年11月统计，沈阳地区逃亡倒闭的民族工商业户达6734户之多，为事变前总数的46.14%。从关内转销东北的商品基本断绝，其他外国商人在沈阳开办的商号受到严格限制。只有日本人开办的商业企业经营活跃，日本商品充斥沈阳市场。1937年后，日伪当局推行"经济统制"政策，先后公布了《贸易编制法》《暴利取缔令》《物价停止令》等，以强制手段控制物价，维护殖民地社会秩序，加深对中国人民的压迫。日伪当局为控制基层商业，建立各种商业"组合"和配给店，垄断沈阳工商业市场①。日本侵略者为了扩大战争，加大了军需物资的需求，供给社会销售的商品极度匮乏。日伪当局将所有商品几乎都列为"统制"之列，采取"配给制"办法控制销售，全市建立了200多个商品统制组合。在商品分配上优先分配给日商，华商能分配到的商品，不仅数量少，而且质量差。如1941年沈阳市7家文具纸张批发商号中，日商即占5家。89家日商文具纸张零售企业，全年销售额3803.8万元，占全行业总销售额的55%；而239家中国零售企业，全年销售额仅为3114.3万元，仅占全行业销售总额的45%。沈阳市142家经营钟表眼镜的商号中，日商有37家，占26%，而销售额却占70%；占商店总数74%的中国商店销售额仅占30%②。在日本侵略者的政治、军事高压政策下，不仅上海、天津、广州等地的商品无法进入东北，就是英、美、法、德等国家在沈阳开办的40多家洋行、商店，也因本国商品不能运进沈阳而被迫歇业或外迁。到1935年，日伪当局公布《石油专卖法》后，英、苏在沈阳的四大石油公司，被挤出沈阳市场。1935年勉强在沈阳维持经营的31家外商企业，年销售额占日商的0.66%。日本奉天商会所，还奉令委派一些日本商人到一些较大的其他外商洋行主管日常经营活动，以攫取经营大权。德商圭世昌洋行，忍痛采取赊销的办法，造成货款久欠不能归还，损失重大。俄商秋林公司，被迫易名为秋林株式会社，成立了以日方人员为主的董事会和监察会，店内原有的俄国人全部被撵出商店。

九一八事变后，由于接踵而来的日本资本的侵入和日货的倾销，使鞍山的民族工商业渐趋萧条。1938年以后，由于大量物资用于战争，日伪政权对物资生产、供应和价格等加强统制，使鞍山民族工商业进一步衰落。1930年，海城

---

① 沈阳市政府地方志办公室编：《沈阳市志》第九卷，沈阳出版社1989年版，第17页。

② 沈阳市政府地方志办公室编：《沈阳市志》第九卷，沈阳出版社1989年版，第75页。原文中涉及货币数值的内容，未注明币种。

县有商号1833户，岫岩县有注册商业企业1016户，台安县也有商业企业261户，鞍山市区"满铁附属地"和周边地区有商业店铺159户。到1934年，海城县已减少到669户；上百户手工业作坊，到1937年仅剩下19户。岫岩县商号从千余户锐减到468户，到1945年只剩下240户，5户油坊仅存2户，20户丝坊只剩下13户[①]。1931年至1936年，日本人在鞍山开办的店铺却由72户增加到224户；1937年至1941年，日本商店由224户增加到435户[②]。与此同时，日本殖民者对较大的和官办的中国民族工商业强行霸占。海城的纯益缫丝厂拥有100万元资金和2000多名员工，是海城最大的官办企业，九一八事变后被日军没收[③]。岫岩县有手工业缫丝作坊130多户，拥有工人近万人，九一八事变后，被日伪当局合并为14个工厂，统一销售，致使全县大茧每年缫丝平均产15万斤左右，完全被日本侵略者操纵垄断。在摧残民族工商业，进行物资统制的同时，日伪当局还进行价格统制，致使市场价格涨落完全由日本侵略者控制。1941年太平洋战争爆发后，日伪当局颁布《物价及物资统制法》，对粮食、油脂、食盐、食糖、棉布、绸缎等实行公定价格，对粮食、棉花、油料实行"出荷"和"收荷"政策，低价收购农副产品和工业原料，大肆倾销"洋货"，进行经济掠夺。经济统制政策，造成通货膨胀，物价飞涨。据日伪当局统计资料记载，鞍山市的零售物价指数，以1937年6月价格为100，到1944年4月副食品价格指数为501.1，衣料品为312.1，燃料为285.1，主食品为275.4。这些价格指数均以公定价格计算，因公定价格有价无货，大多数要到黑市求购，黑市价格要比公定价格高出几倍甚至几十倍。1937年6月至1944年7月，鞍山市场零售物价指数依公定价格计算上升248.2%，平均每年上升34.5%。当时鞍山昭和制钢所工人每月工资只能买5公斤至10公斤粮食。许多人只好以糠麸、野菜、橡子面充饥。

日伪政权实行经济统治政策以后，铁岭地区的民族商业日渐衰退。共有556家商号倒闭，按每家平均资本金500元计算，损失27.8万元。（昌图县1933年有161家倒闭[④]。西丰县全县商号由1933年的680家猛减到1942年的435家，

---

① 鞍山市史志办公室编：《鞍山百年大事》，沈阳出版社1997年版，第136—137页。

② 鞍山市史志办公室编：《鞍山百年大事》，沈阳出版社1997年版，第137页。

③ 《王芳辉回忆"九一八"前后海城民族工商业发展变化情况》，鞍山市档案馆馆藏档案，档案号2全宗1目录121卷，第86页。

④ 靳恩全等主编：《日本帝国主义侵略辽北罪行录》，1995年内部版，第40页。原文中涉及货币数值的内容，未注明币种。

有245家倒闭①。铁岭县1942年有150家倒闭）1941年7月25日，日伪政权在东北全境对中国工商业经济实施"公、协、停、自"的物价停止令，导致铁岭的许多粮栈都废了业，棉布、百货、日杂各种批发商店都被迫关闭。铁岭县义和堂在东北有分号15处，除批发、零售各种中西药品和医疗器械外，还开设了粮栈、百货店，全盛时仅铁岭县城本店就有120人，但在"7·25"限价令颁布后不到5个月，在外的分号相继倒闭。铁岭最大的丝房德盛号，是有50多名从业人员的大商号，到"7·25"限价令的第二年即1942年，就只剩下7人看守空屋子。有300多年历史的兴德源无生意可做，卖掉西门外的20多间门市房，只留3人看守门庭②。西丰县在1939年有商号680家，其中有谷物店、杂货店、鲜货店、食料店、烟酒贩卖店、当铺、茶社、木材燃料店、书纸店、成衣铺、铁类贩卖业、饮食旅店、鞋铺，等等，各业齐备。但是到了1942年实行经济统制之后，日伪当局将西丰县全县的商业、饮食服务业组成11个组合，严格控制了商品流通领域，致使西丰县全县的商贸业趋向衰亡，全县商饮业只剩下435家③。

抗日战争时期，日本侵略者给辽宁商业造成的财产损失主要特点是：①民族工商业企业倒闭；②社会商品匮乏，实行"统制"和"配给"；③日商独霸市场，不仅中国民族商业受到打击排斥，其他外商也受到排斥。

（6）财政金融损失

辽宁金融业在沦陷期间完全被日本侵略者统治，成为日本侵略者对辽宁进行经济侵略的工具。九一八事变的第二天，日军即派兵占领了东三省官银号等主要银行。次年6月15日，又将东三省官银号、东北边业银行、吉林永衡官银号和黑龙江省官银号吞并，在辽宁组成伪满中央银行奉天分行。同年，实行统制通货政策，强制发行不兑现的伪满中央银行币，并限期压价收兑市场流通的各种货币。1935年，实行伪满洲国币与日本币比值等价，开始向"日本经济一体化"迈步。1937年，日本侵略者为了筹备大规模侵华军费，在辽宁地区组成了以横滨正金银行、东洋拓殖株式会社为后台，以伪满中央银行、伪满兴业银行、伪满兴农金库、伪满保险会社和伪满大兴公司在辽宁的分支机构为主体的殖民地金融

---

① 铁岭市政协文史资料委员会编：《铁岭文史资料》第九辑，1995年内部版，第107页。

② 张效云：《伪满时期日本对铁岭的经济侵略》，见政协铁岭市委员会文史资料研究委员会编：《铁岭文史资料》第四辑，1988年内部版，第50—51页。

③ 本段未作标注的数字均出自铁岭市抗日战争时期人口伤亡和财产损失专题调研课题组：《抗日战争时期铁岭市人口伤亡和财产损失调研报告》，2008年4月，原件存中共辽宁省委党史研究室资料室，资料号"抗损资料"06—11—00—01。

体系。日伪两股金融势力以"金融统制"的名义，一方面对欧美等国开办的银行（公司）进行排挤，威逼其停业或撤离；一方面对华资民族银行、典当、钱庄以及保险业进行所谓"整顿"，强迫其合并或关闭。在日本占领的14年中，辽宁的金融市场和经济命脉完全被垄断。九一八事变前，辽宁有普通银行13家，实有资本2858万元（大洋）[①]；1937年虽然增至26家，但实有资本却减为958万元（伪满洲国币）；到日本投降时，只剩下6家[②]。1937年卢沟桥事变后，日伪政权对辽宁实行"战时统制经济"，从城市到农村强行开展所谓"国民储蓄运动"，强制城乡居民购买各种"储蓄券"、"公债券"，同时还巧立名目，以组织银行协会、共同融资团等名义，把各银行、当铺、钱庄和保险公司的资金集中起来，一部分直接用作侵华军费；另一部分以垄断放款和外汇的方式，转手投向军工企业，生产军用物资，使辽宁的金融业为侵华战争服务。

东三省官银号损失概表[③]

| | |
|---|---|
| 现金 | 4497051元 |
| 定期放款 | 1630782 |
| 定期抵押放款 | 1548089 |
| 活存透支 | 11228652 |
| 存放各同业 | 23768190 |
| 农商抵押放款 | 20000000 |
| 各署户欠款 | 35023967 |
| 总分号往来 | 25017962 |
| 附属营业资本金 | 3946000 |
| 附属营业往来 | 25846074 |
| 暂记欠款 | 4224396 |
| 未收资本 | 2500000 |
| 发行铜元票准备金 | 2515000 |
| 发行十进铜元准备金 | 151835 |
| 发行哈大洋券准备金 | 13556927 |
| 发行现大洋券准备金 | 30876421 |

---

[①] 据辽宁省地方志编纂委员会办公室主编的《辽宁省志·金融志》（上卷）（辽宁科学技术出版社1996年版）第143页，1932年伪满洲国币与大洋的兑换比例约为1∶1。

[②] 辽宁省地方志编纂委员会办公室主编：《辽宁省志·金融志》（上卷），辽宁科学技术出版社1996年版，第3页。

[③] 陈觉：《"九·一八"后国难痛史》（上册），辽宁教育出版社1991年版，第65—66页。据作者校注，表中统计数与各项数不符。此表为1931年9月19日上午11时，东三省官银号被日侵占时的损失，表中各栏数字均以元为单位。原文中的货币数值，未注明币种。

| | |
|---|---|
| 发行奉大洋票准备金 | 20000000 |
| 辽宁省整理金融公偿 | 4000000 |
| 其他 | |
| 统计 | 约434717601元 |

为了维持其纸币价值,沈阳建立满洲中央银行奉天分行采取统治通货制度。从1933年至1938年,两次公布《银行法》,进行"金融整顿",极力扩充日伪银行,排挤欧美银行,摧残中国民族资本银行。因而,日伪银行迅速发展,垄断了沈阳金融市场。1937年,中国银行沈阳分行的存款为339万元,贷款为205万元;交通银行沈阳支行存款为213万元,贷款为264万元;英国汇丰银行奉天支行的存款为290万元,贷款为148万元。而日本横滨正金银行奉天支店的存款达1013万元,为中国银行的8.5倍,交通银行的4.8倍,汇丰银行的3.5倍;贷款达1745万元,为中国银行的8.5倍,交通银行的6.6倍,汇丰银行的11.8倍。到1945年日本投降时,在沈阳的欧美银行全部撤走,私营民族资本银行仅存3家,而且还有日伪资本渗入。伪满政权还大量发行伪满洲国币。伪满洲国币有纸币和硬币两种。1933年至1935年,伪币主要用于收兑原有货币,发行额增长比较慢。1935年,日伪政权为建立"日满通货集团"以便于对东北的掠夺和贸易往来,实行伪币与日币等价,并不再发行金票,伪币成为东北地区唯一纸币。伪币在沈阳发行额缺乏资料,1936年末伪币发行额达2.7亿多元,比1935年末增加38%。1937年日本发动全面侵略战争,施行"产业开发"五年计划后,伪币发行额连年大幅度增加,1941年末比1936年末增加3.8倍。日本发动太平洋战争后,伪币发行额急速增长,1943年突破30亿元,1944年达58.8亿元,1945年8月日本投降前夕达81.6亿元,是1941年的5.75倍,1933年的62倍。沈阳的零售物价公定价格指数,以1937年为100%,1941年上升为260%,1945年1月至8月上升为594%。由于日伪政权实行经济统制而造成的黑市交易,价格指数以1937年为100%,至1945年1月至8月则猛升为9092%。恶性通货膨胀给沈阳人民带来沉重灾难,日伪经济也陷入全面崩溃①。

日本侵占大连地区后,日本国内三菱、三井、住友、三和、安田等各大财团纷纷涌进大连开设银行,还建立了横滨正金银行、朝鲜银行、东洋拓殖公司三大金融机构,并建立金融组合、信托公司以及证券、股票等金融市场,进而控制

---

① 本段资料数字均出自沈阳市人民政府地方志编纂办公室编:《沈阳市志》第十卷,沈阳出版社1989年版,第257页。原文中除伪币外的货币数值,未注明币种。

大连地区的经济命脉[1]。1932年，伪满洲中央银行、"满洲"兴业银行在大连开设分行。日本银行主要服务于日本政府和财团经营的军需企业。1938年，日本政府实行战时统制经济，银行业集中资金支持扩张战争，导致通货膨胀，物价上涨，货币贬值。为遏制物价上涨，又采取强迫摊派公债等手段，搜刮民财，造成金融乃至经济陷于危机之中。日本在垄断金融业的同时，对中国人开设的银行和钱庄严加控制。在大连市区，1919年，中国人开设的钱庄有47家，到1940年仅批准15家营业，且只允许5家办理关内汇款业务[2]。据现有的资料统计，至1945年，日本在大连共开办银行16家。1931年至1945年，大连金融业存贷款91.9996亿日元[3]。仅1939—1943年，大连地区推销发行日本国债就达3998.1万日元[4]。

1939—1943年大连地区推销日本国债统计表（单位：日元千元）[5]

| 年度 | 项目 | 国债额 |
|------|------|--------|
| 1939 | 任务额 | |
| | 完成任务额 | 2662 |
| | 完成% | |
| 1940 | 任务额 | 2750 |
| | 完成任务额 | 4339 |
| | 完成% | 157.8% |
| 1941 | 任务额 | 4500 |
| | 完成任务额 | 4744 |
| | 完成% | 105.4% |
| 1942 | 任务额 | 9500 |
| | 完成任务额 | 11854 |
| | 完成% | 124.8% |

① 顾明义等主编：《大连近百年史》（下册），辽宁人民出版社1999年版，第805页。

② 顾明义等主编：《大连近百年史》（下册），辽宁人民出版社1999年版，第813页。

③ 依据：《关东局第26统计书》第267—269夹页（包括铁道附属）。《关东局第27统计书》第257—259夹页（包括铁道附属）。《关东局第28统计书》第261—263夹页（包括铁道附属）。《关东局第29统计书》第17页（包括铁道附属）。《关东局第30统计书》第265—267夹页、第274页。《关东局第31统计书》第254—255夹页。《关东局第32统计书》第178—179夹页。《关东局第33统计书》第176—177夹页。《关东局第34统计书》第162—163夹页。《关东局第35统计书》第164—165夹页。《关东局第36统计书》第166—167夹页。《关东局第37统计书》第172—173夹页。此处数据是根据以上资料合计数算出来的。《关东局统计书》系当年日本在大连设立的关东局所编，满洲日日新闻社印刷所1943年版，原件存于大连市档案馆。

④ 大连市史志办公室编：《大连市志·金融志》，大连海事大学出版社2004年版，第248页。

⑤ 大连市史志办公室编：《大连市志·金融志》，大连海事大学出版社2004年版，第248页。

| 年度 | 项目 | 国债额 |
|------|------|--------|
| 1943 | 任务额 | 14000 |
| | 完成任务额 | 16382 |
| | 完成% | 117.0% |

炉银的出现使营口处于东北金融中心的地位，炉银的使用造就了营口金融市场的高度繁荣。1932年，日本统治者以"保护客商利益"为名，限令炉银每锭53.5两兑换伪满洲国币28元5角，与市场实际兑换每元差额1钱3分，使营口银炉业损失巨大。1933年11月3日，日伪当局命令营口所有银炉停止营业，严禁炉银铸造和流通，并按每炉银5两兑换伪满洲国币1元的不合理标准价格兑换。营口6家银炉共存炉银500万两，损失达150多万元伪满洲国币[①]。同时，日伪当局还从中提出20%作为商业银行股票。1932年6月6日，日伪当局发布《满洲中央银行法》和《满洲中央银行组织办法》。7月1日成立了伪中央银行营口支行，将原东三省官银号、边业银行、中国银行、交通银行在营口的分支机构取消，变成伪中央银行的营业所，其财产被伪中央银行侵占。营口民族资本的福顺银行、汇业银行、福顺德银行、天合兴银行和益发银行被迫与商业银行合并改为兴亚银行，并被日本侵略者吞并。营口另外的12家钱庄：同兴和、东和盛、福庆和裕记、益昌、同增利、天增利、顺兴号、天成太、天懋东、福增号、荣生、中兴号等被勒令转业，有的被迫破产。

九一八事变后，辽阳的财政收入在日本人直接掌管下，地方当局搜刮民财，为日本侵略政策服务。初期沿用民国税制，后按日本的政策逐步加以改进、变更，经过三个时期的整理，税率提高、方法强制，人民负担过重，经过四次大增税，更加重了税赋负担。1932年到1938年，日伪当局从境内征收税款计约339.5万元（中央银行券）。1941年，日伪当局在境内明令征收税额比1932年增加28倍。1943年，辽阳市县税收比1940年分别增加191.3%和395.8%[②]。

从1932年7月起，日本人操控成立伪满中央银行，同时也在铁岭、开原设立了支行，垄断货币发行、集中信贷管理、控制国民经济，为侵略政策和战争服务。日伪政权还以抵押贷款盘剥铁岭人民。据1934年统计，伪中央银行铁岭支行贷给商户伪币93000元，月利2厘8至3厘；贷给农户伪币为28268元，月利

---

① 营口市史志办公室编：《营口抗日风云》，中国经济出版社2005年版，第17—19页。

② 李恒主编：《辽阳市财政志》，沈阳出版社1992年版，第50—52页。

8厘。除伪满中央银行经营贷款业务外，在铁岭的一些财政机构也都争相放款获利。有记载的有金融合作社，1935年贷给农户伪币89960元，月利1分6厘；朝鲜银行铁岭支店贷给商户金票946118元，月利2分8厘；兴农合作社则要求农户用地照抵押贷款，并向工商业者放款，从中获利①。另外，铁岭县1938—1939年有11家中国人开设的当铺倒闭，到1945年9月仅余一家日本人开设的当铺。发行公债是日本人通过强制办法来掠夺财富的手段之一。企业利润超过一定数款时，强制其购买公债。1943年日伪政权发行的公债，平均每人负担45.44元（伪币）。按铁岭县当时人口38万计，仅公债一项，1943年铁岭县就损失1726.7万元（伪币）。从1937年到1945年8年计，通过强制发行公债，铁岭县人民损失金融财产为13800余万元（伪币）②。日伪政权除设立伪中央银行垄断金融市场外，还实行金融统制，通过强制推行储蓄义务制，强迫人民参加储蓄会，为侵略战争筹集资金。从1939年开始，伪满实行职员"义务"储蓄，实际上就是强制储蓄。从1943年起，更加强了各种强制办法，其中包括规定各省、市、县的储蓄分摊额，实行机关储蓄，发行小额短期公债、储蓄票、增发彩票。1943年到1945年在城市利用邻组住户强迫推销必胜储蓄，在农村实行配集储蓄，按每户收入的0.5%，按出荷粮价的20%强迫购买。出卖不动产时，也必须将其所得部分作为储蓄。强制摊派储蓄票，即居民按居民组摊派，而且在购买物品时，即便是买一包烟，也要附加一定的储蓄券③。

税收是日本人掠夺财富的手段之一。1933年，日伪政权在铁岭县公署内设财政局，1941年改为财政科。后来地方财政由县公署总务科和财务局分管，具体事宜由总务科会计股、财务局征收和理财股分别负责。税收分国家税和地方税，地方税又分省税、市税、县税、街村税。1945年至1941年调整3次税制，增加了"独立税"即地捐、产捐、户别捐、杂捐等4种捐，后又增加了家屋捐、勤劳所得捐、自由职业税等。1941年到1944年，伪政权秉承日本关东军旨意，4次大增税。第一次大增税是1941年，新增事业所得税、特别卖钱税、通行税、法人所得税、资本所得税、油脂税、修理税、卷烟税、酒税、出产粮食税等税种。第二次大增税是1942年，新增清凉饮料税、交易税，提高酒税、特别卖钱税、勤劳所得税率。第三次大增税是1943年，将酒税提高到70%、清凉饮料税由原来的20%提

① 铁岭市地方志办公室编：《铁岭县志》，辽沈书社1993年版，第484页。

② 姜念东等著：《伪满洲国史》，吉林人民出版社1980年版，第418页；铁岭市地方志办公室编：《铁岭县志》，辽沈书社1993年版，第479页。

③ 姜念东等著：《伪满洲国史》，吉林人民出版社1980年版，第418—421、667页。

高到35%、卷烟税由原来的40%提高到55%，其他税率也有所提高。第四次大增税是1944年，进一步提高税率，扩大征税范围，酒税增加13成；清凉饮料税提高1倍；油脂税由价征改为量征，税率提高1倍；谷粉税增加1.6倍；通行税提高2.6倍；家屋税由3%提高为5%；理发、照相等特别卖钱税提高30%；烟税、卷烟税、勤劳所得税、事业所得税、资本所得税、印花税等税种也都有提高[①]。抗日战争时期日本人还利用"协合会"，强迫在民间开展"八分钱"献金运动，即每月8号前可由当地协合会让当地人民交八分钱以上献金充公，然后由县统一上交省本部，以掠夺金钱，支持战争。1944年开原协和会县本部主办，由全县人民摊派，迫使人民献金40万元，给日本军队献纳飞机2架[②]。

抗日战争时期，日本侵略者给辽宁财政、金融造成的财产损失主要特点是：①日伪政权强行推行"统一货币，整顿金融"等反动措施；②大量发行伪满洲国币，并且强制储蓄，搜刮民财；③苛捐杂税多如牛毛。

（7）教育资源损失[③]

东北沦陷时期，辽宁的教育已完全沦为殖民统治之下的奴化教育。奴化教育不仅是日本整个侵略政策的重要组成部分，而且比军事占领、民族压迫、经济掠夺更狡猾、更毒辣、更具欺骗性，危害也更严重。

鉴于辽宁地区抗战期间教育方面所受的掠夺具有特殊性，我们开展了"抗日战争时期辽宁高等院校人口伤亡和财产损失"专题调研。从调研结果来看，教育方面的损失是严重的，其中以高等院校的财产损失更为巨大。

据辽宁解放后东北行政委员会教育局1949年5月18日的统计，九一八事变前夕辽宁境内专科以上学校共5所，即东北大学、冯庸大学、东北交通大学、东北农业专科学校、奉天私立医科大学。其中，东北大学极具代表性。东北大学1923年创立以来，在辽宁、黑龙江两省的财政支持及张作霖、张学良父子私资捐助下，发展迅猛。九一八事变前夕，辽宁5所高校共104个年级，学生共3053人，东北大学就占有72个年级，1976名学生，分别占总数的69.2%与64.7%。九一八事变后，东北大学等被迫流亡北平，冯庸大学、东北交通大学先后并入东

---

① 铁岭县地方志办公室编：《铁岭县志》，辽沈书社1993年版，第470—471页。

② 靳恩全等主编：《日本帝国主义侵略辽北罪行录》，中共铁岭市委党史研究室1995年内部版，第84页。原文中的货币数值，未注明币种。

③ 本部分数字出自辽宁省教育厅抗日战争时期人口伤亡和财产损失专题调研课题组：《抗日战争时期辽宁高等院校人口伤亡和财产损失专题调研报告》，2008年。原件存中共辽宁省委党史研究室资料室，资料号"抗损资料"06—00—00—80。

北大学。基于东北大学在辽宁高校中的重要地位与代表性，这里主要以东北大学为例来阐述抗日战争时期辽宁在教育方面所遭受的损失。

据《第一次中国教育年鉴》（开明书店1934年）丙编记载，九一八事变使东北大学损失2605万元法币，其中图书设备255万元、仪器标本模型200万元、校具150万元、建筑物及机器工厂2000万元。又据《东北史志》第二部《奉天通志》（卷152·教育志·近代上）（全国图书馆文献缩微复制中心2004年）记载，东北大学1930年时的校产总价值612.6万元[1]。而据《国立东北大学一览》（1939年）记载，东北大学损失共达800余万元[2]。实际上，东北大学因日军侵略所遭受的损失远不止此，它应该包括图书仪器损失费、校办工厂损失费、建筑物被毁坏及维修费、学校搬迁费及人才培养损失费等。

从图书损失来看，据1929年3月发行的《东北大学概览》记载：东北大学图书分藏于各学院图书馆，计普通图书（中国经籍在内）10534册，哲学宗教图书7721册，教育图书1603册，社会科学图书1450册，语言学图书934册，自然科学图书3217册，应用科学图书4530册，艺术图书470册，文学图书10266册，史地图书13961册。共计54686册，价值约17万元法币。长期订阅的国内外各种杂志600余种，价值约5万元法币。1930年春，建筑价值25万元法币的大图书馆竣工，从该年度开始，每年度购置图书经费增至10万元法币，至1931年九一八事变前两年购书经费共20万元法币，馆内藏书增至65000余册（《奉天通志》卷152记载）。在日军占领下，东北大学图书全部丢失，设备全部毁坏。除去图书馆建筑费，东北大学整个图书杂志的损失费用共计42万元法币。

从教学仪器设备来看，根据1929年3月刊行的《东北大学概览》记载，1928年底东北大学仪器设备如下：物理系共有仪器3395件，共值法币87573元；化学系仪器设备共值法币85138元；天文学系共有仪器14件，共值法币15000元；生物学系标本共值法币9841元；工学院仪器10151件，共值法币230930元。从1929年开始，东北大学又从国外进口大批仪器设备。根据已经查到的海关免税清单，东北大学进口的仪器、药品等，共计47407美元和现大洋13308.18元，两款合计法币108122.18元。

在各个实验室中，除了有标价的仪器设备，尚有许多仪器设备没有标价。1929年《东北大学概览》中，没有列出纺织学系、建筑学系、生物学系（只列出

---

① 原文未注明币种。

② 原文未注明币种及何年币值。

了标本价值）的仪器设备状况，同时，物理、化学两系各有一部分无标价仪器设备。根据这种情况：物理、化学两系部分仪器和生物、纺织、建筑三系的全部仪器，保守一点按共计4个系计算，依据1929年公布的材料，系的仪器设备都在5.5万（法币）至6.5万（法币）之间，参照这个数字，以5.5万（法币）计算，四个系的仪器设备应值22万元法币。

1931年的九一八事变，使东北大学被迫流亡，学校实验室所有仪器设备一件也没有带走。日军占领后，全部仪器设备丢失或者损坏，仅理工学院的损失如下所计：

物理学系已标价仪器设备损失87573元法币；

化学学系已标价仪器设备损失85138元法币；

天文学系已标价仪器设备损失15000元法币；

生物学系已标价标本损失9841元法币；

工学院已标价仪器设备损失230930元法币；

已从海关免税清单护照查明有标价仪器设备损失108122元法币；

1930年公布的无标价的物理、化学、纺织、生物和建筑等系的仪器设备损失220000元法币；

以上实验室仪器设备总损失共计金额756604元法币。

除此之外，还有建筑物被毁坏及维修费、学校搬迁费及人才培养损失费等，这些费用很难估量。而以上仅为东北大学一家的损失，辽宁其他高校及中小学的损失还没计算在内。

## 2. 居民财产损失

抗日战争时期，辽宁人民处于日本侵略者的铁蹄之下长达14之久。在这14年里，辽宁人民受尽日伪当局的剥削、奴役，居民财产蒙受了巨大的损失。由于年代久远，亲历者证言较少，加上当时辽宁一直处于日伪统治之下，所存档案、文献资料极少，国民政府也没有对辽宁地区作过全面的居民财产损失统计，因此，此次调研得出的居民财产损失的数据是极不完整的，不能反映抗日战争时期辽宁地区居民财产损失的全部情况，还只是一个初步的、并不完整的统计。今后我们还将进一步开展调研工作，以期不断丰富和完善抗日战争时期辽宁地区居民财产损失的数据和资料。以下仅是从此次调研搜集到的资料中选取的一些具有代表性的例证。

1931年12月2日，日军进犯黑山县长岭村五台屯，给村民造成财产损失达

219100元[①]。

1931年12月5日，日军飞机飞至黑山县长岭村双山屯，盘旋数次后，向村庄投掷10余枚炸弹，炸毁房屋12间，炸死大小牲畜26头，造成财产损失达168000元[②]。

1932年3月27日，日军在兴城县（今辽宁省葫芦岛市兴城市）西部山区"扫荡"，烧毁村民房屋300余间[③]。

1932年5月6日，日军进攻台安县桑林村桑林屯，烧毁各种房屋610间[④]。

1932年9月10日（农历八月初十），日军火烧抚顺市大东洲村，全村一百三四十户人家520多间房屋被烧得只剩下3栋（11间），所有牲畜烧死的烧死，抢走的抢走，家具全部毁掉[⑤]。

1932年9月16日，日军在抚顺制造了平顶山大屠杀，烧毁民房800余间[⑥]。

1932年10月7日，日军200多人在辽宁省义县刘龙台烧毁民房200多间[⑦]。

1932年10月9日，日军占领北票三宝营子，炸毁民房100余间[⑧]。

1932年10月26日，日军为报复义勇军首领宋九令和李世君出动了两架飞机，对锦州义县宋九令的家（宋家屯）和李世君的家（大雷家沟）进行了扫射和轰炸。次日，日军又来到大雷家沟，把全村328间房子全部点燃。大火足足烧了一天，将全村的房屋和财产全部烧光，村民王田家连一根筷子都没剩下，鸡、鸭等家禽牲畜烧死无数[⑨]。

1933年3月13日，日军在新宾县旺清门镇、江东、西小堡等村屯烧毁房屋1000多间[⑩]。

1933年5月，日军在岫岩县境内实行"集屯并户"，当年烧毁民房1000余间，

① 中共辽宁省委党史研究室编：《历史永远不能忘记——辽宁人民抗日斗争图文纪实》，辽宁人民出版社2005年版，第177页。原文未注明币种。

② 中共辽宁省委党史研究室编：《历史永远不能忘记——辽宁人民抗日斗争图文纪实》，辽宁人民出版社2005年版，第177页。原文未注明币种。

③ 辽宁省地方志编纂委员会办公室主编：《辽宁省志·大事记》，辽海出版社2006年版，第171页。

④ 中共辽宁省委党史研究室编：《历史永远不能忘记——辽宁人民抗日斗争图文纪实》，辽宁人民出版社2005年版，第177页。

⑤ 李秉新等主编：《侵华日军暴行总录》，河北人民出版社1995年版，第66页。

⑥ 辽宁省地方志编纂委员会办公室主编：《辽宁省志·大事记》，辽海出版社2006年版，第174页。

⑦ 《刘龙台十老人回忆刘龙台血案》，中共义县县委党史研究室室存档案，档案号B3第1—1号案卷，第96—98页。

⑧ 辽宁省档案馆编：《"九·一八"事变档案史料精编》，辽宁人民出版社1991年版，第462—463页。

⑨ 《火烧大雷家沟群众无家可归》，中共义县县委党史研究室室存档案，档案号B3第1—1号案卷，第99页。

⑩ 傅波、曹德全主编：《抚顺编年史》，辽宁民族出版社2004年版，第420页。

至1936年，境内共烧毁民房2万余间[1]。

1933年9月，义县班吉塔村房屋被日军烧毁868间[2]。

1934年5月19日，日军用飞机和大炮轰炸朝阳县羊山镇南营子村，烧毁民房400多间，各家财产被日军洗劫一空[3]。

1934年12月7日，日伪军警宪特"围剿"朝阳县南石明信沟，"扫荡"六七天，300多间房屋被烧毁[4]。

日寇侵占北票以后，日伪政权在日军指挥下，从1935年冬搞"集家并村"，在大黑山东南麓的北四家子、娄家店、东官营、平房、哈尔脑、龙潭等地制造了"无住禁作区"，面积达500平方公里。如北四家乡（二龙台川）有81个自然村，被迫迁60个自然村，共201户，烧毁房屋168间，扒掉房屋千余间。龙潭乡境内房屋被烧毁1507间[5]。

1935年4月18日，日军守备队在清原县北三家村上芋沟烧毁民房100多间[6]。

1935年4月，日军守备队到清原县马架子村，将全村所有的房屋全部烧毁[7]。

1935年9月23日上午，日军包围了沈阳新民东蛇山子乡李家窝堡屯李万发家大院，放火烧毁房屋30余间和7个圆仓的粮食数万斤[8]。

1935年11月16日，日、伪军重兵突袭朝阳县缸窑岭乡下五家子村，400多间房屋被烧毁[9]。

1936年2月8日、11日、19日，日军守备队在岫岩县四道河村（今辽宁省鞍山市岫岩县兴隆乡平阶村）附近山区制造"无人区"，将佟家堡子以北王家沟等地130余户民房全部烧毁[10]。

1936年12月16日，日军侵驻安东县（今辽宁省丹东市东港市）合隆乡大楼房村，执行"清乡"任务。在大楼房南岗头烧毁房屋156间，烧死牲畜三四头，全村

① 岫岩县志编辑部编：《岫岩县志》，辽宁大学出版社1989年版，第13页。
② 中共辽宁省委党史研究室编：《历史永远不能忘记——辽宁人民抗日斗争图文纪实》，辽宁人民出版社2005年版，第177页。
③ 朝阳市史志办公室编：《中共朝阳地方史》，辽宁民族出版社2001年版，第54页。
④ 郭亨主编：《朝阳市志》，辽宁大学出版社1996年版，第53页。
⑤ 中共北票市委组织部、北票市史志办公室编：《北票风云》，2003年内部版，第29页。
⑥ 傅波主编：《抚顺大事记》，辽沈书社1993年版，第214页。
⑦ 傅波主编：《抚顺大事记》，辽沈书社1993年版，第214页。
⑧ 孙玉玲主编：《日军暴行录·辽宁分卷》，中国大百科全书出版社1995年版，第145—146页。
⑨ 朝阳市史志办公室编：《中共朝阳地方史》，辽宁民族出版社2001年版，第55页。
⑩ 辽宁省地方志编纂委员会办公室主编：《辽宁省志·大事记》，辽海出版社2006年版，第191页。

的大部分粮食、衣物、家具等被烧毁[1]。

1936年，日伪军警实施"集家并屯"，烧毁桓仁县铧尖子民房三四百间[2]。

据日伪政权统计，1936年桓仁县共设立199处"集团部落"，其原房屋一律烧毁。凌源县烧拆房屋4.6万间。其他如辑安（集安）、兴京（新宾）、清原、辉南、金川、东丰、宽甸、桓仁等抗联活动的地区，因日伪强行"归屯并户"，实行烧光、杀光、抢光"三光"政策，被烧毁房屋达数十万间[3]。

1937年10月25日，日伪军警来到喀左县羊角沟南部的21个自然村地区，强制所有农户拆房搬家，至1943年6月，先后烧毁房屋1671间，使这条山沟成为无人区[4]。

1943年3—5月，日、伪军在辽宁省建昌县西部的老达杖子、要路沟至南部的新开岭、贺杖子等13个乡，总面积约923平方公里的地区进行"集家并村"。当地群众有41486间房屋被毁，529254万件器具、衣服、农具被抢走或毁掉；850头马、驴、骡被宰杀或抢走，61.2万公斤粮食被抢[5]。

1943—1944年，日、伪军集中力量在凌源县（今辽宁省朝阳市凌源市）推行"集家并村"，65521间房屋被拆掉，1050间房屋被烧毁。同时损失牛、马、驴610头（匹），猪、羊1540头（只），家具84000件，粮食640石[6]。

日本侵略者除了毁坏百姓的房屋，掠夺百姓的财物之外，还对抗日前线将士的家属进行报复，造成大量的财产损失。据台安县所做将士财产损失统计显示，被调查的9户人家，受损失的物质财产在当时约为141516元。其中：交通部东北特派员办公处专员任需霖位于台安的老宅被日本守备队抢掠后烧毁。"现大洋5000元，大枪16支，小枪12支，大车2辆，骡马各4头，粮食60石，皮衣12件，单、夹棉衣300件，被褥40套，书籍300余种，金首饰10两，银首饰30两，翠6件，玉10件"，都落入日军私囊；东北义勇军第一路参议兼上校团长王长祥位于黑山县金岗子屯的财产也被日军一把火烧光。共损失平房22间，大车2台，牛羊117头，木器28个，皮衣12件，布衣185件，籽棉7000斤，食盐1500斤，树木13000

① 孙玉玲主编：《日军暴行录·辽宁分卷》，中国大百科全书出版社1995年版，第81—83页。

② 政协辽宁省桓仁满族自治县委员会文史资料委员会编：《桓仁文史资料》第1辑，1985年内部版，第98—102页。

③ 辽宁省地方志编纂委员会办公室主编：《辽宁省志·政府志》，辽海出版社2005年版，第342页。

④ 辽宁省地方志编纂委员会办公室主编：《辽宁省志·政府志》，辽海出版社2005年版，第342页。

⑤ 朝阳市史志办公室编：《中共朝阳地方史》，辽宁民族出版社2001年版，第87页。

⑥ 凌源市史志办公室编：《凌源地区日军暴行与民众抗暴录》，2002年内部版，第62页。

株，秫秸30000捆，粮谷373石，干草25000斤①。

日本侵略者为运输军用物资和粮食等后勤保障物品，还大量征用民间车辆。仅以锦县为例，余积村仵子村周明远家在1939—1942年间被日军征用大车5辆，征用时间为3个月；1940—1941年间，余积村余积屯崔辑周家被日军813部队征用大车3辆，使用时间长达1个月之久；1940—1943年间，臧家堡李广厚家被日军412部队征用大车2辆，被征用时间1个月；1941年4月2日大兴村校卫屯关俊臣家被征用大车2辆；大兴村何家堡子杜盈洲家于1942年6月7日被征用大车1辆；王胡台村王胡台屯在1941—1944年间被征大车2辆；1941—1945年间，余积屯小兴隆庄董子政家被日军412部队征用大车10辆，被征用时间为1个月；1945年大业村大业家屯被征用车辆运输食盐，达1个月之久。

除征用大车外，日军还征抢大牲畜驮运物资，仅锦县双羊村就被征用大牲畜250头，折合损失为875000元②。

# （六）结论

在长达14年的抗日战争中，辽宁人民同全国人民一道，同仇敌忾，共御外侮，与日本侵略者进行了长期的殊死斗争，为中国人民抗日战争的胜利作出了重要贡献，同时也付出了巨大的牺牲和惨痛的代价。在时隔70多年以后，随着抗损课题调研工作的不断深入，我们越发感到这项工作对于否认、淡化甚至美化这场侵略战争是有力的揭露和证明，对于教育人民"牢记历史，不忘过去，珍爱和平，开创未来"具有十分深远的意义。

由于年代久远，健在的亲历者已所剩无几，而幸存者中身体健康者更只有寥寥数人，加上所存档案文献资料相当匮乏，抗日战争胜利后东北地区也未进行全面系统的人口伤亡和财产损失调查。虽然我们竭尽全力，但此次调研成果并不能完全反映抗日战争14年间辽宁地区人口伤亡和财产损失的实际情况。我们在调研中得出的辽宁省抗日战争时期人口伤亡和财产损失基本数据，也仅是限于目前资料和研究水平的尚不完整（或不完全）的数据，并不是最终结果，有

---

① 中共辽宁省委党史研究室编：《历史永远不能忘记——辽宁人民抗日斗争图文纪实》，辽宁人民出版社2005年版，第178页。

② 中共辽宁省委党史研究室编：《历史永远不能忘记——辽宁人民抗日斗争图文纪实》，辽宁人民出版社2005年版，第182页。原文未注明币种。

很多问题和具体数字还需要进一步深化研究、挖掘核实。今后，我们将继续推进本课题调研工作，以期在掌握更多资料和取得研究新成果的基础上对有关数据再做出修订和补充。以下是我们根据此次调研结果得出一些的基本结论。

1. 抗日战争时期辽宁地区人口伤亡和财产损失的一些初步数据

通过此次调研，我们根据所掌握的材料，在档案人员及专业统计人员的帮助下，得出以下一些初步数据：

（1）抗日战争14年间辽宁人口伤亡总计3255741人，其中直接伤亡382531人，间接伤亡2873210人。

（2）抗日战争时期辽宁地区社会财产主要损失如下：工业4771802.12万元法币；矿业583978.13万元法币；农业427744.89万元法币；交通1826776.72万元法币；商业24058061.17万元法币；财政15441046.60万元法币；等等。抗日战争时期辽宁地区居民财产主要损失如下：土地901870791.92亩；房屋147070间；粮食12837315.39吨并3995120石并1545袋；生产工具106525件；家畜牲畜213996头（只）；等等。

2. 辽宁地区人口伤亡和财产损失的特点

辽宁是九一八事变的发生地，是中国人民抗日战争开始的地方。由于如此特殊的地点，如此特殊的历史条件，抗日战争期间日本侵略者给辽宁地区带来的人口伤亡和财产损失情况具有辽宁地区自身的一些特点。

（1）辽宁是全国最早遭受日本侵占的省份，受日本侵略者殖民统治时间最长，因此人口伤亡较多，财产损失巨大。

（2）为反抗日本帝国主义的侵略和掠夺，许多同胞自发组织了一些抗日武装，如抗日义勇军等。东北抗日联军和国民党东北军及部分警察武装等更成为抵抗日军入侵的重要力量，其在中国抗日战争史上，乃至世界反法西斯战争史上都占有无可替代的重要地位。但因此也遭到了日本侵略者的残酷镇压，更有许多爱国志士和为抗日作出贡献的平民百姓惨遭杀害，这部分人的伤亡在整个辽宁地区人口伤亡数量中占有相当的比重。

（3）日本侵略者为掩埋被屠杀的中国平民和处理死亡劳工在辽宁制造了大量的"万人坑"。据不完全统计，辽宁境内较大的"万人坑"就有30多处，伤亡约50余万人。其罪行深刻的暴露了日本侵华战争给中国人民带来的深重灾难。

（4）日本战败后，在辽宁境内遗留了大量的常规武器和生化武器，在当时及近年来引发了大量的人口伤亡和财产损失。给中国人民在肉体和心灵上造成了永久的创伤，同时，也使日本侵略者反人性的残暴本质深刻暴露。

（5）辽宁地区自然资源丰富，日本帝国主义垂涎已久。九一八事变后，日本侵略者将其作为侵略中国的"大后方"，对辽宁的资源进行了疯狂地掠夺。因此，辽宁的财产损失显著特点之一就是钢铁、煤炭、石油、金属、粮食等自然资源和战略物资被强占、掠采、外运。其损失数量巨大，是日本侵华本质的大暴露。

（6）辽宁长期处于日本侵略者及其傀儡伪满洲国的统治之下，因此，辽宁地区的人口伤亡和财产损失很多是由政令引发的，带有极强的隐蔽性。

## 3. 相关说明

（1）辽宁地区人民受日本迫害，财产遭日本掠夺的历史不止始于1931年九一八事变，可以上溯到日俄战争（1904—1905年），甚至可以追溯到甲午战争时期（1894—1895年），许多掠夺政策是沿袭而来，许多材料的统计数字难以按着时间段准确分开，部分数据与此次调研的时限要求略有出入。这部分数据仅做参考，并未计入统计总数内。

（2）在抗日战争14年期间，东北地区的行政区划与现在的区划有很大不同，许多地区抗日战争时期和现在的归属地不同，我们一般按照现在的归属地进行统计，但仍有少数数据无法区分开来；另外，许多数据是东北三省的数字，很难将辽宁的数据从中单独划列出来。这部分数字我们也是列出仅作参考，并未计入统计总数内。

（3）我们此次调研采取纵横交错撒网式的调研方法，纵向统计各市、县（区）人口伤亡和财产损失的情况，横向从全省角度搜集工矿业、农业、交通、商业、财政、金融、教育等方面的资料，这样确保搜集资料和统计数字更加全面。这两种方法搜集到的资料和数字既有交叉，但又不完全重合，在最终统计汇总时，只能采取将各市、县（区）研究成果数字汇总的方式，而对从全省角度搜集到的各行业数据仅作线索和参考，并未记入统计总数之内，因此，此次调研的统计数字并不完全。

（4）由于此次调研成果是在总结前人研究成果和深入挖掘历史档案的基础上进行的，涉及资料多而复杂，搜集的财产损失数据种类多达上百种，有些种类的物品单位还不统一。有些物品可以根据相关材料折算成货币，有些根本无法折算，加上抗日战争时期社会动荡，货币币种繁多杂乱，换算相当复杂。为了力求统计数字的准确性，我们将可以折算的财产损失统一折算成法币，对于无法折算的，尤其是居民财产损失部分，则只将物品列出，对于同一种类不同单位的物品则分别列出。限于篇幅，反映财产损失事例时仅列出比较重大的损失。

（5）抗日战争期间，辽宁地区处于日伪政权的完全统治之下，日本战败后又大量地转移、销毁证据，因此，人口伤亡和财产损失的一手资料极少，特别是居民财产损失方面的数据很不详细。

（6）抗日战争期间，日本侵略者在辽宁地区盗窃、强占、焚毁、破坏了大量文物、古籍和古代建筑，这些文物和建筑非常珍贵，价值无法衡量，损失也无法计算。

### 4. 日本侵略者给辽宁造成的人口伤亡和财产损失对辽宁经济社会的影响

抗日战争14年间，日本侵略者给辽宁造成的人口伤亡和财产损失，对辽宁经济发展造成重大影响。

（1）日本侵略者的杀戮、蹂躏、掠夺给辽宁人民造成深重的苦难。日本侵略者在辽宁地区肆意杀戮平民制造了几百起大、中、小事件和惨案，致使受害村落几乎家家有戴孝，户户有悲声。在日本侵略者的法西斯殖民统治下，灾祸频仍，物资匮乏；大批劳工有去无还；烟毒泛滥，生灵涂炭，人民饥寒交迫，在暗无天日的悲惨境地中备受煎熬，根本无法得到正常的生活和发展。

（2）日本侵略者对辽宁矿产资源的掠夺性开采，造成环境破坏，资源流失，对辽宁矿产业的长期发展造成了破坏性甚至毁灭性的后果。

（3）日本侵略者对辽宁的殖民地统治，极大地破坏和阻碍了中国民族工商业的发展。抗日战争14年间，日本侵略者强占工厂企业、掠夺资金和资源，劫夺商家货物，使民族工商业处境困难，日益衰落，使抗日战争胜利后的民族工商业的恢复处于极为艰难的境地。

（4）日本侵略者在辽宁乡村强征土地、掠夺农业资源，使农村的经济遭到严重的破坏。

（5）日本侵略者长期大搞奴化教育，给辽宁人民在思想上和精神上造成了极大的伤害。

（6）日本侵略者在辽宁地区盗窃、焚毁历代文物及古建筑，给辽宁文化事业造成无法弥补的损失。

辽宁地区抗日战争时期人口伤亡和财产损失调查及结论，是对日本侵略者在辽宁犯下的深重罪行的揭露和指证。此次调研工作使我们倍加珍惜和维护来之不易的和平环境，也为实现中华民族伟大复兴、建设富庶文明幸福新辽宁提供了历史启示和借鉴。

（执笔人：王全有）

# 二、专　　题

## （一）辽宁境内"万人坑"专题调研报告

辽宁省委党校抗日战争时期人口伤亡和财产损失专题调研课题组

　　"万人坑"是民众对非正常死亡者大规模丛葬地的一种通俗称谓。日本侵略辽宁期间，为稳定其殖民统治及经济掠夺，对中国民众进行了疯狂的镇压、屠杀与奴役，造成数十万民众死亡，形成了许多"万人坑"。

　　本次调研是在补充完善1998年中国社会科学院中日历史研究中心课题"日本侵华期间辽宁境内'万人坑'调研研究"成果基础上进行的。

## 1.辽宁境内"万人坑"简况

　　日本侵华期间，在辽宁境内形成的"万人坑"可分为三种类型：一是大规模屠杀形成的"万人坑"，主要有抚顺平顶山大屠杀万人坑和新宾境内"万人坑"；二是经济掠夺形成的"万人坑"，主要分布在各大型矿山，包括抚顺煤矿、本溪煤矿和南芬铁矿、北票煤矿、阜新煤矿、大石桥镁矿、弓长岭铁矿的"万人坑"等；三是修建大型工程形成的"万人坑"，主要有丹东宽甸水丰水电站工程、大连金州龙王庙军事工程和铁岭乱石山军事工程的"万人坑"。根据调查，辽宁境内较大的可考证的"万人坑"分布情况如下：

### 辽宁境内"万人坑"简况 [①]

| 地区 | "万人坑"位置 | 死亡者数量 |
|---|---|---|
| 大连旅顺 | 黄金山东麓<br>顺山街沟里<br>白玉山东麓 | 约2万人 |
| 大连金州 | 龙王庙周家沟 | 0.8万余人 |
| 营口大石桥 | 虎石沟<br>马蹄沟<br>高庄屯 | 1.7万余人 |
| 辽阳弓长岭 | 三道沟 | 1.2万余人 |
| 丹东宽甸 | 拉古哨三莹地 | 2万余人 |
| 本溪 | 南芬庙儿沟<br>本溪湖仕人沟<br>本溪湖南天门<br>本溪湖太平沟<br>本溪湖月牙岭<br>一铁厂 | 13.5万余人 |
| 抚顺煤矿 | 老虎台青草沟<br>老虎台万人塔<br>龙凤矿前<br>龙凤南山<br>夜海沟南山<br>西露天邱楼子<br>盘山小学处<br>小新屯前岗等 | 25万余人 |
| 抚顺 | 平顶山 | 0.3万余人 |
| 抚顺 | 新宾北山等 | 1万余人 |
| 阜新 | 孙家湾南山<br>新邱兴隆沟<br>城南墓地<br>五龙南沟 | 7万余人 |
| 北票 | 台吉南山<br>冠山东坡<br>北大墙外<br>城子地<br>三宝 | 3.1万余人 |

---

① 李秉刚主编:《历史的痕迹——辽宁境内万人坑》,东北大学出版社2004年版,第19—20页。

| 地区 | "万人坑"位置 | 死亡者数量 |
|------|------------|-----------|
| 铁岭 | 乱石山 | 1万余人 |
| 合计 | 35处 | 58.6万余人 |

由上表不难看出,抗日战争时期,日伪政权为实现其政治统治和经济侵略,残害了大批辽宁同胞,现将几处典型的"万人坑"简述如下。

（1）平顶山惨案"万人坑"

1932年9月16日,驻抚顺日本军警人员对平顶山附近居民进行了大屠杀,尔后集中埋葬遇难者尸体,形成了平顶山惨案"万人坑"。

惨案发生的前一天,抗日义勇军袭击了日军防守的抚顺煤矿,烧毁了老虎台煤矿附近的煤油店、汽油库、无线电台等设施,并造成日本方面死亡5人,负伤7人。经济损失上,根据抚顺煤矿1932年的《作业年报》记载,煤炭减产4.51吨（不包括杨柏堡矿停产15天的产量）,矿产设备损失价值约21万余元。9月16日晨,义勇军进攻抚顺的战斗结束后,日军在栗家沟、平顶山村发现了许多义勇军战士的遗体,并且,义勇军袭击抚顺途经平顶山村,平顶山村民没有一人向附近的日本人派出所报告,于是驻抚顺日军首脑便推定平顶山等村民"通匪",很快形成了对平顶山等村镇的屠杀目标。

第一次屠杀策划会议的时间是9月16日晨6时许,会议地点是宪兵队长的办公室。参加人员有守备队长川上精一、宪兵分遣队长小川一郎、抚顺县公署代参事官山下满男、抚顺县公署外事秘书兼县长翻译于庆级等4人。据于庆级供词,川上首先发言说:"昨夜大刀队进攻抚顺矿区是由栗家沟等屯子。据派出所（附属地靠近栗家沟）反映,大刀队进入该村屯之前村民们知道,但没通知该派出所,所以日军受到很大损失,以此可以确定村民通匪。现在核计一下处理这个屯子的问题。"山下问:"怎么处理呢?"川上说:"彻底烧光、杀光。你们（看着山下和我）有什么意见?"我当时看见山下没发言。（过一会儿）山下说:"我们没有别的意见,不过那样做是否有些过火?"川上强调说:"（特别严肃）这是应该的。"并要求"由现在开始把村子看起来,不要让他们跑掉了。在8时半前后开一次机关首长会议,征求意见,通过后立即执行。地点为栗家沟,烧光、杀光,由守备队、宪兵队执行。集合方法是告诉他们,守备队给他们讲话,把他们全部诱导到现场。"①这场大屠杀就这样确定下来了。

第一次会后，川上和小川已抓紧部署了大屠杀的准备工作。他们一边召集8时半的首脑人物会议，一边早派出守备队人去侦察地形，选择屠杀现场，以及其他各项准备工作，包括善后处理工作等。并派出煤矿的防备队暗中包围了栗家沟、平顶山村，使村民只许进不许出。紧接着，川上、小川等上午8时30分在煤矿会议室又召开了第二次会议，强行通过了对平顶山等村进行大屠杀的计划。

当年的平顶山村有800多间房屋，500多户人家，约3000多人口，居民大多是矿工。临出发前，小川想起用什么办法把居民哄骗出来。经过商议，决定哄骗大家说：昨晚大刀会袭击平顶山，平顶山居民没有受伤害，大衙门为庆贺大家太平无事，来给大家照相，留个纪念，大家互相传一下，都到大庙前集合吧。这个办法被小川采纳。关于参加屠杀的兵力，根据《抚顺满洲事变一周年纪念摄影集》中守备队、宪兵队、警察署屠杀归来的三张照片，守备队井上小队40人，警察署92人，宪兵队8人（其中包括汉奸3人），加上守备队长川上精一和汉奸翻译于庆级，共142人。而参加屠杀的炭矿防备队主要担任包围村庄，防止村民逃跑，对屠场进行警戒，防止义勇军来袭屠场等任务。

9月16日上午10时许，抚顺日军守备队和宪兵队的便衣和特务们以事先安排好的计划，从平顶山村北头进入，开始以"照相"等名义哄骗村民向村内较宽敞的牛奶房附近集中。因为平顶山村是一条很长的街，几个便衣进去，仅用哄骗的办法很难把3000多的村民在短时间内集中起来，而且以"照相"等为借口，群众听了也不立即行动，许多人特别是老弱病残者根本都不想出来。日军发现单靠哄骗的办法行不通，于是凶相毕露，索性代之以武力逼赶。此时出动了全副武装，杀气腾腾的守备队、宪兵队冲进了村子。他们端着刺刀，像一群恶狼，从平顶山北头到南头，挨家挨户地把居民往外赶。被赶出来的男女老幼哭着，喊着，叫着，满街团团打转。然而，面对全副武装的强盗的刺刀，手无寸铁的村民们无可奈何，只能向着刽子手们已经安排好的屠场拥去。

村民们被驱赶到村东约百米的牛奶房旁边的一块草地上，一家一户紧挨在一起。此处正是守备队事先安排好的屠场，是平顶山南端一块播种牧草的草坪。它的正面是断崖陡壁，约有二三丈高，北面为日本人的奶牛饲养场，周围用铁丝网障着。只有东面和南面可以出入，而此处早已部署好了机枪，把村民们

① 伪抚顺县政府外事秘书兼翻译于庆级供词。此件系1971年9月8日于庆级交代材料，事件发生时于庆级26岁。原件存于吉林省农业科学院档案室。

包围得水泄不通。大约在午后12时半，人们差不多都被赶进了屠场。这时，日军把人群中的朝鲜百姓约二三十人喊了出去，大家这才感到不妙。当时日本人常利用朝鲜族挑拨汉、朝鲜民族关系，所以汉族民众对朝鲜族的举动十分敏感。人群开始不安地骚动起来。正在这时，人们发现村子里浓烟弥漫，烈火冲天，原来是日军已按预定计划用汽油把村民的房屋给点着了。人们至此才醒悟到身陷绝境。突然，一日本军官一声令下，所有的机枪同时揭开黑布，向密集的人群扫射。举枪下令的日本军官就是屠场执行军官井上清一。据幸存者们介绍，当时站立在人群周边的一些村民们在绝望中从平顶山陡壁向上爬，但也未能逃脱日军的枪弹。敌人的机枪先向这些四周逃出的人射出，紧接着向人群平射。片刻间，人群一排排、一片片的倒下，血肉横飞，人们的哭喊声、惨叫声、咒骂声与机枪声连成一片。

一个多小时后，机枪扫射停止了，屠场上黑压压一大片。据幸存者讲，此时，还有好多的村民没有死，因为屠杀前村民们一家一户挨坐在一起，当机枪开始扫射时，好多大人用身体掩护了自己的家人和孩子，于是压在亲人身下没有死的人们咬着牙，强忍着身心的伤痛，没有作声。然而，一些不懂事的孩子却对眼前发生的一切不知所措，只是吓得不断哭叫，有的在人群中爬来爬去寻找亲人。日军于是开始了更为残暴的第二次屠杀。他们端着刺刀、军刀、手枪等，一字排开，先从南到北，又从北到南，逐个用刺刀扎、战刀砍、手枪打，发现有活着的就立刻杀死，就连妇女和儿童乃至婴儿也未能幸免。

这场大屠杀直到傍晚才结束。下午16时前后，日军又按计划开赴千金堡、栗家沟继续屠杀。这两个村子的人闻知平顶山村民被屠杀的消息后，大多逃离了村庄。日军发现大部分的村民已逃走，只有看家守院的少数村民以及正在逃离中的村民，于是采取了追杀的办法，见人就开枪，见房子就烧。在平顶山大屠杀中村民（包括平顶山、千金堡、栗家沟3个自然村）的死亡人数，共计3000余人。

大屠杀后第二天，日军按计划运来大量的汽油，把尸体集中到山崖底下，焚尸灭迹。后又把山崖上的土炸下去，把掩埋的不彻底的尸首深埋起来，形成了平顶山惨案"万人坑"。

（2）新宾境内"万人坑"

在新宾境内，有北山、苇子峪、旺清门、下湾子、响水河子、平顶山、木奇等地"万人坑"。其中，规模最大、最具代表性的是北山"万人坑"。

北山"万人坑"位于新宾县城北侧伪兴京县公署后山的一个山坳里，距县公署大院后墙约200米，距伪兴京警务科和兴京县监狱约300米，距原日军守备队驻地约700米。由于这里地处偏僻，又距离伪军政警宪机关驻地较近，为日伪军警肆意屠杀人民群众提供了方便条件。"万人坑"面积约8000平方米，分散有数十处坑穴，其中最大一处在一个长约百余米、宽约40米的小山沟内。当年这里自然生长着一些阔叶杂木和灌木丛，沟口附近散生着一片阴森可怖的古榆树林，在老榆树上经常悬挂着被杀者的血腥人头。如今，仍然挺立在那里唯一的一棵老榆树也已干枯死亡，但当年日伪刽子手钉在树干上用来悬挂人头的铁环仍清晰可见。据周庆文1951年的一份检举材料：日伪在人民革命军经常活动的红庙子和金沟一带，曾以通匪为名，几乎将住户的男人全部抓去，其中抓到县城500多人，最后仅回来200来人，其余大部被日军杀死[①]。另据当年在县城居住的白淑媛介绍：在北山"万人坑"，"当时几乎是天天杀人，我亲眼看到的是每一次抓到的人都是十几个人，有的时候是五六十人，押到山上再也没有回来。北山前有几棵老榆树，上面枝杈上都钉了铁环，然后用铁丝串挂着人的脑袋，血都凝固了，有的看不清脸，每次都挂五六个或十来个人脑袋，非常吓人。在七八年光景中，每年都有上千人被害，'万人坑'名副其实……"在新宾县城有个朝鲜族刽子手金丽轩（金尚玉），是新宾县城关区伪警察署的警佐，自称"一天不杀四个头就生病"，因杀人成性，外号"金大刀"，当时可谓家喻户晓。日本侵略者在县城北山曾进行过数百次的屠杀，形成了北山"万人坑"。

其他如苇子峪"万人坑"位于新宾县苇子峪镇所在地后山根，又称"庙后山"。经多年雨水冲刷现已渐渐被土填平，但仍能显现出当年"万人坑"的轮廓。旺清门"万人坑"位于县内旺清门镇教堂东边北山。下湾子"万人坑"位于新宾县木奇镇下营子村附近，是几处"万人坑"的合称。其中包括大洛上堡、朱家岭北岔、赵家堡沙松沟山坡、小台马沟和下湾子西门外等处。响水河"万人坑"位于响水河子乡，其中包括响水河子村西头、大荒沟村围子后等处。平顶山"万人坑"位于新宾县平顶山镇后山根。木奇"万人坑"位于新宾县木奇镇北头，今镇机械厂院内。

从1932年10月日军侵占新宾开始到1945年日本投降，日本侵略者在新宾杀害了大量抗日军民和无辜百姓，从而形成了北山等"万人坑"。

---

① 《新宾县人民法院刑事判决（崔振海）》，新宾县档案馆馆藏档案，反革命崔振海卷，目录号8，档案号8—71。

（3）抚顺煤矿"万人坑"

抚顺素以"煤都"著称于世。自1905年到1945年日本战败投降，抚顺煤矿（当时称"满铁"抚顺炭矿）是日本"满铁"直接经营的重要企业。1936年，抚顺的煤产量达到962万吨，占东北当年煤产量的77%，占全国当年煤产量的30%。在这40年中，日本侵略者为了掠夺抚顺丰富的煤炭资源，对中国工人在政治上施行法西斯式的统治，在经济上进行惨无人道的盘剥榨取，造成大批工人死亡，在抚顺的龙凤、老虎台、西露天等各大矿区形成了许多"万人坑"。据1959年由辽宁人民出版社出版的《煤都抚顺》一书统计，在日本统治抚顺的40年间，被日本侵略者折磨致死的中国人达到30万人之多。而这些死亡者，主要是日本在1931年到1945年全面侵占东北期间，对煤矿的疯狂掠夺、对中国劳工的残酷奴役造成的。

1971年，抚顺市阶级教育展览馆对抚顺地区的"万人坑"遗址进行了半年的调查采访，认定了36处"万人坑"遗址。1998年底至2000年底，在1971年调查的基础上，对抚顺"万人坑"遗址重新进行了调查考证，重点确定了其中较大的8处"万人坑"。各矿的"万人坑"主要有：

龙凤矿较大的"万人坑"遗址有矿前、龙凤南山、夜海沟南山三处。

龙凤矿前"万人坑"位置在老君庙附近。在龙凤矿前东侧有一南北走向的山岗，岗西为龙凤矿的矿前地区。日伪时期在岗上北头曾修有老君庙，如今这里已成了一片楼房林立的住宅区，但当地人仍称此地为老君庙。在日本侵占抚顺期间，这个山岗上和山岗东侧的茨沟，建有许多工人独身宿舍"大房子"。在原老君庙后面，便是抛弃中国工人尸体的地方，在20世纪80年代建楼时曾挖出过大量的白骨。在几百米的山坡沿线，风吹雨淋，经常有白骨露出。距此不远，在现在市十六中学的位置，原有一个大深沟，日伪时期是龙凤矿抛尸较集中的一个"万人坑"。

从龙凤矿前再向南800米处是龙凤南山"万人坑"遗址。前面提到的山岗向南延伸，隔一条沟趋偏西的地方就是南山，这里也有一处较大的"万人坑"遗址。1943年龙凤矿霍乱流行，日本人设置了所谓的"隔离区"，在南山坡下搭了6个大席棚子，周围是刺线和电网，将1000多名有患病嫌疑的人都驱赶到这里。日本还在南山建有炼人炉，大量尸体甚至还有活着的病人被推进炼人炉。但后来死的人太多了，炼人炉炼不过来，就把尸体抛在山沟里，形成了"万人坑"。

从龙凤矿俱乐部向南上山，再过一个岭，就会看到夜海沟南山"万人坑"

遗址。这里现在仍是墓地。据老工人们回忆，日本在占领龙凤矿期间，每年一入秋，都要雇人在这一片山坡挖坑，为死难矿工准备葬身之地。冬季死去的矿工被扔到事先挖好的坑里，开春再进行埋葬。有的时候挖的坑不够，就在一个坑里扔进两三具尸体。

在老虎台矿区，有两处较大的"万人坑"遗址。一处是位于老虎台矿南的青草沟"万人坑"遗址，另一处是位于老虎台矿南山的"万人塔"旧址。青草沟"万人坑"遗址位于今老虎台矿南约1300米处。开矿之初，青草沟荒无人烟，因而成为日本统治者埋葬死难矿工尸骨的地点。青草沟沟口与沟底落差较大且陡峭，矿工大量死亡期间，运尸者在沟上把工人尸体一具具扔下沟了事。老虎台矿原矿长王金生回忆说，当时的死难矿工就往老虎台一校下面的那条沟一扔，也不埋。"大房子"里死了人，都往那扔，每天十一二个，用马车拉。因为不予埋葬，招来大批野狗啃食尸体，时间长了，尸骨身首异处，因而青草沟里的脑壳就像西瓜地里的西瓜一样，到处都是。"万人塔"旧址位于老虎台矿南900米处的一个高岗上，原是日本统治煤矿时期修建的矿工"慰灵碑"。因碑下就是抛弃劳工尸体的"万人坑"，当地百姓就称该碑为"万人塔"。

西露天矿和胜利矿的"万人坑"，主要有刘山邱楼子"万人坑"遗址和盘山小学"万人坑"遗址。西露天矿和胜利矿南面的刘山邱楼子"万人坑"是抚顺最大的"万人坑"。这个"万人坑"在胜利矿西南1300米、西露天矿办公楼东南3500米处，具体在盘山路路南、刘山第二小学西南岗下100米的山沟之中。当地群众至今仍称此地为"万人坑"。在古城子、刘山、南花园等地一提"万人坑"，几乎所有的人都知道在刘山邱楼子。此处原有两个大深沟，靠里面的坑稍小，长50多米、宽30多米。外面的坑较大，长100多米，宽80米左右。两个坑都有十几米深。里面的坑埋葬的多是被日本军、警、宪、特迫害致死的中国爱国志士即所谓"政治犯"，也是日本侵略者杀害中国爱国志士的刑场。外面的坑则是死难矿工的抛尸场所。这两个大坑在伪满后期曾被尸体填得满满的，四周野狗成群，乌鸦乱叫。据当地农民介绍，现在这一带在耕地时还经常出土白骨，有的地方往下一挖全是人骨。

在刘山邱楼子"万人坑"遗址向西过一个山岗（即刘山五街山岗）的山谷中也是一处"万人坑"遗址，范围在刘山煤场以西、盘山小学以东，面积较大。据老工人回忆，此处曾是有人管的矿工义地，矿工死亡后，老乡、亲友将其埋葬在这里。

除上述较大的"万人坑"外，在新屯附近还有一处特殊的"万人坑"，那就是抚顺矫正辅导院附近的"万人坑"遗址。其旧址是从新屯向东过岭，在新屯和龙凤矿之间有一个称作小新屯的地方。此地东距龙凤矿办公楼2500米左右，西距新屯中心（原露天区政府）1500米左右，在煤都路中段路南约100米。据老工人回忆，当时矫正辅导院有许多趟青砖平房，从矫正辅导院向南百余米山岗后面，就是当年弃尸的地方，很多被迫害致死的"辅导工人"的尸体被扔到那里。

（4）本溪煤矿铁矿"万人坑"

1905年日俄战争结束后，日本著名财阀大仓财阀侵入本溪，勘查并开采本溪的煤铁资源。1931年到1945年，随着东北沦陷，本溪经济被日本人垄断和独占。与此同时，仅在本溪湖煤矿、南芬庙儿沟铁矿和本钢一铁厂等处，就形成了6处较大的"万人坑"。

在本溪湖煤矿，主要有仕人沟、南天门、太平沟和矸石山"万人坑"。

仕人沟"万人坑"又称"本溪湖肉丘坟"，是1942年4月本溪湖煤矿瓦斯大爆炸中死难矿工的集体墓葬。1942年4月26日下午2点10分，本溪湖煤矿区突然传来一声巨响，接着滚滚黑烟从茨沟、仕人沟和柳塘等5个通向地面的斜井口喷出。1个多小时后，公司采炭所长藤井渡等到达现场，看到中央大斜井还在冒烟，认为井下可能发生了火灾，竟不顾井下中国矿工的死活，命令地面扇风机停止送风，封住井口。这使大批尚有生存希望的矿工被闷死在井下。第二天，井下的火灭了，日本侵略者命令矿工下井清理井下，将矿工的尸体用车往外拉，一些矿工的尸体被炸碎了、烧焦了，更多的矿工则因为停风缺氧窒息而死。运上来的矿工尸体堆在井口。日本矿主命人在仕人沟四坑口的山坡上挖了一个长宽各80米、占地面积6400平方米的大坑，大坑四周用石头砌了个大圈，把完整的尸体装进薄皮棺材，垛在坑的四周，共垛了五层，将那些被爆炸烧焦的碎尸填到中间，填满后，用土埋了起来。这是世界煤炭工业史上一次极为惨重的灾难，数千名中国矿工在这次大爆炸中遇难。为掩盖罪行，逃脱世界舆论的谴责，在墓前立了一块墓碑，日本侵略者在碑上仅记下死难矿工1327人，其中有31名日本人，共有1296名中国矿工殉难[①]。而据老工人李永普、包景阳回忆"足有

---

① 据1943年8月日本株式会社本溪湖煤铁公司在埋葬大爆炸死难矿工的仕人沟"肉丘坟"所立的"殉职产业战士之碑"碑文。

3000多人"①。

本溪煤矿南天门"万人坑"位于本溪湖柳塘南山沟，由于沟口状似大门故而得名南天门。这是一条长500米、宽200米的大沟内形成的天然大坑。1931年后，由于日本侵略者在柳塘开矿挖煤，把病死、累死、饿死、事故致死和被打死的矿工扔到南天门。死难的矿工多是从外地抓来的劳工或战俘，被随便扔到山上。据老工人回忆：1943年传染病流行时，每天有30多个板车往山上运死尸，一车装3个，扔进"万人坑"。那次传染病后，大房子变得空荡荡的，上百人的房子一下子剩下十几人。但不久，新抓来的劳工又把大房子里住满了。到1945年，南天门沟里白骨成堆，形成占地面积10万平方米的"万人坑"。

本溪湖太平沟"万人坑"原是本地矿工死后埋葬的地方。1942年瓦斯大爆炸后大多的死难矿工被埋在了仕人沟肉丘坟，还有一些死难者被埋在太平沟"万人坑"，形成了一个8000多平方米的"万人坑"。

本溪煤矿矸石山"万人坑"位于本溪湖月牙岭山上，是一个直径500米的半圆形山坡，占地面积9.8万多平方米。该"万人坑"是用于倾倒煤矸石的山坡。矿工们在井下因事故等原因死亡。日本监工和把头就让工人把矿工尸体与煤矸石一起装进矿车，推到矸石场，小车一翻，连人带煤矸石一起翻下坡去，日积月累，矸石山上白骨累累，并不断被掩埋掉。

本钢一铁厂"万人坑"位于今本钢二铁厂铸铁车间西南角翻渣线一带，占地面积1万多平方米。七七事变后，日本为了进一步扩大侵华战争，急需在东北发展军需工业，于1938年开始建设宫原工厂。建厂的劳动力大部分是从各地抓来的劳工，也有的是用蒙骗手段从山东、河北一带招来的劳工，全部住在"苦力村"里。"苦力村"是用席子搭成的棚子，四周用电网围着，里面设有日本警备系、狼狗圈，专门用来对付那些对日伪统治不满或逃跑的工人。"苦力村"内工人的生活极其艰苦，席棚子里没有床，铺点稻草就当炕，冬天被冻得夜不成寐，夏天苍蝇、蚊子泛滥成灾，地面潮湿，很多人长了疥疮。工人干活没有水喝，只得喝臭水沟的污水，吃的是发了霉的苞米面、橡子面。由于卫生条件差，工人的身体又遭到摧残，许多人被流行的传染病夺去了生命。死亡的工人被埋在今本钢二铁厂铸铁车间西南角翻渣线一带，形成了一个占地面积1万多平方米的"万人坑"。

本溪南芬庙儿沟露天铁矿"万人坑"，位于本钢南芬露天矿东北侧庙儿沟

---

① 李永普证言，1999年7月；包景阳证言，1999年8月。原件存本溪市党史地方志办公室。

环型山坳里。从1936年初开始，日本侵略者在南芬露天矿（原称庙儿沟铁矿）建起本溪南芬第二分监狱，也称为"明生队"。这是一座12栋有铁门、铁窗的大牢房，高高围墙上建有炮台，四周围绕三层电网，院内还修起一座监视岗楼。日本侵略者和汉奸到处抓人，以"浮浪"、"经济犯"、"思想犯"、"国事犯"、"嫌疑犯"等罪名，先后从关内各省及辽宁的热河、庄河等地抓来许多人关进明生队充当劳工。在这座阴森的牢房里，冬天四壁结冰，寒气刺骨，夏天又热又闷，加上屋小人多，拥挤不堪，内如蒸笼，跳蚤、臭虫、蚊蝇成堆成群，人的身上普遍长了疥疮。"犯人"吃的是又红又黑的高粱米稀粥，橡子面和豆饼面做的窝窝头，长期吃不到蔬菜和盐。"犯人"每天劳动时间长达14小时以上，不管多累、多么危险都得干，稍有懈怠，鞭子、棍棒立刻打在身上，造成大批劳工与"犯人"死亡，被扔进庙儿沟"万人坑"。伪满后期因劳工死亡太多，又在庙儿沟"万人坑"山下建起两座炼人炉，大批死亡劳工被抬送到炼人炉炼化。此外，在庙儿沟铁矿周围的黑背、插信、太阳、对面等四条大沟里也都埋了大批矿工的尸体。

（5）大石桥镁矿"万人坑"

菱镁矿是制造高温耐火材料、提炼金属镁和生产建筑材料不可缺少的重要资源。位于辽宁省南部的大石桥地区菱镁矿的矿体厚、品位高，其储量占世界总储藏量的四分之一，是不可多得的富矿。1909年，日本"满铁"地质调查所发现了这一宝藏后，便买通汉奸得到开采权，于1917年开始了对镁矿资源的掠夺。1931年日本全面侵占东北后，又不断扩大开采规模，骗招和强征数以万计的劳工从事采矿和矿石提炼作业。在超强度的奴役下，造成大批劳工死亡，形成了虎石沟、马蹄沟、高庄屯等3处较大的"万人坑"。

虎石沟"万人坑"位于小圣水寺村西北，原属南满矿业开发株式会社大石桥工厂的采矿区内，占地面积约5000平方米。20世纪60年代初，当地政府进行了挖掘，修建了虎石沟"万人坑"纪念馆。马蹄沟"万人坑"和高庄屯"万人坑"一直没有挖掘。今日的马蹄沟，每当夏季暴雨过后或山洪下来，便有白骨被冲刷出来。高庄屯"万人坑"一带已经高楼林立，没有了往日的凄凉。

在虎石沟"万人坑"纪念馆，供人们参观的地方只是"万人坑"的一个边沿部分，整个"万人坑"没有全部挖掘。然而，只在半山坡挖掘的深3米、面积140平方米的地方，就露出堆积达7层、多达174具的白骨。这由骸骨层层堆积的断层，令人触目惊心。遗骨中有的缺少双脚脚骨；有的头骨清晰可见是被尖状锐器所击漏，表明是被残害致死的；有的呈现弓着身子、双手捂头状；有的呈现着左手护头、右手撑地的状态，表明是被活埋的。据老工人回忆，每天都有3—5人被扔进"万人坑"，在疾病流行期每天死亡多达四五十人。1942年南满矿业株式会社从关内招募来的200多名矿工。因生活条件恶劣和繁重的强制性劳动，200多名矿工在一年内全部死去，都被埋入了"万人坑"。被埋入"万人坑"死难劳工的另一个主要来源是设在镁矿附近的营口第二监狱和矫正辅导院里的"犯人"。第二监狱的死亡人数因日本人投降时销毁了大量档案材料，没有准确资料可查。但历史是抹煞不掉的，被监禁的"犯人"和当时的监管人员都可以提供一些活的线索。曾担任过第二监狱保健长的宋祝三证实说："1944年春三月间，被关押的病人由于长期缺乏营养，干瘦病，开始大量生病，病人增加，死亡率也增加，保健科的药品已经用没了。坦白地说，长期吃不饱，重体力劳动，缺乏营养，患干瘦病，只依靠当时的药品来挽救，是解决不了的。六七月间死亡人数增加。每天死1—2人，每死一个人，保健科的人都要到病监验尸，然后将死亡诊断填写在本人身份簿上。对死尸的处理，由负责内勤的看守领着杂役，到病监抬到义地（'万人坑'）掩埋。我曾在上班时走到监狱大门前，一个辅导工走出队，跪在我面前，要求看病，却被我拒绝。没有药是一个原因，关键是我对病人已经无动于衷了。"[1]1945年3月调到圣水寺监狱做狱医的吴英杰证实："当时死的犯人差不多每天都有，最多的一天死15个，平均每月都死30—40个。犯人住的是整年不烧火的炕，上面放些树条子。犯人患的病是肠炎、肺结核、胖肿等，医务所没有好药，看这个监狱的历史材料，每个月都是死了30多个。轻病监的杂役是犯人干的，有病也不看，看也就是给点药就完了。我20来岁，也看不出什么病。那时伪满洲国监狱经常核对死人数，进行评比（分甲乙丙丁），圣水寺评的是乙等。"据当时看守和犯人的回忆，第二监狱从1939年至1945年死亡的人数，大约在4000人。

（6）弓长岭铁矿"万人坑"

弓长岭铁矿"万人坑"位于辽阳市弓长岭矿区三道沟。九一八事变后，日本侵略者从弓长岭掠夺铁矿石1000多万吨，同时有成千上万的中国矿工被奴役迫害致死，形成了弓长岭铁矿"万人坑"。

三道沟在日本侵略之前本是一块清净的土地。日本建立弓长岭采矿所初

---

[1] 原大石桥监狱保健长宋祝三证言，辽宁省大石桥镁矿档案室室存档案，档案号为大石桥镁矿万人坑档案4—88。

期，如果有矿工死了，家属在当地的，都由自家安葬于三道沟山坡上下和附近地带。外地人死了无人料理，矿里也按中国人的习俗，给钉个薄板棺材，在山坡上胡乱掩埋，留个坟包。随着坟包日益增多，满山遍野，人们便称三道沟这块地方为"乱坟岗"。这就是"万人坑"的雏型。

30年代末期，死难者越来越多，因而改变了埋葬方式。即改用活底棺材运尸，有时一个棺材装五六具尸体，有的用席头卷着、有的用绳子捆上，直接扔到山间的大小沟里了事。日子久了，尸骨累累，难以数计，于是形成了人们所说的"千人沟"。

1943年之后，由于"千人沟"尸骨暴露，有些竟被山水冲到路旁，激起义愤，日本侵略者又采取挖大坑的办法，集中掩埋死难者的尸体。从此，三道沟出现了一个又一个"万人坑"。其中最大的有8米见方，3米多深。死者不仅没有棺材，没有席头，有的还被扒掉衣服，或用人抬，或用马车拉走扔进大坑，情景惨不忍睹。再后来，由于坟包、大坑遍布山沟，几乎再无处可埋，日本侵略者又修建了炼人炉，于1945年春投入使用，大批死难者被焚尸灭迹，直到日本侵略者战败投降。

弓长岭铁矿"万人坑"所埋葬的，既有普通的矿工，也有被强征的劳工、勤劳奉公队，还有由战俘组成的"特殊工人"和抓捕到"矫正辅导院"的"辅导工"，等等。"特殊工人"是指因抗日被俘的中国军人中被强制赶到矿区充当劳工的人。尽管他们敢于以战俘的身份多次抗议日本人的虐待，但在事故、病疫中遇难和被射杀的情况相当严重。据日伪统治机构季度报表统计：1942年3月前，弓长岭采矿所共接收特种劳工1135人，而到3月末实有人数只剩685人，减少450人。为了隐瞒真相，这450人中，有125人去处没有列项，有325人被列为"逃亡"。其实他们对战俘平时实行分组连坐制统治，互相监视和担保不能逃跑；从下井作业到升坑歇班，白天黑夜有人拿枪看守，对逃跑的则开枪打死。因此，所谓"逃亡"，其实是大部分死于矿山。到后期，即1942年4月至1945年8月，随着日伪统治日趋加紧，弓长岭采矿所接收的"特殊工人"数额及其死亡率更是有增无减。"辅导工"被残害致死的情况也很多。据幸存者尚兆禄回忆："伪满日本人抓浮浪者，把我抓到安平警察署，带到辽阳，又送到鞍山。在鞍山押7天，就送进弓长岭矫正辅导院，在那里住13个月，祖国就光复了，再有几天祖国不光复我也就死在里面了。我出来时身上长脓疮。我手腕上的疤，就是那时候留下来的。我们被抓进去当时那里有多少人不知道，光复时大家说抓进去有3800余人，最后剩1500多人，进去的死一多半。我知道和我一起进去的30多人，只出来6个人，剩下的全都死在辅导院里。"①在"辅导院"里，病死的"辅导工"是有编号的。"死"而复活的"辅导工"何万荣回忆说："有一次我得了重病，奄奄一息，被抬进病室，给带上一个死亡牌子，上面写道'滨江省肇州县水泉区张家围子，何万荣。编号2220号'。没想到，我活了过来，又把死亡牌子拿走。"②

### （7）北票煤矿"万人坑"

北票煤炭资源丰富，清代以前就有民间用土法采掘，1933年被日本侵占之前设有官商合办的北票煤矿股份有限公司。1933年2月，日本侵占热河，随即霸占了北票煤矿。在长达12年的时间里，日本从北票掠夺优质煤炭840多万吨，同时造成大量的矿工死亡。在北票总面积不足63平方公里区域内，就形成了冠山、北大墙外、三宝、城子地、台吉等5处"万人坑"。

冠山"万人坑"位于今冠山二三工村所在地。当时是两片山坡，山坡上长满了荆棘和蒿草，下边是农家开垦的熟地。两片荒芜的山坡面积共472亩，下面的熟地为60亩。早在1933年前，附近百姓家中亲人故去都埋葬到冠山东山坡上，所以人们称那里为"义地"。日本侵略者侵占北票煤矿后，开始招募劳工。由于日本侵略者以劳工的生命换取煤炭，致使劳工不断伤亡，东山坡这块"义地"便成了死难劳工的墓地。开始时，日本人对死亡劳工还给一口旧坑木制作的薄皮棺材，抬到东山坡埋个坟丘子，后来，见死的人太多，旧坑木消耗量大，便用席子卷了埋葬。到1937年初，东山坡从北到南已是一个挨一个的坟丘子，埋的人太多了，所以人们称东山坡为"万人坑"。

北大墙外"万人坑"形成于1937年春。它是一条长1700米、宽43米、深30米、总面积为109亩的大沟。这条大沟距冠山竖井3华里，距围绕井口的北大墙500米，所以人们习惯地称之为北大墙外。当时，每天由车夫刘生赶着大白骡子车往大沟运劳工尸体。由于无人葬埋，劳工的尸体被成群的野狗撕咬、吞噬，一部分在雨水冲刷下被泥沙压在沟底。大雨过后，河套里、两岸边淤着横七竖八的白骨。

城子地"万人坑"形成于1940年，位置在北票炭矿西北5里的郊区，规模为

---

① 弓长岭铁矿劳工幸存者尚兆禄证言。尚兆禄，农民，辽阳县安平区尤吉沟人。1949年被抓进了弓长岭"矫正辅导院"当"辅导工"。此材料形成于1962年9月6日，现存于中共辽阳市委党史研究室。
② 中国人民政治协商会议鞍山市委员会文史资料委员会编：《鞍山文史资料》第2辑，1983年内部版，第157页。

20亩。在北票炭矿的5处"万人坑"中，城子地"万人坑"埋葬的劳工尸体最多。每年秋末上冻前，炭矿都雇一些农民挖大坑，一人多深，两米多宽，20米长，一挖就是好几排，这里埋葬的都是冠山采炭所死亡的劳工尸体。

三宝"万人坑"位于距北票9公里的地方。三宝俗称尖山子，这里在未开矿前是个闭塞山沟，地域偏僻，人烟稀少。"万人坑"先后占地3处，分别是杨木林子、姚沟和扎兰营子，面积共约90亩。这几处"万人坑"的特点是很少挖坑，死难劳工的尸体被漫山遍野乱抛。从1936年到1945年，这90亩土地上几乎满布劳工的遗骨。

台吉南山"万人坑"形成于1938年，占地25.48亩，原是一片山坡地。1939年4月，台吉一坑开始出煤，当年即产煤12万吨。1940年和1941年，二坑、三坑相继建成投产，劳工人数随之大量增加，劳工死亡人数大增。当时，台吉矿"报国寮"设有专门收尸的人。劳工死了先放到"死人库"，然后由专门负责拉死尸的大车拉到"万人坑"。据拉死尸的大车夫邓树芳证实：往南山"万人坑"拉死尸，有时一天就拉两趟，数量多得无法计算。有一年冬天，从"报国寮"拉到台吉"万人坑"的死尸总有500多具。"报国寮"东厢房对面炕住的40多人，连饿带冻死了30多人；另一间屋在一天早晨发现，里面住的27个人都让煤烟熏死了[①]。每年秋天，台吉采炭所都雇人事先挖二三百个坑，准备冬天埋死人，还挖了几个大坑，成垛地埋，埋好几层，有的坑埋几十人，结果不到春天就埋满了。

台吉南山"万人坑"至今保存比较完好。1967年5月，北票矿务局对台吉南山"万人坑"进行过一次全面挖掘整理，只要挖开地表，就可见粼粼白骨。挖掘整理工作力求保持原貌，对尸骨未做任何移动。在25.48亩山坡上，挖掘出劳工遗骨6500多具。加上被扔在大沟中被雨水冲走流失的，被野狗吞噬的，炼人炉炼化的，全部尸骨在万具以上。

### （8）阜新煤矿"万人坑"

日本在侵占阜新时期，为了掠夺这里丰富的煤炭资源，残酷奴役、迫害中国人民，造成大量劳工死亡，在阜新留下了新邱兴隆沟、城南、孙家湾、五龙南沟四处大规模的"万人坑"，总占地面积达50多万平方米。

新邱兴隆沟墓地始建于1939年8月，墓地占地5万多平方米；城南墓地始建

---

① 邓树芳：《我赶拉尸车看到的日本侵略者的罪恶》，见辽宁省朝阳市政协文史资料学习工作委员会编：《朝阳文史资料》第2辑，1996年内部版，第255页。

于1939年11月；孙家湾墓地始建于1940年8月，占地20.388万平方米；五龙南沟墓地始建于1940年11月，占地17.524万平方米。上述四处"万人坑"除城南"万人坑"外，其余三处墓地四周都竖有"满炭墓地"石碑。

关于阜新煤矿在日本统治时期死亡的劳工人数，据阜新矿务局1974年编写的《阜新煤矿简史》第132页记载："阜新煤矿这许多'万人坑'究竟埋多少爱国者、多少死难者，究竟有多少具尸骨，估算从1936年至1945年惨死于'万人坑'内的矿工达13万人。在此期间，日寇掠夺开采煤矿3000万吨，平均每千吨就有4名阶级兄弟死亡。"1985年阜新市委党史征集办出版的《阜新党史资料》第1辑第59页记载："日伪时期死难矿工到底有多少，目前尚缺少精确的统计，但据'满炭'内部出版的《满炭统计年报》和'满铁'内部出版的《满炭生产力诸问题》两种资料记载，自阜新矿业所建立后十年间（1936—1945年）以各种方法搜刮劳动力总数在50万人以上，掠夺煤炭2526万吨，死难矿工总数约为7万多人。"从部分日伪档案资料上看，"康德"6年（1939）年3月的《劳务统计月报》、"康德"10年（1943年）8月的《劳务统计月报》、"康德"10年编的《劳动资料》及《民国三十四年度诸统计表》，为理清死难者人数提供了部分依据。在"康德"6年3月的《劳务统计月报》中的《移动原因总括表》里记录了煤矿"在籍人数"和"死亡"人数，当月有在籍人员27664人，死亡210人，其中常役夫死亡202人、常役方6人、雇员2人。在日伪阜新煤矿株式会社编写的《劳务资料》中的《移动原因调》里，记载了伪康德9年（1942年）的在籍人数和死亡人数。在籍雇员、常役方和常役夫计42150人，死亡3280人。其中常役夫3192人、常役方68人、雇员20人。其中1月至3月死亡率最高，1月死亡401人，2月死亡593人，3月死亡392人。另据"康德"10年（1943年）8月的《劳务统计月报》中的《雇员常役工采解移动调》一表里，记载当月在籍工38755人，死亡468人，其中常役夫452人、常役方11人、雇员5人。然而，上面所引用的日本阜新炭矿当局的统计是不完全的。正如《矿山劳务者采用后期间别死亡者加重比率表》中所披露的：1943年6月日本当局所调查包括鞍山、抚顺、本溪等在内的14个矿山劳工到矿后的年平均死亡率为87%，阜新炭矿与之相比不会有更大的差别。其统计数字中死亡人数显示的比例小，主要在"无届"即无呈报一栏内掩饰过去了。

（9）水丰水电站工程"万人坑"

水丰水电站位于辽宁省丹东市宽甸县长甸镇拉古哨村与朝鲜之间的鸭绿江上，是日伪于1937年至1941年修建的。在修建水电站的过程中，造成约2万中国劳工死亡,形成了水丰水电站"万人坑"。

鸭绿江水力发电站的建设,是日本利用伪满洲国推行第一次"产业开发五年计划"的重要组成部分。为了修建鸭绿江水力发电站,日伪政权于1937年9月成立了"满洲鸭绿江水力发电株式会社",同时开始动工修建。该电站主体工程混凝土直线重力式拦江堰堤直高106米,长898米,体积300万立方米,使用水泥70万吨,全部工程历时4年多,于1941年建成发电。该水电站形成的人工湖面积345平方公里,最大蓄水量达到116亿立方米,是当时世界上第二、亚洲最大的人工湖。

在修建该水电站的过程中,日本侵略者从辽宁、吉林、黑龙江、河北、山东等地和朝鲜用骗招、征调等方式,征用了数以万计的劳工,在机械化程度极低的条件下,以人工为主,日夜施工,从事极其繁重危险的劳动。由于水电站工程的特点,更主要的是日本侵略者不顾劳工安全,缺乏最基本的安全保障措施,加之生活、卫生环境恶劣,造成了大批中国劳工死亡。

水丰水电站"万人坑"位于拉古哨村碑碣子沟门西山坡,是日伪统治机构当年埋葬在修建水丰水电站过程中死亡劳工的一处集中墓地,占地面积约3万平方米,埋葬死亡劳工约1万余人,另有相当部分本地劳工死亡后由家族安葬。据军事科学院20世纪80年代调查,在水丰电站工程中,"共有2万多中国劳工和近1万朝鲜劳工被夺去了生命"[1]。而劳工死了"埋的少,扔到江里的多,因为省劲,不用挖坑埋。"[2]所以埋在"万人坑"所在山坡上的死难劳工只是死亡劳工的一部分。

(10)大连金州龙王庙军事工程"万人坑"

金州龙王庙"万人坑"位于辽宁省大连市金州区境内。1942年春,日本侵略者在龙王庙村征用土地,修建了一处当时称为日本军队医院的军事工程,先后征用劳工(包括"勤劳奉仕")数万人次,死亡劳工8000余人。

金州龙王庙"万人坑"的主体位于金州城北的周家沟一带,占地面积约3万平方米。此外,还有许多劳工的尸体抛尸荒野被野狗吃掉,或被就近扔入海中被潮水吞噬。

关于龙王庙军事工程中劳工死亡的人数,据一些劳工幸存者回忆,每天都

① 军事科学院外国军事研究部编:《日本侵略军在中国的暴行》,解放军出版社1986年版,第276页。
② 水丰水电站工程劳工幸存者唐宝文证言。此材料形成于2000年10月15日,现存于宽甸县史志办公室。

有3—5具尸体被扔进"万人坑",在疾病流行时每天竟达到几十具甚至上百具。当时的工头赵东岩证实:1942年5月去山东招工260人,半路上跑了许多人,到金州时剩下不到200人。由于各种原因,劳工大批死亡,这批人到1943年春天剩下30多,到六七月时只剩下十二三个人。据幸存劳工张秉惠回忆说:来时我们住的窝棚有70多人,半年后就剩下20多人了。工地上不仅因为吃住条件恶劣,劳动任务繁重,造成了劳工的大量生病与死亡。同时,恶性事故也频繁发生,导致劳工的成批死亡。每次恶性事故死掉几十甚至上百人。该工程从1942年5月开工,随着人员的不断减少,又不断补充,始终保持约近万名劳工在这里服役。由于龙王庙医院工程属于军事工程,劳工被骗招来后,劳动、吃饭、睡觉都受到严格限制,因而逃走的数量极少,减少的劳工大部分是被折磨致死的。

(11)铁岭乱石山军事工程"万人坑"

铁岭乱石山军事工程"万人坑",位于辽宁省铁岭市南约15公里的乱石山地区。日本侵略者为达到长期占领中国东北的目的,从1939年至1945年,在铁岭乱石山地区的丘陵地带修建了一处绝密军事工程,并从长春至大连铁路铁岭南部乱石山火车站修筑了两条铁路专用线通往该地,工程占地总面积约150平方公里。乱石山"万人坑"就是日军在该工程中奴役与迫害中国劳工形成的。

日军在修建乱石山工程中,征集了大量劳工、"勤劳俸仕"人员和日本各大建筑包工组从关内各地骗来的劳工。到1945年初,在工程现场施工的各类劳工达10余万人。当时在施工现场几十平方公里的范围内,较平坦的地方全都布满了劳工棚,造成当地农民无地可种。日军为加快施工进度,调来两个大队监督施工、一个工程兵大队参与施工,还利用"在乡军人"(退伍军人)、吸收汉奸特务,专门监督劳工,防止劳工反抗与逃跑。

由于工程浩大、工期紧,劳工在极为简陋的条件下超强度的劳动。因劳累、事故、疾病、日军汉奸杀害等多种因素,劳工大批死亡,在这几大片施工现场中,散落着20余处埋尸、抛尸、焚尸的场所。现已查明的有殷家屯村东的东大岭沟、岗家坝子沟、侯家坟沟;周安屯西南沟;黑牛圈子村的黄土沟、西南沟、西地、北沟;217号洞;石山子村北庙;范家屯北山、小团山,新屯村东的大揭盖子、小神庙;南山"死人沟"等。其中殷家屯东大岭沟、周安屯西南沟是烧化死亡劳工的场所。东大岭沟焚尸场有2座"炼人床",即用八块石头垒起石墩,上面放上两根小道轨,下放劈柴,把死亡劳工放在上面烧。开始时死亡劳工少,烧时每人给一桶煤油,后来,人死多了,煤油也紧张了,只用劈柴烧化。东大岭沟炼尸床天天炼尸，后来昼夜不停地烧，晚上火光闪闪，焚烧尸体的气味飘散很远，居民和劳工难以入睡。周安屯西南沟炼人场则是把两根铁轨搪在约1.5米的深沟上，沟底堆上劈柴、圆木，把死亡劳工的尸体放在上面烧。

## 2. 辽宁境内"万人坑"形成的原因

### （1）屠杀型"万人坑"的形成状况

平顶山惨案及新宾境内"万人坑"，都是日军在侵占辽宁期间对民众的屠杀形成的。平顶山惨案是日军的一次大屠杀形成的，而新宾境内"万人坑"则是无数次屠杀形成的。

九一八事变后，新宾人民组织抗日义勇军，参加人民革命军及抗日联军，同日本侵略者展开了殊死的斗争。日军借口剿灭所谓的"兵匪"、"赤匪"或"通匪"者，大肆屠杀新宾人民，形成了一个个"万人坑"。

日军所说的"兵匪"，主要是指九一八事变后，以原东北军为基础、吸收广大群众参加的抗日义勇军，即活动在本地区的辽宁民众自卫军以及自卫军收编的各种抗日山林队。"赤匪"是指中国共产党领导的东北人民革命军、东北抗日联军等武装队伍。总之，日本侵略者为了巩固对所侵占地域的统治，对于一切敢于反抗的爱国军民采取了残酷的屠杀政策。据资料记载：1932年6月19日"日军进街，对民众大肆屠杀……将我知识阶级及爱国分子残害一百余名。"[1]同年10月27日，日、伪军占领新宾后，更是大开杀戒，疯狂捕杀曾参加或支援过自卫军的爱国民众。曾参加民众自卫军的韩廷贵回忆：1932年冬，自卫军被日军打败。当时有许多原来自卫军收编的如"老来好"、"平东洋"、"靠山"、"吉羊"等被迫投降。但日军怕他们再"反正"，说他们是"诈降"，便把他们骗到永陵、县街，约五六百号人，有的拉到永陵羊下坎用机枪"突突"死，有的用汽车装到县街"万人坑"杀害。另据日伪档案《警察队活动及匪贼讨伐の效果》中提到：自大同二年（1933年）1月至6月讨伐效果："兴京，出动回数93，出动人员2117，匪贼死141"[2]。可见，1933年仅半年之间，由日伪"讨伐队"杀害的抗日军民就达141人。

---

① 东北民众抗日救国会编印：《李春润殉国纪实》，北平1934年版，第60页。
② 《警察队活动及匪贼讨伐の效果》，新宾县史志办公室室存档案，档案号第63卷。

此外，还有对所谓"思想匪"的屠杀、以"通匪"等"莫须有"的罪名杀害无辜百姓。1933年2月13日，日本"讨伐队"在旺清门东山和后山，向东西山堡子发动突然袭击，用机枪向江东、西山堡和旺清门街里扫射了半个小时，当即打死正在做饭的2名妇女和1个老头。扫射后，日军手持刺刀扑进村中搜查。当搜到金在元家时，日军将他家7口人全部杀死。最后，日军又烧毁了很多房屋并抓走40余名汉、朝群众，不久把抓走的群众全部杀害[1]。

日本侵略者对抗日军民的屠杀与残害，手段极其残忍。据战犯矢野荣治交代：1935年5月，他所在的讨伐队抓捕百姓30人移交给伪兴京县公署警务局的特别搜查班。特别搜查班用灌凉水或棺材里面钉了无数的铁钉，将衣服扒光按进棺材里摇动等酷刑，残害这些被捕者。然后于同年7月间在伪县公署后山，由"日本侵略军岩永大队墨崎中尉以下军官4名，及伪县主席、警务指导官河野正直外一名共6名，将其中20名爱国者砍杀。其余十几名爱国者经墨崎指挥的下士官兵35名练习实刺，刺杀之后并用步枪射击将其杀害，将尸首埋在事先准备好的坑里"[2]。

日军对无辜百姓的杀害，具有极大的随意性。1936年农历10月21日，永陵、木奇两路日、伪军到大洛上堡"讨伐"，没有发现抗日军，只在村头看到一些正在场院打场的农民。日、伪军将正在秋收打场的无辜百姓聚集在一起，不由分说，用刀砍、刺刀挑杀死20余人，死者均扔于大洛上堡大坑之内。湾甸子乡砍橡沟的杨盛林因留大头辫子，日本守备队发现后便称之为"大刀会的干活"，将其抓到新宾县城北山"万人坑"杀害。战犯林竹次在审讯口供中承认：对于逮捕与杀害所谓的"匪贼"、"积极通匪"和其他嫌疑分子，"当时全是乱做"。日本守备队命令，凡是村庄里面能劳动的男子都要抓起来，然后严刑拷问加以区别，自己承认的，或别人证明的，就是"匪贼"或"通匪者"，没有其他根据。审讯前先打，打痛了就会承认，结果真假不清楚[3]。

（2）资源掠夺型"万人坑"形成的原因

煤矿、铁矿、镁矿等资源掠夺型"万人坑"形成的根本原因，是日本侵略者对矿工的残酷奴役与迫害。具体分析有以下几种情况。

① 政协抚顺文史委员会编：《屠杀集》，1987年内部版，第84、236页。
② 《日本战犯矢野荣治供词摘录》，辽宁省新宾县党史办公室室存档案，档案号24号案卷，第94页。
③ 林竹次口供（1954年6月9日），见中央档案馆、中国第二历史档案馆、吉林省社会科学院合编：《日本帝国主义侵华档案资料选编·伪满宪警统治》，中华书局1993年版，第490页。

一是对劳工残酷的剥削与压榨造成大批人员死亡。

日本侵占下的东北矿山中,中国工人名为雇佣劳动者,实际上并没有摆脱奴隶式的束缚。日本矿主实行了封建把头制管理工人,对中国工人实行敲骨吸髓般的剥削,使矿工们连最低的生活水平也难维持。日本侵略者为了更多地攫取利润,实行计件工资,工人们在12小时的劳动时间内拼命干才能完成定额。如此破坏性地使用劳动力,使一个年青强壮的劳动力在短时期内拼命劳动,在其力气用尽后便弃之不管,再换新的劳动力来顶替。矿山招工时所有的经费,每名矿工只要干几个最多十几个班就足以补回,这以后的剩余劳工就为抚顺炭矿白白占有了。日本对煤铁等资源的掠夺过程,就是利用中国资源最大限度地占有中国工人剩余劳动的过程。工人劳动了一个月,扣除各种费用后的工资仍无法养家糊口,生活在水深火热之中。

例如在抚顺煤矿,1939年,把头牟金义乘家乡闹水灾之机,亲自回到家乡招工,用吃大米白面、住高楼大厦、每月挣好几十块等花言巧语,一次就为抚顺煤矿招来工人4000余名,其中分配龙凤矿2000余名。这些人被塞到劳工大房子和澡堂、仓库里,不分男女老幼混住在一起。工人每天繁重的体力劳动只能换来十来个蒜头大的窝窝头,根本吃不饱。饥饿、疾病、井下事故时刻威胁着这些毫无抵抗能力的工人。不到一年的时间,这2000多工人死亡者过半。当时劳工中流传着一首民谣:"鬼子喝咱血,把头吃咱肉,腿子刮骨头,先生(把头手下的看房先生)榨骨油",形象地反映了工人们的遭遇及把头们的罪行。日本矿主与中国封建把头制度相结合,造成了大批中国工人因贫困、劳累、饥饿、疾病而死亡。

再从1934年4月份本溪湖煤铁公司二、四坑和柳塘坑部分采煤工工资计算书中,我们可以看到,煤铁公司采煤工人的工资都在10元以下。就是这么点工资,经过公司巧立名目进行克扣,工人所得无几,甚至要欠债。列在工资表上的无理克扣项目达5项:即"不入坑"(不下井劳动)、损坏和丢失安全灯、违反坑内保安规定、违反"取缔系"(公司矿警组织)规定和丢失工牌,都要被扣工资。此外还有许多名目,如什么"卫生费"、"有奖储蓄"、"富国公债"和"必胜储蓄券"等等花样,再扣去高达5元左右的伙食费,最后,大多数工人每月只能领到几角到几元钱。有的工人如8066号和9217号工人,到月末连一分钱也领不到,工资全被扣去了,还不够支付每月5元的伙食费。在日伪残酷盘剥和压榨下,造成矿山工人大批死亡。

二是频繁的事故造成大批工人伤亡。

"吃阳间饭，干阴间活"，这是当年矿山劳工们经常说的一句话。日本侵略者为了更多地掠夺煤炭，不顾工人死活，采取掠夺式的采掘方法。井下缺乏必要的安全设施，温度过高，通风不良，瓦斯、煤尘超限，作业环境极其恶劣，致使起火、发水、冒顶等事故屡屡发生，造成矿工大量死伤。

例如，在弓长岭，日本为掠夺优质铁矿石，采取"水平分层充填法"，把200多米深的矿床分成4—5层，多层同时从下往上放炮开采，矿工们头顶上的矿床高处达4—6米，要站木架上打眼。爆破时借助自然压力，矿石自上往下脱落。这种方法能节省人工和炸药，掠夺更多的矿石，却存在极大的危险性。矿洞顶和侧面的矿石经上下震动极易发生自动塌落，造成冒顶和片帮，砸死砸伤现场作业的工人。

在频繁发生的事故中，有些事故发生前出现预兆，本来可以避免。但日本监工、把头为了增加矿石生产，硬逼着矿工冒险下井。1939年3月的一天，后台沟5组二班的矿工刚放完炮，三班的工人上班，看到洞里有炮烟，洞中情况不明，就在洞外躲烟。这时，采矿系日本人大川和把头何子生过来，硬逼矿工进洞干活。矿工下洞不到半小时，突然冒顶，14名矿工被埋在里面。经其他矿工清理矿渣，扒出碴石后救活7人，邹宝君等7人被压死。1939年冬的一天，日本人明知道掌子情况不好，仍非要矿工下井不可。大家刚一进洞，就有房子大的一块矿石塌落下来，一下子砸死15人，只有打眼工人赵福增躲在木垛后面拣了一条命。1943年，通洞四道掌子里有30名"辅导工"干活，发现险情后赶紧撤离。看守者当即开枪打死2人，逼迫其他人返回现场。结果这些人刚进去，掌子上面数百吨矿石塌落，造成10多人遇难。

在各大煤矿，由于煤矿的矿层松软，矿井下常常产生大量瓦斯，采煤的事故更多，危险性更大。日本为掠夺优质煤矿资源，不顾矿工死活，常常造成重大人员伤亡事故。1942年4月26日本溪湖煤矿瓦斯、粉尘大爆炸，一次就造成了大量中国矿工死亡。究其原因，除了是因为日本侵略当局平时不加强安全措施之外，在事故发生后为保住井下的设施，矿山当局下令停止向井下送风，则是造成一次死亡如此众多劳工的主要原因。由此可见，日本帝国主义要矿不要人的"人肉开采"政策，才是造成劳工大批死亡的根源。

三是严酷的迫害与虐杀造成大批矿工惨死。

日本侵占东北时期，实行了监控工人的指纹法，在抚顺、本溪、大石桥、弓长岭、阜新、北票等较大矿山都设立了守备队、宪兵队、警察署等比较完备的镇压机构，对工人实行了严密的监控。工人一旦进入矿山，人身自由便受到限制。日伪的军警宪特机关经常以各种借口抓捕、屠杀工人，使工人生活在朝不保夕的白色恐怖之中。1939—1945年，仅抚顺警察署特务科就杀害中国工人90余人，逮捕6411人。日本侵略者对由战俘组成的"特殊工人"，更是实行严密的法西斯统治与虐杀，在对矿工迫害中更具典型性。抚顺煤矿4万余名"特殊工人"，到光复时仅剩七八千人了。这减少的3万多人除很少一部分人逃出了虎口，有相当多的人惨死在煤矿。

1943年4月，日本通过伪满司法矫正总局在抚顺等11个矿山所在地设立了"矫正辅导院"，关押和使役从东北各地抓捕的无辜百姓。自1944年8月至1945年八一五光复仅一年时间，日伪抚顺市警察局特高课特务股长森川孝平以取缔有关日本帝国主义侵略中国之"流言蜚语"为借口，在抚顺市内共逮捕了87名所谓"造谣犯"、125名所谓的"思想嫌疑犯"以及其他各种"案犯"计2265人，其中有900余人被押送抚顺新屯"矫正辅导院"。由于从事繁重的体力劳动并受到最严厉的管制与迫害，"矫正辅导院"的"犯人"最多时一天死亡60多人。

本溪、大石桥、弓长岭等地监狱、"矫正辅导院"的情形也与抚顺相似。在南芬庙儿沟的本溪二监狱，最多一期押进"明生队"3200多人，在日本的残酷统治下，每天死亡十几个人，最高时每天死亡达30多人。在弓长岭，1944年6月，刘再坤等300多人从沈阳被送到弓长岭，只1年多时间，到光复时只剩下50多人；1944年7月，尚兆禄等被抓到矫正辅导院30多人，到光复时只出来6个人，剩下的全都死在"辅导院"里。

除因事故、劳累过度、饥寒交迫和日军、把头虐待等原因外，生活环境恶劣、卫生条件极差、瘟疫流行也是造成劳工大量死亡的一个重要原因。1943年至1944年，抚顺龙凤矿区、本溪湖和南芬、北票的三宝等地区霍乱、伤寒等传染病的大面积流行，死亡工人不计其数，仅本溪湖煤矿就死亡数千人。

（3）大型工程"万人坑"形成的主要原因

日本侵略者为巩固其反动统治及强化经济掠夺，在辽宁境内修建的水电、军事等工程，一般都是要求时间紧，施工人员多且集中，加之军事工程需保密等特点，因而劳工的劳动强度大，并受到严密监视。在包工头和监工的强制逼迫下，劳工食宿条件恶劣，没有自由，造成大批劳工伤亡。"万人坑"形成的原因主要有以下3个方面。

一是事故频繁，造成大批劳工死亡。

例如水丰水电站工程开工后，首先是挖掘大坝基础，清除大坝两端的山体，使之露出岩石。在这个过程中，日本人为了赶进度，劳工被安排在两侧山坡上分层施工。由于山坡陡峭，经常发生塌方事故。据劳工幸存者唐宝文回忆，一次他同父亲在施工时遇到塌方，亲眼见到被压死30余人；劳工林庆发在朝鲜一侧施工时，一次塌方事故压死28人，致使一个小包工队被迫解散[①]。有时上面的土方崩塌下来，将在下面施工的劳工一下子推到江里，连人带砂土全部淹没在滚滚的江水中。

大坝主体工程施工过程中，由于缺乏劳动保护设施，各种大小事故经常发生，从大坝上、架子上摔死的、砸死的，被"轱辘马子"车压死的，掉到江中淹死的等等，几乎每天都有，有时一天发生多起。有的事故一次死亡一两个人，有时一次死十多个人。据劳工唐宝文回忆："有一天晚上打洋灰，装一个大灰罐子，灰罐子放下一半，蚂蚁绳就断了，罐子掉下去爆炸了，有十多个人打到灰罐子里呛死了。"

而在龙王庙和乱石山军事工程中，因事故死亡的人员也不在少数。龙王庙工程推送沙料的"轱辘马子"车，每个车装约2吨，4个人推，有时车在下坡时顺着铁轨滑下，几十辆"轱辘马子"互相撞在一起，往往一死就是二三十人。1944年春天挖地基时发生一次大塌方事故，当时在那里干活的能有500来人，当场就死伤100多人。

二是生活条件与卫生环境恶劣，造成大批劳工生病与死亡。

在水丰电站工地，劳工们吃的是玉米面与橡子面混合蒸成的窝头，又苦又涩，吃后肚子发胀，而且经常吃不饱，喝的是没有油的菜汤。吃不饱，却要每天从事十几个小时的繁重劳动，干活头发晕，所以经常出危险而死人。劳工住的工棚子是把头用木头支的，用洋瓦铁盖的，一排挨一排。屋内对面铺，夏天热，冬天冷，晚上霜，早晨化了掉下来把行李都弄湿了。炕有几丈长，炕头热，炕稍凉。由于卫生条件非常差，苍蝇成群，跳蚤遍地，造成传染病流行，致使许多人体弱生病直至死亡。传染病严重时，"每个工棚每天都能死四五个人"。1937年水电站开工不久，就出现传染病，造成大批劳工死亡。日伪人员在碑碣子沟门西山坡上设置墓场，在东山坡下建立了太平间，在地上撒上白灰算作消毒。许多人还没有死，就被拉到太平间中等死，晚上埋进"万人坑"。据李远永回忆："劳工得

---

① 水丰水电站工程劳工幸存者林庆发证言。此材料形成于2000年8月15日，现存于宽甸县史志办公室。

病根本不给治，连买药的地方都没有，有一次吃东西中毒，日本人说是得瘟病，用汽车拉走50多人，再也没有回来。有的没等死，就以瘟病为由拉出去埋了，劳工得了病两天不能上班，晚上就拉出去给活埋了，原因是不能干活了。"[1]

在龙王庙工程工地，劳工们吃的是劣等的高粱米、发霉的玉米面和豆饼面、橡子面，就是这样也不能吃饱；劳工们穿的衣不蔽体。由于工头的克扣，劳工基本上没有工作服，从家里带来的几件衣服穿坏后就只好用水泥袋子围在腰上。夏天还可以对付，但冬天就难熬了，是死是活只能凭天由命。劳工们住的是临时搭建的"马架子"窝棚，100多人挤在一个窝棚里。这是在半山坡上就地建的地窖子式建筑，中间挖出一条二尺多深供人行走的沟，挖出的土向两边一返，弄平之后铺上些稻草和苇席就算是炕了。劳工们大多数没有行李，晚上就直接躺在地面的稻草或席子上。冬天潮湿的泥土冻成冰块，用草席围成的墙四面漏风，整个窝棚像冰窖一样。由于长期的营养不良，住的条件恶劣，劳工大多数都患了浮肿病。劳工得病后，轻者不让休息，每天还要到工地劳动，否则就说你是装病。工头手里时刻拿着一个镐把儿，早上出工时在工棚里转，看谁稍慢一些举手就打。重病者也不给治疗，被送进病号房，不给饭吃，让劳工等死。对有病的劳工来讲最可怕的是被送进所谓的"病号房"，那就意味着等待死亡。"病号房"里经常躺着几十人、上百人，开始时还有所谓的大夫来给点药，后来根本没有人管，没水、没饭、没药。一些不能动的病人，甚至眼睛里、耳朵里生了蛆，令人惨不忍睹。"病号房"一天能抬出去几个死人，多的时候可达到三四十人。有的人还有气，还能说话，也被工头硬拖出去活埋掉。龙王庙工程周围的庄稼地里、沟沟坎坎的地方也经常有死尸，这是跑出了工棚却无法跑出日伪看管范围的死在半路的劳工，或是劳工死了被随便扔掉的尸体。一到夏天，尸体的臭味殃及周围几里地。

三是日伪的残酷迫害造成大批劳工死亡。

在乱石山、龙王庙和水丰电站工程所在地，日本人都设置了伪警察所、警备队等武装设施，对劳工实行严密的监视。劳工凡违反所谓规定的，都要受到日本施工方的各种惩罚，轻则体罚，重则毒打，甚至打死为止，许多劳工死在日伪的皮鞭棍棒之下。在水丰水电站工程"万人坑"遗址，1971年搞农田基本建设时取土垫地，挖出了数百具死难劳工的尸骨。其中，有的尸骨上带着手铐，"有六具尸骨是用铁丝串在一起的；有五具尸骨牙齿全部被打掉；有三具尸骨的手被

---

[1] 水丰水电站工程劳工幸存者李远永证言。此材料形成于2000年10月，现存于宽甸县史志办公室。

· 107 ·

铁丝捆着；有一具尸骨从脖子到脚周身缠满了铁丝；有一具尸骨的肋骨间插着一把匕首"。很显然，这些劳工是受迫害而死的。

对于失去劳动能力的劳工，日本侵略者更极力摧残。据龙王庙幸存劳工王明杰回忆："我看见对面工棚的一个人肚子肿的像个锅，直哼哼，工头说他是装病，拿起镐把儿朝他的肚子就是一下，肚子当时就破了，水都喷出来了，人不一会儿就死了。有的劳工受了伤或因病不能劳动，便被日本工头下令活埋。"[1]幸存劳工刘兆栋回忆："有一天，我和一帮人从山上向下推土垫道，路过'万人坑'附近，见路边上有4个人，日本人堵住我们的车让把车上的土卸下来埋上这几个人。我们说，他们还没死呢，怎么能埋呢。鬼子听了上来就打了我一镐把儿。躺在地下的人也说，别埋我们，我们没死，我们还能干活。我们看见4个人中间有两个活的，一个是被推土车轧断了腿，一个是有病，这几个人已经被工头拖的遍体鳞伤，鲜血直流，看上去真惨。"[2]劳工就这样被折磨死或被活埋的不计其数。劳工张书义所住的工棚里的50多个劳工，最后死得只剩他和另外3个人了。

在铁岭乱石山，日本监工对劳工的惩罚，最轻的是打嘴巴，重的是用木棒子或洋镐把儿毒打。他们对活干慢的打，对吃不饱偷着挖点野菜吃的也打，对逃跑抓回来的更要打，并有上大挂、灌辣椒水、灌煤油、把人肚子灌满水后上人踩等各种残酷刑罚。日军还在劳工中安插特务密探，了解劳工的动态，并在工地设了狼狗圈，常常把他们认为有反抗倾向的劳工或敢于反抗他们的"反满抗日分子"扔进狼狗圈。在日军的残酷压制下，许多备受摧残的劳工因绝望而投井、上吊自杀身亡，也有的劳工为逃出这人间地狱，铤而走险，结果往往被包围工地的电网电死。

正是由于日本对中国的侵略，对中国民众的屠杀、奴役与摧残，才造成中国民众的大批死亡，形成了一个个"万人坑"。

说明：

本专题调研报告是在1998年开始进行的中国社会科学院中日历史研究中心"日本侵华期间辽宁境内'万人坑'调查研究"课题的基础上形成的。辽宁省内各"万人坑"所在地的同志参加了资料搜集及初稿的整理工作。参加者及其负责的内容是：金花顺（抚顺平顶山）；曹文奇（抚顺新宾）；傅波、王平鲁（抚顺煤矿）；曹国辉、王力、吕东东（本溪煤矿铁

---

[1] 龙王庙工程劳工幸存者王明杰证言。此材料形成于1971年6月9日，现存于大连市金州史志办公室。
[2] 龙王庙工程劳工幸存者刘兆栋证言。此材料形成于1971年4月，现存于大连市金州史志办公室。

矿）；刘素英（大石桥镁矿）；吴光焕、袁广慧、董朗坤（弓长岭铁矿）；王乃凡、张广纯（北票煤矿）；郝忠冶、赵春芳、刘金成（阜新煤矿）；尚振生（宽甸水丰电站）；张本义、毕克冬（大连金州龙王庙）；武守忠（铁岭乱石山）。参加部分调查或协调工作的还有王洁、张炳旭、贾玉斌、蒋跃飞、支勇志、闫中仕、张凤岭、李桂琴、张冠等同志。

（执笔人：李秉刚、闫振民、赵晓光、高嵩峰）

2007年9月29日

# （二）法院判决的若干案件中关于辽宁省抗日战争时期人口伤亡专题调研报告

辽宁省高级人民法院抗日战争时期人口伤亡和财产损失专题调研课题组

辽宁省高级人民法院于2006年6月组成抗日战争时期人口伤亡和财产损失调研课题组，专程赴北京最高人民法院调阅了1956年中华人民共和国最高人民法院特别军事法庭审判日本战犯的全部卷宗材料。其中，与辽宁省直接相关的案件被告人有今吉均、筑谷章造、佐古龙祐、原弘志、蜂须贺重雄、柏叶勇一、小林喜一、三宅秀也、志村行雄9人。他们分别制造了东北抗日义勇军骑兵第九路军司令田振东等被秘密杀害案、"一分委员会"案、锦州铁道警护队案、抚顺地区各惨案、奉天日本宪兵队案、伪奉天警察特务案、中国和平居民黄福有被惨杀案。仅就以上7案法院庭审记录及判决书所记载，自1932年7月至1945年8月15日日本投降期间，日军在辽宁地区肆意抓捕中国抗日救国人员及和平居民，并对他们施以毒打、火烧、过电、热铁烙、压杠子、狼狗咬、灌凉水、灌煤油、猪鬃刺尿道、竹签刺孕妇阴道、滚钉笼等酷刑摧残。

根据此次专题调研了解的法院审判中涉及辽宁人口伤亡的具体情况如下：1932年7月至1933年5月，伪奉天省昌图县参事官今吉均命令所属警察，先后在昌图县金家屯、吴家窝堡等地抓捕抗日救国人员及和平居民田振东、朱小飞、田旺等20余人，并且命令部下秘密杀害了田振东[1]。

1935年10月，伪沈阳警察厅特务科科长筑谷章造指挥部下在沈阳市先后抓捕抗日救国人员及和平居民牛光仆、刘国华等38人[2]，并且施以灌煤油、猪鬃刺尿道、滚钉笼等残酷刑罚。1936年4月至7月，筑谷章造指挥所属警察、特务协助

---

[1] 《抗日义勇军骑兵九路司令田振东等被秘密杀害案》，中华人民共和国最高人民法院档案馆馆藏档案，档案号[56]特军字四号副卷7号，第181—184页；《中华人民共和国最高人民法院特别军事法庭判决书》（1956年7月20日），中华人民共和国最高人民法院档案馆馆藏档案，档案号[56]特军字四号卷，第34—36页。

[2] 根据中华人民共和国最高人民法院1956年特别军事法庭庭审记录记载为38人，但在判决书中为37人。经此次调研核查应为38人。

奉天日本宪兵队，在沈阳地区抓捕抗日救国人员王殿玉、陈晶石等52人。其中，11人被奉天日本宪兵队送交伪满洲国第一军管区军法处。内有王殿玉、陈晶石等4人被判处死刑，许佩如、白曼秋等7人被判刑囚禁①。

1941年12月至1942年1月，伪锦州铁道警护本队本队长佐古龙祐召开所属铁道警护队警察系主任会议，亲自部署并且命令所属在锦州、山海关、彰武、通辽等地抓捕抗日救国人员40人。用毒打、灌凉水、滚钉笼、竹签刺孕妇阴道等酷刑拷问后，将周振寰、陈福恩等33人送伪锦州司法机关，其中周振寰被判处死刑。1942年5月至9月，佐古龙祐命令所属伪锦州铁道警护队先后在锦县、义县等地抓捕抗日救国人员及和平居民申品一、刘龙阁等47人，经刑讯后全部送锦州伪司法机关②。

1942年11月6日至12月18日，伪抚顺市警察局局长柏叶勇一以"违反经济统制"等为借口，命令所属将抓捕的和平居民李清玉、李俊杰等68人送交抚顺市伪司法机关③。

1943年5月，伪锦州铁道警护本队本队长佐古龙祐命令所属山海关警护队并且派本队警察科科长蜂须贺重雄前去指导，在兴城车站、兴城县北关村、花园村等地先后抓捕和平居民刘福廷、王福升等14人。用酷刑拷问后，将其中杨国忠、刘才勤、刘张氏（女）等10人送伪锦州司法机关判刑囚禁，因遭受残酷虐待致全部死于狱中。1940年5月至1943年7月，佐古龙祐命令所属各铁道警护队实施"查察周间"，以抓捕一个抗日救国人员记100分、抓捕一个"经济犯"记2分、搜集一件有关抗日情报记10分等记分奖励办法，鼓励所属开展搜集情报和大量抓捕中国人民的罪恶活动④。

1944年4月，伪奉天铁路警护团团长蜂须贺重雄命令部下在沈阳市抓捕抗

---

① 《"一分委员会"案》，中华人民共和国最高人民法院档案馆藏档案，档案号[56]特军字四号副卷7号，第235—240页；《中华人民共和国最高人民法院特别军事法庭判决书》（1956年7月20日），中华人民共和国最高人民法院档案馆藏档案，档案号[56]特军字四号卷，第44—46页。

② 《锦州铁道警护队案》，中华人民共和国最高人民法院档案馆藏档案，档案号[56]特军字四号副卷7号，第98—118页；《中华人民共和国最高人民法院特别军事法庭判决书》（1956年7月20日），中华人民共和国最高人民法院档案馆藏档案，档案号[56]特军字四号卷，第27—31页。

③ 《抚顺地区各惨案》，中华人民共和国最高人民法院档案馆藏档案，档案号[56]特军字四号副卷7号，第193—211页；《中华人民共和国最高人民法院特别军事法庭判决书》（1956年7月20日），中华人民共和国最高人民法院档案馆藏档案，档案号[56]特军字四号卷，第47—48页。

④ 《锦州铁道警护队案》，中华人民共和国最高人民法院档案馆藏档案，档案号[56]特军字四号副卷7号，第108—110页；《中华人民共和国最高人民法院特别军事法庭判决书》（1956年7月20日），中华人民共和国最高人民法院档案馆藏档案，档案号[56]特军字四号卷，第27—31页。

日救国人员李振祥、张文斌二人，并且送伪司法机关①。

1944年5月，伪抚顺市警察局局长柏叶勇一命令所属警察进行"大搜查"，一次即抓捕和平居民700余人②。

同月，伪锦州铁道警护本队本队长、铁路警护旅旅长原弘志命令所属伪金岭寺铁路警护团在义县车站抓捕和平居民80余人，用灌凉水、过电等酷刑摧残后，将其中王振成、王玉山等6人送锦州伪司法机关③。

1943年11月至1944年8月，奉天日本宪兵队战务课课长小林喜一指使所属在安东、沈阳、抚顺等地先后抓捕抗日救国人员及和平居民55人④。

1944年8月，伪锦州铁道警护本队本队长、铁路警护旅旅长原弘志命令所属伪锦州铁路警护团在锦州抓捕和平居民刘静轩、任汝麒等70余人，并且加以酷刑摧残⑤。

1941年1月至1944年10月，伪抚顺市警务处处长、警察局局长柏叶勇一命令所属警察，先后将被俘人员董兴言、段喜灵、张鹏云、刘双顺等300余人抓捕到伪抚顺市警务处（后改为警察局），施以毒打、过电、灌凉水、压杠子、狼狗咬等酷刑摧残后，其中杨振基等5人被残杀，高林被投进浑河淹死，王义侠、张鹏云、刘双顺等130余人被送交伪司法机关和"矫正辅导院"囚禁、奴役。段喜林等60余人，自被捕后下落不明⑥。

1943年11月至1944年12月，伪锦州铁道警护本队本队长、铁路警护旅旅长原

① 《锦州铁道警护队案》，中华人民共和国最高人民法院档案馆馆藏档案，档案号[56]特军字四号副卷7号，第98—118页；《中华人民共和国最高人民法院特别军事法庭判决书》（1956年7月20日），中华人民共和国最高人民法院档案馆馆藏档案，档案号[56]特军字四号卷，第27—31页；《中华人民共和国最高人民法院特别军事法庭判决书》（1956年7月20日），中华人民共和国最高人民法院档案馆馆藏档案，档案号[56]特军字四号卷，第52—53页。

② 《抚顺地区各惨案》，中华人民共和国最高人民法院档案馆馆藏档案，档案号[56]特军字四号副卷7号，第193—211页；《中华人民共和国最高人民法院特别军事法庭判决书》（1956年7月20日），中华人民共和国最高人民法院档案馆馆藏档案，档案号[56]特军字四号卷，第47—48页。

③ 《中华人民共和国最高人民法院特别军事法庭判决书》（1956年7月20日），中华人民共和国最高人民法院档案馆馆藏档案，档案号[56]特军字四号卷，第31—33页。

④ 《奉天日本宪兵队案》中华人民共和国最高人民法院档案馆馆藏档案，档案号[56]特军字四号副卷7号，第76、90—94页；《中华人民共和国最高人民法院特别军事法庭判决书》（1956年7月20日），中华人民共和国最高人民法院档案馆馆藏档案，档案号[56]特军字四号卷，第57—58页。

⑤ 《中华人民共和国最高人民法院特别军事法庭判决书》（1956年7月20日），中华人民共和国最高人民法院档案馆馆藏档案，档案号[56]特军字四号卷，第31—33页。

⑥ 《抚顺地区各惨案》，中华人民共和国最高人民法院档案馆馆藏档案，档案号[56]特军字四号副卷7号，第193—211页；《中华人民共和国最高人民法院特别军事法庭判决书》（1956年7月20日），中华人民共和国最高人民法院档案馆馆藏档案，档案号[56]特军字四号卷，第47—48页。

弘志命令所属锦州、山海关、承德、通辽等各铁道警护队实施了两次"查察周间"，用记分奖励办法，鼓励所属开展搜集情报和抓捕竞赛，残害中国人民①。

1945年2月，奉天日本宪兵队战务课课长小林喜一命令部下在沈阳抓捕第三国民高等学校的爱国学生金毓忠、关维静等36人。经酷刑拷问后，将其中金毓忠、关维静等5人送伪司法机关判刑囚禁②。

1945年5月，伪奉天省警务厅厅长兼地方保安局局长三宅秀也主持召开所属各市县特务课长、特务股长会议，具体部署和命令所属在沈阳、鞍山、本溪、辽阳、铁岭、盖平、营口等地区破坏我国抗日救国组织。上述地区的警察特务一次即抓捕了抗日救国人员及和平居民宋月英、郑淑芳、罗兴东、曲以高、李笑如等320余人，并且加以毒打、火烧、过电、压杠子、灌凉水、热铁烙等酷刑摧残③。1944年7月至1945年8月，三宅秀也还在辽阳县以违反经济法令为借口，抓捕了所谓经济犯2000余人④。1944年8月至1945年8月，他还积极推行"劳务"政策，命令所属强征、抓捕和平居民从事劳役。伪奉天市大西警察署先后在旅店、街道、市场等地抓捕我国和平居民600余人，并将他们全部送往密山县从事苦重劳役⑤。

课题组通过调阅辽宁省档案馆藏国民政府主席东北行辕审判战犯军事法庭的判决书，查出与辽宁省直接相关的案件被告有水本匡、木村龟登、三宅鹿卫、萩原四郎、隈元孝雄、堀泽庄六、植村良四郎、和田久四郎及久保孚、山下满男等人。他们分别制造了滥用酷刑及藏匿犯人案，参与侵略战争、杀人、抢劫、集体逮捕人民滥施酷刑案，连续有计划谋杀案，连续以非法方法剥夺人之行动

---

① 《中华人民共和国最高人民法院特别军事法庭判决书》（1956年7月20日），中华人民共和国最高人民法院档案馆藏档案，档案号[56]特军字四号卷，第31—33页。

② 《奉天日本宪兵队案》，中华人民共和国最高人民法院档案馆藏档案，档案号[56]特军字四号副卷7号，第76、90—94页；《中华人民共和国最高人民法院特别军事法庭判决书》（1956年7月20日），中华人民共和国最高人民法院档案馆藏档案，档案号[56]特军字四号卷，第57—58页。

③ 《伪奉天省警察特务案》，中华人民共和国最高人民法院档案馆藏档案，档案号[56]特军字四号副卷7号，第155—176页；《中华人民共和国最高人民法院特别军事法庭判决书》（1956年7月20日），中华人民共和国最高人民法院档案馆藏档案，档案号[56]特军字四号卷，第22—24页。

④ 《伪奉天省警察特务案》，中华人民共和国最高人民法院档案馆藏档案，档案号[56]特军字四号副卷7号，第155—176页；《中华人民共和国最高人民法院特别军事法庭判决书》（1956年7月20日），中华人民共和国最高人民法院档案馆藏档案，档案号[56]特军字四号卷，第22—24页。

⑤ 《伪奉天省警察特务案》，中华人民共和国最高人民法院档案馆藏档案，档案号[56]特军字四号副卷7号，第155—176页；《中华人民共和国最高人民法院特别军事法庭判决书》（1956年7月20日），中华人民共和国最高人民法院档案馆藏档案，档案号[56]特军字四号卷，第22—24页。

自由致人于死及连续强迫使人为无义务之事案，连续私行拘禁又连续以非法方法剥夺人之行动自由致人于死案，有计划之屠杀案，连续非法征用、共同为有计划之谋杀案，抚顺平顶山惨案。仅就以上诸案军事法庭认定，抗日战争时期辽宁省大量民众被日本军国主义分子杀害、迫害致死。

根据此次专题调研了解的人口伤亡的具体情况如下：

1931年，伪满鞍山警察署翻译兼任守备队及宪兵队翻译三宅鹿卫，诬指辽阳县鲁家村士绅解子泉通匪，予以枪毙①。

1932年9月16日，前抚顺炭矿次长久保孚、前抚顺炭矿劳务班长山下满男等指挥抚顺日军守备队、抚顺炭矿武装防备队、日本宪兵、警察等共同将抚顺平顶山居民2800余人集体屠杀，并将全村焚毁②。

1933年11月，伪满鞍山警察署翻译兼守备队及宪兵队翻译三宅鹿卫，诬指鞍山地区和平居民王雅民、田介仁、田博仁有反满抗日嫌疑，唆使狼犬将其3人咬死③。

1936年4月5日，伪阜新县委任巡官指导官堀泽庄六妄指阜新塔营子乡兴隆地住民宁永臣反满抗日，枪决于平安地附近④。

1938年3、4月，伪满本溪县桥头街事务所主任兼桥头街街长植村良四郎和本溪县桥头街富田屋旅馆经理兼该地日本在乡军人会分会长和田久四郎，共同谋议诬指该地居民刘汉臣为桥头救国会首领，诉诸敌伪搜查班，将其逮捕后用木棒打死⑤。

1943年9月1日，伪兴城县特务股长隈元孝雄颁布旅行限制令，由伪满返回关内或由关内赴伪满的旅客均须在兴城下车以获得允许证明，方可通行。旅客

① 《国民政府主席东北行辕审判战犯军事法庭判决》，辽宁省档案馆馆藏档案，档案号JE1—10—25，第25—26页。
② 辽宁省地方志编纂委员会办公室主编：《辽宁省志·审判志》，辽宁民族出版社2003年版，第313—314页；《国民政府主席东北行辕审判战犯军事法庭判决》，辽宁省档案馆馆藏档案，档案号JE1—10—32，第88—95页。根据当年法庭判决书上所写，平顶山居民有2800余人遭屠杀，而根据最新研究成果，有3000多人惨遭杀害。
③ 《国民政府主席东北行辕审判战犯军事法庭判决》，辽宁省档案馆馆藏档案，档案号JE1—10—25，第25—26页。
④ 《国民政府主席东北行辕审判战犯军事法庭判决》，辽宁省档案馆馆藏档案，档案号JE1—10—30，第51—52页。
⑤ 《国民政府主席东北行辕审判战犯军事法庭判决》，辽宁省档案馆馆藏档案，档案号JE1—10—32，第86—87页。

因之冻馁而死日达10余人①。

1944年12月，伪满陆军步兵第17团第3营营长木村龟登，将建昌县属张村子屯甲长张某、大横岭沟甲内住户王某残害致死②。

1942年至1945年8月15日，伪阜新县参事官萩原四郎3年间共征一万六七千人送往阜新炭矿充当劳工，其中冻馁毙命者不下数百人③。

1944年至1945年间，水本匡任伪满阜新警察署长时，励行经济"统治"，凡遇到粮米小贩均实施逮捕，并使用过电、灌凉水等酷刑刑讯，先后被害者有冯美志、吕洪志等人④。

东北沦陷时期，日伪当局对中国共产党人及抗日爱国志士进行疯狂地搜捕、审讯，甚至秘密杀害。据《辽宁省志·审判志》（辽宁省地方志编纂委员会办公室主编，辽宁民族出版社2003年版）的相关记载，辽宁省境内经过伪法院和日军军事法庭审判且有较大影响的案件有9件。分别为，刘凯平等9人"反满抗日国事犯"案，马锦坡等抗日救国"七烈士"案，抗日民族英雄邓铁梅案，兴京（新宾）县商会案，安东救国会案，纪儒林、张佐汉等"违反暂行惩治叛徒法"案，"抗日放火团"（国际情报组）案，"仁义军"首领郭文连抗日案，凌源刀尔登尖山子无辜村民遭报复案。

根据此次专题调研了解到的人口伤亡的具体情况如下：

1932年6月6日，刘凯平、曹玉仁、郭砚田、杨森、岳宗岱、王德山、穆某、另2人名字不详，共9人，被奉天日本宪兵团以"反满抗日国事犯"的罪名判处死刑，秘密执行⑤。

1933年3月19日，马锦坡、黄拱宸、黄新田、于长海、邹景山、李祥凯、另1人名字不详，共7人，被日伪东边道"剿匪"司令支部判处死刑，在新宾监狱大墙外执行⑥。

① 《国民政府主席东北行辕审判战犯军事法庭判决》，辽宁省档案馆馆藏档案，档案号JE1—10—30，第49—50页。

② 《国民政府主席东北行辕审判战犯军事法庭判决》，辽宁省档案馆馆藏档案，档案号JE1—10—25，第17—22页。

③ 《国民政府主席东北行辕审判战犯军事法庭判决》，辽宁省档案馆馆藏档案，档案号JE1—10—25，第43—44页。

④ 《国民政府主席东北行辕审判战犯军事法庭判决》，辽宁省档案馆馆藏档案，档案号JE1—10—25，第1—2页。

⑤ 辽宁省地方志编纂委员会办公室主编：《辽宁省志·审判志》，辽宁民族出版社2003年版，第297页。

⑥ 辽宁省地方志编纂委员会办公室主编：《辽宁省志·审判志》，辽宁民族出版社2003年版，第298页。

1934年9月28日，抗日民族英雄邓铁梅被伪奉天第一军管区军法处判处死刑，秘密杀害于伪奉天陆军监狱。邓铁梅之妻张玉姝，于同日被日军活埋于浑河沿①。

1936年3月20日，兴京（新宾）县商会会长黄金来因"通匪"的罪名，被伪奉天警务厅东边道支部和伪兴京县警务科用开水烫死。同年6月，兴京县商会常委王少岩、苏占千被日伪拉到兴京县北山，杀害于"万人坑"②。

1936年9月至1937年3月，日伪当局制造了骇人听闻的安东教育界大惨案。安东：邓士仁于1936年11月14日死于刑讯；孙文敷、刘国安、宋东安、王宝璋、秦友德、马令春、单荣道、张镇藩、马仁田、孙德润、孙朗轩11人被奉天日本陆军军事法庭以"反满抗日"的罪名判处死刑，于1937年2月8日在奉天市浑河北沿刑场枪杀；被判处徒刑的侯耀宗病死于狱中。桓仁：有13名爱国志士，与安东孙文敷等11人同时于1937年2月8日在奉天市浑河北沿刑场被执行死刑。凤城：何泮林、李云霖、袁庆和、左秀海、姜振昌、赵忠臣、李绍岩、白宝山8人，于1937年3月4日被奉天日本陆军军事法庭以"颠覆罪"判处死刑，枪杀于奉天市大西边门外浑河沿；被判处徒刑的杨选青，于1937年夏病死于狱中；关子荣、马庆贵、于松涛3人被注射慢性毒药后特赦减刑，回家后不久死去；张乃普、孙酉山、李符新、孙晓林4人，下落不明。宽甸：1936年12月中下旬，王冠五、王明仁2人被刑讯致死；1937年3月13日，丛树春、蓝继先2人被奉天日本陆军军事法庭判处死刑，杀害于奉天小北门外。庄河：1937年3月13日，宋良忱、杨维幡、姜雅庭、孙俊卿、孙孝先、徐锦轩6人被奉天日本陆军军事法庭判处死刑，枪杀于奉天市浑河边。岫岩：关英华于刑讯中被害，赵书伟等3人被枪杀于奉天③。

1937年12月3日，纪儒林、张佐汉、王绍纯、张贵恒、周鼎仲、李壮猷、许士博、朱成业、佟保功、石振华、丁宝珩、肖启亮、佟书庵13名共产党员，被伪奉天第一军管区司令部军法处判处死刑，被执行于奉天小河沿刑场④。

1940年6月，日军侦破"抗日放火团"案。大连国际情报组大部分成员被捕。1941年初，国际情报组成员于守安牺牲于大连岭前监狱。1942年3月15日，日本关东厅地方法院判处国际情报组成员姬守先、黄振林、秋世显、邹立升、高绪慎、孙玉成、李化钧、吴成江、王有佐、孙文凯、黄振先、赵国文12人死刑。同

---

① 辽宁省地方志编纂委员会办公室主编：《辽宁省志·审判志》，辽宁民族出版社2003年版，第299页。
② 辽宁省地方志编纂委员会办公室主编：《辽宁省志·审判志》，辽宁民族出版社2003年版，第300页。
③ 辽宁省地方志编纂委员会办公室主编：《辽宁省志·审判志》，辽宁民族出版社2003年版，第300—302页。
④ 辽宁省地方志编纂委员会办公室主编：《辽宁省志·审判志》，辽宁民族出版社2003年版，第302页。

年12月9日，在旅顺监狱对姬守先、邹立升等9人实行绞刑（秋世显等3人已惨死于狱中）。此案中，另有唐中选、王芝盛、赵锦江、王进臣、李顺宾、张守仁、丁兰盛、徐高氏（女）等人，判刑后被日本人活活打死[1]。

1942年5月18日，"仁义军"首领郭文连及其朋友石俊峰，被伪锦州高等法院治安庭判处死刑，在建昌县执行。而在郭文连被捕之前，郭文连岳父被日伪严刑拷打致死，其弟弟郭小恩被砍头[2]。

1943年1月13日，凌源刀尔登尖山子等3个村庄的无辜村民被日伪军警抓走43人，押送到凌源县城严刑审讯。张国云判刑后被绞死，王墉、王勇、王林、申宝余、王宗廷、申维军、王云、王维8人分别死于各个监狱，裴云充劳工死于抚顺[3]。

（执笔人：郑小林）

2007年12月

① 辽宁省地方志编纂委员会办公室主编：《辽宁省志·审判志》，辽宁民族出版社2003年版，第327—328页。
② 辽宁省地方志编纂委员会办公室主编：《辽宁省志·审判志》，辽宁民族出版社2003年版，第303页。
③ 辽宁省地方志编纂委员会办公室主编：《辽宁省志·审判志》，辽宁民族出版社2003年版，第303—304页。

# （三）关于日军遗留武器造成辽宁省人口伤亡和财产损失专题调研报告

辽宁省公安厅抗日战争时期人口伤亡和财产损失专题调研课题组

1945年8月15日，侵华日军虽然结束了在中国土地上烧杀掠抢的罪恶行径，但他们遗留下的生化武器、常规武器还在威胁和残害着中国人民的生命，由此所引发的并造成人口伤亡和财产损失的事故、事件或案发时有发生。为了弄清在辽宁省境内（现区域）所发生的这些事情，我们就"日军遗留武器造成辽宁省人口伤亡和财产损失"这一专题，开展了为期半年的调查研究（2006年6月至12月），最后形成了专题调研报告。

## 1. 调研工作概况

"日军遗留武器造成辽宁省人口伤亡和财产损失"这一专题，是"辽宁省抗日战争时期人口伤亡和财产损失"课题中的子课题，辽宁省委党史研究室委托辽宁省公安厅开展了此次专题调研工作。辽宁省公安厅组织专门人员对1945年9月3日至2004年12月31日这一时期，发生在辽宁省境内的日军遗留生化武器、常规武器，由此引发并造成人口伤亡和财产损失的事故、事件或案件进行了详细调查。

为了克服人员少，调研内容时间跨度长（60年），区域较广等困难，调研人员深入城乡，投入人员4万余人，做了大量的工作。通过查阅档案文献、走访查找当事人等方式，对全省14个市、40多个县（市）区、70多个乡镇街道或派出所等进行调研，就日军遗留武器造成的人员伤残和财产损失案（事）件进行查找依据、定性、评估及认定，对疑难案（事）件商请有关专家出面"会诊"鉴定。在查找过程中，许多老百姓积极提供线索、知情人和见证人，主动帮助寻找案发地旧址，从而使每起案（事）件从来源、审批、结案，到证人证言、被害人陈述、物证书证等各种证据比较完整。

## 2．调研内容与方法

此次课题调研内容的起止时间划定为1945年9月3日至2004年12月31日，着重查明我省境内（现区域）所发生的日军遗留生化武器、常规武器，由此引发并造成人口伤亡和财产损失的事故、事件或案件。该调查步骤共分为3个阶段，即收集线索和查证阶段、梳理确认和定性组卷阶段、评估汇总和撰写调研报告阶段。其方法主要采用：

（1）查阅档案卷宗及有关资料。据统计，全省公安机关共查阅历史档案、案件卷宗、报案登记、地方志书、大事记、年鉴、书籍报纸等共23类、103793册（本）。

（2）走访有关部门。据统计，全省公安机关先后走访了日军侵华遗址、展览馆、图书馆、档案馆、学术团体、残疾人协会、医院、民政局、统计局、军事单位、新闻单位和各级政权组织等共5229个。

（3）召开相应的各种会议。据统计，全省公安机关围绕课题调研共召开座谈会、控诉会、汇报会、现场会、观摩会、案件分析会等237次，共参加人员3879人。

（4）访问知情群众和当事人。据统计，全省公安机关直接面对面共访问各界群众91304人，其中，70岁以上的7400余人，约占受访者82%。

（5）采集证人证言。据统计，共对"日军遗留武器造成人口伤亡和财产损失"案（事）件的当事人做访问笔录1008份，拍摄现场照片1395张，复制现场方位图152份，还采集制作了部分录音、录像。

## 3．调研结果

（1）基本情况。

通过调查，共搜集相关线索1700余件，其中有价值线索442件。在有价值线索中，属人口伤亡线索317件；属财产损失线索125件。共查实"日军遗留武器造成人口伤亡和财产损失"案（事）件220件。其中生化武器造成人口伤亡6件，常规武器造成人口伤亡214件。

日军遗留武器引发的爆炸事件，一方面造成居民的住房、牲畜、农具等物资遭到毁坏，另一方面死伤人员的救助和直（间）接经济损失重大。加之，对日军遗留武器的挖掘、收缴、运输、储存、看管、鉴定、销毁等经济费用惊人。仅大连市1954年以来，用于处置日军遗留武器的费用就达2085.4630万元。

（2）遗留武器鉴定情况。共对大连、鞍山、营口、阜新市局现存的1392枚遗留武器进行鉴定，其中属日军遗留生化武器20件、常规武器506件。

（3）重大典型事件选例：

1）沈阳陈景德等人被日军遗留武器毒害事件。受害人陈景德（男，1922年12月7日生，住沈阳市和平区北四经街1号），于1940年从山东来到奉天（沈阳），当时居住在日军化学武器库临屋，靠给日军化学武器库搬运武器为生。1945年日军投降后，陈发现自己四肢抽搐，大小便不能自理，无法行走。周围住户30多人相继出现同样症状，陈的弟弟系其中之一，终身未婚，于2005年去世。陈本人解放后被确诊为化学药品中毒致神经麻痹，至今不能自理，靠政府救济生活①。

2）大连市金州公安分局民警由永富被日军遗留毒化武器炸残事件。1958年4月，大连市金州公安分局民警由永富（男，1933年11月5日出生，1949年参加公安工作，1958年任金县公安局治安科爆品专干民警）同志在大连湾镇销毁炮弹过程中，由于一颗毒气弹混入了杀伤弹、炸弹堆中，爆炸后严重的化学毒气侵蚀了由永富的双眼，由永富感到眼珠子好像崩出来似的疼痛难忍。在金县医院住院治疗，并到大连医学院进行过复检。由永富同志的伤情经辽宁省民政厅有关部门评定为七级伤残。1957年至1958年，金州地区连续发生13起日军遗留武器爆炸事件，造成13人受伤，2人死亡。为此，金县公安局领导安排由永富同志做日军遗留在金州区各类炮弹的销毁工作。1958—1959年两年期间，由永富同志共在金州地区销毁日军遗留的各类炮弹40680余颗②。

3）鞍山原日军机场遗留武器造成群死群伤事件。1945年日本投降后，坐落在鞍山市千山区的日军军用飞机场遗留大量武器弹药，居住在周围的村民前往

① 《关于陈景德被日军遗留化学武器伤害事件的结案报告》，承办人：李蔷，2006年8月30日，辽宁省公安厅档案处藏档案，档案号2006年W—1—2521。

② 《抗日调研结案报告》，承办人：赵刚、王治贵，2006年11月15日，辽宁省公安厅档案处藏档案，档案号2006年W—1—2521。

拣"洋落"时，先后发生21起炮弹（毒气弹）爆炸事件，共造成20人死亡，31人致残的严重后果。例如：1946年的夏天，鞍山市千山区达道弯镇烟狼寨村少年张玉铎（男，时年12岁）、康学贵（男,时年11岁）、康文生（男,时年15岁）、康文平（男,时年11岁）、刘振愚（男,时年12岁）、姜英德（男,时年12岁）、姜英昌（男,时年12岁）、刘敬国（男,时年12岁）、康兆会（男,时年13）、康文学（男,时年15岁）等小学生一起去本村村北大水坑里洗澡，同时在坑里洗衣服的康小珍发现了炮弹。康文生等一群孩子把炮弹捞上河岸，在摆弄中爆炸，康学贵、康文平、张玉铎三人当场被炸身亡。康兆会左眼和肚子被炸伤，姜英德左腿、左胳膊和头部炸伤，姜英昌胸部炸伤，刘振愚胳膊炸伤，刘敬国眼睛被炸失明，康文生腿、康文学腿被炸伤①。

4）北镇县朝鲜儿童学院7名学生被日军遗留废弹炸死事件。1956年3月31日，坐落在北镇县广宁镇的朝鲜儿童学院四年一班学生在北镇庙玩耍时，捡拾到日军遗留的"王八雷"引起爆炸，当场炸死7名学生、炸伤1人②。

5）阜新铁路生活段发现日军遗留废弹事件。2002年8月24日下午，阜新铁路生活段后院进行自来水管道改造施工，当施工人员挖沟时，发现沟里面有大量的炮弹，经清查共计675枚。于2002年8月28日全部销毁。据专家讲，这675枚炮弹应是日本投降后，遗留在华的武器装备。这批炮弹从发现、挖掘、运输、看管、直到全部销毁造成了巨大的财产损失③。

6）铁岭县下甸子地雷坑爆炸致14人死亡事件。1946年3月，铁岭县腰堡镇三家子村及李千户乡柴家村14名村民，到下甸子原日军仓库铁路专用线的站台上，捡拾日军遗留物时不慎引发了爆炸。在场的14人全部炸死，此外还炸毁了5辆马车及12匹牲口。炸死的村民有三家子村李万林、李孝师、王松林、王俊德（王胜俊）、李祥及其外孙子、李合丰、李华丰、宁宝珍、宁维明、刁恒山、刁青

---

① 《张玉铎、康学贵、康文平、康文生、姜英德、姜英昌、刘敬国、康兆会、刘振愚、康文学被日军遗留武器炸死炸伤事件调查终结报告》，承办人：唐树义、孙怀钦、冯玉学、徐杰，2006年11月13日，辽宁省公安厅档案处藏档案，档案号2006年W—1—2521。

② 《锦州市公安局关于1956年3月31日北镇县朝鲜儿童学院8名学生砸废弹致7死1伤情况的调查报告》，锦州市公安局，2006年9月28日，辽宁省公安厅档案处藏档案，档案号2006年W—1—2522。

③ 《2002年8月24日在阜新铁路生活段院内挖出日本遗留炮弹675枚造成财产损失案件调查终结报告》，承办人：张玉杰、敖冬青、冯国平、梁万臣、刘宇昆、刘喜贵，2006年11月20日，辽宁省公安厅档案处藏档案，档案号2006年W—1—2522。

山的大儿子及柴家村的郭永奎、郭永新[1]。

## 4．调查结论

此次课题调研的事实充分证明，日军遗留武器给我省人民的生命财产安全造成了巨大的危害和严重后果。主要表现在：

（1）无辜死亡给许多家庭带来沉重灾难。在日军遗留武器造成的人员死亡者中，男性占91%，而其中绝大多数为青壮年，在当时的家庭中是维系全家生活的主要劳动力或户主。他们的无辜死亡，使这些家庭生计断绝，经济生活陷入绝境，年迈父母无人赡养，未成年子女无法生存，致使许多家庭妻离子散。鞍山市千山区宁远镇回族村村民金占忠（男，时年10岁，回族，小学文化）；金占员（男，时年6岁，1994年去世，回族，小学文化），去鞍山市千山区的日军军用飞机场捡日军遗留炸弹一枚拿回家后，在屋里倒药时，不慎弄响，金占忠当场被炸死，金占员左眼睛被炸失明，三间房屋被炸塌，造成家破人亡的悲惨后果[2]。

（2）受伤致残给个人生活带来极大困难。在日军遗留武器造成的人员伤残者中，大部分为男性。这些伤残者由于身体的残缺，许多人生活不能完全自理，丧失了劳动能力，给生活带来了极大的困难。由于缺少经济来源，一些人在家人朋友的帮助和资助下赖以生存。还有的人因身体残疾至今独身，只能靠政府救济度日。例如：1948年秋，宽甸县步达远镇新兴村村民赵凯（男，时年14岁），在东岭山上放牛时捡到一枚日军遗留炮弹，带回家中与其叔父赵学礼在家中拆卸引信发生爆炸，其叔父当场被炸死，赵凯右手被炸成重伤，后因无法治愈从腕部截肢。赵凯至今独居，按"无保户"救济生活[3]。

（3）造成多方面财产损失。日军遗留武器引发的爆炸事件，一方面造成居民的住房、牲畜、农具等物资遭到毁坏，另一方面死伤人员的救助和直（间）接经济损失重大。加之，对日军遗留武器的挖掘、收缴、运输、储存、看管、鉴定、

---

[1] 《铁岭县下甸子村地雷坑爆炸事件调查结案报告》，承办人：赵永纯、常胜利，2006年11月10日，辽宁省公安厅档案处藏档案，档案号2006年W—1—2522。

[2] 《金占中、金占员被日军遗留武器炸死炸伤事件调查终结报告》，承办人：唐树义、冯玉学、徐杰，2006年11月13日，辽宁省公安厅档案处藏档案，档案号2006年W—1—2517。

[3] 《宽甸满族自治县步达远镇新兴村居民赵凯被日军遗留武器炸伤致残事件调查的终结报告》，宽甸满族自治县公安局，2006年11月16日，辽宁省公安厅档案处藏档案，档案号2006年W—1—2517。

销毁等经济费用惊人。仅大连市1954年以来,用于处置日军遗留武器的费用就达人民币2085.4630万元[①]。

(4)仍埋藏地下的日军遗留武器继续对人们的生命财产安全构成威胁。如沈阳市公安局了解到:1985年,在解放军全军防化库存武器装备质量大检查中,从沈阳军区防化器材仓库中共清理出日伪时期遗留毒剂5.5吨,其中芥子气0.56吨,芥路混合剂3.1吨,苯氯乙酮0.14吨,二苯氰砷1.7吨。同年9月26日至10月15日,军区防化部组织防化仓库20余人用化学消毒与深埋相结合的方法予以销毁。销毁地点在苏家屯区陈相屯镇塔山西北坡。经向有关部门咨询,此次大规模的销毁工作共用经费约984万元人民币。依据历史档案记载,确认系日军遗留化学武器。大连、鞍山、铁岭等市局也在调查中发现仍有一些日军遗留生化武器和弹药仓库没有找到[②]。

(执笔人:荣书发)

2006年12月20日

---

① 《大连市被日军遗留武器造成财产损失统计表》,2006年11月,辽宁省公安厅档案处藏档案,档案号2006年W—1—2518。

② 《关于沈阳军区销毁日伪时期遗留毒剂情况的结案报告》,承办人:周广,2006年9月,辽宁省公安厅档案处藏档案,档案号2006年W—1—2519。

# 三、资  料

## （一）档案资料

### 1．综合资料

（1）东北军参谋长荣臻关于九一八事变经过的报告（1931 年 9 月 18 日）

（一）九一八事变之经过情形

（荣臻参谋长报告）

信号  二十九年九月十八日晚十时许，沈阳东北方向，忽闻爆发声音，全城地为之震，此即日军自己炸破其南满本线柳河沟附近铁道之工作也，继而炮声续起，枪声更烈，其实日军于事前，已将其暴动之军队，处置妥当，各向指定地点，取包围式，一闻此信号，即开始军事行动矣。

报告张副司令  信号声音爆发后，余（荣臻自称）即电话询问各方，得知日军袭击北大营，当即向北平张副司令，以电话报告，并请应付办法，当经奉示，尊重国联和平宗旨，避免冲突，故转告第七旅长王以哲旅长，令不抵抗，即使勒令缴械，占入营房，均可听其自便等因，彼时，又接报告，知工业区迫击炮厂、火药厂，均被日军袭击，当时朱光沐、王以哲等，又以电话向张副司令报告，奉谕，仍不抵抗，遂与朱光沐、王以哲同到臧主席宅研究办法，决定日军行动任何扩大，攻击如何猛烈，而我方均持镇静，故全城商民军政各界，均无抵抗行为。

与日领交涉情形  当炮声起时，余即电请臧主席派员向日本领事询问，日军此举，是何用意，据云，该馆亦正向该国驻沈军事方面询问中，现时不能答复，嗣又通告日领，望于五分钟内答复日军行动真意，逾时，将由我方通告各国领事，不能负保护外侨之责，日领请再容五分钟答复，但经过一小时，未得答复，彼时日军已占领商埠地，攻入小西关，处处夺掠，不可遏止，又用电话催问日领，答云，军人行动，领事无权限制，只好请其军事当局，设法制止，故华方即将日军情形，通告各国领事，至十九日上午二时，各关已被日军占领，当又由交涉员转询他国领事，均揣度云，日军决不敢入城，但至三时后，日军即攻小西门及西南城角，登墙开始射击入城矣。

占领商埠地及西关之大炮声　十八日夜十一时许，日站有汽笛声长鸣，于是日军攻击北大营更烈，而日站亦发野炮，向沈阳城东兵工厂，及山嘴子讲武堂，北大营及无线电台，弹药库一带射击，同时日军亦侵入商埠地，枪声大作，依次将大小西边门各警察所占领，各警士被杀伤者甚众，虽我方不抵抗，而其枪炮声仍不稍停。

攻击小西门及开城　十九日早二时，又有重炮声，自西关高台庙满铁仓库附近发射，城内居民颇为惊骇，继而大小西关枪声四起，北大营之火力亦甚烈，盖日军以华方不抵抗，沈阳唾手可得，遂近逼城下，至四时天将拂晓，日军竟由城西南角墙坏处登墙入城，以机关枪扫射，遂将无线电台占领。

电信不通　当日军占领无线电台时，所有电报及长途电话等，已被破坏不通，沈阳对外消息，完全断绝，余不得已，乃用小型无线电机，将电发出。

日军攻击北大营之经过　十八日晚十时许，日军闻信号后，由营垣西北角，向第六二一团各营院内进攻，移时，即以手枪手榴弹等任意放掷，伤亡颇众，十一时，日军将该团第一营之营房举火焚毁，十一时三十分，日军由营垣西南隅跃进，并以炮火连续射击，迄至十九日早二时许，日军以大部，由营垣西南北三面进占营堤，同时第六二零团之院内，均有日兵冲入射击，移时第七旅旅部，及第六一九团附近，均有日军以机枪射击及手榴弹投掷，因不准抵抗，相继避退，一时呈混乱状态，并各特种部队人员，纷纷向东避退，至四时，第七旅尚有第六二零团王团长铁汉，督属收容，以一部掩护，及至七时三十分，该团破出重围，继续向东山嘴子撤退，此时日军见第七旅退去，则继续纵火烧营房，竟日未绝。

占领边防公署，及军民各机关　十九日早六时三十分，日军一排三十余，由小西门入城，由指挥者抄搜帅府及边防公署，未几有步兵及装甲车相继入城，占领东三省官银号，中交边业各银行，及辽宁省政府等处。

屠杀警察及民众，并搜查民宅，当时商埠地及工业区大小西关各地警察，及无动作之居民，被杀者甚众，前口北镇守使韩云鹏，即于此时，在凌格店前遇难，至北大营伤亡之华方官兵，更不下数百名焉，日军既已占领沈阳，遂向当局者各私邸，施行严密搜查，将贵重物品，席卷一空，并有掳去老幼人口者。

占领兵工厂及航空处等　兵工厂、粮秣厂、航空处、并各仓库、弹药库、讲武堂本校及各班队，均于十九日午前八时至九时，先后占领，同时长春、营口、安东及安奉沿线，亦均被日军占领。

日司令官本庄繁布告　本庄于十九日上午十一时，由旅顺偕其幕僚及步兵第三十联队，到沈阳，张贴布告，略谓因北大营华军破坏南满铁道，故实行出兵，击灭旧政权，尚有妨害日军行动、枪杀等语。

沈阳无政府状态　日军占领沈阳，各机关人员均被驱逐或逮捕，任意枪杀人民，当时遂陷于无政府状态，商民不肯交易而逃难平津者，纷纷载途，大有争先恐后之势。

占领沈阳之日军队号　为第二师团之第二十九联队，并第十六联队，及后续第三十联队，其他多为在乡军人，及在沈韩侨等，临时招集编成者，共约五千人。

十九日，余及臧主席一再向日本领事馆探询真意，日方声言司令官到后，方有办法，嗣本庄到沈，又声言对在沈军政当局，不能谈判，至是，则沈阳完全归日人宰割矣。

九一八事变时，北大营被占经过　（王旅长报告），九一八夜十时许，日兵于营西北旺官屯附近降车后，车即北退，未久即闻营西南方轰然一声，似地雷爆破之音，同时北大营西方围墙附近，以及南方各村落即有连续之枪声，步兵七旅以数日来，日兵恒于夜中放枪扰乱，已非一次，故静肃未动，未几步兵六百二十一团之营院内，竟被多数日军侵入，华军因恐惹起国际交涉，故令兵士，不得擅动，士兵各持枪实弹，怒眦欲裂，狂呼若雷，群请一战，甚有抱枪痛哭者，挥拳击壁者，犹能服从长官命令，不还一弹，讵意日兵入营院，即大施惨杀，枪礟齐发，官兵受其伤害者甚多，斯时七旅旅长王以哲，正出席距营五英里之同泽俱乐部，水灾救济会中，当用电话请示方策，即指示不得抵抗，先退出兵舍，齐集某营前大操场待命，而日军更用机枪射击，此时电话不通，乃退避北大营东端二台子附近集合，以观究竟，旋见北山弹药各库，被弹轰炸，营内火光四起，时已至十九日上午六时，日军更依东营垣，向我军射击，不得已，乃向山嘴子退去，而日军，更节节进逼，遂向东陵方向前进，于十九日上午八时，方集结于东方森林地内，检查人员，得悉斯役，步七旅死亡官长五员，士兵夫一百四十四名，负伤官长十四名，士兵夫一百七十二名，统计伤亡官士兵夫三百三十五员，士兵失踪生死不明者，四百八十三名。

（转录自李云汉编：《九一八事变史料》，台北正中书局1977年版，第245—249页）

（2）辽宁省清原县海阳乡民营农业直接损失汇报表（1931年9月18日）

（农业损失）

事　　件　日寇侵占东北农民之损失

日　　期　民国二十七年九月十八日

地　　点　清原县海阳乡

填送日期　民国三十六年三月十五日

| 分　类 | | 价　值 | |
|---|---|---|---|
| 共计 | | 2649300.00元 | |
| 房屋 | | 当时费损价值计 | 1038700元 |
| 器具 | | 当时费损价值计 | 314700元 |
| 现款 | | 当时费损价值计 | 30000元 |
| 产品 | 农产品 | 当时费损价值计 | 124500元 |
| | 林产品 | | |
| | 水产品 | | |
| | 畜产品 | | |
| 工具 | 农具 | 当时费损价值计 | 128600元 |
| | 渔具 | | |
| | 其他 | | |
| 牲　畜 | | 当时费损价值计 | 910800元 |
| 运输工具 | | | |
| 其　他 | | 衣裳被褥及日常用品 | 147000元 |

[清原县档案馆馆藏档案，档案号2—6—17（1—2），第24页，原文中价值部分未注明币种]

（3）辽宁省台安县民众抗战损失调查表（1）（1931年9月29日）

| 被调查损失人姓名及其损失项目 | 姓名 | 孙广吉　任赵氏 |
| --- | --- | --- |
| | 年龄 | 四十九岁　五十一岁 |
| | 本籍 | 辽宁省台安县 |
| | 住所 | 台安县桑林村桑林屯 |
| | 职业 | 农 |
| | 眷属 | 夫 |
| | 受损失时之原年月日 | 民国二十年九月二十九日 |
| | 受损失时之原地点 | 桑林村桑林屯 |
| | 受损失时之经过情形 | 日机轰炸 |
| | 受损失之物资财产种类及数量 | |
| | 受损失之物资财产原来价值 | |
| | 受损失之物资财产现估价值 | |
| | 人口疾病伤亡损失及赔偿估计 | 孙广吉任赵氏亡塟埋费计流通券25000元 |
| | 其他 | |
| 呈报年月日 | | 中华民国三十六年一月十二日 |
| 呈报调查机关 主管长官 | | 台安县桑林村村长 |
| 调查与填表人 | | 吕凤久 |

（辽宁省档案馆馆藏档案，档案号JE1—4—110—86）

（4）辽宁省台安县民众抗战损失调查表（2）（1931年9月29日）

| 被调查损失人姓名及其损失项目 | 姓名 | 王房氏　王女丫头 |
| --- | --- | --- |
| | 年龄 | 四十二岁　十九岁 |
| | 本籍 | 辽宁省台安县 |
| | 住所 | 台安县桑林村桑林屯 |
| | 职业 | |
| | 眷属 | 夫 |
| | 受损失时之原年月日 | 民国二十年九月二十九日 |
| | 受损失时之原地点 | 桑林村桑林屯 |
| | 受损失时之经过情形 | 日机轰炸 |
| | 受损失之物资财产种类及数量 | |
| | 受损失之物资财产原来价值 | |
| | 受损失之物资财产现估价值 | |
| | 人口疾病伤亡损失及赔偿估计 | 王房氏王女丫头亡奠埋费计流通券20000元 |
| | 其他 | |
| 呈报年月日　中华民国三十六年一月十二日 | | |
| 呈报调查机关 主管长官　　台安县桑林村村长 | | |
| 调查与填表人　　吕凤久 | | |

（辽宁省档案馆馆藏档案，档案号JE1－4－110－87）

（5）日军在山梨屯附近攻击义勇军[①]（节录）（1931年10月18日）

其三十四（19日午后6时前）

三、奉天附近今尚有兵匪集团出没

（1）（参照昨日报告）18日午后1时有东大营方面不稳之报告，以故，由奉天警备队派遣一个小队，在山梨屯附近攻击约80名兵匪，将之击退至北方。敌遗尸体9具、步枪1支、弹药200发；我无死伤。

（中国国家图书馆馆藏资料，《日本陆海军档案胶卷》第132卷）

---

① 原件为日文。

（6）日军在铁岭、沈阳、抚顺一带进行军事"讨伐"①（节录）（1931年9—12月）

自昭和六年九月至昭和七年三月兵匪讨伐一览表

| 月次 | 出动兵数 | 匪贼兵数 | 结果（我） | 结果（敌） |
|---|---|---|---|---|
| 九月 | 一〇三三 | 二五三〇 | 人死 一 | 人死 四一；人伤 一三 |
| 十月 | 七三三三 | 二三四五〇 | 人死 一三；人伤 二二 | 人死 四三；人伤 一五一；马死 一六；□获小统 二 |
| 十一月 | 四一六四 | 一〇〇一〇 | 人死 六；人伤 二八 | 人死 四九；人伤 一四六；马死 一〇〇；捕房 四〇；捕房马 三〇 |
| 十二月 | 四八〇〇 | 九一七〇 | 人死 一；人伤 一八；此外在安奉线□□车站，站长及中国□□（随从）战死 | 人死 三五；人伤 一三；马死 一〇；捕房 三〇 |
| …… | …… | …… | …… | …… |

（辽宁省档案馆馆藏档案，档案号日文资料政治713—1）

---

① 原件为日文。

（7）张学良为通告东北军在沟营、北宁两线阻击进犯日军致马占山等电
（1931年12月30日）

1931年12月31日　　　　北平

马主席、副司令官公署并转各司令、各旅长，张长官、东省铁路督办公署、护路军丁总司令、骑兵第六旅白旅长鉴：新密。据锦县荣参谋长臻、黄警务处长显声三十亥电开，三十日午前十时，敌步、骑、炮约三联队，又飞机八架、铁甲汽车并唐克车共十辆，向沟营线胡家窝堡我第十九旅阵地猛烈攻击。我军奋勇抵抗，激战至午后四时，我右翼第六五团被敌唐克车冲入阵地，同时左翼敌骑兵四五百名亦绕我后方，我军仍死力抵抗，死伤极众。最左翼之一营，几全营覆没，虽经派队增援，战况仍未恢复。至午后四时，我军阵地中，幸亦有两处未被敌冲破，仍坚守至七时，不得已乃退至沟邦子整顿阵线。又，北宁线之白旗堡西方，于午前八时发现敌机四架、铁甲车一列、步、骑兵两千余，对该处公安队攻击前进，并辽中县亦有日军二十余攻击县城，与公安队激战甚烈。至午后一时，我北宁线上之部队，以众寡悬殊，乃向北镇附近撤退。敌乃向大虎山猛进，至八时与步兵关团发生激战。

又，沟邦〔帮〕子昨午前二时起，有飞机四架掷弹二十二枚，三时又来五架掷弹三十余枚，均系百磅重之大型炸弹，将铁道炸毁数处，我铁甲车亦被炸毁一辆，死伤官兵三十七名。

总合本日战况，我军官兵虽死力杀敌，但敌空中有飞机轰炸，陆地先以唐克车、装甲汽车在炮火掩护下向我猛进。其骑兵则抄袭两翼，步兵跟随唐克车攻击前进。我军迎战，该日给养、弹药均受飞机播碍，不能补助，以是未免，且令抵抗，官兵气势均发指眥裂，死力搏战，卒以器械不敌，未获胜利。死伤确数查明再报，但自田庄台、大洼、盘山各役以来，弹药消耗过半，请迅急补充，以便反攻，等语。特电通告。张学良。世申印。　　　　（日本侵华专题档）

（转录自辽宁省档案馆编：《"九·一八"事变档案史料精编》，辽宁人民出版社1991年版，第342—343页，原件存辽宁省档案馆）

（8）日军杀害沈阳市苏家屯大沟村村民（1931年冬）

1931年冬，日军派百余人的队伍到苏家屯大沟村来攻打抗日队伍。日军闯入村后开枪打死杨长庆、杨长凯兄弟2人，尹氏祖孙3人，李多福等人被打死。全村40余间房屋被烧毁。日军的这次暴行，共打死保胜部战士2人，大沟村和平居民11人，有10余名村民受伤，1人致残。

（沈阳市苏家屯区档案馆馆藏档案，档案号101—1—4，第172—174页）

（9）日军在辽阳北部"讨伐"打死义勇军40人[①]（1932年1月6—7日）

参一发第十七号

昭和7年1月12日

参谋本部第七师司令部复写

时局通报

甲[②]、1月5日以后关东军讨伐匪贼情况

乙、1月6日，独立守备步兵第三大队第四中队在辽阳北方地区讨伐400余名马贼。我战死1名，敌遗弃尸体40具，毙马20匹，掳获马20匹。

丙、1月7日，独立守备步兵第□□（原文不清）大队□□（原文不清）中队在本溪湖□□（原文不清）方地区，讨伐300名兵匪。我损失：战死1名，负伤2名。敌遗弃尸体13具。

独立守备步兵第三大队扫荡辽阳西北方地区之兵匪约600人。我损失：伤2名。敌遗弃尸体40具、毙马20匹，掳获马30匹。

（中国国家图书馆馆藏资料，《日本陆海军档案胶卷》第133卷）

---

① 原件为日文。

② 原件为"一"，经核计为"甲"。

（10）日军在昌图县马仲河附近进行军事"讨伐"①（节录）（1932年2月5—9日）

关东军匪贼讨伐状况一览表（自二月一日至三月三十日）

| 月日 | 场所 | 出动部队（兵力） | 概要 | 我 | 结果 敌 |
|---|---|---|---|---|---|
| 二、五 | 烟台东方地区 | 步兵一中队 | 以示威为目的出动 | | |
| | 抚顺东方地区 | 同右 | 同右 | | |
| | 昌图东南马仲河附近 | 步兵一小队 | 与约四十名骑马贼交战 公安队员二十四名参战 | | 死亡十人 没收马匹七匹步枪五枝／伤二十人 死四人 |
| 二、六 | 小黑山西南地区 | 步兵一大队 | 与数百兵匪交战后将之击退 | | |
| | 鞍山西北方地区 | 步兵一中队 | 实施示威行军 | | |
| 二、七 | 十里河西方地区 | 同右 | 同右 | | |
| | 高丽门西方约五里红旗堡 | 同右 | 接到出现约四百兵匪的报告后，出动了六百（兵力）抗敌 | 伤二人 | 死约二十人 |
| 二、八 | 高丽门西方约五里红旗堡附近 | 步兵三中队 | 与约四百名兵匪交战 | 同右 | 死三十人 |
| | 铁岭东南方地区 | 步兵一中队 | 同右 | | 死六人 |
| 二、九 | 盘山东方八千米大孤家子 | 同右 | 对附近匪贼实施讨伐 | | 死十八人 马匹死亡十七匹 俘虏七人 没收马匹八匹 |
| | 奉山线板桥子附近 | 同右 | 约三十骑马贼被击退 | | |

（辽宁省档案馆馆藏档案，档案号日文资料政治728—26）

---

① 原件为日文。

（11）日军在辽宁讨伐情况①（节录）（1932年2月11日—3月23日）

| 月　日 | 场所 | 出动部队（兵力） | 概　要 | 结果 | |
| --- | --- | --- | --- | --- | --- |
| | | | | 我 | 敌 |
| 二·一一 | 洮昂线江桥东方地区 | 步兵一大队 | 讨伐二百兵匪 | 伤一人 | 死三人 |
| | 新民西北方大三家子附近 | 步兵三大队 | 接到约有两千兵匪盘踞的线报，于十日夜开始行动，向其讨伐 | 伤四人马伤一匹 | 死一人马死十五匹伤多数 |
| | 奉山线青堆子车站附近 | 步兵一小队 | 与约三十兵匪交战并将之击退 | | 死二人 |
| 二·一二 | 陈相屯东方五千米史家沟 | 步兵一中队 | 与约三百匪贼交战，将之击退至北方 | | 死十五人 |
| 二·一三 | 安奉线姚千户屯西南方一里上地 | 同上 | 接到有匪出现的线报出动 | | |
| | 安奉线祁家堡附近 | 步兵一小队 | 接到出现约八十马贼的线报向其讨伐 | | 死一人没收马匹六匹 |
| | 祁家堡西北方吉祥峪 | | 追击上述匪贼给予重创 | | 死二十人马匹死亡九匹 |
| 二·一三 | 奉山线高山子附近 | 步兵一中队，MG一小队 | 与数百匪交战 | | 死五人武装解除五十人 |
| 自二·一三至二·一五 | 安奉线草河口东北方约四里崔家堡附近赛马集 | 步兵二中队 | 以示威行军及治安维持为目的出动，十三日在徐家堡附近，击退了约八十敌人。十四日与约三百敌人交战 | 马伤一匹 | 死五十四人 |
| 二·一四 | 凤凰城东南方约五里舍屯 | 步兵一中队 | 接到约有七十马贼出现的线报出动 | | |
| | 虎石台东方约二里蒲河附近 | 步兵二中队 | 接到约有三百马贼盘踞的线报，得到必须出动的命令。 | | |
| | | | 接到有二百马贼盘踞的线报后出动，已经逃走。 | | |

---

① 原件为日文。

| 月　日 | 场所 | 出动部队（兵力） | 概　要 | 结果 | |
|---|---|---|---|---|---|
| | | | | 我 | 敌 |
| 二•一四 | | | 与约一百五十名兵匪交战后将之击退 | | 死六人马死十匹 |
| 自二•一五至二•一六 | 打虎山西北方安正堡附近 | 步兵一中队 | 在树林子附近与约三四十名兵匪交战 | | 死七人 |
| 二•一六 | 昌图东南方二里肃家沟 | 步兵一中队 | 以已设阵地为据点，顽强的抵抗，与约二百敌人交战两个小时后将之击退 | | 死二十 |
| 二•一七 | 沙河西方二里大武镇营 | 步兵一大队 | 击破约二百兵匪 | | 死三十人没收马三十匹同马车八辆 |
| | 安奉线火连寨西南地区 | 步兵一中队 | 对兵匪实施扫荡 | | |
| 二•一八 | 白旗堡东南方地区 | 同上 | 讨伐月一百五十名兵匪 | | 死十四人没收马七匹虏获步枪五枝 |
| 自二•二五至二•二六 | 锦西西方十三千米下边 | 步兵约一大队炮兵一中队 | 二十五日夜击破数百名兵匪，二十六日又遭遇六七百名兵匪，与之交战 | 死六人伤八人 | 死约二百人伤多数 |
| 二•二六 | 锦西西北方四千米附近 | 步兵一中队骑兵一中队炮兵一中队 | 击破敌匪约一百五十人 | 伤一人马伤一匹 | 死三十人 |
| 二•二六 | 锦西西方地区 | 飞行队之一部 | 爆击向西北方向逃跑的三百名兵匪，给予大打击 | | |
| 二•二九 | 铁岭东南五里李千户屯陈千户屯附近 | 步兵二中队 | 接到李千户屯盘踞三千兵匪的线报后出动，还没有遇到同地的敌人，途中在陈千户屯与约五十名敌人交战 | | 死五人 |

| 月　　日 | 场所 | 出动部队（兵力） | 概　要 | 结果 | |
| --- | --- | --- | --- | --- | --- |
| | | | | 我 | 敌 |
| 二·二九 | 桥头东南十千米黄拍峪 | 步兵二中队 | 与匪贼约一百七十人遭遇，将之从南北夹击，将其大部分消灭。 | 死一人伤三人 | 死一百以上没收马匹十二匹虏获步枪三十枝 |
| | 沟帮子北方约五里附近 | 步兵一中队MG炮各一中队 | 攻击约一百五十名马贼 | | 死三十 |
| 三·一 | 新民西南地区 | 步兵一小队 | 讨伐兵匪 | | 死二人 |
| | 虹桥附近 | 步兵一中队 | 讨伐兵匪 | | |
| 三·二 | 抚顺南方 | 步兵一中队 | 讨伐五六百兵匪 | | 死约百人 |
| 三·七 | 五龙背、汤山城间 | 汤山城分遣队 | 与袭击第二列车的兵匪交战 | | 死十人 |
| | 新民东北约二十公里公主屯约二十公里公主屯 | 步兵一大队 | 讨伐约一百名红枪会员团 | 死一人伤一人 | 死八十三人被俘十八人马死五匹 |
| | 奉天 | | 出动约一百人的别动队将南大门及其他两个地方的袭击击退 | | |
| 三·八 | 抚顺沿线 | 步兵二大队 | 讨伐 | | |
| | 高桥西北七公里大苍小沟 | 步兵四中队基干 | 与约一百五十名兵匪交战将其击退至北方 | | 死三十 |
| | 巨流河西方约一里烧家窝 | 步兵一小队 | 扫荡约三十兵匪 | | 死二人 |
| 三·十四 | 绥中西北约二十八千米三道沟 | 步兵一中队 | 攻击约五百义勇军，敌人退至热河省 | 伤二人 | 约损失一百五十人 |
| 三·十五 | 首山车站西北约五公里王人屯 | 鞍山守备队警官八十人支那警察队一百五十人 | 与行军中的二三百名兵匪交战 | 伤一人 | 死四五十 |
| | 抚顺西北约十公里处 | 飞行队之一部 | 攻击兵匪约三十人 | | |
| | 锦州西方二十四公里杂木林子 | 骑兵一中队 | 与约二百兵匪遭遇 | | 死五六十人 |

| 月 日 | 场所 | 出动部队（兵力） | 概 要 | 结果 | |
|---|---|---|---|---|---|
| | | | | 我 | 敌 |
| 三·十七 | 公主岭东南十二公里小河沿 | 步兵一中队 | 讨伐约八十兵匪 | | |
| 三·十八 | 绥中 | 绥中守备队 | 击退约四百敌人的攻击 | 伤一人 | 遗弃五具死尸 |
| | 连山关南方约二十公里通远堡 | 守备兵及警官 | 受到约三百名兵匪的袭击将之击退 | 死四人负伤五人 | 遗弃七具死尸 |
| | 公主岭东南方地区 | 步兵一中队 | 攻击出现在同地的兵匪 | | 遗弃十二具死尸 |
| …… | …… | …… | …… | …… | …… |
| 三·二二 | 庄河附近 | 步兵一中队骑兵一中队 | 扫荡同地附近 | | 死八十人 |
| | 绥中西方约五吉大石台 | 步兵一联队 | 讨伐约三百兵匪 | | 死十六人 |
| 三·二三 | 绥中西南前卫 | | 扫荡三百第四路义勇军 | | 死二百人 |

（辽宁省档案馆馆藏档案，档案号日文资料政治728—28）

（12）为具报六区静安堡村被匪攻入经该区分局长协同民团击散情形由（节录）（1932年3月1日）

呈为具报六区靖安堡村被匪攻入，经该区分局长协同民团将匪击散情形，抄同结单报请鉴核事。案据警务局长张凤歧呈据第六区分局长王东升呈称，窃据静安堡村报告，由新民境窜来大股马匪五百余人，攻击该村，请即援助等情前来，分署长当即率同局员李常胜及全局长警等十九人，并会同六区民团团长杨林春及分队长韩维臣刘毓芝等民团一百五十余人驶往该村，与匪敌抗。彼时互战约三小时共击毙匪人十五名，伤匪无数，打死匪马十一匹，匪枪均被余匪掠去，死匪及死马均在该村堆存。民团被匪击死二人，一名刘品山一名薛信，彼时闻信援助之五区民团分队长赵春山亦受有重伤。当时被匪击毙，村民四人，并将该村居住之前奉天自卫警察局长冯景异家击死骡马四匹……

（辽宁省档案馆馆藏档案，档案号JD14—2—79—223）

（13）辽宁省台安县民众抗战损失调查表（1932年5月6日）

| 被调查损失人姓名及其损失项目 | 姓名 | 李海 |
|---|---|---|
| | 年龄 | 五十岁 |
| | 本籍 | 辽宁省台安县 |
| | 住所 | 台安县桑林村桑林屯 |
| | 职业 | 农 |
| | 眷属 | 妻 |
| | 受损失时之原年月日 | 民国二十一年五月六日 |
| | 受损失时之原地点 | 桑林村桑林屯 |
| | 受损失时之经过情形 | 日机进攻 |
| | 受损失之物资财产种类及数量 | |
| | 受损失之物资财产原来价值 | |
| | 受损失之物资财产现估价值 | |
| | 人口疾病伤亡损失及赔偿估计 | 李海亡奠埋费计流通券20000元 |
| | 其他 | |
| 呈报年月日 | 中华民国三十六年一月十二日 | |
| 呈报调查机关主管长官 | 台安县桑林村村长 | |
| 调查与填表人 | 吕凤久 | |

（辽宁省档案馆馆藏档案，档案号JE1—4—110—83）

（14）为呈报剿匪情形由（1932年6月19—29日）

为呈报事谨将职旅各部队剿匪经过情形分条列左。一据第二团长李芳圃呈报，奉令剿捕台安一带之帮匪，于六月十九日晚七时率领步兵一营及第三营之第十一连，骑兵一连，山炮一、门迫击炮两门，由牛庄出发向岳家窝堡前进，当夜宿营于四台子，二十日到海城乘火车抵辽阳。于二十二日始到黄腊坨，探得岳家窝堡包围押饷员事已解决。破台安之匪退据西佛牛录，北貉子洞拟攻辽中，我军于二十三日进驻辽中，二十四日在姜家窝堡与匪相遇，当场毙匪五名，负伤者三名，随帮逃逸至西佛牛录死于麦田中，并匪枪一枝亦遗于该地。而盘踞西佛牛录北貉子洞西处股匪已于二十二日夜间闻风向西马厂逃逸。查台安县境之匪多系马贼，而我军大部多属步兵而此追彼窜追莫能及更以牛庄防地关要，遂率队回防。于二十八日途次，六台子城河渡口股匪三胜，率党羽四五百名扼守六台子、小边外两渡口。复将摆渡拖至南岸，据坝射击阻止渡河团长当即督队沿坝散开射击，布置后防先用炮火轰击，匪等仍然顽强抵抗，放烈迫击炮弹四十发、山炮弹六发，当即毙匪十七名，伤匪十余名，并打下人票一名，匪势不支狼狈远彪，始将南岸摆渡一支运过北岸，驰进追击。惟以渡河过久匪已无踪，是日宿营于热河台。二十九日早九点行抵西牛古城子，于该地早饭后渡河，毕接乡民报称，刘家甸刻有股匪五百余名盘踞中，当即督饬所部驰往，剿击进到距刘家甸约二里许之地方与匪相遇，开火激战一时，许匪势不支向南逃窜。是役毙匪二十余，伤匪十余名，打下赃马五匹。我军负重伤者三名，轻伤者一名，以匪据坝险扼守未敢轻追，又以天黑，乃整队于即日晚八点驰回牛庄防地。一据牛庄第二团留守第三营长乔仲三报称，自团长出发之后，于二十日晚十时匪人由关闯入，职督饬部属严加堵防，行抵南关村公所胡同，遇匪首独雷率党羽一百五六十名绑去人票十余名向西逃窜，当即奋勇痛击当打下人票七名，并毙匪人五名，伤匪二名，该匪胆丧逃窜。职以牛城防地基重未敢远离。于二十一日据逃回人票云，该匪帮现尚带票六名行踪无定。于二十五日夜十时许，城南头台子一带发现小五龙、南边、独雷联帮土匪二百余名，职得报后即通知各关卡严加堵防，外复率得力士兵五十名带机关枪一挺，出西卡门至杀人场附近与匪相遇，互相射击。职以匪势猖獗，乃令施射机关枪，匪即刻退却，追有半里匪窜匿森林内，职恐牛城有失急回牛庄。埔及进城片刻，而各关之枪声四起，职以兵力单薄，一面电知海城宪兵队，一面督饬部属奋勇杀贼，直至翌日早六时许始被我军击退。该匪等陆续向西北窜去。是役毙匪七名，伤匪三名，获马三匹，该匪并带去人票八名经我军打下二名，合同以先打下人票一，并询明姓名、住址确系良民后，经地方具保还家。刻下是地暂告敉平。以上等情理合备文恭呈鉴核 谨呈。

省长臧。

辽河地区警备司令王殿忠呈。

（辽宁省档案馆馆藏档案，档案号JD14—2—88—151）

（15）邓铁梅部在凤城市与日、伪军激战阵亡27人（1932年7月1日）

省长钧鉴：职部日前由孤山出发，经黄土坎行抵凤城县三区龙王庙。于七月一日午前一时三十分忽来邓铁梅、潘队长、李福田、李子荣等部下约共千余名，并大刀会马队百余名，由该街之北端乘夜来袭。该部队等以常驻之村区生活艰窘，给养为难，以三区地面丰富，攻我不备，乘机抢掠商民，不意职部警备森严，即时开枪应敌，炮火连天。而该匪等死命冲锋，职军据险射击，士兵用命，各将争先。相持一时三十分匪势不支，节节溃退，乘隙追击，该匪等亡命北窜。当击毙大刀会匪王静波以下二十七名，擒获伤匪六名并获小枪十二支、大刀五把、大枪四支。职部战死士兵三名，负伤连长以下四名。于拂晓复派骑兵继行追剿中。先此奉闻肃此敬请。钧安。

职李寿山谨禀。

（辽宁省档案馆馆藏档案，档案号JD14－2－90－218）

（16）朝阳县长李振钧为报告日飞机至县轰炸及伤亡人数等情形致热河省建设厅李厅长代电（1932年7月18日）

1932年7月21日

热河建设厅厅长李钧鉴：本月十八日有日飞机来县掷放机枪炸弹，伤害人马房屋一案，业将大概情形电禀主席在案。兹将经过事实约略陈之。查此案起因于本月十七日下午二点钟，日人石本泉四郎偕同翻译由北票坐锦朝路小票车往锦州，该车行至朝阳寺段以西南岭以东破庙子地方，有穿陆军服装者十数人亦在车上。该处山上忽然枪响，车上军装匪人即起持枪吓住，声言专对日人，与乘客无损，随将石本泉四郎一人并翻译二人绑去。经张营长闻报当带队追捕，讵日本铁甲车亦由朝阳寺开来，张营长阻止不服，致彼此发生误会，互相击射，张营长腿部受伤，退驻扣北营子。县长闻悉前情，曾电报主席在案。十八日早朝街突来飞机一架，绕城一周，约半小时而去。下午一时复来飞机五架，机枪扫射，并掷炸弹三四十枚，约一时余始去。飞机去后，县长立即亲诣被害各处所，勘明炸毁情形，计城内大十字街、朝阳胡同、关帝庙后、北大街、南关外、穷棒子沟、五间房等处，炸死农商兵民大小男女十一口，伤二十一人，炸死马二十一匹，毁房十余处。勘毕饬令将各尸殓埋，受伤兵民分别医治。一面召集本城军政各机关、地方各法团会议，出示布告安民，并议定由红十字会查放抚恤赈，每伤一人给票十二元，死一人给票二十四元，藉慰人心。旋由地方各机关、慈善会、教堂电致奉天关东军总司令及锦州日本司令官，请其勿再来机掷弹，以重人道。虽未得复，然十九、二十两日并无飞机。今日有飞机两架经过，上午时由东来向西南去，并未逗留，下午由西南返回，在城外盘旋侦视十分钟，即东归。居民均尚镇静，堪以上慰廑注。除仍会同董旅长、汤团长加意维持地方治安并分电外，所有日机来朝伤害人马，勘验维持经过情形，理合肃电禀闻。朝阳县县长李振钧叩。马印。

（热河省公署档）

（转录自辽宁省档案馆编：《"九·一八"事变档案史料精编》，辽宁人民出版社1991年版，第455—456页，原件存辽宁省档案馆）

（17）沈阳地区义勇军与日、伪军激战战死10余人（节录）（1932年8月11日）

奉警情第四三号

情报八月十三日上午十时三十分于奉天省警备司令部

……

2、骑兵第三连张连长，昨早（十一日）在六八旦被六七百名之刀匪包围，激战一时之久，匪始退去。当场击毙刀匪十余名，负伤刀匪二十余名，得获扎枪六支、手榴弹两箱。

（辽宁省档案馆馆藏档案，档案号JD14—2—88—307）

（18）沈阳地区义勇军与日伪护路军激战战死3人（节录）（1932年8月12日）

奉警情第五十七号

情报八月十六日上午十时于奉天省警备司令部

据护路军大队部报告如左。1、据黑山头护路军报称，于昨（十二）日夜十一时三十分，约来刀匪三百余名袭击我车站，将我护路军三十余名完全包围，虽竭力抵抗，原以寡不敌众，遂退至车站外缘，仍行抵抗。未几，我铁甲车及日军铁甲车先后赶到，猛力射击，遂将该匪击退，纷向东西南各方分三路逃窜，当场击毙刀匪三名，伤三十余名，得扎枪三支，我军仅伤一名，但车站之房屋均被该匪以棉花与洋油焚烧殆尽。

（辽宁省档案馆馆藏档案，档案号JD14－2－88－316）

（19）海城地区义勇军与日、伪军作战阵亡27人（1932年8月22—23日）

奉警情第一一五号

情报八月二十八日上午九时三十分于奉天省警备司令部

据辽河地区警备司令王殿忠报告如左。八月二十二日接海城县报告，腾鳌堡现已被匪扰乱中，请派队援助。等情。据此当即令参谋长带步兵四连、骑兵一排、机枪一挺、迫击炮二门，山炮一门即时出发。于二十三日晚七时，接参谋长电话报告，于二十二日晚七时至汤岗子，二十三日早三时出发，至祥家屯与匪接触，相激战二小时，匪势不支，向西方逃窜。当击毙匪十一名，打下人票二十一名，骡子五头，马六匹，枪四支，复率队前进，搜索至西闵山子，遇匪三百余名，当即包围痛击，相战一小时，匪始逃窜。是役复毙匪十六名，击下大车两辆，枪七支，复率队前进，十一时至腾鳌堡，匪已无踪。现正在搜索中。以上各情相应通报。

（辽宁省档案馆馆藏档案，档案号JD14—2—57—22）

（20）为呈报于营口县一区李家堡子及城子村北铁道口地方与匪接战情形打下人票十三名由（1932年9月11日）

为呈报事，于本月十一日据密探报告，营口一区界内李家堡子有匪人一百五六十名正在盘踞中。职闻报后，于即日早九时派李团长芳圃带迫击炮一连（全带步枪），山炮一门，迫击炮一门前往兜剿。于月之十二日据该团长回防报称，团长奉命带迫击炮一连，山炮一门，迫击炮一门，于本月十一月上午九时由营口出发向李家堡子前进，于下午二时到达蔡家洼子（距李家堡子二华里），闻匪等于十日下午即行他窜，余匪二十名尚在该村盘踞瞭望，我军来剿即行乘马逃逸。当经我军用山炮射击，因步兵追之不及匪逃无踪，职乃率队于本日下午五时回防。行至城子村北铁道附近，突遇匪徒三十余名，正由唐旗堡韩家学房绑得人票十余名，拟越过铁道北窜。当经我军猛烈射击，战约一小时，毙匪五名，匪势不支向铁道西南方向溃逃。是役计打下人票王国相等十三名，马二匹，驴三头。时天已晚未便穷追，遂即整队回防。理合，将在李家堡子并城子村铁道附近剿匪打下人票十三名，得获老口马二匹，驴三头，各经过情形呈请鉴核。等情。据此，除将剿匪打下人票令其取保释放外，理合，将该团长率队赴李家堡子并在城子村北与匪遭遇打下人票王国相等十三名并获老口马二匹，驴三头，各经过情形呈请鉴核。谨呈。

奉天省公署

辽河地区警备司令王殿忠呈

（辽宁省档案馆馆藏档案，档案号JD14—2—92—78）

（21）李振钧为报告日军佳日进犯三宝营子及杀害百姓、毁坏房屋等暴行事致热河省警务处呈（1932年10月9日）

1932年10月15日

呈为报明事：案据公安局长姜振国呈称，本月九日拂晓日军五百余名驰抵三宝营子村，三面包围，攻打该村义勇军，日军方面上有飞机抛掷炸弹，下有大炮小枪轰击，义勇军抵抗不支，纷纷退避。日军攻进该村，焚烧抢掠，该村居民苦遭暴日残害，不克名状。据调查报告，当日炸毙居民男女百数上下，炸毁房屋一百余间，焚烧柴草、粮食、财物等项，价额难以数计。其三宝营子村遭祸至烈，而四周距离村民悉已逃避不归。又朝阳寺地点早经日人占据，该处四周距离村民先行弃家他往。闻此凶耗，畏日自由行动，飞祸横加，尤为惊鸿远逸。该两处警察分派所辖境居民逃避一空，应纳公款等项自难入手催敛报解。所有日军侵害情形及地方危状，理合呈报核夺，等情。据此，除令严密防范，随时报告并分呈外，理合呈报鉴核。谨呈

　　　　　　　　　　热河全省警务处处长张　朝阳县县长李振钧

附指令

呈悉。查此案前据该府公安局迳呈到处，业经本处以第七九五号指令，呈悉，云云。遵照办理具报在案。兹据前情，除并案存查外，仰仍转饬该局长遵照前令，迅速查明具报为要。此令。

　　　　　　　　　　　　　　　　　　（热河省公署档）

（转录自辽宁省档案馆编：《"九·一八"事变档案史料精编》，辽宁人民出版社1991年版，第462—463页，原件存辽宁省档案馆）

（22）日、伪军在凌海市连山台村"讨伐"义勇军枪杀5人（1933年8月13日）

奉警情第三四五号

情报八月二十二日午前十时，于奉天省警备司令部

据锦县警务局八月十四日报告，匪首刘老疙疸、东来好合流之匪团约三十余名，于十二日在七八南区夹河沿地方窜扰，当令七八区警团前往讨伐，于十三日在连山台村北方与该匪接触，互战许久，匪始逃窜。是役毙匪五名，得获步枪一支，骡一头，救出人票三名，我方阵亡队兵一名。

（辽宁省档案馆馆藏档案，档案号JD14—2—91—134）

（23）关于表彰县警察队及自卫团的申请①（节录）（1934年5月9日）

本县警察队第一中队中队长李常润以下五十名及由李常润兼任团长的本县第三区自卫团三十名，于五月九日上午三点接到由本县第三区龙王庙警察署东尖山分驻所发出的"有海蛟匪袭来"的电话通告后，直接朝驻屯地龙王庙出发。同日午后三点在安东县境、长山北村朝阳岗（北井子北方二十五里）发现海蛟匪部下独立团长孙正余以下约八十余名（匪），并与之激战。结果如下：俘虏匪首孙正余，缴获枪械等等，射杀三名（匪），及匪负伤三十余名，其余趁乱逃走。……

（辽宁省档案馆馆藏档案，档案号JD14—1—22—213）

---

① 原件为日文。

（24）日、伪军"讨伐"桓仁县抗日武装（1936年）

讨伐效果

桓仁县射杀匪首4人，射杀总数128人，负伤总数173人，逮捕总数9人，掳获小枪26支，拳枪10支，洋炮20支，小拳枪弹609发，夺回人票4人，掳获马匹5匹。

讨伐队损害

日军战死3人，伤5人，国军死3人，伤15人，治安队死伤无，警察死2人，伤8人，自卫团死2人。

检举效果

总数312人（内匪首3名），逃走内（原文不清）或依其他理由射杀者28人（匪首2）

［《康德三年前半期肃清工作效果表》，载伪满洲国国务院总务厅弘报

处编：《省政汇览》第7辑《安东省篇》，"康德4年"（1937年）7月，大

连图书馆馆藏图书〈日文〉，藏书号M4133—2］

（25）战犯星原稔①审讯记录（1937年11月—1945年7月）

问：你把劳务系的职权范围谈一谈。

答：劳务系的职权范围是管理工人宿舍，调拨、招募工人等。

问：你在劳务系任职的时候曾虐杀过多少工人？

答：1939年2月中旬，我在伪满阜新炭矿五龙采炭所西坑劳务办公室任职，在某天下午下班时，在坑口对下班工人搜身时发现一名中国工人（三十五六岁）带有采煤使用的火药雷管20多个，我将他带到办公室来，借口他有反日阴谋的嫌疑，进行审讯。于办公室地下摔他四五回后，用三角椅子向他腰部、腿部毒打刑讯，打得他不会行走后，交给把头刘振邦将他扣钾，同时不给他饭吃，并命令劳务系外勤杨某监督，就这样经过3天的时间，将他虐杀啦。但为了欺骗大家，就说他是病死的，并命令工人将死者埋在炭矿共同墓地。

1940年8月中旬，我在伪满阜新炭矿五龙采炭所东坑劳务系任职，某日，劳务系郑某（外勤）于午前10时逮捕一名因不满压迫而逃跑的采煤工人（中国人，年龄约40岁），带到我的办公室来。当时我很愤怒，命令郑某同我一起进行刑讯，用棍子（直径5公分，长1米）毒打该人15下以上，并让他跪在办公室的地下，午后4时许，我还告诉把头吴国玉不给他饭吃。结果该工人因受打重伤，又无医无食的情况下，3天后就死去了啦。但为了欺骗大家，我说他是因病而死，并叫工人将死者埋在煤矿公共墓地。

问：你作为煤矿的劳务系，你可以随便杀人吗？

答：当时公司当局的方针是，如果发生问题可以进行拷问、刑讯，我过去是忠实地执行了这一方针、给中国人民极大伤害，对此我感到遗憾。

问：继续谈下去。

答：1937年11月中旬至1939年3月上旬，在伪满阜新炭矿五龙采炭所西坑内，我以坑内管理员的身份，直接指挥生产，但对排除坑内积水，适时进行填补和立支柱，加强顶板的安全措施毫不注意。由于这种情况，有时虽知有冒顶的危险，不应叫工人下井，但仍强迫工人下井或在井下继续劳动。因此，终于造成矿井冒顶，压杀中国掘进工人2名（2件），采煤工人6名（3件）及伤18名（需医治7天至7个月才能痊愈）的罪恶后果，我是直接指挥生产的负责人，对这些工人的伤亡应负其咎。当时使用工人将这些死者埋在炭矿墓地。

---

① 星原稔，男，日本人，1913年生，前日军第139师团司令部伍长，曾在阜新炭矿劳务系任职，日本投降后被捕。

1941年5月中旬至7月末，在伪阜新炭矿五龙采炭所东坑工人宿舍，有100余名以上的工人得了伤寒病，如把这一事实向警察署报告，工人将会全部被隔离，而停止作业。因此，采煤所长王置喜雄命令以秘密的隔离的办法，将这些患病的工人监禁在一栋（10间房子）房子宿舍内，既不消毒，也不给病人诊断治疗施策。供养只不过一点小米稀粥和咸菜，不给吃饱。苛酷虐待的结果，终于有15名死亡啦。当时我在劳务系，是工人宿舍的负责人，是应该负责的。

问：按照你的职权，能否给病人医治？或改善他们生产给养吗？

答：我当时作为工人宿舍负责人，是有权给病人请医生，有义务向上级汇报、请示改善工人的生活的，但我并没有这样做，而引起了这样的后果，现在我为这一点感到非常的遗憾。

问：除这15名死者外，你对其他患者采取了哪些措施？

答：公司当局未对患病者采取过任何措施，但其他患者因病势较轻，不久均病愈啦。

问：关于虐杀中国工人的情况还有哪些？

答：1942年10月中旬我在珲春矿……（略）

其次是1940年1月至1943年3月，我在伪满阜新炭矿五龙采炭所工人宿舍任负责人的时候，曾奉劳务系主任秋田利夫的命令，以上述的手段虐杀（待）了中国工人1300名（其中工人900名，家属400名）。

（1）在一栋（10间）房子里，监禁了100—150名单身工人，特别是家族宿舍，一栋（10间）房子里按一张席子监禁了10家族，房子里整天冒着黑烟，连白天也是通黑的，也不讲任何的卫生条件和设备。

（2）供给方面是委托把头管理，对干活的一天只给两顿饭吃，对其家族置之不理。

（3）根据坑内系的要求指示，把头强制的奴役工人工作，有时每一天竟达16小时。

（4）对在坑内负伤的及一般的患病者，只有一所有名无实的医务所，也不给治疗、施策，特别对家族的患病者，生小孩等完全不管。

（5）衣服、布类、劳动鞋等所有配给，也完全委托把头代办，特别对其家族，没有任何配给，小孩都是光着身子生活。由于上述的宿舍卫生不好，劳动繁重，吃不饱，以及我与把头一起在其中剥削工人伙食费（40%）及配给品，以至在上述期间虐杀（待）了130（1300）名中国人民。

1936年10月至1937年4月之间，我在伪满煤矿阜新矿业所当警备员期间，以工人反抗日本人的指挥为理由,曾先后用棍子及鎯头毒打中国人民3名。除此以外,因语言不通、经常以反抗日本及不遵守指示为理由、棒打脚踢地虐待中国人民。在上述期间,被我殴打的、中国人民(煤矿工人、杂役警备队员等)有30名以上。

1937年5月至1939年7月,我在伪阜新矿业所五龙采煤所西坑坑内勤务中,以工人无故升坑、不劳动作业及消极怠工为理由,曾先后用锤杖及坑木毒打中国工人6名,其中有1名给打断左手骨,是需要医治1个月以上时间,才能痊愈的。除此以外,经常以不遵守指示、消极怠工为理由,棒打脚踢毒打工人,习以为常。这期间被殴打的有220人之多。

问:为(被)你毒打致伤的工人,曾采取过哪些措施?

答:当时我认为日本人是优秀的民族,欺侮落后的中国人民是应该的,由于这一思想支配着我的脑子,因此即使对被打重伤的,也没有采取过任何医治措施。打后均置之不理。

问:继续谈下去!

答:1939年9月至1942年3月,我在阜新矿业所五龙采炭所劳务系任职期间,以工人互相殴打和打人、春节赌博及工人无故升坑,反抗日本人指挥等为理由,曾先后用棍子及高压线毒打中国工人8名,这些被毒打的中国工人需要医治5天至10天才能痊愈的,在这期间我还以不遵守指示及反抗把头为借口,以棒打脚踢进行毒打,已成习惯了,被毒打的有240名。

问:你把拷问中国人民的罪行讲一讲。

答:1936年11月中旬,我在伪满阜新孙家湾采炭所担任警备员的时候,某天晚上11时许,以袭击工人宿舍为理由,令井长野警备员抓来两名农民。翌日,警备队长坂路道明命令进行刑讯,当时我与今井长野警备员一起将这两名农民绑在梯子上,进行灌凉水,因问不出名堂、坂路就命令井长野将两名农民送到孙家湾新经街警察署去啦。

问:因何原因农民袭击工人宿舍?

答;因公司当局在修建宿舍时强制的收买农民的庄稼,因此农民经常表示反抗,进行袭击。

问;继续谈下去。

答:其次是1936年12月中旬,在上述地点,有3名中国工人于晚上12时许,对把头王某、张某进行正义反抗,但终于被警备员逮捕了。翌日,坂路命令进行灌凉水拷打,我也参加刑讯,其后由今井、也田将他们送到孙家湾新经街警察署。当时，由于把头经常以欺骗宣传招募工人，但是其实际情况（例如待遇问题）不是这样，所以工人们经常对把头进行袭击。

问：在你担任工人招募系的工作时，你曾经采取哪些办法招募工人的？

答：1940年4至6月间，我作为伪满阜新矿业所工人招募系负责人，奉所长平不荣一郎的命令，在伪热河省青龙、宁城，与当地警察相勾结，带着伪劳工协会的所谓招募许可书、欺骗宣传书及先有12元钱（伪币）等手段，进行招募工人，当时应募的有200名和平居民。

1941年2月至3月，我作为阜新矿业所的招募工人负责人，奉所长平不荣一郎的命令于伪锦州省彰武县以同样的手段招募150名和平居民为劳工。

问：把你利用军警权力强抓劳工人罪行谈一谈。

答：1941年9月中旬至10月中旬，我作为阜新矿业所的劳务系，奉所长平不荣一郎的命令和华北侵略军第四课的指示到河北省行唐县一带，随着侵略军机井兵团行动，利用军队权利及新民会宣传班在侵犯地区强制拉7000名和平居民（其中男女老幼）为劳工，并剥削了工人的运送费132000元（伪币），窃为己有，我是招募工人的负责人，其强拉劳工的罪行我是应负责任的。

问：你把新民会的性质谈一谈。

答：新民会是一个特务机关，其具体活动情况不知道。

问：你采取哪些手段把这大批劳工运到东北的？

答：当时运用军队的武力及运输车辆，将这批劳工运往东北，在输送途中剥夺他们的一切自由，连[吃]饭也加以限制……

问：你把虐待和勒索工人的罪行讲一讲！

答：1937年5月至1939年7月，我在伪阜新炭矿五龙采炭所西坑工作时，以坑内管理员的身份，每天均强制奴役20余名中国工人从事坑内掘进、采煤、装煤苦力劳动，我并肆意的拿劳工票捣鬼而掠夺工钱。叫他们劳动12小时或16小时，但只给8小时钱，而且工作就是有危险也强迫出工，如此加以虐待。在上述期间共勒索工人的工资15000元（伪币），迫使工人过着牛马不如的生活。

其次是1939年9月至1942年3月，我在阜新炭矿五龙采炭所劳务系工作时，我以工人宿舍管理员的身份，与把头结成密切关系，支持并加强了把头制度，将九百名中国工人关押在像监狱样的宿舍里。工人稍有不满即行殴打，对工人的粮饭生活必需品的配给均由"把头"统一管理，在工资内扣除。这样从中剥削工人，并且叫"把头"经营售卖点和食堂，通过各种方法对工人进行剥削。在这期间，共剥削了工人的血汗钱260000元（伪币）。

问：你对进步的工人进行哪些迫害？

答：1940年7月至1945年5月下旬，在阜新炭矿及珲春矿工人宿舍当管理人及在劳务系期间，我对日本人的奴役虐待敢于采取反抗态度的6名中国工人，以有反满抗日的嫌疑的罪名，曾先后4次向伪满警察宪兵报告。

问：他们都得到了什么结果？

答：其中有5名被逮捕，但受到什么处分我不知道。一名因我离开珲春，因此有无逮捕也不了解。

问：你把掠夺中国人民财物的罪行讲一讲。

答：1936年10月至1945年7月期间，我在阜新炭矿及珲春矿工作时，曾先后掠夺了中国人民的冬棉衣20套、夏衣50套，猪肉120斤，鸡蛋500斤，白酒20斤，蔬菜290斤，鸡5只，劳动鞋30双。

问：你是采取哪些手段进行掠夺的？

答：煤矿附近的治安是由煤矿当局来负责，所以我经常滥用这种权力对附近村庄进行掠夺。

问：对你的供词还有哪些补充？

答。还有一些与我有关的问题，没有谈到，如奴役中国人民，乘车不给钱等问题。但在我的笔供自述里写的很详细了，在这里我没有新的补充或修改啦。

问：你的供词是真实的吗？

答：我的供词及自书供述上所写的罪行均是真实的，我完全负责。

以上记录经翻译用日语宣读与我供述不误。

被讯问人　星原稔　1954于抚顺

（阜新市公安局档案室室藏档案，档案号敌伪档案3—1—1）

（26）战犯星原稔侦讯总结意见书（1937年11月—1945年7月）

星原稔，男，现年41岁（下略）。

经讯问结果，根据该犯供认，在其侵略我国期间所犯罪行如下：

（1）虐杀劳工罪：

该犯自1937年11月中旬至1945年7月中旬，在伪满阜新矿五龙采炭所担任劳务系、工人宿舍管理人及招工负责人等职期间，曾不顾工人的安全与健康，强制奴役及虐杀我国工人，以至有327名中国劳工在该犯任职期间死去。

（2）强拉劳工罪：

1940年4月至1945年4月该犯在阜新矿担任招工负责人期间，奉其上级命令曾先后亲自与军警权力机关相勾结，在河北省行唐县及吉林市公主岭，热河省青龙县、彰武县等地，强拉我国居民11170人充当劳工。为日本帝国主义掠夺我国资源服务。并使被拉劳工遭受种种虐待而造成大批死亡。

（3）毒打劳工罪：

1936年10月至1945年7月期间，该犯在阜新矿充任警备员、坑内管理员、劳务系期间，该犯曾经常以反抗日本人、不遵守指示为借口，用高压线和棍子毒打我工人361人。其中据该犯供述有12名是需要医治4天至1个月才能治愈的。

（4）利用把头剥削劳工罪：

1937年5月至1945年4月，该犯充任阜新矿招工负责人和工人宿舍管理人期间，曾利用把头制度剥削工人伙食费、修理工人宿舍费、运送劳工费、工资费等53.7万元（伪币），迫使工人及其家属过着牛马不如的生活。

以上罪恶事实，该犯已供认不讳，判明该犯是日本帝国主义侵略奴役、剥削我国人民政策的忠实执行者。

侦讯人：朱桂梅

1954年10月19日于抚顺

上述侦讯总结已经翻译用日语向我宣读过，我完全同意这一总结。

被侦讯人　星原稔　1954年10月19日

（阜新市公安局档案室室藏档案，档案号敌伪档案3—1—1，第297—308页）

# 2. 人口伤亡资料

（1）北大营附近日支两军冲突之概况[①]（1931年9月18日）

一、战争引发原因

九月十八日夜，事变发生的当时，分驻在虎石台的独立守备步兵第二大队的第三中队在文官屯附近进行夜间演习，同中队的河本中尉基于同队的教育规定，为线路巡查兵进行教育，为监察六名巡查兵的动作，在线路上向南行进中。

夜间十点十五分，河本中尉在到达北大营南方六七百米炼瓦烧场附近的时候，突然听到后方出来一声很大的爆炸声，（所以）直接返回向北方行进，认为有数名中国兵爆破铁道后朝北大营方向逃去，所以直接朝那个方向射击，并射击产生了效果，但在追击至爆破地点北方二三百米时遭到了高粱地内的枪袭，夜里依据高粱地内的活力判断恐怕有二三个中队的兵力。于是，如实将逐渐向南方攻击前进的形势直接报告给在文官屯附近的所属第三中队长与自己共同对抗敌军。

二、第三中队的动作

第三中队长听到文官屯附近有爆炸的声音，并且接到南进中的河本中尉的报告为紧急增援后，紧急行进到达北大营西南地区，因在同中尉的那个方向有中国军队的枪火，因此直接集中火力进行反击，敌军暂时开始后退，而当时附近有个洼地积满了雨水。面对前方敌人的步步逼近，此时，中队长肯定中国军队现在爆破了铁道，并且，部队也已（参战）攻击我军，由此，挑起了两军间的（战争）事态。我军以少数对抗数千倍的中国军队，必须攻击敌军的本部（北大营），先发制人占据有利形势以外没有其他的办法了，大队为迅速获得立脚点，（在这）紧要关头决心占领北大营的一角，派遣野田少尉的一小队切断敌人的退路，以主力占领北大营西北角的兵舍，出于以上的策略，等待着大队主力的到来。

备考：独立守备队的守备任务是防御匪贼等相关任务，因此，常常有实战

---

① 原件为日文。

的任务，到守备队的营外场合时，依规定无论何时必须随身携带三十发子弹。

三、大队长及大队主力的动作

独立守备第二大队长岛本中佐在接到第三中队长的报告说，中国军队以有力的企图攻击前进，鉴于已经开始了战争的争端，现在除了快速攻势以外，我军民为保全军威（必须反攻），大队本部及第一、四中队在夜间十一点四十分从兵营附近搭乘火车，十一点五十分到柳条湖下车，跑步到北大营后就占领了西北角，与第三中队联手开始攻击。

在抚顺屯的第二中队在接到大队长命令后也紧急集合，但因为准备火车等需要相当的时间，在凌晨三点三十分的时候到达北大营的西南角，参加扫荡残敌。

四、战争经过及结束

战争经过如图记载（略）

各中队经数小时解除了敌人的顽强抵抗。在拂晓，逐渐进入北大营东南地区。在早晨五点三十分左右，全部占领北大营。

关于此战，我军战死二人，负伤二十二人，我军埋葬敌人尸体三百二十人，实际战死在四百左右。

[《满洲事变杂录》（昭和六年十一月），辽宁省档案馆馆藏档案，档案号日文资料政治1739]

（2）为日飞机在县属达子营等村掷放炸弹致伤2人转知日本关东军司令（1931年12月5日）

请转知日本关东军司令转饬注意勿再掷弹以重人命而免惊扰由。

辽中县政府快邮代电　字第8258号

地方维持委员会钧鉴，窃于本年十二月五日午后约一点钟时，忽有日本飞机三架由西南空际飞来，向北行驶至县城东十五里之达子营村，不知因何由飞机上掷下炸弹十三枚，其三枚掷于该村农户安居院内，致将安居之子及其孙女二人均被炸伤，有无性命危险尚难预料，而该飞机行至县界之四方台村，复又掷炸弹十余枚，均落村外幸未伤人，惟日本飞机由县经过沿途一再掷放炸弹，一般人民异常惶恐，是以用电驰开可否转知日本关东军司令，转饬注意嗣后勿再无故掷放炸弹以重人命，而免惊扰之处，除伤人饬医外理合电请鉴核施行。

辽中县代理县长陈荫翘叩。鱼印。

（辽宁省档案馆馆藏档案，档案号JD14—1—3—199）

（3）义勇军在鞍山市唐马寨阵亡10人[①]（节录）（1931年12月31日）

参一发第十六号

昭和7年1月6日

参谋本部第七师团司令部复写

时局通报

……

乙、独立守备队之一部自12月30日起，实施对鞍山西方地区之扫荡。31日午后在鞍山西北方约20公里之唐马寨与约300名兵匪交战，将之击退。敌遗弃尸体10具，我轻伤4人。

（中国国家图书馆馆藏资料，《日本陆海军档案胶卷》第133卷）

---

① 原件为日文。

（4）义勇军在刘二堡西北方阵亡70人[①]（节录）（1932年1月4日）

参一发第十六号

昭和7年1月6日

参谋本部第七师团司令部复写

时局通报

……

丁、1月4日，独立守备步兵第六大队主力自鞍山出动，讨伐刘二堡附近之兵匪。午前6时余，在该地与拥有炮之兵匪约600人遭遇，将之击退至北方。继而，在刘二堡西北方，又受到拥有炮之兵匪约500人之顽强抵抗，正午稍过，将之击退。我负伤6人，敌遗弃尸体约70具。此日午后6时许，兵匪在柳家沟、白旗堡间破坏铁路，以故，由新民驻屯部队派遣步兵一个中队。至午后8时30分许，数百兵匪来袭新民，袭击邦人（日人）房屋，同地驻屯之混成第四及第八旅团之步兵各出动1个大队，午后11时将之击退。又，午后9时许，在新民东方约3公里（原文不清）被爆破，驻巨流河守备队出动至现场。我损失：战死1名，负伤4名，又我居留民死3名，负伤（原文不清）。敌遗弃尸体约40具。

（中国国家图书馆馆藏资料，《日本陆海军档案胶卷》第133卷）

---

① 原件为日文。

（5）日军"扫荡"凤凰城西南打死义勇军五六十人①（节录）（1932年1月10日）

参一发第十七号

昭和7年1月12日

参谋本部第七师司令部复写

时局通报

……

独立守备步兵第四大队之2个中队，自10日夜半起出动，扫荡凤凰城西南方地区匪贼，击溃二三百名马贼，击毙五六十人。我损失：轻伤（原文不清）。

（中国国家图书馆馆藏资料，《日本陆海军档案胶卷》第133卷）

---

① 原件为日文。

（6）为汇案转报公安队会同公安二十三大队（1932年2月10日）

在沙力土及县城剿捕溃兵于澄帮匪耿继周等情形由

呈为汇案转报公安队会同公安二十三大队，在沙力土地方剿捕溃兵于澄帮匪耿继周等暨公安局队全部在县城与同匪接仗，阵亡官兵损失枪械打耗子弹各情形请鉴核备案事，案据公安局长刘连升于二月十九日呈称，窃公安队会同公安二十三大队出发剿匪，于本月十日驰抵小沙力土正值溃兵于澄帮匪、耿继周、金子明、九龙、九胜、九江乐等率匪徒二千余名攻打该村，意图抢掠，当即合力围剿，毙匪二十余名，旋因该村防卫单薄，被该溃兵帮匪等攻入，致将帮同守御该村之护路队及人民死亡甚多，民户抢掠一空，嗣经公安队奋勇进攻，敌势稍杀，正拟一股肃清残其丑类，讵料该溃兵帮匪狡猾异常，乘夜突围南来，攻打县城。当由职属第一分局、消防队、自卫团等奋勇接战。敌用机枪猛烈射击，掩护前进，我方兵单械钝，势难抵御，致被该匪等由城东北角倒塌处侵入东北街，占据民户宅第宅，分头进攻，县公署及公安局意图全行破毁，后因公安局全部出动，院中警卫单薄，致被攻陷，匪徒负隅固守，正在互相激战之际，公安队适在途中，闻警立即会同公安二十三大队及剿匪军飞速回援，幸赖将士用命，猛烈痛击，毙匪一百零六名，伤匪数十名。匪势不支，始皆溃走。我方阵亡炮分队兵刘国动，第一分局分所长高凤九二员，六十中队二分队班长冯占山，五十九中队队兵高文，第一分局警士吴春贵；三名负伤大队长成珠一员，五十九中队队长宗振东、阮荣，一分局警士周贵、李朝武，消防队警士刘国钧、李文奎潘顺七名，公安二十三大队阵亡炮中队长李海山一员，班长丁贵林一名。事后查点本局除文卷焚烧铃记丢失，业经呈报外，库存藏枪全部被匪携走。第一分局阵亡警士吴春贵，负伤警士周贵二名使用七九官枪二支，亦被匪掠去，消防队丢失十五号臂章及自卫团四十六号臂章二枚，公安队损失各色枪二十五支，打耗各色子弹六千三百四十二粒，迫击炮弹一百零四发，一分局打耗各色子弹二千六百二十四粒，消防队炮弹二百五十三发，计斯役共损失各色官枪二十七支，打耗各色子弹一万五千六百一十一粒，迫击炮弹三百五十七发，除得获枪械物品查明续报及损失枪械子弹另文，官警妥为棺埋，负伤诸人，饬医务痊外，理合汇案将两役剿捕情形，备文报请鉴核备案。谨呈。

奉天省政府。

彰武县县长王恕。

（辽宁省档案馆馆藏档案，档案号JD14—2—79—307）

（7）为报警队在东路剿匪情形（1932年2月29日）

　　呈为具报警队在东路剿匪情形报请鉴核备案事，案据警务局长张凤歧报称，为报告事，窃据警察大队长秦国禄报告，窃职于昨日即二月二十九日由省赴乡，是以住于一区界汪大人屯村，晚七时许有临近各村民报告，言匪在扬台子大于家沟荒地沟一带盘踞，抢烧过甚，若不急为清除，民逼无路，为匪愈多。职逐于今早三月一日五点钟时出发，带骑炮各队一百余名，二区警士二十余名，民团一百五十余名，陈分局长带警十余名，前往痛剿。比至大瓦沟村，天方八点，即见马匪探子十余名北上，职队猛追至红旗台村，与匪相持几分钟，匪复南逃。追至靠山屯及沙河子，匪人突出百余名，即行抵抗相持一小时，匪人不支，纷纷东逃。职仍督队追至小于家沟，当毙匪十余名，获马二匹，匪仍不支，向东南大于沟村逃窜，该村有匪首（金不换）部在内盘踞，职率炮队由靠山屯家南抢上扬台子村北岭即以炮射击，该匪首刘海泉带卫队团均在内，亦相敌抗还击，确见炮弹二三发正落匪窝，尸倒成堆，惟匪击渐多，东西十里许零落小村均系匪人，综合不下千余人，死力抗敌。时天色已晚，遂即归队集合各队及警团均无损伤，惟我炮队队兵迟殿祥因前进阵亡，该匪人被我方以炮击毙二十余名，小枪击亡十余名，共毙匪三十余名，得马二匹，是晚住于四方台，听候命令等情前来，正拟呈报间。于本月二日，复据警察大队长秦国禄报称，窃于昨晚（即本月一日）九点钟，由李二十寨来日警察及守备队，曾言奉抚顺队命令调职队于明早六点半钟到深井子站集合剿匪，职当以子弹缺乏，阵亡士兵尚未装殓，此举无须报告局长查核，方能允许对之，而该日军云若不听从命令，今夜缴械等语相强之下，遂允出骑步队一百八十名。故职于今早（二日）带队到深井子面见抚顺守备队长名川上精一甚为妥洽，令我炮队暂时不动，仅用骑兵前往探询匪踪。遂即照办。于今早十点钟探明匪仍在扬台子于家沟等村未动，而日军闻知立即往剿，日军五十余名带山炮一门，机关枪四架，亦在职队与匪接仗，阵地射炮五十余发，沙河子民房打倒数处，匪人冒弹由他村均向沙河子村内逃窜，日军扫射机关枪，匪亡极多。我骑队在日军东面，亦曾猛力前进，因天将黑，日军止战，匪虽多亡，仍未逃避，川上精一队长带队回深井子站，并深奖许我骑队击匪尽力，乃面允代为声请子弹，是晚仍住于四方台村。专此报告等情前来，除伤令该大队长仍率队跟踪追击，务期悉数歼灭，以安闾阎外，理合报请鉴核等情前来，除指令饬属率队跟踪痛剿以期数平匪患而安地面外，理合具文报请鉴核备案。谨呈。

奉天省省长臧。

沈阳县县长谢桐森。

（辽宁省档案馆馆藏档案，档案号JD14—2—79—301）

### (8) 为遵令会查新民县红枪会经过情形报请鉴核由（1932年3月6—7日）

呈为遵令查报红枪会经过情形会请鉴核事。案查前奉钧令，以新民县发现红枪会匪扰乱治安，饬将该会匪近况查明并督属设法歼灭，以免蔓延而弥隐患。等因。一案正从事查剿未及具报间复奉，钧令派委专员到县会查委员长延芳当与奉派马委员接洽入手会查。职大鸣即将该县关于发现红枪会状况暨始而设法解散，继而实施剿捕，一切经过情形，调齐稿件，详细考证。认为此种红枪会确系邪教惑人，含有排外性质，兹试缕晰陈之。查于本年二月二十五日，据新民县第七区自卫团团长薛润之报称，邻县法库界二台子村发现红枪会，依恃符咒结伙执持枪刀，声言排外，实系扰乱乡间。近且侵入我县七区高家荒地、瓦房、华子沟、彰武台门等村，多则百人少则数十，藉口防匪，惟日夜以操演邪术为事，似含有轨外图谋等语，职延芳当即指令该自卫团长督饬各村长赶紧设法解散，俾免滋蔓难图，倘敢阳奉阴违定将各该村长等严行法办不贷，并一面勒令警务局长严拿主办首要，以儆效尤等情在卷。旋又据警务局长杨如柏转据密探苏子元、康年有等报称，八区公主屯地方有红枪会匪百余名，匪首称大法师，报告前来。职延芳仍一面饬令该局长严行查禁并与县指导委员会协商办法以期早日扑灭，嗣于二月二十八日据警务局长转呈八区各村村长吴泽民等结报，该区邪教全体解散，法师远飏，已不能再起等语。讵料延至本月初旬侦察七八两区，仍有会匪潜滋煽惑并闻有枪弹具备之马匪加入，约计已有三四百人之多。职延芳得此确耗，以为该匪等似此聚啸，窃恐警力单薄未易剿灭，于是为彻底肃清计，遂商请日军协同警队前往七八区相机剿抚，原拟以军警之威力首先解其协从则歼渠自易，孰意该会匪竟敢鸣枪对敌逞凶拒捕，军警以匪势险恶，爰于本月六七两日内，在七区泡子沿、吴家屯、辛家甸、瓦房、高荒地、小营盘，八区公主屯暨法库县界二台子等处，击毙匪首杨法师并匪党三十余名，擒获匪徒十余名，余尽逃散。日军阵伤三名死亡一名，至各该处匪党巢穴，悉经日军焚烧，所有红枪大刀锣鼓符咒等物亦均搜出无遗，当经警务局长详报亦在案。职延芳覆核属实，料难再起。职大鸣查阅前后案卷所载与上列情形亦属相符，提讯在押会犯张东顺等多名均已直认不讳。除将侦察笔录装订成卷随文呈送，并以该会匪逃散余孽虽云一时解散，诚恐日久生懈，或不免有死灰复燃之虞，当即转告该县随时查禁务绝根株，以免复炽。外所有查报红枪会经过情形是否有当，理合检同侦查卷宗备文会呈伏乞鉴核施行，谨呈。

奉天省省长臧。

计呈侦查笔录卷二册。

委员马大鸣。

新民县自治执行委员长李延芳。

（辽宁省档案馆馆藏档案，档案号JD14—2—85—330）

（9）日军在新立屯"讨伐"义勇军打死20人[①]（1932年6月16日）

参一发第五十一号

昭和7年6月22日

参谋本部第一部第七师团司令部复写

时局通报

满洲方面之情况

六、辽西方面

甲、步兵第三十二联队长佐藤大佐指挥之以步兵四中队为基干的部队，16日，在新立屯南方地区讨伐约1000名兵匪，敌之主力在我攻击前转移，我无损失，敌遗弃尸体约20具。

（中国国家图书馆馆藏资料，《日本陆海军档案胶卷》第133卷）

---

① 原件为日文。

（10）义勇军在鞍山站西南阵亡80人①（1932年6月21日）

参一发第五十二号

昭和7年6月23日

参谋本部第一部第七师团司令部复写

时局通报

（2）辽阳方面

独立守备队在鞍山站附近的部队，其后讨伐该地区一带之匪贼。21日，独立守备步兵第六大队1个中队，在鞍山站西南方歼灭80多名匪贼。

（中国国家图书馆馆藏资料，《日本陆海军档案胶卷》第133卷）

---

① 原件为日文。

（11）义勇军与日军在北镇交战阵亡30人①（节录）（1932年7月6日）

参一发第五十四号

昭和7年7月12日

参谋本部第七师团司令部复写

时局通报

满洲方面之情况

······

六、辽西方面

甲、最近，在北镇沟帮子附近地区，经常有兵匪蠢蠢欲动。6日，在北镇的部队下士官以下12人在该地南方和约100名匪贼发生冲突，从北镇及沟帮子部队中急派各一部击溃敌人。我损失：战死4人，负伤8人。敌人遗弃尸体约30具。

（中国国家图书馆馆藏资料，《日本陆海军档案胶卷》第133卷）

---

① 原件为日文。

（12）义勇军老北风部与日、伪军在营口市街激战阵亡80人（节录）（1932年8月2日）

奉天省长钧鉴:营口于八月一日上午据情报匪首老北风、靠天、五龙等纠合约四千之众集中于埠北之大高坎，渐次南进，意在袭击营口市街。奉天渔业商船保护局即令靖海、快马、骏通三舰船同时整备武装待命，陆上日满军实行联合出动。下午七时在埠东牛家屯一带严重布防。二日拂晓匪众来袭，双方当即开始战斗。本局闻报派舰船一齐出动逆流而上，开赴牛家屯，沿河防堵，同时并派飞机出动阵地上空。在傅家屯附近匪之密集队掷炸弹二个，颇生效力，复驶往后高坎附近见有匪贼集匪，掷弹一个，经此爆炸，匪中混乱向东北方退去，旋即停战。是日之役，日满陆空联合计毙匪约八十名，生擒数名，并击下大小枪四十余支。官军方面，阵亡日警察员巡查一名、巡捕三名，第一旅士兵受伤二名。上午十时，日驱逐舰一只到营，午后二时又有日驱逐舰两只亦相继入港。各舰陆战队联合登陆参加防守，同时大石桥又来守备队一队，一时兵力增加，士气益振，民心稍安。下午三时，本局派骏通炮舰在埠东一带专任水上侦察，以防匪人窜进。下午四时，陆上部队联合布置于营口市街之外周旋。据探报，埠南十余里之二道沟发现匪贼约四百名意图犯境。本局当派飞机出发该处侦察，果有匪众逡巡，掷弹二枚，匪乃退去。……

（辽宁省档案馆馆藏档案，档案号JD14—2—88—247）

（13）邓铁梅部与日军在岫岩发生激战阵亡30余人（1932年8月11日）

奉警情第七十七号

情报八月二十日上午十一时于奉天警备司令部

十一日拂晓，突有邓铁梅帮匪二千余名攻袭岫邑，因仓卒无备全城被陷。县长督部誓死反攻血战三昼夜之久，于十四日全城克复。我队共失迫击炮二门，炮弹三十发，步枪八十余支，掠获贼枪四十余支，阵擒匪兵二十六名，阵毙匪兵三十余名，我方阵亡官长二名，士兵六名，受伤士兵二十余名，副参事秘书逃避无踪，县署公安局科长科员掠去五名及侨民绅商四十名，城内抢掠一空，现下该匪向凤界嘴山窑一带溃去，我兵随后追击，务期歼灭，惟枪弹缺乏，请速发。等情。

（辽宁省档案馆馆藏档案，档案号JD14—2—88—287）

（14）义勇军在海城市周正堡村与日、伪军交战死10余人（1932年8月20日）

奉警情第一〇〇号

情报八月二十五日上午九时三十分于奉天省警备司令部

据海城县公署报告，二十日二时周正堡村（海城北方三十二公里），窜来步匪二百余名，经该村民等死力抵抗将匪击退，此役毙匪十余名，伤匪五六十名，颇与以相当损害。

（辽宁省档案馆馆藏档案，档案号JD14—2—57—13）

（15）义勇军在绥中县附近与日军交战牺牲20多人①（节录）（1932年9月3日）

参一发第六十一号

昭和7年9月8日

参谋本部第七师团司令部复写

时局通报

……

五、辽西方面之情况

步兵第五联队附中佐永村十造指挥的讨伐队于9月3日，在绥中附近击溃约70名敌匪，敌人遗弃尸体20多具。

（中国国家图书馆馆藏资料，《日本陆海军档案胶卷》第133卷）

---

① 原件为日文。

（16）义勇军袭击日军战死40余人（1932年9月15日）

参一发第六十五号

昭和7年9月20日

参谋本部第七师团司令部复写

时局通报

三、南满洲方面之情况

9月15日夜，约有1000名匪贼前来袭击抚顺，我守备队与在乡军人协力将其击退，敌遗弃尸体超过40具。同日，在磐石（海龙东北方约40公里）附近，出现兵匪，骑兵第二联队主力予以扫荡。翌16日，奉天警备部队步兵第十七联队第一大队，在新民东方约15公里兴隆店附近，急袭约500名兵匪，给予其重创。

（中国国家图书馆馆藏资料，《日本陆海军档案胶卷》第133卷）

（17）赵亚洲等部与伪自卫团在铁岭县百官屯交战死20余人（1932年9月16日）

奉警情第二五二号

情报九月二十二日午后一时于奉天省警备司令部

据沈阳县警务局报告奉天附近匪情如左，十六日午前六时有匪首赵亚洲及大刀会匪首刘大法师率匪二百余名在铁岭县第四区百官屯下石碑山（铁岭南方三十二启罗奉天东北三十三启罗五十万分之一）等处，与自卫团交战，毙匪二十余名，伤匪二十八名，向抚顺界逃去，与在抚顺刀匪姜东天之匪徒二千余名联合，复于十九日午后三时窜回百官屯下石碑山，声言复仇等语。

（辽宁省档案馆馆藏档案，档案号JD14—2—92—117）

（18）日军飞机在新宾县轰炸炸死3人[①]（1932年10月12日）

十月十二日午后六时于兴城陵

情报

兴城陵市内约有三百名大刀会匪，宿营在市内主要房屋中。

本日午后，飞机投下炸弹（死三人、伤四人）。在探知皇军来袭后，上述匪贼及公安分局员等开始带领妇女及抗日分子全部逃往新宾方向。村长、商务会长带领余下的民众备下茶水，并在村口打着"欢迎大日本、欢迎满洲国"的横幅及手持纸制的日章旗出迎，各家各户也都插着同样的日章旗。

报告人　夫崎参谋

（辽宁省档案馆馆藏档案，档案号JD15—1—50—1）

---

① 原件为日文。

（19）义勇军在义州站附近与日军交战阵亡250余人<sup>①</sup>（1932年10月19日）

参一发第七十二号

昭和7年10月24日

参谋本部第七师团司令部复写

时局通报

二、关于击溃兵匪之情况

甲、10月19日，第八师团义州警备队与飞行队及锦州、朝阳等部队相配合在义州站附近邀击约2500名兵匪，获得大胜，敌遗弃尸体不下250具。

（中国国家图书馆馆藏资料，《日本陆海军档案胶卷》第133卷）

---

① 原件为日文。

（20）岫岩县公安队与日、伪军激战（1932年10月24日）

奉警情第三九六号

情报十月二十八日午后一时于奉天省警备司令部

据安奉地区李司令报告大孤山方面之匪贼情况，岫岩县叛逆之公安队八百名，于二十四日午前十时袭击大孤山，与我军激战至午后五时，匪势不支，纷向附近退去，仍有逆袭之模样，此役计击毙匪人二十五六名，伤匪六十余名，我方无恙。

（辽宁省档案馆馆藏档案，档案号JD14—2—91）

（21）日军在新宾县清源村"讨伐"民众自卫军枪杀400余人①（节录）（1932年10月）

......

讨匪

新宾县清源村

清源村有三十余户，（我方）侦查到约有五十名匪贼潜伏在其民房内，宪兵队申请对该村落实施讨伐，由大队直接对其实施。至夜，探明辽宁民众自卫军第六路第二游击大队长吴永山以下约四百名潜伏在此，除有留守的监视兵二十名逃走外，其余全部被射杀。

......

（辽宁省档案馆馆藏档案，档案号JD15－1－50－1）

---

① 原件为日文。

（22）民众自卫军在新宾县干沟子村与日军交战死16人[1]（节录）（1932年10月）

……

与匪贼交战

午前七点零五，主力到达新滨县干沟子村与辽宁民众自卫军第六路武术队司令部三百名各村编成队员相遇，交战约三十五分钟，友军战死一名，负伤一名。敌死十六人……

（辽宁省档案馆馆藏档案，档案号JD15—1—50—3）

---

① 原件为日文。

（23）日军在桓仁县大恩堡"讨伐"杀害义勇军80人<sup>①</sup>（节录）（1932年10月）

······

我妻上等兵在进行归顺劝告时，认为匪首睐殿九没有归顺的诚意。决定（对其）彻底的讨伐。昨夜以来，（派出）密侦，内查其动静。午前三点左右，我妻上等兵与密探一起作为间谍潜入大恩堡，将睐头目的居所及匪贼一伙的宿营情况详细的调查以后，派细木小队（四十名）深入诱敌。在午前七点，趁其不备突袭，将头目睐殿九以下约八十名全部消灭。友军毫无伤害。

······

（辽宁省档案馆馆藏档案，档案号JD15—1—50—6）

---

① 原件为日文。

（24）日本战犯饭田在西丰的罪行（1933年8月）

| 决议办法 | 拟定办法 | 议案理由 | 案由 | 西丰县临时参议会第二次提议案 | | |
|---|---|---|---|---|---|---|
| | | | | 提议地区或团体 | 提议参议员 | |
| | 查此种残酷行为无故残杀同胞三十二名，但其凶狠之行为实有追惩处刑以安地下英灵，希望当局追讨，处此战犯之罪为念。 | 查战犯饭田敌伪时任开原驻在守备队大队长之职。民国二十二年八月间讨伐我抗日军栾司令时，我县五区自卫团第二分队队长籍魁山以下计三十二名被其无故残杀，查我无辜之同胞三十二名，均惨死于残酷凶狠之下（详情讯问杨其昌便知）。今祖国光复，不能不对其用报复手段。 | 请求检举战犯饭田大队长由 | 山台村 松树村 | 罗栋云 郭云田 | |

（西丰县档案馆馆藏档案，档案号第48号全宗第3号案卷）

（25）日本战犯矢野荣治供词摘录（节录）（1936年7月）

7月　……于是经伪兴京地区警务统制委员会指挥的特别搜查班，用长期残酷的灌水或在棺材里面钉了无数的锈钉，将衣服扒完按进棺材里摇动，而被刑被害者30多名。根据极端非人道□□"暂行惩治叛徒法"于同年七月间在伪县公署后山，住在兴京县城盘踞的日本侵略军岩永大队，墨崎中尉以下军官4名，及伪县主席、警务指导官河野正直外一名共计六名，将其中20名爱国者砍杀。其余十几名爱国者经墨崎指挥的下士官兵35名练习突刺刺杀之后，并用步枪射击将其杀害。将尸首埋在事先准备好的坑里。当时我与□□分署员五名及伪县警察，以及其他约60名一同围在杀人现场周围从事警戒共同将其杀害。

（中共新宾县委党史办公室室存档案，档案号24号案卷，第94页）

（26）本溪湖煤铁公司劳工伤亡情况（节录）（1942年1月）

## 社员外从事员在籍及移动数调
### 康德9年1月份

| 摘要\分区 | 先月末在籍数 | 增 | | | 减 | | | 本月末在籍数 | 解雇事由别 | | | | | | | | |
|---|---|---|---|---|---|---|---|---|---|---|---|---|---|---|---|---|---|
| | | | | | | | | | | | 伤病 | | 死亡 | | | | |
| | | 采用 | 其他 | 计 | 解雇 | 其他 | 计 | | 整理 | 依愿 | 公症 | 私症 | 公症 | 私症 | 无届 | 惩戒 | 其他 |
| 总数 | | | | | | | | | | | 13 | 37 | 14 | 169 | | | |
| 雇员 | | | | | | | | | | | | | | | | | |
| 常役方 | | | | | | | | | | | 13 | 1 | 2 | 15 | | | |
| 常役夫 | | | | | | | | | | | | 36 | 12 | 154 | | | |

（本溪市档案馆馆藏档案，档案号124—1—46）

188

（27）清原县英额门乡动员人力损失调查表（1942年3月15日—1945年3月1日）

### 民国三十六年三月五日填表

| 征集 | | | 征地集点 | 征集部队番号及主官姓名 | 服役种类 | 服役地点 | 服役时间 | 征集人数及工数 | | 逃回人数 | 送回人数 | 死亡人数 | 失踪人数 | 因被服劳役损失工资数 |
|---|---|---|---|---|---|---|---|---|---|---|---|---|---|---|
| 年 | 月 | 日 | | | | | | 人数 | 工数 | | | | | |
| 民国31 | 3 | 15 | 英额门乡 | 未详 | 杂工作 | 奉天 | 180天 | 50 | 9000 | 无 | 50 | 无 | 无 | 9000元 |
| 32 | 5 | 15 | 同上 | 同上 | 炭矿 | 抚顺 | 180 | 100 | 18000 | 无 | 100 | 无 | 无 | 18000元 |
| 33 | 4 | 1 | 同上 | 同上 | 修道 | 牡丹江黑河 | 180 | 200 | 36000 | 无 | 196 | 4 | 无 | 36000元 |
| 34 | 3 | 1 | 同上 | 同上 | 炭矿 | 抚顺 | 180 | 444 | 79920 | 无 | 441 | 3 | 无 | 79920元 |
| 合　　　计 | | | | | | | | 794 | 142920 | 无 | 787 | 7 | 无 | 142920元 |

[清原县档案馆馆藏档案，档案号2—6—17（1—2），第98页，原文中损失工资数未注明币种]

（28）本溪湖煤矿1942年"4·26"瓦斯大爆炸①（1942年4月26日）

5.《本溪湖煤矿灾害事故报告书》

一、时间：1942年4月26日午后二时五分

二、地点：本溪煤矿柳塘下层坑、二坑、一坑区域

三、灾害种类：瓦斯煤尘爆炸

四、灾害前情况：当日有4400余人入井按正常作业，因本溪地区有低气压袭来，引起强烈的暴风，导致超高压送电线路发生故障，自午前十时四十五分井下数次停电。因停电时间过长，现场干部同地面取得联系后，通知井下工人在工作地点适当集中待命。午后二时一分送电，四分钟后发生爆炸事故。

五、灾害后采取的措施：发生爆炸后，在柳塘大斜坑口的木板房被强烈的爆炸摧毁，并有黑烟喷出，同时在其以东约二公里的中央大斜坑也发现有黑烟，因此推测井下有相当大的范围发生爆炸灾害。矿长以下的干部闻讯后，在午后二时四十分组成救灾指挥部，并立即召集矿山救护队采取以下措施，开展对灾区的侦察和救护工作。

甲、第一次侦察：灾后认为通风状态良好的入风井，不带呼吸器，对可以进入的区域进行侦察。

第一班：柳塘下层坑及二坑区域，由二坑坑长上野担任班长，带领干部三名由柳塘下层坑无极绳运输绞车道入风井入井，一路侦察到井底电车坑道，发现有浓烟，该区域受灾破坏很大，有的侦察员轻微中毒，不能再继续侦察，便由柳塘下层坑升井。

第二班：一坑区域由一坑坑长池上担任班长，带领干部三名，于午后三时五十分由四坑口入井，到井底电车坑道侦察。这一区段没有受到破坏，当时还发现电车坑道烟也比较少，但有的局部冒烟。再往一坑方向前进，与后继的救护队员会合。自此以西电车坑道冒顶损害严重，并有浓烟，继续前进有危险，全员由四坑安全升井。

第三班：三坑、五坑区域由通风区长长峰担任班长，带领干部三名，于午后三时二十分由五坑入井，午后四时十分到达三坑井下办公室，仅发现门板有破坏，爆烟较少。五坑区域未受灾，仍在继续生产。探明情况后向地面指挥部电话汇报，指挥部下令该区域全员立即经三坑入车道，于午后五时十五分安全

① 此件是根据日本民间组织本溪湖会编写的史书《太子河》内所载1942年4月26日本溪湖煤矿瓦斯大爆炸事故调查报告翻译。原件为日文，翻译张洪昆。

升井。

乙、救护队侦察：午后三时三十分组成矿山救护队，根据上述第一次侦察报告推测爆炸中心地带为一坑、二坑、柳塘下层坑，午后四时三十分救护队分两个班，向更深部侦察。

第一班：一坑区域救护队长清水，带另外四名队员由四坑口入井，到井底电车坑道开始着装呼吸器向一坑方向前进。途中发现多处冒顶，通行相当困难。行至一坑车场时，有一名队员呼吸器发生故障，紧急处理后，发现前方有浓烟并在继续增大，同时，发现有很多遇难人员。救护队员在后退途中与地上侦察班会合共同退出，向指挥部电话汇报后，经老四坑升井。

第二班：柳塘下层坑、二坑区域，班长贞末带领另外四名队员于午后五时四十分经柳塘大斜坑入井，通过冒顶地段由西二道转到柳塘下层坑，再到井底电车坑道，发现该区域破坏严重，伴有浓烟，行至二坑零道回马沟车场时，发现有局部受灾，再到二坑井下办公室，在呼吸器容许时间内后退途中救助一部分生存人员，于午后七时三十五分经由柳塘下层坑升井。

第一次救助作业：

对中央大斜坑，由采煤课代课长田代任第一班班长，带领四名干部于午后五时由中央大斜坑入井，到井底三坑办公室，将查看到的附近破坏情况向指挥部汇报，并将坑底及中央大斜坑中轻微中毒的人员救出，把救护队第二班在井下发现有火灾的情况通报了田代课长。指挥部命令他们与轻微中毒人员及救护队全员升井。

柳塘下层坑区域，由柳塘上层坑坑长任第二班班长，带领干部一名于午后五时三十七分由柳塘下层坑入井，在上部西风道、西一道区域发现有生存者，并救出柳塘下层坑坑长上冈及多数中毒人员。

丙、灭火作业：在二坑零道车场发现有火灾，中央大斜坑的黑烟也有增大趋势，指挥部分析认为有毁灭矿井的危险，当即下令停止作业。同时组成灭火队，以藤井采煤课长为总指挥，率领坑长等干部七名，携带临时电话及灭火密闭器材，于午后十一时十分由柳塘下层坑入井，途中详细检查到西三道黑烟不大，在这里放下电话作为联络站。二十七日零时到达火灾现场，发现火源是枕木燃烧，便用水筒灭火而不需要密闭，再检查附近也没有火势蔓延，也没有轻烟和有毒气体，不戴呼吸器也可以通行。午后二时四十分，向指挥部汇报后又继续侦察。

丁、第二次侦察：根据救护队员探察和灭火队的中间报告，认为二坑烟气不大，需对一坑区再次进行全面侦察。午前二时派清水班长带领四名救护队员再次由老四坑入井，发现烟比第一次有所减少。由一坑绞车道下行到西二道井下办公室附近，查清被害情况，于午前四时三十五分向指挥部汇报。

戊、正式救援作业：根据以上侦察结果，认为井下火灾已全部扑灭，通风情况良好。在向柳塘方面派出增援队的同时，由中央大斜坑方面继续派出救护队员入井，紧急救出生存人员。二十七日午前六时二十八分，四坑口恢复运转，中午十二时四十五分柳塘上下层坑相继恢复。救援作业紧急进行，对灾害区域情况逐渐全部查清，转入正规复旧作业。采煤课干部分班次编成小组，开始组织修复冒顶作业，机电课干部负责检修机电设备，通风保安课负责修复通风设施，运搬课及其他课室干部着手清理收容尸体。

六、受灾情况

1. 伤亡人员

（1）日本人干部，当日入井62人，救出31人，死亡31人。

（2）中国人干部，当日入井16人，救出13人，死亡3人。

（3）工人（五月六日午后五时调查）

| 职　别 | 当班入井人数 | 死亡人数 | 重伤人数 | 计 |
|---|---|---|---|---|
| 雇员 | 18 | 2 | | 2 |
| 在籍工人 | 326 | 109 | | 109 |
| 把头管下工人 | 4098 | 1382 | 34 | 1416 |
| 合计 | 4442 | 1493 | 34 | 1527 |

发生灾害事故当日，全矿在册工人总数为12478人，受灾人数占在册人数的12%。从工人素质分析：连续工龄五年以上的采煤熟练工损失相当大，对生产有很大影响。熟练工人的死亡情况见下表：

| 技术等级 | 十一级 | 十二级 | 十三级 | 二把头 | 合计 |
|---|---|---|---|---|---|
| 采煤工人 | 58 | 99 | 85 | 12 | 254 |
| 掘进工人 | 62 | 28 | 98 | 3 | 191[①] |
| 运搬工人 | 13 | 12 | 38 | 3 | 66 |
| 计 | 133 | 139 | 221 | 18 | 511 |

---

① 原件为"66"，经考证应为"191"——编者注。

2. 物资损坏

（1）坑道破坏损失：80，000元

（2）机械损失：224，570元

（3）电机损失：54，760元

总计：359，330元

以上不包括减产损失、抚恤金、招募新工人费用以及其他各种杂费等费用。

七、处理善后对策

甲、查明收容尸体，除了因冒顶被埋住的尸体外，凡已查明的尸体，到四月二十九日午前七时，大部分收容完了。

乙、抚恤：突然发生事故后，当即召集二十五名大把头开会，说明这次是突发事故，实属遗憾。各把头管辖工人丧失很多，对此要安慰生存工人，要保持镇定，积极参加恢复工作，对生存者及受害者家属表示慰问，以推动事态的稳定，煤铁公司将很快向遗族发放抚恤金。

丙、对轻重伤及死亡人员的处置：

1. 干部

（1）重轻伤的处置：受重伤的干部平井武雄救出后送到医院，千方百计治疗，抢救无效，终于在二十八日午前十时二十分死亡。对轻伤人员救出后送到医院诊治，到二十七日午后，完全恢复正常。

（2）成立共同葬礼筹备委员会：二十六日当天，以总务课长为委员长，组成筹备委员会，进行万无遗漏的葬礼筹备工作。

（3）通知在日本国内的家族：对死亡重伤人员在日本国内的家属分别发出加急电报，并以电汇发去来溪旅费。

（4）遗体安置：在南山俱乐部设立了临时遗体安置所，煤铁公司理事、部长、全体干部分班日夜守灵。

（5）火葬：除一部分有家属住本溪的以外，三十日于彩屯太子河畔设置临时火葬场，共同火化。

（6）骨灰安置：在南山俱乐部二楼大厅设立骨灰堂，公司干部和遗族共同交替守护。

（7）葬礼：五月四日午后二时，在市内公会堂举行公祭葬礼。

（8）对死亡干部的抚恤：公司研究决定对死亡者给予提薪晋级，对遗族的抚恤金按公司规定的最高额支付。

2. 工人

（1）对轻重伤工人的处置：轻伤工人计224人，系单纯瓦斯中毒，腾出三楼工人宿舍收容，在公司医院的协助下给予及时诊治，数小时后即恢复意识，精神状态正常，分别回到各自原住宿舍。对44名重伤工人立即收容住院治疗，特别按照日本人干部同样待遇，给予妥善护理，并给予鸡蛋、牛奶补充营养。

（2）对死亡工人的处置：对死亡的工人分单位指定地点放置。凡有家属及其他关系人员认领希望的，各自被认领自行处理，其余尸体由公司紧急赶制的木棺一一收容。对工人尸体的处理是经本溪市公署。协和会主持下，由关东军、民生部劳务司、奉天省劳务科、安东省劳务科及安东省征用工人各县的副县长及其他有关机关参加共同协商，选定公司所辖的适当地点实行土葬，对安东省各县征用工人的尸体在前述合葬基地附近另建基地进行土葬。

（3）抚恤方法：关于煤矿工人因公伤亡辅助费，在煤矿工人保护要领及紧急就劳义务使用准则中都有明文规定。然而对征用的工人，各征用县提出应按前述保护要领增加50%支给，仅就家属补助金征用工人每人五百元，其他工人四百元。对遗族还要进行帮助就业，支给适当生活补助费。另外对死亡的雇员和在籍工人，给予破格的提薪晋级。

（4）葬礼：对死亡工人的葬礼，本部设在会议室，根据筹备情况预定在五月十二日举行公祭葬礼仪式。

丁、修复冒顶：为修复冒顶和收容被冒顶埋住的工人尸体，首先对主要运输干线电车坑道冒顶处进行修复。二十七日开始到三十日夜间，一坑到二坑间的单线修通，并立即对复线进行修复。一坑到二坑中间的电车坑道被破坏的相当严重，修复难度很大，但因材料供应充足，到五月四日电车坑冒顶大部分修复完成。

戊、通风设施：如恢复作业所记，井下小火灾完全扑灭后，并对各处调查清楚。到二十七日午前六时三十分，四坑口主扇恢复运转，接着修复柳塘下层坑西风道的风门，于同日中午十二时四十五分，柳塘下层坑口主扇恢复运转。

己、火药管理：灾害未波及的三坑、五坑及柳塘上层坑区域所使用的火药，在各采区火药库储存，检查并无异状继续在原库内保管。二坑火药库因库房人员死亡，将散乱的火药收集一起保管。

庚、组成对策委员会：灾害事故后，立即组成对策委员会，处理紧急事态。

（1）井下事故机械设备修复指挥部在委员长守屋理事领导下，由煤矿部机械课、动力部、工作部、企划室及购置课干部中选出委员，对损坏的机械进行调查和准备修复，并努力向国内各公司求援资材。

（2）制铁原料对策委员会：影响炼铁的原料煤供应是令人担心的问题。以井门理事为委员长，吸收制铁、原料煤、运输等有关部门人员，组成制铁对策委员会，处置善后事项。

（3）劳务对策委员会：以大内理事为委员长，在第一劳工课由冲永劳务部长主持设立劳务对策委员会，研究处理官方利息请求、协助处理受灾工人及研究今后劳务对策。

（4）事故原因调查委员会：为彻底查清事故原因和研究今后预防措施，由昌山常务理事为委员长，大贯、守屋二理事为副委员长，吸收若干名委员，组成调查委员会，定期开会研究，综合分析。委员会还征求有学识的第三者的意见，帮助现场鉴定，正确研究同委员会共同起草调查报告，并向政府经济部矿山司报告接受指导援助。

……

（株式会社本溪湖煤铁公司：《本溪湖煤矿灾害事故报告书》，1942年5月6日，转引自栾莹、吕冬冬：《历史的见证——本溪湖劳工问题研究》，吉林文史出版社2006年版，第222—228页，原文中涉及货币数值的内容未注明币种）

（29）本溪湖煤铁公司劳工伤亡情况（1942年5月）

## 社员外从事员在籍及移动数调
### 康德 9 年 5 月份

| 摘要 区分 | 先月末在籍数 | 增 | | | 减 | | | 本月末在籍数 | 解雇事由别 | | | | | | | | |
|---|---|---|---|---|---|---|---|---|---|---|---|---|---|---|---|---|---|
| | | | | | | | | | 整理 | 依愿 | 伤病 | | 死亡 | | 无届 | 惩戒 | 其他 |
| | | 采用 | 其他 | 计 | 解雇 | 其他 | 计 | | | | 公症 | 私症 | 公症 | 私症 | | | |
| 总数 | | | | | | | | | | | 7 | 35 | 1439 | 111 | | | |
| 雇员 | | | | | | | | | | | | | 2 | | | | |
| 常役方 | | | | | | | | | | | 7 | 1 | 103 | 5 | | | |
| 常役夫 | | | | | | | | | | | | 34 | 1334 | 106 | | | |

（本溪市档案馆馆藏档案，档案号124—1—46）

## 社员外从事员在籍及移动数调
### 康德9年7月份

| 摘要<br><br>区分 | 先月末在籍数 | 增 | | | 减 | | | 本月末在籍数 | 解雇事由别 | | | | | | | | |
|---|---|---|---|---|---|---|---|---|---|---|---|---|---|---|---|---|---|
| | | | | | | | | | 整理 | 依愿 | 伤病 | | 死亡 | | 无届 | 惩戒 | 其他 |
| | | 采用 | 其他 | 计 | 解雇 | 其他 | 计 | | | | 私症 | 公症 | 私症 | 公症 | | | |
| 总数 | | | | | | | | | | | 60 | 10 | 282 | 14 | | | |
| 雇员 | | | | | | | | | | | | | | | | | |
| 常役方 | | | | | | | | | | | 7 | | 6 | 1 | | | |
| 常役夫 | | | | | | | | | | | 53 | 10 | 276 | 13 | | | |

（本溪市档案馆馆藏档案，档案号124—1—46）

（31）本溪湖煤铁公司劳工伤亡情况（节录）（1942年9月）

## 社员外从事员在籍及移动数调
### 康德9年9月份

| 摘要 / 区分 | 先月末在籍数 | 增 | | | 减 | | | 本月末在籍数 | 解雇事由别 | | | | | | | | |
| --- | --- | --- | --- | --- | --- | --- | --- | --- | --- | --- | --- | --- | --- | --- | --- | --- | --- |
| | | 采用 | 其他 | 计 | 解雇 | 其他 | 计 | | 整理 | 依愿 | 伤病 | | 死亡 | | 无届 | 惩戒 | 其他 |
| | | | | | | | | | | | 公症 | 私症 | 公症 | 私症 | | | |
| 总数 | | | | | | | | | | | 7 | 64 | 14 | 184 | | | |
| 雇员 | | | | | | | | | | | | | | 1 | | | |
| 常役方 | | | | | | | | | | | | 11 | | 11 | | | |
| 常役夫 | | | | | | | | | | | 7 | 53 | 14 | 172 | | | |

（本溪市档案馆馆藏档案，档案号124—1—46）

（32）伪阜新炭矿警备队长孙国荣①罪行卷摘录（1944年7月）

一、孙犯罪恶综述

1. 1940年11月，工人邱凤武回家，途经日本住宅时，有个日本人说邱偷兔子，将邱送至矿警队，该犯对邱进行灌凉水等刑讯，致邱昏过三四次。

2. 同年七月该犯把工人刘立祥无故以八路名义抓捕。用灌凉水刑讯，致刘昏死2次，后刘家花六百元钱，将刘赎出来。刘被刑讯期间，刘的姐去看弟弟，见弟弟无故蒙冤，回家后因此气病而亡。

3. 该犯在伪康8年5月，将工人王和撵至西山食堂用枪打死。

4. 我抗日被俘工人到矿为特殊工人，被该犯害死很多。

5. 该犯还曾诬王某二人偷布，用烧红的火钩子烙，灌凉水后，又叫日本狼狗咬，使王某因伤致死。

6. 该犯在劳工监狱时，将逃跑的劳工抓回2个，用枪在西山庙前打死一人。

7. 另一次用汽车拉很多人，率领矿警队到海州河南处枪毙。

二、受害人证实

1. 池海林（原阜新市政府警卫大队小队一排战士）

1944年7月间，我被关押在海州监狱内，看见所谓的特殊工人17名被孙犯带人酷刑拷打达几天均致死。死后放在监狱院内的南头停尸房，后用车拉走。

2. 刘利祥（劳工）

1941年7月孙犯将我抓到矿警大队，说我是八路军，还说我有手枪，在新邱放羊，把我押起来审讯，打的我昏过两次，灌凉水次数太多记不清了，我现在身上伤疤还有好几个。

3. 邱凤武（线路股工人）

我在回家时，路经日本住宅，遇见个日本人，他说我要偷他家的兔子，拿着个铁管子照我腿上就打了一下，我当即回手给他一下，这个日本人，把我送矿警队，孙国荣给我过堂，灌了三遍凉水，使我昏死三次，此后，孙某将我送到劳工监狱，日本人藤田叫我泡在水里，用大盖板打我四板，都没打着，此后，还将我装在白木头棺材里，抬到矿业所以北的大炉灰沟，还没等埋好，又把棺材扒了出来，将我押到警察厅。

（阜新市法院档案馆馆藏档案，档案号4—41，第1—3页）

---

① 孙国荣，男，生于1897年，伪满时期任阜新炭矿警备队长、自卫团副团长。1952年5月25日被执行枪决。

## 3. 财产损失资料

（1）日军搜索汤玉麟公馆没收兵器物件[①]（节录）（1933年3月16日）

奉天城内宪兵分队1933年私搜汤玉麟、汤玉山公馆的材料

……

第三兵器物件的没收

一、三月十六日接到小南关大什字街汤玉麟公馆内藏匿兵器的情报，所以对其家宅进行搜索。结果搜出八三八式步枪及子弹八六四〇发，其他子弹约一万发，枪、剑、刀若干及马匹十匹，汽车十台，全部以"逆产"名义没收。

……

（辽宁省档案馆馆藏档案，档案号JD14—1—22—24）

---

① 原件为日文。

（2）阜新煤矿出煤统计表（节录）（1936—1945年）

### 出煤统计表（民国25年至民国34年）

| 出　煤　成　绩 | | | | | | | | | |
|---|---|---|---|---|---|---|---|---|---|
| 25 | 26 | 27 | 28 | 29 | 30 | 31 | 32 | 33 | 34 |
| …… | …… | …… | …… | …… | …… | …… | …… | …… | …… |
| 74106 | 184054 | 1043457 | 2381042 | 3376280 | 3990400 | 3857590 | 3886900 | 4268390 | 2208060 |

（辽宁省阜新阜矿集团档案馆馆藏档案，档案号18—5）

# （二）文献资料

## 1．综合资料

（1）柳条湖事件与奉天沦陷（节录）（1931年9月18日）

……

9月18日上午关东军司令官本庄繁还在辽阳第二师团司令部进行检阅，下午返回旅顺。板垣为完成柳条湖爆炸的准备和迎接建川经辽阳去奉天。板垣是由奉天再转到本溪迎接建川的。等他将建川安排在奉天菊文旅馆时，爆炸柳条湖附近南满铁路的阴谋，正由今田新太郎主持执行。今田准备了42包黄色方形炸药包。他和花谷、河本末守等早已商定，在晚10时的快车通过前爆破。花谷正回忆当时的情景时写道：

"9月18日夜里，一弯明月落进了高粱地里，天色顿时昏暗下来。疏星点点，长空欲坠。岛本大队(驻奉天第二独立守备大队)川岛中队(驻虎石台的第三中队)的河本末守中尉，以巡视铁路为名，率领部下数名向柳条湖方向走去。一边从侧面观察北大营兵营，一边选了个距北大营约800米的地点。在那里，河本亲自把骑兵用的小型炸药装置安在铁轨旁，并亲自点火。时间是10点刚过。轰然一声爆炸，炸断的铁轨和枕木向四处飞散。"

关东军原是计划将长春至沈阳的第14次列车颠覆。然而"火车奇迹般地摇摇晃晃通了过去。"根据推断，可能是"装填不充分，因而破坏程度较小"。但据花谷正供称："这一次不仅没有必要把火车炸翻，而且还必须使在满铁线上驰骋的列车免受损害。因此，事先让工兵作了计算，直线单面铁轨即使炸断一小段，遇上正在高速行驶的火车，也只要它暂时倾斜一下，还能够通过。根据计算所得的这个安全系数，规定了所需的炸药数量。"至于爆破后铁道损坏状况，当时的满铁记录俱在："以铁轨接头为中心，长春方向十米厘，大连方向长七十米厘的一段铁轨被炸断，但几乎没有弯曲。残留有断片长二十七米厘和十七米厘两块，其余都粉碎飞散。两块连接板呈'<'形弯曲，其中一块中间低部破裂分离二十三米厘。螺丝全部炸毁，只有一个还与连接板相连。枕木，在铁轨接头处前后两根，铁轨外侧部分几乎全部炸毁飞散。其他均无异状。"此种破坏程度

是爆破效果欠佳之所致，还是预先的计划要求，无以判明；同时满铁的记录是否虚构和杜撰，也难得佐证。确定的事实是：第14次快车是在铁路遭到爆破之后通过的。关东军自感心虚，最初宣称爆破发生在火车通过之前。然而，柳条湖爆破案是举世震惊的重大阴谋事件，众目睽睽，信口雌黄是不行的。因此，一个月后，1931年10月18日，美国总领事、英国公使和德国领事等一道视察爆破现场时，第二独立守备大队长岛本中佐在西方使者追问下不得不改口称，火车是在爆破后通过的。

爆破地点选择邻近北大营的柳条湖用心就在于给中国军队栽赃，借口进攻。所以，河本末守中尉爆破之后，一方面开始向北大营射击，一方面命令一等兵向大队长川岛报告："北大营的中国兵炸毁铁路"。就这样，丑剧开场了。

"九一八"事变爆发当时，东北军虽有大量部队奉调在关内，但驻留东北各地的部队仍有20余万人。而关东军的兵力是：第二师团，下属两个旅团，共4个步兵联队和山炮、野炮各1个联队，独立守备队共6个大队，合计1万余人。即使加上可能动员的日本"在乡军人"，也不过三四万人。既然兵力相差如此悬殊，关东军要想达到以少胜多的目的，只有采取突然袭击和集中兵力于一点的战术，逐点克服，由点及线再及面。关东军由于得到了水陆交通设施齐备、人财物力雄厚的满铁的参与和支持，它具备了这种调动部队的高度机动性。

在奉天省城沈阳，当时除驻有独立守备队第二大队外，还有隶属于第二师团第三旅团的第二十九联队。柳条湖的枪声响起之后，独立守备队第二大队岛本队长一面命令驻沈阳的第一中队和驻高桥的第四中队以及驻抚顺的第二中队向柳条湖北大营进攻外，一面与第二十九联队平田联队长联系。第二十九联队与第二大队相呼应向沈阳城内进击。这时安设在第二大队院内的24厘米的榴弹炮，已瞄向北大营轰击。而当第二十九联队向沈阳城内开始进攻时，关东军司令官本庄繁远在旅顺接手指挥。前此实际是板垣部署指挥的。

关东军迅速开始大规模的军队调动。关东军的佐佰文郎中佐几乎是在柳条湖爆炸的同时进入了在大连的满铁铁道部长室，宣布关东军、满铁联合线区司令部成立，立即由铁路作战监部组织大规模军运。从9月18日晚10时20分到19日午后6时，仅20个小时就有13列军车从各地到达沈阳。不但驻辽阳的第二师团司令部、第十五旅团司令部和驻公主岭的独立守备队司令部相继迁至沈阳，关东军司令部也以第909次军用列车于19日上午11时50分由旅顺迁至沈阳，设在满铁附属地东拓大楼。自此日本帝国主义迈出了大规模侵华战争的第一步。

奉天省驻军是奉军主力，但在事变前很大部分由张学良带领入关。

"九一八"事变时，沈阳及其周围只剩北大营的第七旅，其余几个旅均远在营口、锦州、山海关等地。柳条湖事件发生时不独东北主帅张学良远离东北，而且首当其冲的北大营第七旅也"群龙无首"，旅长王以哲竟不在军中。该旅辖六一九、六二〇、六二一等3个团。9月18日晚10时20分左右，北大营西边传来一声巨响，震醒了梦中的第七旅官兵。关东军独立守备队第二大队第三中队迅速接近北大营西南角，然后用1个小队切断第七旅的退路。北大营西墙内的六二一团首当其冲。就在中国官兵操起枪炮欲与敌人拼战之际，旅部赵镇藩参谋长传达了东北军参谋长荣臻的命令："官兵一律不准轻举妄动，更不得还击，原地待命。"可是日军已越墙入营。部分官兵不顾上级的不抵抗命令，英勇抗击。敌人胆怯，不敢十分挺进，主要用24厘米榴弹炮轰击。11时50分，第二大队队部及第一、四两个中队到达柳条湖，与业已占领北大营一角的第三中队会合，对北大营开始了猛烈的攻击。19日零时30分起，第七旅旅部及所辖各团在六一九团掩护下向沈阳的东山嘴子东大营撤退。凌晨3时30分，驻抚顺的独立守备队第二大队第二中队赶到，参加对北大营的最后扫荡。19日上午5时50分关东军全部占领北大营。据关东军统计：此役日军死2人，伤22人，中国军人牺牲400人左右。关东军在攻打占领北大营过程中恣意烧杀破坏。直至20日"战斗已经过去一个昼夜，北大营内各处仍在燃烧，而且，死尸累累，马尸遍布……还有尚未死去的奄奄一息者，极为凄惨！"

在独立守备队第二大队进攻北大营的同时，第二师团二十九联队向沈阳城区进击。是时沈阳城内并无中国正规部队，只有警察和保安队，他们之间又无联系。所以，关东军采取各个击破的战术，只用7个小时即占领全城。19日上午驻辽阳、海城的第二师团部队开到后，将兵工厂和航空处作为主要攻击目标。与此同时，第二师团会同独立守备队向撤向东大营的中国军进行追击。

9月20日沈阳城区及其周围全部沦陷。但在9月19日关东军司令部迁至沈阳后，即贴出了早已准备的占领《布告》，诬称中国军队"爆破南满铁路"、"袭击日本守备队"；还说"我军欲膺惩者彼东北军权而已。"可是日本侵略者不但把战火加在中国的头上，而且借机大肆烧杀抢掠。当时的中外记者均已目睹实情，他们报告称："兵工厂、迫击炮厂、粮服厂等相继占领。兵工厂所存械弹传闻足敷十师之用，与新式机器全被日军运走，厂内工人死约三百人。航空处所有飞机已被日军涂改符号，开始使用。官银号及中、交两行已被封，现款被日军运走。"

1931年9月19、20日，与沈阳同时被占领的还有安东（今丹东）、凤城、本溪、辽阳、海城、营口、抚顺、铁岭、四平、公主岭等地。这些地方原都驻有关东军。

　　（解学诗著：《伪满洲国史新编》，人民出版社1995年版，第38—
44页）

(2) 辽宁各地之被占（1931年9月18—20日）

① 沈阳

九月十八夜十时，日军约五六千人，先将南满铁路柳河桥炸毁其一轨，作为进犯之口实，即以半数进攻我北大营，以半数袭击沈阳城，炮火甚为猛烈，击毙我北大营驻军约七八百人，被俘颇多。十九日晨六时，日军大队蜂拥进城，向我警察驻在所开炮轰击，警察死亡一百八十余人，伤三百余人，被缴械约四五千枝。遂次第占领司令长官公署，政务委员会与所属各处，省政府与所属各厅，公安局，航空处，长短波无线电局，与有线电报电话局，东省官银号，及边业交通中国等银行，市民多被惨杀。城内各机关占领后，城外之兵工厂，迫击炮厂，飞机厂，海军司令部，亦相继占据。兵工厂为东北军械供给地，亦即东北军之命脉，其规模极为宏大，出品亦极精良。所存军械计步枪八万枝，机关枪四千挺，足敷十师之用，皆被日军没收，机器亦被搬走，其不便携运者，悉毁坏之。迫击炮厂存炮六百尊，弹药库存枪弹三百余万发，炮弹十万发，火药五万磅，均被日军运去或轰毁，并屠杀我守厂军约三百名。飞机厂存新旧飞机百余架，亦被日军夺去。粮秣厂被服厂，皆抢劫一空。讲武堂一切器械观测器具，及各式大炮三十余门，均被运去。日军又用火油焚北大营，致巍巍营房，夷为平地，累累国殇，化为尘烟，意盖藉此以灭迹也。凡辽中各种军事建设，破坏无余，东北精华，摧残殆尽，合全部损失，当在两万万元以上。

② 安东

日军于九月十九日早六时，侵入安东，当将县政府，商埠公安局，水上公安局，铁路公安局，及各分局所，消防队，商务会等机关占据。所有市内军警商团，悉被日军暴力解除武装，计缴械一千余枝，弹药无数。同时我停泊鸭绿江中之海龙靖海等炮舰，亦被没收，缴去机铳十二挺，炮弹三百余发，小铳十二挺，弹药一百二十发。全市官员均被俘禁，电话电报无线电全遭破坏。

③ 营口

日军于九月十九日晨八时侵入营口，先后将县政府公安局及其它各机关包围，并将练军营及警察之枪械完全缴去。电报电话及河北车站，无线电台，均行炸毁。

④ 牛庄

侵入营口之日军，又于十月三日进占牛庄。市内少数军警，均被缴械囚禁，各街市商店，被朝鲜暴徒劫掠数十家，市民与之抗拒，日军即开枪扫射，击毙徒手兵及市民甚多。

⑤ 凤城

九月十九日上午七时许，日军袭入凤城，将驻防军及公安局县政府各机关，悉数包围。计缴我军警大枪六百余枝，手枪五十余枝，迫击炮十门，机关枪六架，弹药约十余万发，共俘我军警四百五十余名，居民多遭日浪人及鲜暴徒之劫杀。

⑥ 海城

九月十九日上午八时，日军进占海城，包围县政府公安局及保安大队部，所有大小枪械弹药，均捆载以去，商店则多遭抢劫。

⑦ 昌图

日军于九月二十日晨，围攻昌图兵营，纵火焚毁，击毙我军民百余。占城后，日兵与朝鲜暴徒到处焚劫，情形至惨。

（印维廉、管举先编：《东北血痕》，中国复兴学社1933年版，第7—8页，原文中涉及损失的货币估算数值未注明币种）

（3）日军轰炸抚顺县上党村（1931年10月4日）

（1931年）10月4日9时　日本侵略者的飞机在抚顺县第三区上党村狂轰滥炸，炸死7人，重伤5人。17日在千金寨强缴村民枪支11支，子弹5000发，并枪杀1名中国工人。

（邢国良、武英男主编：《抚顺军事志》，辽宁教育出版社1998年版，第11页）

（4）锦州大轰炸（节录）（1931年10月8日）

……日军轰炸辽西，以（1931年）10月8日轰炸锦州最为惨重。是日，石原莞尔下达了轰炸锦州的作战命令。下午2时，石原乘一架侦察机指挥，12架日机对锦州进行轰炸，目标是省政府办公驻地交通大学、28师兵营、张作相私邸等处，一共投下75枚25公斤的炸弹。这次轰炸，"无辜民众被炸死者三十六人，重伤二十一人，省署、车站、学校被毁"。同时，日机也对打虎山、沟帮子等站进行了空袭。此后，日机不断地轰炸辽西。

（林声主编：《"九·一八"事变图志》，辽宁人民出版社1991年版，第115页）

（5）日军遇匪击退（1931年10月18日）

十八日午前九时半许，驻开日守备队三十数名，由昌图城内返日站途上，在马仲河北方约三千启罗地点，遇匪约一百五十名，与之交战，结果匪见势不佳，遗弃肉票一名，匪尸十六名，马二头，及旗一面，向北方逃散，日军无一死伤。

（《日军遇匪击退》，《盛京时报》1931年10月20日第5版）

（6）日军往剿头道沟　匪兵遗尸八十溃散（1931年11月2日）

日军剿讨昌图南方头道沟方面盘踞之匪团，已志本报。二日朝匪团约有五百人复在头道沟附近，与日军冲突。日军据守村落，匪团围攻，双方激战约亘六小时之久，惟匪团不利，竟放火后退，此役匪侧有死者八十人，负伤者一百余人，遗弃长枪十七、手枪三、旗三、马八匹，其旗上有东北边防军第七卫队等字样云。

（《日军往剿头道沟　匪兵遗尸八十溃散》，《盛京时报》1931年11月5日第5版）

（7）日军由沈调兵来击破千山匪（1931年11月5日）

　　五日在千山西方接官堡附近，发现大帮股匪约一千五百余人，"老北风"仁人等，长之任意放纵抢掠，其势汹汹。日军接到报告，即由沈阳派兵急赴现地，剿讨该股匪于西方及北方。日军除出负轻伤者二人外，毫无损失。至匪团遗弃尸体三十具，捕虏六人，及马匹多数云。

　　（《日军由沈调兵来击破千山匪》，《盛京时报》1931年11月7日第5版）

（8）日军痛击兵匪团（1931年11月9日）

　　九日，海城西北方，发现兵匪约一千余人，大逞暴威，日军接报，即派独立守备队第三大队及步兵之十九旅之一部，急赴现地，该日军进抵大五屯与兵匪相遇，双方开火激战，兵匪团不支，遗弃尸体三十具，马尸二十匹，纷纷四散，日方面受轻伤者两人，伤马一匹云。

　　又讯　九日，海城方面约三十里之地点，发现兵匪七百余人，日军即行往剿，兵匪团不支四散，是役日军战死二人、伤四人，至匪方死、伤虽有多数若干，尚未明悉，闻新由北方约二百余人之兵匪已渐接近日军云。

　　（《日军痛击兵匪团》，《盛京时报》1931年11月11日第5版）

（9）日军剿匪（续讯）（1931年11月9日）

　　［海城］　在海城西方约三十里之古城附近，匪团四百人自九日晨以来，据守村落，与日军对战，日军猛烈攻击，竟包围匪团而歼灭之，匪方死伤约达三分之二，马六十一匹之多，该日军继续在土台子与匪六十人交战，毙其半部，此役日军损伤，死者三人，重伤二人，轻伤七人云。

（《日军剿匪》，《盛京时报》1931年11月12日第5版）

（10）廿四日新民方面战斗经过（1931年11月24日）

昨报在骑缝栏赶载之新民方面战斗经过，据可靠消息，驻防巨流河日军部队于廿四日晨，行抵巨流河北方约五千米之腰台子附近，突然被该地保安队射击，即时应战交火，该保安队逐渐增加兵力，约达三四百余人，据围墙顽强抵抗，惟竟不支，放火烧镇溃走，日军乃进军扫荡该镇，一方接此报告之巨流河本队，即刻出发向高台子前进，行抵高台子南约一基罗米突之地点时，突被华军别动队攻击，与之交战击破后，于午后三时半入腰台子，与支队合队，旋于午后七时归还巨流河，此役两军死伤如下：日军战死步兵二人、工兵坂本少尉及兵卒一人，计四人，负伤步兵四人（中有重伤一人）、工兵竹下少尉、兵卒四人（中有重伤一人），计九人。华军遗弃尸体六十具，毙马十匹，虏获大枪多数，迫击炮一尊，马六匹，此外负伤者多数。

然检验尸体结果，判明其全部系正规军改编为公安队者。

（《廿四日新民方面战斗经过》，《盛京时报》1931年11月26日第4版）

（11）日军剿匪详志（1931年11月24日）

〔熊岳城〕城北沙岗芦家屯驿中间、铁道西部，距离六里之簸箕寨大房身、黄坨子村，于月之廿四日，由西海突来胡匪一帮，约百余名洗劫烧杀、绑去人票等情，业志前报，事后详细调查，连二日间匪徒行劫被难灾民状况，及余匪星散被日军击毙、捕获情形详志于下。十一月二十四日朝八点钟时，芦家屯车站西方七里之遥，簸箕寨、大房身、黄坨子等村，发现胡匪百四五十名，掠夺烧杀，凶暴异常，入村时因姜姓父子抵抗未遂，被匪枪毙。前报杨姓，闻差之错误也。当时警报传来，瓦房店守备兵及警察署，全员出动，午前九点，现场到着。大石桥守备警员亦同时发到，约五六十名，当时向线路西方票前记之簸箕寨村，行追剿匪三面包围，匪团亦应战对抗，奈匪贼缺乏战术，终至失败将某姓家散放火燃烧，各户之柴草垛，临行缚去老幼男女人八十余名，用大车载往西海口逃走。午后二点半时，贼匪已到海岸，此时北风强硬，值风雪大作，咫尺莫辨之际，匪徒遗弃尸体二个，及负伤者数名，登船二只逃走，其一只因搁浅未动，故将绑去之人票，未能带走，全部逃回亦不幸中之幸也。当时匪贼乘船逃走者三分之二尚我一部分，由陆路分南北而逃，据传说步股胡匪死亡十余名，受伤者十余人。盖平牛德昆部下之巡警队王巡长被流弹枪击身死外，负伤者一名，大石桥警署巡察村丁村冈氏脚部胕端亦受微伤，又活捉胡匪一名，供系匪首老北风部下中山好，向在北城各地行抢不讳。于午后七时顷，守队警等捕获贼匪之枪械，及迫击炮一尊、马五头、大车等及以票八十余名，至晚凯旋，整车归回沙岗车站，前报二十四日，劫抢簸箕寨之大帮胡匪，被日军追击，乘船脱逃之际，尚有未乘船者分由海岸北南逃窜。二十六日，有海岸杨家屯，又由前日逃出之余匪十余名发现，由熊岳城前公安队长岳长胜报告前来日军守备队兵四十余名，携带机关枪直往西海剿捕而去，于午前十一点，遇匪红旗村附近，日军三面包围匪于海岸中心，匪伏于沙滩潜射，破日兵用机关射十一名全灭，生擒一名。又有步红旗村会派去姜四名、张某二人拟向胡匪通融不入村扰乱之请，匪疑姜张为侦探，留不放行，以故日军来时，姜张亦被难于胡匪窝中。至午后四点时，日军归还，捕获胡匪一名，用火车载送回，夺获大枪八支、手枪三支，整队归营。闻被捕之匪，供称王海顺年二十六岁，原安东县一道沟居住，在匪首老来好部下。充匪全数百余名，分三帮上陆，逃在沙岗芦家屯两帮，此一股堵袭日军事，败时亦分三路逃走，山船二只，逃去一股，其二股一帮向南逃走一帮十二人，全被击毙等语，自簸箕寨受胡匪之劫，胡匪伤亡，人头逃回，次日残党十二名亦被日军全灭，事难完了，但沿海村落，居民不稳，近因天气缓和，海水未冻，帆船可行走，何时贼匪登岸，忐忑不安。昨日廿七日，又有传说高家当堡海岸有匪船三艘之耗，是日临近村民星夜携男抱女，纷纷向城内避难，又有言城中亦不可靠，将财物搬运来站者亦不乏人，而各驿日方警备甚严，以防万一云。

（《日军剿匪详志》，《盛京时报》1931年12月2日第5版）

（12）日军在锦州市红石槽等地制造惨案（1931年12月12日）

1931年12月12日拂晓，日军便向义勇军驻地大举进犯，杀气腾腾，凶恶万状。每到一屯挨门逐户，寻捕义勇军。见人就问："胡子的有吗？拔嘎！拔嘎！"如果害怕，对答不上来，就用刺刀扎。日军进入黄马窝棚时汉奸告密说，义勇军排长王海鹏家住这个屯，日寇将王家房子放火烧得净光，令王妻跪在街心，迫令屯人围着唾骂，群众消极抵抗，默不作声，鬼子气急败坏地放火又烧了民房二三十间，日军将进入红石槽时，汉奸张某报告说，这个屯的聂荣廷、宋朝阳、邱福成等人参加义勇军时，夺我大小枪三支，子弹三百发，要求日寇为其复仇。并诬告这个屯子的人统统是胡子。于是日寇从东、北、南三面包围了后红石槽。开炮轰击，一时屯中乱作一团，火焰飞腾，一片火海。人们扶老携幼向西逃命。晚间鬼子撤走了，人们回家，看到的是残墙倒壁，一片废墟。全屯烧毁房屋170多间，财物抢得一空，死亡者宋朝元、邱于氏2人。日寇进入白厂门时，首先把王显廷家宅烧掉，又将戴、佟两家房屋点着了火，一时成了火海，在十里之外可见熊熊烈火。进入四道沟烧了韩荣久的家。其父韩殿甲被扎伤、李福贤被扎死。进康屯时烧毁周恩博大院套，打死无辜群众1名。进三台子郭九江、郭九贺等8家，烧房屋计20多间。枪杀群众3人。进入陈八道壕时日军烧杀的更凶。因汉奸告密说义勇军支队长苑九占家住在这个屯里。一进屯就用刺刀扎死梁贵，随即放火烧了陈德山、陈荣和、苑某等十几户的房子。临走时抓走了李春和、李景云、瞿凤友、刘忠文、赵淮山等十多名群众。到白厂门后严刑拷打，有的眼耳受伤，有的被打的精神失常，有的致残。

（中国人民政治协商会议锦州市委员会文史资料委员会编：《锦州文史资料》第5辑，1985年内部版，第9—10页）

（13）日军在白厂门一带炸死义勇军及家属（节录）（1931年12月12日）

第一路义勇军于二台子失败后，在白厂门经过整编，三个支队变为两个支队。一支队长赵大忠，二支队长郭九江。1931年12月12日，拂晓前得知日军向抗日地区进行大扫荡的消息。由于来势凶猛，从三路包围而来，义勇军为了保存实力，争取抗日最后胜利，所以暂避其锐，从白厂门西沟撤入北镇县闾山北尾。义军辎重连和家属所用大车20余辆，随于部队的后面，沿弯曲山路前进。此处山高峰险，悬崖陡壁又多，沟堑树木丛生，可谓军事要地。日军惟恐中计被歼，步兵不敢前进，令飞机侦察，因大车隐蔽不便，竟被日军飞机发现，即投弹轰炸。顿时，烟尘四起，马仰车翻，损失惨重，战士及妇孺伤亡50余名，炸坏大车9辆，骡马30多匹。义军战士睹此情此景，愤恨以极，便举枪射击，两机中弹未坠，狼狈逃窜。

［赵杰主编：《血肉长城——义勇军抗日斗争实录》（上），辽宁人民出版社2001年版，第304—305页］

（14）阜新县梨树营子村惨案（1932年1月23—25日）

　　"九一八"事变后，日本侵略者肆无忌惮地横行于东北，遇到东北抗日义勇军的坚决抵抗。抗日义勇军在黑山与阜新交界处，奋起抵抗。日军尾追抗日义勇军，于1932年1月23日来到国华乡梨树营子村。当时抓走三名男人带路，继续向北追去。后把三人放回。第二天晚上，这一股日军返回梨树营子，叫开张瑞清家门，打死了张家老太太，张瑞清怒火中烧，开枪打死了两个日本侵略军后跑了，日军恼羞成怒，烧了张家房屋。第三天在日军飞机的示威下，将躲在西大沟的群众，用刺刀赶出来，欲行大屠杀。傅德发、王振海两位老人挺身而出，解救乡亲。他二人被刺伤后，死于烧毁房舍的大火之中，从西大沟到村中，见人就杀，见房就放火，杀了头天带路的李家三人，又将老史家孩子投进大火中烧死。将一名抱着孩子的母亲开枪打死于山坡上，孩子抱着母亲哭喊而冻死，在先后两天当中，日本侵略军杀掉梨树营子村的24名男女老少，烧毁房舍30多间，杀掉和烧掉牲畜30多头。这一惨不忍睹、惊心动魄的惨案，是日本军国主义者们在阜新犯下的滔天暴行，他们的双手沾满了阜新人民的鲜血。这是永远还不清的血债。

　　（中共阜新蒙古族自治县委党史研究室编：《阜新蒙古族自治县简史》，辽宁民族出版社1992年版，第71页）

（15）新民公主屯惨案（1932年3月7日）

1932年3月7日（农历二月初一）拂晓前，日本七十七联队百余人，突然包围了新民公主屯。村民百余人为了自卫，在该村红枪会首领杨全声、张宏图率领下，奋力抵抗，一直坚持了十一个小时，终因孤立无援，武器又远不如敌人而失败。日军进村后，见人就杀，见房就烧，见柴就点。枪杀了傅玉成兄弟二人，把李洪鳌全家三口用刺刀挑死，把王宝才的父亲扔到柴堆中活活烧死。十六岁的黄小秃，十七岁的张景新，躲避不及，也被杀害。那天，日军共杀害红枪会首领和群众二十三人，杀伤、烧伤六十余人，烧毁房屋六十多间。日军被红枪会打死三十多人。

次日，日军借口追捕逃犯，又到马蹄岗子村，杀死杀伤村民三人，烧毁房屋八十多间。

（孙玉玲主编：《日军暴行录：辽宁分卷》，中国大百科全书出版社1995年版，第145页）

（16）骇人听闻的义县肖家屯惨案（1932年5月24日）

肖家屯在义县东南，现属七里河子镇育新村的一个自然屯。

惨案发生在义县沦陷不久的1932年5月24日（即旧历四月十九日）。当时屯中有一富户肖老献，家有地700多亩，拴两挂大车，每年雇用长工20多人。高宅大院，院内角上有炮台，家养几支枪。他的二孙子肖忠安在吉林张作相部下当副官。当时74岁的肖老献可称财大势大。

在旧社会，财主之间的尔虞我诈是经常之事，肖老献为地和树的面积树敌不少。有人便在日本人面前告他家有枪、有伙计，要组织义勇军打日本人。日军侵占辽西屡遭义勇军的迎头痛击，所以最恨义勇军，听到这消息后，驻义县的日军和伪警察120余人，于5月24日拂晓，由邻近的雹神庙、北树林子和西树林子三面包围了肖家屯，并开始打枪、打炮。

这天正赶上肖老献家盖东、西厢房。因为日本鬼子来得太早，村里帮工人来的不多，可是老肖家的伙计都到了。当时肖老献打算上炮楼还枪抵抗，可是一看日本人太多，有机枪，还有小炮，一个炮弹落在炮楼上，就把顶盖给打塌了，因此未敢还枪。

李家窝铺李大胆，一大早来肖家屯卖豆腐往西走，人们劝他别卖了。他说，没关系，我一个穷卖豆腐的一不犯法，二不做坏事，能把我怎的，边说担着豆腐往小寺庙走去，刚走不远就被日军用枪打死了。本屯肖九山看见日本兵打死人，就往北跑，钻进了一个小庙，他一看不行，又钻出来往北跑，也被一枪打死。张志云顺沟往西北跑，被日本兵抓住，带到北山坡上，用刀把脖子砍下多半拉，只后边连不多了，然后又从头部补一枪，惨死在山坡上。

孟大瘸子是北屯人，他听到枪响便跑到肖家屯北山坡南，趴那看热闹，被日本兵发现，偷偷转到他身后，一刺刀就给扎死了。

大股日伪军饿狼般地闯进了村子，一进肖家大院，就把肖老献和他儿子肖九鼎、管事的白连明都抓住了。二打头的姓刘（沙河亮人）一看不妙，想跳墙逃跑，刚一上墙被一个日本兵举枪夺去了年轻的生命，其余的人再也不敢跑了。

这时日本兵哇啦哇啦喊叫，到处搜查，把枪支弹药都搜了出来，日军头目让翻译喊话："凡是肖老献的伙计都站东边，帮工的都站西边。"但是由于当时紧张，有的帮工也站到了东边。伙计肖九恩（本屯人）想站到西边去，日本兵看他乱跑，一刺刀就扎进了他的胸膛，惨死在院中心，吓得其余的人谁也不敢乱跑了。站完之后，日军头目通过翻译宣布："凡是肖老献的伙计统统留下，其余的人都回去。"这时把肖老献的伙计全部绑上，带到了屯西大栏子，叫他们跪下。二车把王勃（曹家屯人）抗争说，我是个穷抗活的，又没犯法，跪下干吗？日本兵一声怪叫："死了、死了的好！"一战刀就把他脑袋砍下来了。肖家厨夫张维和一看杀了人回头回脑地瞅，翻译问他，你直瞅什么？他说我家还有一个80多岁的老妈，无人养活，我死以后我妈非饿死不可！接着姓杜的小牛官说，我昨天才来，放了我吧！翻译向日本头目嘟噜一阵，就把他俩放了。剩下18个人，以扛活为生的穷苦百姓被日军一枪一个全给枪杀了。然后把肖老献家大车套上，一车拉着他们所谓的赃物；一车拉着肖老献父子和白连明三人（都把双手钉在车牙厢上）带回义县下狱。临走时还放了一把火，把肖老献的房子全部烧光。

肖老献和他的儿子肖九鼎、管事的白连明，到义县下狱不久，一天夜里被日本强盗用绳子从城墙西南角上系下来，在城下挖个坑，将其头朝下活埋了。

这场惨案，万恶的日军共杀害我无辜群众25人。这笔血债我们义县人民是永远不会忘记的。（此材料是根据访问肖家屯90岁的肖子阳和《义县文史资料》整理而写）

（中共义县县委党史研究室室存档案，档案号资料B3第1—1号案卷，第101页）

### （17）台安县桑林子村惨案（1932年6月9日）

1932年6月9日……当天上午日军一个连要赶赴台安，共同剿灭台安附近抗日义勇军……桑林子区抗日义勇军首领徐玉田……集结了东北抗日义勇军……共800人，埋伏在桑林子公路两侧沟里和房屋内。上午10点钟左右，日军大尉池田安建带领百余名日军，乘3辆军用汽车，全副武装杀气腾腾奔赴台安。当汽车刚驶入桑林子街头，一阵猛烈的枪声，日军遭到了迎头痛击。……经过一场激烈的战斗，日军大尉池田建安和30多名日军被击毙，两辆军车被击毁……气得驻大虎山日军守备队长暴跳如雷。当天下午，又纠集了200多名日军，亲自出马，气势汹汹地向桑林子扑来，当晚将桑林子四面包围，妄图一口吃掉义勇军。此时，义勇军已安然转移，踪迹皆无。……日军扑了空，恼羞成怒，将满肚子窝囊气一下子发泄在桑林子村的百姓身上，一场触目惊心的惨案发生了。在守备队长的指挥下，200多名日军，端着明晃晃的刺刀凶神恶煞般的闯进民房，进行挨家挨户大搜捕。55岁的老医生张海楼（曾给义勇军治过伤）正与同村老友王子斌谈论日军侵略民不安生之事。几个日军端着刺刀气冲冲地闯进来，用刺刀指着两人的鼻子，比比划划，哇啦哇啦喊了一阵。张海楼不明白他们的话，摇了摇头。这时，一个日军小队长，发现张海楼的医疗器械，用硬邦邦的中国话说："义勇军的干活，死啦死啦的"。两个日军冲上来便将二位老人捆绑起来，不容分说推出门外，另外两个日军嘴里喊着杀，便将两人刺死在房门前。然后，又将房子点着。

52岁的傅友山，全家3口人……当几个日军端着刺刀闯入他家时……兽性发作的日军一脚将老汉踢倒在地，拽出房门，被另一个日军用刺刀挑死，然后也一把火点着了他家的房子。

60岁的刘义，患病躺在炕上……老人听到枪声心里慌了，爬起来到屋外的乱柴堆里藏起来，却把一条胳膊露在了外面，日军……发现柴堆里藏着人，不问青红皂白，一刺刀就把老人捅死在柴堆里。与此同时还有2人也被日军用刺刀挑死。

就这样，留在村里的7人有6人惨死在日军的屠刀之下。当只剩下56岁的老汉付新一人时……被扔上车带走了。日军在桑林子折腾到小半夜，临走时又放了几把火，将十几家的房子点着。没几天，付新老汉在大虎山也被日军折磨死了。……

第二天清晨，200多名日军突然又折回了桑林子。……兽性又起，下令将全村的房子全部点着，各家各户的锅、碗、缸、盆全部砸碎，所有东西洗劫一空。……大火整整烧了一天。当全村百姓陆续返回村子时，100多间房子已成废墟，幸存的十几座房子也破烂不堪，6个受害者血肉模糊。……那些被烧毁房子的已无家可归，那些被杀害者已是家破人亡。他们中有的逃到他乡，投亲靠友，有的沿街乞讨，各自谋求生路。

（中国人民政治协商会议台安县委员会文史资料委员会编：《台安文史资料》第6辑，1993年12月内部版，第17—19页）

（18）日军血洗南广富营子（1932年6月24日）

在1932年6月23日，侵华日军热东司令官伊滕，妄图带领一支精锐的骑兵队，侵入辽宁省朝阳县羊山一带，打通锦朝、朝建等交通要道，吞占全热河地区。当日军刚进犯朝阳县二车户沟、龙潭沟之间，就被王震领导的抗日救国军和当地民团包围。经过一天的激战，击毙日军23名，生擒了日军司令官伊滕。当抗日救国军满载着战利品和伊滕开到羊山时，便遇上了大汉奸苏振凤带领从锦州调来的日本骑兵，对羊山一带军民进行血腥的报复扫荡。

6月24日清晨，村民们刚吃早饭，日军的迫击炮、机枪便向南广富营子村疯狂地射击。空中还有数架飞机盘旋，不断地向村庄扫射，有的房子已打着了火。在枪炮声中，汉奸苏振凤带着日军骑兵闯进了村，并抓住50多岁的老羊倌刘老头带路，当他们发现刘老头有意带错路时，一日军小队长举起战刀砍掉了刘老头的头颅。当日军骑兵冲进广富营子村时，等待他们的是空空的房屋。气得他们见到猪狗也射击一通，并指着房子大叫："统统烧光！"一刹时，整个南广富营子变成火海，244间半房子全部化为灰烬，全村只剩下半间房子没有倒塌。这之后，汉奸苏振凤又带领日军朝西山奔去。刚到村西头便抓住了谢云魁的老爹，日军威逼他带路去找抗日救国军，在往西山坡的路上，因为见不到救国军的人影，日军小队长和苏振凤一起，扬起马鞭子打得老谢头血流满面，满地翻滚。这时，躲在山坡荆条棵底下的谢云魁及其家人，再也不能忍睹日军的罪恶行径了，首先是他二儿子拴柱窜了出来，搬起石头就将日军小队长的头打出了血。气急败坏的日军小队长，一手捂着淌血的头，一手开枪将拴柱击倒，并用战刀将他身子剁成了两截。老谢头从昏沉中爬起来，见孙子被残害，刚张口大骂，只听"叭叭"两声枪响，70多岁的老汉应声倒在了血泊口。这时拴柱的妈刚喊出："你们爷俩死的好苦啊……"声音未落也被枪杀。此刻，谢云魁操起一根扁担冲下了山坡，村民们再也压不住怒火，手持镰刀、石头、棍棒一拥而出，都朝着日军小队长和汉奸苏振凤打去。日伪为了找到抗日救国军和伊滕司令官，暂没向众人开枪，先将谢云魁五花大绑捆起来示众，并连连向众人逼问救国军下落。在一无所获的情况下，日军小队长下令扒下人们的衣服，检查肩上是否有背枪的印记。男人被查完后，就要扒女人的衣服时，村民们实在忍无可忍了，便异口同声地说："不准动女人！我们都是救国军，要杀要剁随你们便！"说着，众人们一拥而上，与敌人展开了激烈搏斗，喊声、骂声、厮打声交织一起，惊天动地。刹时，随着日军小队长大喊一声："统统地杀光……"机枪残酷地响了，27位无辜村民应声倒下，血染了整个西山坡。

（李秉新等主编：《侵华日军暴行总录》，河北人民出版社1995年版，
第63—64页）

（19）日、伪军进占新宾县城屠杀民众（1932年6月29日）

（1932年）6月29日早8时，敌军向老城的第六路军进攻。敌我双方在老城河北进行了激烈的战斗。由于敌人有飞机作掩护，炮火激烈，李春润只好率部撤出老城，将敌人诱至早已埋伏好的拔卜沟。当于芷山率日伪军追至拔卜沟时，伏兵四起，击毙敌中佐、少佐各一人，大尉、中尉各两人，及日伪军百余人。同时还缴获敌辎重车12辆，步枪10支。于芷山遭受到如此沉重打击更是恼羞成怒，命令日伪军向第六路军猛攻，7架敌机全部出动掩护步兵进攻。李春润见敌人进攻如此猛烈，便于当日下午3时退守新宾县城，于芷山又指挥日伪军向新宾县城发起进攻。敌人飞机向新宾县城投下了多枚炸弹，将40余间房屋民宅烧毁，商民伤亡10余人。李春润见此为避敌人锋芒，率部撤出新宾县城，退守旺清门，并向辽宁民众自卫军总部告急，请求支援。是日，于芷山率日伪军进占新宾县城，对民众大肆屠杀，残害爱国知识分子100余名。

（傅波、曹德全主编：《抚顺编年史》，辽宁民族出版社2004年版，第400页）

（20）盘锦高升镇惨案（节录）（1932年8月19日）

……

1932年8月19日上午十一时，日军五架飞机入侵盘山高升镇上空侦察，盘旋数次，即向下俯冲，并向街内赶集的无辜群众投弹扫射。枪声，爆炸声响成一片，满街硝烟弥漫。赶集的农民未及躲避，当即被炸死，炸伤数十人。街头巷角，尸横遍地，哭号之声，惨不忍闻，一时街市大乱，货物抛弃于市。十字街以东路南、路北的数百间房屋全被炸毁。北街居民王杜氏领着两个小孩正在园中摘瓜，弹落身旁，母子三人同时毙命。东街高凤岐正在院中干活，炸弹落地身体被炸去大半，一只胳膊被炸落在屋顶上。日机连续轰炸达两小时之久。

这次日机轰炸高升，炸毁房屋数百间，炸死居民五十多人，炸伤百余人。炸死牛马四十多头，其他损失不可估计。

……

（孙玉玲主编：《日军暴行录：辽宁分卷》，中国大百科全书出版社1995年版，第148页）

（21）民众自卫军与日军在清原县激战伤亡200余人（1932年8月20日）

（1932年）8月20日拂晓，民众自卫军在营盘与清原两地同时发起攻击，康乐山率部突破营盘日军防地，击毙日本守备队13人，将伪护路警一个中队200余人全部缴械，将沈海铁路桥梁及站房大部烧毁，并切断数里的电话线，将扒掉的三节铁轨，扔到河里。黎明后，10架敌人飞机前来助战，向自卫军轰炸，康乐山率部奋勇杀敌，最后将营盘车站烧毁，遂撤离。此战缴获机枪1挺，"三八"式步枪200余支和一批弹药。在清原方面，自卫军分三路向清原进攻，首先向敌人驻地打了一发榆木炮，作为进攻信号，各路立即开始冲锋。王彤轩、梁锡福率部攻入清原县城后，遭到敌人顽抗，撤出。第一营营长吕晓峰率部冲至学校附近，遭到敌人反击，退出。李大光部袭击斗虎屯车站，三排长杨青山和张德钦等摸进敌人炮楼，活捉日军1人，伪军10余人。缴获三八马枪8支。刘克俭部俘虏伪公安队中队长及士兵84人，缴枪80余支，子弹200余发，还收降了金雨山部一分队士兵60余人，击毙日军官兵10余人，刘克俭部伤亡战士200余人。

（傅波、曹德全主编：《抚顺编年史》，辽宁民族出版社2004年版，第404页）

（22）日军残杀义县霸王庄群众①（1932年8月）

在1932年1月24日，打锦县大凌河桥时，李质荣曾和孙兆印、谢朝品等打死日军芹川少尉。以后又带队伍打过田家坡、三道沟子、大洼车站等地，打死打伤敌人多名，使日军终日不得安宁，所以敌人对李质荣恨之入骨。日军派特务经过多方打听，才得知李质荣是义县霸王庄人。

在1932年8月的一天上午，日军30多人突然包围了李质荣的家乡——霸王庄。敌人从边门子东，先往庄上打一阵炮，然后急速从北面向霸王庄围攻。

这时牌长王老吉带人迎出村外，想说明庄子里都是好老百姓，别再放枪打炮了。哪曾想敌人根本不听。把来的人一个个都绑上了，然后往庄南又打一阵机枪。进庄后逢男便绑，并问："你们庄有土匪没有？佛爷李哪边去了？"乡亲们说："佛爷李早走了，我们庄没有土匪，都是好人。"日军根本不理，便挨家挨户进行搜查，足足折腾了小半天，敌人什么也没查出来。这时鬼子和翻译嘀咕了一阵子，向群众说："听着，这个庄从现在起不准你们住了，你们统统的上河东去。"说完就把20多名老百姓赶下河去！当乡亲们走到河心时，敌人便朝着过河的群众开了枪。当即打死李老润父子3人。打伤了王百田、李久祯、王老吉等10余人。王百田因伤势过重，过不久便含恨死去。打完枪后日军站在岸边哈哈大笑，说什么，"枪打着的通通的都是土匪，没打上的通通都是好人。"随后又把李质荣、温志国、张树林、温老雅、王老吉等家29间房子放火烧毁。使这幽静的小庄变成了一片废墟。敌人走后，群众含着悲愤的泪水掩埋了同伴的尸体。

（中共义县县委党史研究室室存档案，档案号资料B3第1—1，第108页）

---

① 此件根据赵国栋的回忆和《义县文史资料》整理。

**（23）日军杀害北镇市闾山十字口、闵家店一带群众（1932年9月3日）**

1932年9月2日，老梯子（彰武县抗日部队）由彰武县带领骑兵500多人，来北镇预计和第十二路抗日义勇军汇合。当路过北镇城西15里地的闾山东侧小白屯时，恰与扫荡义勇军的伪警察小炮队100多名汉奸特务相遇。双方展开了战斗，老梯子见势不利，遂派人赶至龙潭宫找第十二路抗日义勇军于汇川司令求援，于汇川接信后，立即派出队伍前往助战。大刀会的法师王海峰和传教法师冯泽周自告奋勇，带队打前锋。与抗日义勇军一同前往。队伍行至小白屯时，日本人见义勇军遍山都是，一齐围攻上来，十分惊慌，急速后撤逃跑。伪警察见日本人已经后撤，也不约而同的向四处乱窜。伪警察局长单喜廷忙向小白屯西北方向跑去，但被义勇军赶上包围，并将其活捉，当即用扎枪刺死。这次战役缴获大小枪支20多支，打死打伤小炮队警察20多人。由于伪警察给日本军打先锋，日本人在后面督战，更因日本人跑的快，所以未能将日本人活捉住，这次战役给敌人一个沉重的打击，后来鬼子叫大刀会为"铁孩子"。

第二天日伪军共出动千余人，分五路围攻抗日义勇军，前面用炮车、铁甲车攻打，日伪军在后，用大炮机枪疯狂进攻。义勇军在此不利情况下，依然坚持战斗。并向日伪军反攻三次，未获胜利，死亡七八人。后见敌人众多，难于取胜，随即迅速向闾山西部义县撤退。当天日伪军在闾山十字口、闵家店一带村屯中，烧毁民房500余间，杀害群众400余人。黄昏后，日伪军才从闵家店集合返回县城。

（穆景元主编：《锦州文史资料》第20辑，2001年内部版，第54—55页）

（24）日军火烧大东洲（1932年9月10日）

日军侵占时期大东洲村有一百三四十户，800多口人，300余亩土地，离抚顺市只有25华里。1932年夏季，抗日救国军李春润所部丁文范、那凤久、邢龙久等三支部队在大东洲活动。其中那凤久这支60多人部队在小东洲活动。（1932年）农历八月初八（9月8日）的中午，日本警备队的13个骑兵由唐少屯进犯大东洲巡逻、侦察。在村长彭香武家吃午饭时，受到来自小东洲的那凤久部队袭击。当天下午3点，盘踞在抚顺市内的日本守备队驾驶三四辆卡车开往大东洲村，在一架飞机掩护下，一进村就朝彭香武家猛扑过去，彭香武慌忙从后窗户逃了出去。日兵一枪打掉了他的帽子，随后追了过去。彭香武躲进了高粱地。正在家门口站着的唐恒普却被日兵一刀挑死。由于日本汽车在小东洲村耽误了点时间，大东洲村民大都逃出了村子。大队日军进村后，一无所得，就点火烧了房子。第二天日军又派来侦探进行侦察。第三天即农历八月初十（9月10日），日军出动500多人，从唐力屯、郎屯两个方向向大东洲村扑来，包围了整个村子，接着就挨户放火烧房子。冯老六因为舍不得眼睁睁地看着自己的房子被烧掉没有走，被日兵一刀扎死了。那明恩的母亲因为耳聋听不清日本兵的问话，也死在屠刀之下。王万涛的爷爷等躲在村头被日兵发现，也被日兵一刀一个挑死。不到一天工夫，全村13名无辜百姓被杀，一百三四十户人家520多间房屋被烧得只剩下三栋（11间），所有牲畜烧死的烧死，抢走的抢走，家具全部毁掉，整个村子一片凄惨。

（李秉新等主编：《侵华日军暴行总录》，河北人民出版社1995年版，第66页）

（25）日军"血洗"义县刘龙台①（1932年10月7日）

活跃在义县西部山区的马子丹部义勇军，在一年多的时间里，打义县，攻北票，打伏击，截火车，活捉石本权四郎，给敌人很大打击。

1932年10月7日，日军联队长早川大佐秉承室师团的旨意，派主力由锦州出发，并由义县、朝阳寺出动200多人，在飞机的助战下，从三面包围马子丹、李海峰部义勇军驻地刘龙台和三宝营子，扬言要血洗刘龙台，企图彻底消灭抗日义勇军，夺回石本权四郎。义县具有爱国思想的警察队长孙宏声知道这消息后感到事情严重，在出发前暗派自己心腹士兵柳春明火速从小路赶到刘龙台，给马子丹通报了消息。马子丹立即组织队伍和群众转移，当他们把全村的男女老少和队伍转移到西南深山里时，日军已来到村边。他们不敢贸然行动，便在村外向村里打枪、打炮。打一阵后，他们发现村里无啥动静，嗜血成性的日本强盗，穷凶极恶地扑进了村。他们把年已大没来得及转移的马春泉、刘迅、刘广等4名群众惨无人道地用刺刀挑死，并逐门逐户进行了翻箱倒柜大搜查，值钱的东西都收进了腰包，随后架柴纵火焚烧，无情的大火足足烧了三个多小时，共烧毁房屋200多间，没打的场院粮食给全部烧光。当时有50多户受害。20多户人家寸草皆无，100多口人无家可归。日寇这一残酷暴行，将使我们永世难忘。

（中共义县县委党史研究室室存档案，档案号资料B3第1—1—96）

---

① 此件根据辽宁省锦州市刘龙台乡"十老人座谈会"回忆材料整理。

（26）日军屠杀高升居民（节录）（1932年10月17日）

　　1932年10月17日，日本关东军一个联队，突然从台安境内入侵高升镇。这天也正值高升集日，赶集的人熙熙攘攘。日军行至高升东街分兵三路，架起机枪，向我赤手空拳的市民猛烈射击，市面顿时大乱。人们不知所措，满街乱跑，惊恐万状，被打死打伤者比比皆是。刹时，日军闯入街内，逐户搜捕，当日军至高升警察署时，将警察署长、巡官、警士和警察队员共四十人，召集在一起，以"反满抗日"为罪名，将他们驱至西街阚振山院内，每十人捆绑一串，在身上洒满煤油，然后用机枪全部射死，再纵火烧了房屋，随后将警察尸体全部烧掉。日军杀人放火后，于午后三时离去。

　　这次日军大屠杀，居民死伤百余人，警察死亡四十人，打死打伤牛马七十多头，烧毁房屋十间。

　　……

　　（孙玉玲主编：《日军暴行录：辽宁分卷》，中国大百科全书出版社1995年版，第148—149页）

（27）火烧义县大雷家沟　群众无家可归[①]（1932年10月27日）

　　宋九令、李世君领导的义勇军，在夜袭锦州交通大学和北大营的第二天（1932年10月26日），日军出动了两架飞机，对宋九令的家（宋家屯）和李世君的家（大雷家沟）进行了扫射和轰炸。次日从锦州又开来100多名头戴钢盔、全副武装的日军来到大雷家沟。因为事先得信，全村人早已撤离了村子。万恶的敌人一看没人可杀，便把全村328间房子全部点燃，大火足足烧了一天，使全村的房屋和财产全部烧光。村民王田家连一根筷子都没剩下，就连群众家过年吃的黄米面饽饽都被烧成一个大炭疙瘩，鸡、鸭、牲畜烧死无数。最惨的是没来得及转移的王哑巴被烧死在牛棚柱子底下，李永生被熏死在炭窑里。此情此景惨不忍睹。这次浩劫，使一个秀丽的山村，变成了残山剩水。使大雷家沟全村500多口人流离失所，无家可归。

　　　　　　　　（中共义县党史研究室室存档案，档案号资料B3第1—1—99）

---

① 此件根据辽宁省锦州市义县大雷家沟村群众座谈材料整理。

（28）朝阳县"二车户沟惨案"（1933年秋—11月）

二车户沟惨案。二车户沟位于朝阳县南部羊山附近。1932年6月20日，当日军一支队伍从哈拉贵沟经羊山向南进犯至龙潭沟附近时，被当地义勇军王震部击溃，日军头目佐藤等23人被击毙。余敌在逃窜时又被王文福部截击打死2人，只剩下6人逃脱。从此，王震所住的二车户沟就被日伪军作为"整肃"重点。1933年秋的一天，一股日军乘汽车来到二车户沟扫荡。村民们听到汽车声，立即跑到村外躲起来。日军进村后就点火烧着了各户场院上的庄稼和下窝铺村的60多户人家的200多间房子才离去。同年11月9日至15日，日军第三次偷袭二车户沟。日军进村后，挨家逐户地搜查。凡是村中年过15岁的男子，见一个，杀一个。有的人逃出家门，跑到村外，又被包围在村外的日伪军枪杀。不到3个小时，二车户沟村里仅有的60名成年男子，除一名事先外出未归、郝文章和王世云两人躲进柴草堆里未被日伪军搜出，才得以幸免外，其余57人全部被日军杀害。日伪军撤走几天后，周围村的群众主动起来帮助掩埋尸体。没有棺木，只好用板柜，用炕席卷起来埋葬。惨案过后，村里的老弱妇孺，只好几家聚集居在一家居住。房子被烧光，人们无处安身，就临时搭起马架棚子来度日。

（朝阳市史志办公室主编：《中共朝阳地方史》，辽宁民族出版社2001年版，第53—54页）

（29）清原崔庄子惨案（1933年10月）

　　1933年10月，正值秋收季节，日军认为这是进剿抗日武装的最好时机。因此，盘踞清原街的日本守备队四方出击，当日军进犯至崔庄子村附近时，发现农民从山上往下背庄稼，手中的"千斤棍"在日光照耀下闪闪发光，日军认为是武器，遂包抄上来。及至近前一看，不是武器，便跟着农民进了庄子。进村后，逐户进行搜查。当时唐聚伍部自卫军战士40多人在这个村暂住，他们与村民同吃同劳动，以待时机，再行起事。由于自卫军战士所用的长矛、大刀没隐藏起来，被日军发现。村长董玉珠和办村事的王宪章、遇天恩等见事不妙，即向日军军官说："这几名大刀队员改邪归正，在这里种地，已成良民。"日军军官说："把他们都集合起来，皇军要训话。"村长把24名大刀队员都找来，日军没说几句话，就下令绑了起来，然后押送到村中大庙院子里。村长们再三恳求，也无济于事。日军不但没有放过自卫军战士，连村长也给绑了起来。这时王福祥的大哥和赵洪亮从大庙前路过，也被上绑。日军军官一声令下，两挺机枪同时向人群扫射，29人全被杀害，无一幸免。枪杀后，又在每人身上补了一刀。日军杀人后又抓来村民，逼着拿干柴，在大庙和西街两处点起大火，全村50多户100余间房子全被烧光。

　　（李秉新等主编：《侵华日军暴行总录》，河北人民出版社1995年版，
　　第73页）

（30）日军火烧于家沟（1934年1月27日）

于家沟是抚顺清原西南25公里外所属敖家卜乡的偏僻农村。1933年1月27日（农历腊月十三），侵占清原的日本守备队突然进犯于家沟，从沟外往沟里逐户烧房子。这时大多数农民都在外面干活，看到冒烟，纷纷跑回来救火。日兵端着刺刀，不准百姓近前。就这样，于家沟几十户人家的房子全部被烧光，所有粮食、衣服、被褥、箱子、家具等等都被付之一炬。农民于占水因为有病没有爬出来，被活活烧死。高某家一位妇女，生小孩才七天，因房子被烧，家人只好把产妇和婴儿抬到山窝里。寒冬腊月，健康人都难以在山上过夜，何况刚生小孩才七天的妇女，好容易熬过一夜，第二天，他家里人把她抬到亲戚家里，不几天这位产妇便重病身亡。这暴行造成几十户人无家可归。邵玉林当时七八岁，跟着他80岁的爷爷过日子，因无亲可投，无友可靠，就搬到四面透风、缺门少窗的关帝庙里，住在关公泥像后边，用草盖在身上，爷俩缩在一起，冻得直打哆嗦。由于粮食烧光了，又没有吃的，只好沿街乞讨。要饭的人太多，家家户户都缺粮，一天就是残渣剩饭，也要不上一顿饭，爷爷不到一个月就冻饿而死。老吕家六口人，父亲饿死了，5岁、3岁两个弟弟因为吃榆树皮、吃磨碎的包米芯，大便干燥，便不下来，不到一个月也死去了。农民赵某的两个小孩因为没粮食吃，只好用野菜充饥，结果全身浮肿，最后肿的把肉皮都胀开，不几天也死去了。就这样有上百口人被逼迫到敖家卜。敖家卜仅有四五户人家，分散在沟沟岔岔的房子都烧光了，冬天又不能盖房子，人们只好挤在这几间房子里，炕上地下都住人，连下脚的地方都没有。于是疫病又蔓延开来，病死了50多人，庙西沟住的五六家，死的人都没人去抬。

（李秉新等主编：《侵华日军暴行总录》，河北人民出版社1995年版，第72—73页）

（31）朝阳县南营子村惨案（1934年5月19日）

南营子村曾是朝阳县南部义勇军部队抗击日军的活动地。1934年5月中旬，一队日军行至黑牛营子附近时，遭义勇军王震、赵清泉部伏击。日军向朝阳方向败退途中，至南营子毗邻的北营子村时又遭义勇军阻击。日军恼羞成怒，于19日中午，从朝阳乘汽车赶到南营子村外，用大炮猛轰，村民纷纷跑向村外的西山和东河套，又遭日军飞机的扫射和轰炸。接着，日军开进村中，挨门逐户地抓人。在空中飞机的侦察指引下，日军对跑出村隐蔽在离村较近的民众，一经被发现，立即用刺刀挑死。村中谢云奎一家9口人，只逃出兄弟2人，其余7人全部遇害。其子谢硬生是个身强体壮的小伙子，跑到山上回头一看，其父母正被日军枪杀在地。他愤怒之极，从山顶拿起两块石头，径直跑回村，同开枪的日军搏斗。日军见了他，丢开别人，向他开枪射击，他应声倒在血泊中。但是，村中的其他人却乘机得以躲开了日军的枪杀。南营子村惨案中，有27名无辜同胞被残杀。有400多间房屋被烧毁，家家户户都被日军洗劫一空。

（朝阳市史志办公室编：《中共朝阳地方史》，辽宁民族出版社2001年版，第54页）

（32）日军在桓仁县仙人洞等村的暴行（节录）（1935年2月12日）

……

1935年2月12日（农历腊月29日），仙人洞的村民正准备过春节。阵阵北风吹来，卷起地上的积雪，雪沫子满天飞扬，雾蒙蒙的，什么也看不清，只听由远处传来纷杂的马蹄声，人的尖叫声。这是由平顶山方向来的100多名日本兵，进村后，前边骑高头大马的那个鬼子把战刀一挥，"哇啦"一声，这群手持雪亮刺刀的日本兵，就放火烧房子，顿时，火光冲天，浓烟滚滚，仙人洞村变成了一片火海，80多户房屋烧得净光，200多人无家可归，村舍变为废墟，田园化为焦土，残墙断壁，满目疮痍。1935年春到1936年秋，横道河子、高台子两村，被日军烧毁房屋280多间，有80多人致死，有很多人在饥寒交迫的流浪中丧生。

……

（政协桓仁满族自治县委员会文史资料委员会编：《桓仁文史资料》第3辑，1990年内部版，第121—134页）

（33）朝阳县下五家子惨案（1935年11月16日）

　　下五家子村位于朝阳县缸窑岭乡（现属葫芦岛市），是抗日义勇军刘纯启部经常活动的地区。日军曾三次派兵围剿下五家子村，但均被当地义勇军和爱国民众武装击退。其中一次，日伪军100多人进犯下五家子村时，中了群众武装埋伏，俘虏日伪军5人，打伤17人。从此日军把下五家子村视为眼中钉。1935年11月16日，趁天未明，日伪军重兵突袭了下五家子村。他们先团团围住村子，再由翻译领着日本兵逐家逐户叫起正在睡觉的人们，把100多名青壮年男子赶到村西河套去"开会"。待人都集齐后，日军突然用3挺机枪向人群扫射。顷刻间，这100多名青壮年男子全部倒在血泊中。日军又对倒地者逐个检查。发现呻吟、蠕动者，立即补枪补刀。随后，日本兵又在这些人尸体上浇上汽油，放火焚烧。在村外日本兵放火、杀人的同时，村内日军又把留在家中的妇女、儿童、老弱，用刺刀逼到屋里，用绳子绑好后，再放火烧屋。有个别人好不容易跑出屋，又立即被枪杀在庭院中。日军烧杀3个多小时，下五家子村64户、387人被杀害，400多间房屋被烧毁。在日军残杀中，村民白金祥、刘国珍、刘明善、刘勤等11人拿起菜刀和日军搏斗，幸免遇难。

　　（朝阳市史志办公室编：《中共朝阳地方史》，辽宁民族出版社2001年
　　版，第55页）

（34）岫岩县"四道河惨案"（1936年2月8日）

（1936年）2月8日　本日、11日、19日，日军守备队以"通匪"罪名，先后在岫岩县四道河村（今兴隆乡平阶村）进行三次大逮捕，并于15日、20日进行两次血腥屠杀。村长马玉珍等53人惨遭杀害。日军又在该村附近山区制造"无人区"，将佟家堡子以北王家沟等地130余户民房全部烧毁。史称"四道河惨案"。

（辽宁省地方志编纂委员会办公室主编：《辽宁省志·大事记》，辽海出版社2006年版，第191页）

（35）军警出动讨伐中老梯子遂溃败（1936年3月7日）

频年在新民阜新彰武一带骚扰之巨匪老梯子，经讨伐军警一再扫荡，该匪已陷于歼灭状态，最近又复招聚党徒二百余名，于本月七日拂晓，乘各地军警之不备，突然窜入新民六区界内扰害，除沈新两县，以及奉山路线之警察队，即时动员剿讨外，国军骑兵第三旅十六团长接报后，当即亲自指挥所属之骑兵两连，附迫击炮二门，急遣由防地出发，于当日午后四时许，行抵新彰县境之五家甸子地方，始将匪等追获开始猛烈攻击，交战二小时许，匪等顽强抵抗，并将万家岗子之电线割断，旋向该地东北一带溃逃。是役计匪方弃遗之匪尸八具，伤者十余名，击毙匪马六匹，官军上等兵刘福有负伤，一等兵阎子俊后负有轻伤，目下该讨伐队正蒐集匪人之情报，以便一鼓歼灭云。

（《军警出动讨伐中老梯子遂溃败》，《盛京时报》1936年3月12日第4版）

（36）东边残匪迭遭重创现已不足为患（1936年3月7日）

在东边地带扫荡中之混成步兵第三旅第三团孙汉臣营长所指挥之步兵两连，机关枪一挺，于七日午后一时许，在宽甸县西方四五粁之第五区关门砬子岭附近搜索中，当与匪首救国军占林并二五队等合流帮匪，约计二五〇名遭遇，激战亘八小时之久，双方战争，异常激烈，结果匪方不支，弃甲曳兵如丧家之犬，向东北方面狼狈逃脱。是役计毙匪十六名，伤匪十余名，掳获小刀一把，洋炮一门，匪旗一面，官方战死兵二名，负伤三名，该项匪贼，自上月下旬以来，其行动颇为诡密，迄未与国军冲突，此次出其不意，遂予以重创，丑类均皆胆破心惊，争相逃命，由此观之，东边之匪患，定不足虑云。

（《东边残匪迭遭重创现已不足为患》，《盛京时报》1936年3月15日第4版）

（37）日军在宽甸县烧房杀人强行"集家并屯"（1936年春—8月）

民国25年（1936年）春，日军采取杀光、烧光、抢光政策，将宽甸东部、北部地区3584户居民房屋烧毁，赶进统一规划的8个"集团部落"（伪村公所驻地）和43个"集家部落"（自然屯）居住，以割断抗日群众与抗日联军的联系。太平哨村北吊幌子屯共360户，有280户房屋被烧光。毛甸子村东沟屯，有53户房屋被日军浇油烧毁后，将居民逼进望宝石屯，筑土围子看管。

同年8月，日军在青山沟村庙岭强迫群众在半天之内将自家房屋烧光。盘某与其连襟刘某不忍心烧房，被日军用战刀砍死。同期，灌水地区柏林川、二台子、三台子、八里、大边沟等村屯700余户房屋被焚烧。日军在三台子架起机枪，强迫群众跪于村中央，将周围房屋点燃，用大火烧烤取乐。日军在石柱子到处烧房，最多一天竟烧毁房屋1000余间，并将21名不愿搬迁的农民捆在一起装上木船，沉入鸭绿江心淹死。日军实现"三光"政策，使许多农民无家可归，只得挖地窖、搭草棚栖身，同年冬因冻饿致残致死的人不计其数。翌年春，境内因集家并屯瘟疫流行，青山沟村庞振东家10余口人染瘟疫死亡，仅一名儿童幸免。夹皮沟村单姓一家48口，染瘟疫死亡40口。瘟疫流行最盛期，有的集家屯堡人人染病，死者无人埋葬，暴尸荒野。同年全县因瘟疫死亡7600余人。

（宽甸县志编纂委员会编：《宽甸县志》，辽宁科学技术出版社1993年版，第606—607页）

（38）军警剿匪之捷报（1936年5月7日）

　　[凤城]　　由北窜至宽甸凤城交界之红军党羽杨程合流匪团，共五百余名，衣装整齐，枪械精锐，声势凶勇慓悍非常，对于附近村户，大肆蹂躏，恣意涂炭，幸于七日在本县二区瑷阳城北大东沟地，被军警全数包围，双方激战六时之久，结果匪方受创极重，不支而逃，是役也匪方遗弃尸体二十七具，伤匪三十余人，我方获得机关枪数挺，大小枪械子弹若干，士兵仅有一二名，受有微伤，现军警仍在追击中，但该匪尚在凤宽搭界处，已成瓮中之鳖落网之鱼，不难残除无遗云。

　　（《军警剿匪之捷报》，《盛京时报》1936年5月12日第12版）

（39）丹东南岗头惨案（1936年12月16日）

1936年，日本守备队队长友枝敬一率领守备队侵驻安东县（现东港市）合隆乡大楼房村，执行"清乡"任务。伪安东县警务局局长张忠臣率十余名警务人员驻在该乡的龙潭村，督促地方警察及各村自卫团配合日军"清乡"。

12月15日（农历十一月初二），张忠臣所率的自卫团在大楼房南岗头附近姜家堡子的场院窝棚中搜捕到两个带枪的人，一个叫于德新，一个叫齐小惠。日军守备队队长友枝敬一立即把他们提去审讯。审出于、齐是抗日救国军阎生堂的部下，曾与抗日军的那队长、宁副官几次食宿于南岗头。友枝敬一即刻请示，密谋血洗南岗头。

第二天（农历十一月初三），天刚蒙蒙亮，天空飘着小雨加雪，友枝敬一派饭尾准尉带领二十多名日军，将南岗头前后两条街围住。这时村中多数人家还没有起来，日军便逐户逼迫群众全都从家里出来，谁要不出来或躲藏，若被日军搜出来，谁就要遭杀害。村民姜吉盛这天早晨起得特别早，在场院干活，见情况不好，便躲藏到场院窝棚中，后被日军搜出，用刺刀捅死。还有一个姓杜的和一个姓徐的农民，在日军往一起赶人时，乘其不备，撒腿就往村西跑，被日军骑马追上，开枪打死。

早晨七点多钟，全副武装的日军把全村人押到后街最东头一户农民姜德春的前院。这时，张忠臣带领警察和自卫团一百多人赶到。张忠臣与饭尾嘀咕了几句，便站到院子中间喊："你们这里谁是'马胡子'（指救国军）站出来！"大家都不吱声，张又喊："'马胡子'来过没有？说！"人们还是没有吭声的。过了一会儿，张又叫宋国文家的人都出来。开始宋家的人没敢出来，这时随张忠臣同来的宋家的亲戚走到人群中，将宋家的人陆续找了出来，还有两户朝鲜人也被找了出来。张又喊："谁是来这里串门的，出来！"只有一个叫雷景春的走了出来。

之后，饭尾命令日军把男的赶到一起，排好队，找出搜来的绳子，逼迫后排绑前排的，把八个人绑到一起，押到姜树春后院房东头一间屋子的窗下，把窗扇摘下，窗外放一条板凳，逼群众踏凳子由窗口进屋，当走到炕沿（窗下有炕）时，日军就从窗外开枪，一批接着一批。当最后剩下姜德春、于天发、许恒志三人时，姜德春将绳子挣开，欲夺一个日本兵的枪，被另一个日本兵从背后用铁锹劈倒，又有一个日本兵一刺刀捅在姜的脖子上。于天发背后也被刺了一刀，许恒志左腿被打穿。日军又将他们三个人拖进屋里，然后往屋内扔些干草，点起了火。大火中，受伤的姜德春、于天发、许恒志挣断绳子，趁烟火弥漫之际，将后墙推倒，逃了出去（许恒志因流血过多，半月后死去）。

日军屠完男人，又到姜树春的前院，从关着妇女、孩子的东厢房中，拖出几个妇女轮奸，之后将有的妇女挑死，有的妇女推进屋里。接着日军又向屋里开枪，屋里传来妇女、孩子的一片惨叫声。枪杀完后，日军将房子外面围上干草，点了火。屋里的人大多数被打死，没有被打死的便被熏死、烧死。有的妇女、小孩从火中爬出来，日军就用刺刀挑死。

接着，他们又把南岗头所有房屋都点上火，直到上午十点多钟才离开。在这次屠杀中，南岗头共有三十四户人家、二百七十多人被害，烧毁房屋一百五十六间，烧死牲畜三四头，全村的大部分粮食、衣物、家具等被烧毁，仅逃出四十来人。

12月19日（农历十一月初六），附近的群众把死者的尸骨按男、女分葬到两座坟墓中。

（孙玉玲主编：《日军暴行录：辽宁分卷》，中国大百科全书出版社1995年版，第81—83页）

（40）日伪军在喀左县三道沟"集家并村"中枪杀百姓（节录）（1937年10月25日）

二、集家并村

中华民国26年（1937）5月11日（农历四月三日），日军指挥官管奇亲自带领日伪骑兵230多人，攻入三道沟进行搜查围剿。李天德与日伪军激战3天后，李天德率队撤退。日伪军疯狂闯入三道沟屯，人们早躲进深山密林，日军见不到人，便把牲畜、粮食、衣物等抢劫一空，接着就把全屯12户60余间房子全部烧毁。以后，李天德把队伍化整为零，以有机形式打击日军。日伪当局为遏制抗日义勇军队伍重新组织和发展，搞垮铁沟抗日根据地，调集大批日伪军警到铁沟实行烧、杀、抢"三光政策"，大搞集家并村。同年10月21日（农历九月十八日），日伪军警勒令所有农户拆房搬家到沟外居住，限半个月拆净搬光，为催逼搬家，竟于10月25日将丰振伍、汤小喜、刘殿柱、马振芝、刘殿相、肖振汉、丰朝宗、刘光、刘亮、刘殿耀等12名农民拉出枪杀。时值秋收，道路不便，未能按期搬完。日军极为恼火，疯狂嚎叫，下令把沟里的西窝铺、郑杖子、西涯、窝瓜沟4个屯，一把火点着。霎时，火光冲天，浓烟翻滚，一连烧了三天三夜，把51户的214间房子统统烧光。然后又来搜查，发现房架未倒，随令伪警察组织扒墙队，挨家逐户将房壳全部推到，并把全屯人驱赶到铁沟外的"人圈"里。

（张德钦主编：《喀喇沁左翼蒙古族自治县志》，辽宁人民出版社1998年版，第496页）

（41）凌源县集家并村汇总表（1949年3月热河省无人区代表会议统计）（1943—1944年）

| 区别 | 部落数(个) | 集家户数(户) | 集家人口(万人) | 拆房数(间) | 烧房数(间) | 致死人口(人) | 损失牛马驴(头) | 损失猪羊(头) | 损失家具(万件) | 损失粮食(石) | 损失摆设(万件) | 损失缸柜(件) |
|---|---|---|---|---|---|---|---|---|---|---|---|---|
| 四区 | 7 | 760 | 0.45 | 3321 | 30 | 50 | 30 | 400 | 1.5 | 40 | 0.4 | 470 |
| 五区 | 28 | 3500 | 2.1 | 28400 | 100 | 600 | 300 | 400 | 2 | 70 | | 1200 |
| 六区 | 25 | 2500 | 1.5 | 20000 | 500 | 700 | 50 | 100 | 2 | 50 | 0.3 | 520 |
| 八区 | 6 | 955 | 0.55 | 6000 | 20 | 700 | 20 | 70 | 1 | 30 | 0.2 | 360 |
| 九区 | 8 | 550 | 0.35 | 3000 | 60 | 300 | 50 | 200 | 0.9 | 150 | 0.2 | 280 |
| 十一区 | 20 | 2840 | 1.7 | 1300 | 300 | 380 | 150 | 300 | 0.95 | 270 | | 280 |
| 十二区 | 6 | 600 | 0.36 | 3500 | 40 | 300 | 10 | 70 | 0.05 | 30 | 0.2 | 330 |
| 合计 | 100 | 11705 | 7.01 | 65521 | 1050 | 3030 | 610 | 1540 | 8.4 | 640 | 1.3 | 3440 |

（凌源县志编纂委员会编：《凌源县志》，辽宁古籍出版社1995年版，第493页）

# 2. 人口伤亡资料

## （1）葫芦岛被侵占（1931年9月20日）

外息，日军占葫芦岛，有窥山海关模样。（二十日专电）

日军侵占南满路沿线各地后仍在继续进兵，据关系方面接到平津电讯，日军此次由南满路沿线出动者计一师团，由朝鲜境出动者计两师团，截至二十午止，日军已将南满全线实行占据。二十晨八时，日本驻屯关东军队又攻陷葫芦岛附近之连山湾，日军枪毙华人三十余名。（二十日专电）

（《葫芦岛被侵占》，《申报》1931年9月21日第4版）

（2）王部溃兵破坏电线被日军痛击败走（1931年10月21日）

廿一日正午许，由铁岭东方山地发现王以哲部第六百二十一团溃兵，约一千人向西开始移动，至是日夕刻移抵大汛河附近切断满铁线电线约数十米，日军接此报告即令驻铁岭守备军及驻沈守备军出动挟击。至午后九时半许，中日两军冲突开火。华军不利，遗弃尸体六十余向西北方面石佛子大台等地溃走，日军现追击中云。

（《王部溃兵破坏电线被日军痛击败走》，《盛京时报》1931年10月23日第4版）

（3）城西北方溃兵昨被日军扫一空（1931年11月2日）

在离开原西北方约三十里之小喜省台方面，于昨日（一日）夜突然发现匪团约五十余人。日军接报，即派饭田大尉率部前往剿讨，该队于二日午前六时许进抵小喜省台，与匪相遇，双方开火，交战约一小时，匪团死者一人，负伤者三人，向西南方溃逃。该日军尚继续向双台前进，于午前九时许进抵头道沟，又遇匪团约一百五十余人，即时开火，激战一小时后，匪团遗弃死者五十人而向西方遁走云。

（《城西北方溃兵昨被日军扫一空》，《盛京时报》1931年11月3日第5版）

（4）击溃"金山好匪"　韩队凯旋追悼亡警（1931年11月22日）

城西各村被匪扰害殆遍，有匪首金山好率羽党百名，盘踞二社窝堡，大队长韩荣萱统率队警二百名，带炮两门，与匪激战，该匪占据关姓院中，围墙坚固，并有炮台可守，大队长奋不顾身，督警猛攻，当场格毙胡匪十数名，并生擒胡匪四名，匪妻一口，该匪势穷，已行溃逃，大队长于廿二日率队全胜而归焉。

又治安局长程星五、大队长韩荣萱，为念前在二社窝棚，与股匪金山好一百余人鏖战，除毙匪十余名、生擒匪四名并有匪妻一口外，队警柏相林等五名被弹伤生，特于廿四日举行追悼，在南关搭扎灵棚，于上午十时依序开会，各界警送挽联，中日各要人相继与祭种种设备，可谓死后哀荣云。

又前在二社窝堡击匪，队警葛德万等五名，奋不顾身，已经殉职，备棺盛殓，将灵运至南关，搭灵棚举行追悼，经各界首领致祭，程局长与韩大队长异常悲惜，将阵亡队警五名与前在八宝屯殉职马警李芳廷共六名，设将牌位入义勇祠，永垂不朽，以为死后光荣云。

（《击溃"金山好匪"　韩队凯旋追悼亡警》，《盛京时报》1931年11月28日第5版）

（5）日军剿匪凯旋（1931年11月25日）

月之廿五日城西河口，突来胡匪十余人，沿村索要钱财等物，村人多半逃避。日军闻讯，于是日上午率队往剿，午后与匪交战，在河口内击毙匪十三人，生擒一人，又毙船夫一人，午后四点凯旋云。

（《日军剿匪凯旋》，《盛京时报》1931年11月29日第5版）

（6）辽宁省日军分头扰害农村（1931年12月6日）

锦州电，本庄六日晨派遣飞机十余架，分向新民左近及辽阳西北各村落，以肃清土匪为由，肆行轰炸，农民被害者三百余名，同时昌图方面发现大股小白龙党羽，正与日军交锋。

（《辽宁省日军分头扰害农村》，《申报》1931年12月8日第3版）

（7）日军陷沟帮子进窥锦州（1931年12月30日）

　　沈讯，日军下总攻令后，各处战甚烈，伤亡亦多，昨起将新由朝鲜调来之混成旅参加作战，向沟帮子进攻，其先锋部队过白旗堡时，与黄显声部警队激战，我兵器较逊，警士死伤达百五十余名，日骑兵昨下午四时侧击羊圈子、石山站间之三家子，激战二小时，敌未深入。

　　　　　　　　（《日军陷沟帮子进窥锦州》，《申报》1932年1月1日第7版）

（8）义勇军与日军在沟帮子大凌河间作战阵亡450余人（1931年12月31日）

（1931年）12月31日 日人乘北宁路线正式军队撤出之际，即以铁甲车坦克车飞机及步骑各军，同时并进，希图一鼓将榆关以东占据。警务处长黄显声见形势危急，遂令熊飞急赴前线指挥各路义勇军，与日军死战，以希博最后之胜利，掩护正式军队撤退之安全。在沟帮子大凌河间，短兵相接，血肉横飞，转战三昼夜，死伤山积。日本嘉木旅团，天野旅团均被击退。斯役我军阵亡少校队长以下450余名，虽伤亡甚众，而日军之损失，亦大为之震悸。

[赵杰主编：《血肉长城——义勇军抗日斗争实录》（上），辽宁人民出版社2001年版，第103页]

(9)在锦西一带各地日军活动情形（1932年1月11日）

日本依田旅团长，为彻底的扫荡连山锦西一带胡匪，亲率第〇〇队于十二日午前十一时抵连山。

十一日拂晓抵锦西之室〇团麾下步兵部队，同日午后九时在锦西西方三十里地点与胡匪大集团开始大激战。

日军援助锦西之安达支队十一日午后入锦西城，会合古贺骑兵联队，与再袭来之胡匪开始激战，毙匪二十余名，匪方包围锦西城，有乘隙再大举逆袭之情势，日军计划户并支队到来时，出以积极的行动一举歼灭匪众。

（《在锦西一带各地日军活动情形》，《盛京时报》1932年1月14日第5版）

（10）日军突袭新民县公主屯（1932年2月1日）

　　（1932年）2月1日　拂晓，日军77联队，突然袭击公主屯，该屯红枪会首领杨金生，张宏图等率众百余，拼命抵抗，达11个小时。打死日军30多人，红枪会首领及群众23人牺牲。

　　（新民县县志编纂办公室编：《新民县志》，沈阳出版社1992年版，第18页）

（11）日寇屠杀辽阳抗日救国铁血军战俘惨案（1932年4月3日）

1931年"九·一八"事变后，辽阳城西沙岭一带组织了抗日救国铁血军。1932年4月2日拂晓，侵占辽阳的日伪军警司令部纠集上千人的兵力，在飞机、大炮的配合下，分三路向沙岭"讨伐"。日军飞机先行，对沙岭进行狂轰滥炸，炸死蒋六子和金朝喜的女儿，炸断金朝喜的胳膊。铁血军为减少百姓伤亡，化整为零，进行转移。日寇汉奸巡捕韩子晶伙同司法警察日指导官九马等人，在沙岭进行大搜捕，将铁血军的伙夫王明石押到东岗子杀害。

同年4月3日深夜，盘踞奉天的伪暂编警备步兵第一旅长陆军中将司令王展忠率部伙同辽阳日伪军和地方民团数千人，对抗日救国铁血军分村围剿。铁血军因敌我力量相差悬殊，弹尽无援，有25名战士牺牲，40余人被俘。第二天上午7时，伪警务局长刘金昌、日司法警察九马伙同伪申大队长率乡团警队，将抗日救国铁血军战俘曹广大、陈春一、胡聚才、王树勋、刘继五、张发、马云全、孙继五、张相臣、任树庆、张福元、祁文章、李学文、杨沐波、何泽溥、王希魁、李洪秀、王崇全、吴振东、王中时、兰明山、富明文等22人，在辽阳西关外大壕沟旁杀害。日寇警宪又于同年4月10日上午5时，杀害抗日救国铁血军副司令胡志诚（原名胡忠原）等16名战俘。不久，日伪对沙岭地区进行"清查"。日伪巡捕韩子晶伙同日司法主任泽春等刽子手来到沙岭，先后将杜兴武（村长）、金亮玉（副村长）、金子清、金朝关、金朝贡、闵豹文、曹忠恕等九人抓走。硬说他们是抗日救国铁血军，由辽阳转押至鞍山八挂沟推进日军的狼狗圈，惨死景象难以目睹。

（李秉新等主编：《侵华日军暴行总录》，河北人民出版社1995年版，第62—63页）

（12）独立团在庄河县歪头砬子与日军作战伤亡20人（1932年4月4日）

（1932年）4月4日　刘同先、王宝绪率领独立团600多人，在歪头砬子（今花院乡辖）与扫荡的100多名日本守备队遭遇，展开近战，毙伤日伪军20余人，缴获长短枪20支，独立团伤亡20人。

（梁毓棠、顾春发主编：《庄河县志》，新华出版社1996年版，第17页）

（13）日军在庄河市双塔岭杀害独立团战士（1932年4月7日）

（1932年）4月7日　王宝绪的独立团，在双塔岭与日伪军交战，打死日伪军20多名，独立团200余人被俘。8日，伪安东地区警备队司令李寿山部，将被俘的32名抗日救国军人员押到英那河畔杀害。9日，日伪军将12名抗日救国军和无辜群众在庄河街东杀害后，割下头颅，悬挂在街边电线杆上。

（梁毓棠、顾春发主编：《庄河县志》，新华出版社1996年版，第17页）

（14）本溪湖煤矿重大事故表（节录）（1932—1942年）

| 时间（年月日） | 事故原因 | 死亡人数 | 重伤人数 | 备注 |
|---|---|---|---|---|
| …… | …… | …… | …… | …… |
| 1932.4 | 二坑13道瓦斯爆炸 | 10余人 | | |
| 1933.9.5 | 五坑瓦斯爆炸 | 27 | | |
| 1934.8.21 | 二坑15道西1道瓦斯爆炸 | 8 | | |
| 1936.8.27 | 三坑瓦斯爆炸 | 3 | | |
| 1936.9.25 | 五坑瓦斯爆炸 | 3 | | |
| 1940.8.16 | 大斜坑电车道三平上瓦斯爆炸 | 30余人 | | |
| 1941.4.19 | 三坑瓦斯爆炸 | 10 | | |
| 1941.11.6 | 柳塘压风机房着火 | 9 | | |
| 1942.4.26 | 柳塘坑瓦斯大爆炸 | 1527 | 44 | 其中日本人31人 |
| …… | | | | |

（本溪市党史地方志办公室编：《本溪市志》第2卷，大连出版社1988年版，第281页）

（15）刘凯平等9人"反满抗日国事犯"案（节录）（1932年6月6日）

（2）刘凯平等9人"反满抗日国事犯"案　　刘凯平，光绪十七年（1891年）出生于奉天省义县一个农民家庭。宣统元年（1909年），刘凯平在亲人的帮助下，来奉天省城的满洲八旗子弟工厂学艺。民国4年（1915年），刘凯平开了一间制造牙粉的小工厂，将首批国产牙粉投放市场。民国10年（1921年），刘凯平研制"老火车头"牌牙粉大获成功，使日本牙粉在奉天各地的销售受到严重威胁。民国20年（1931年）"九一八"事变后，早被日本人嫉恨的刘凯平，不仅未离开奉天，反而参加了爱国将领黄显声组织的东北抗日义勇军，并担任高等顾问，曾策划过如何支援各路义勇军攻打奉天省城。不料，刘凯平的活动被日本特务所侦知。民国21年2月21日，日本在奉天省城城内的宪兵队将刘凯平逮捕，后转押至日本宪兵团。日本宪兵团团长大古青堂、司法课长大久保，对刘凯平进行了多次审讯，施尽各种酷刑。一次审讯，大古青堂问："刘先生，你同我们日本人搞了十几年商战，使日本经济受到了巨大的损失，你可知罪？"刘凯平回答："我经商不知犯了哪条罪，如果现在所讲的日本人经济受到巨大损失，我听后反倒感到很高兴。"同年6月初，日本宪兵团最后向刘凯平提出的条件是：把"老火车头"牌牙粉外包装的"提倡国货"四个字连同火车头图案一同拿掉，将专利权卖给日本人，就可获释。刘凯平宁愿一死，也不肯妥协。在奉天省城的日本几个株式会社则派人到宪兵团，要求处死刘凯平，以消灭他们的竞争对手。同年6月6日，日本宪兵团以"反满抗日国事犯"的罪名，判处刘凯平等9人死刑。因怕义勇军劫法场，执行死刑时秘密进行。同时遇难的有：奉天省城广玉当经理曹玉仁，电政界的郭砚田，英美烟草公司翻译杨森、监察岳宗岱、日语翻译王德山，外地人穆某，另2人名字不详。

（辽宁省地方志编纂委员会办公室主编：《辽宁省志·审判志》，辽宁民族出版社2003年版，第297页）

（16）鞍山市西河南村惨案（1932年6月21日）

1932年5月的一天，"绿林好"率队潜入大孤山采矿所，智擒日本人矿长竹岁、多山等人为人质，隐藏于今千山区西河南村。后因坏人告密，驻鞍山守备队、日本宪兵队和警察署，调遣300余名日伪军警，于6月21日分三路包围西河南村。王国选掩护"绿林好"率部突围，王等14人腹背受敌，全部壮烈牺牲。竹岁等趁机逃跑。在战斗中日军被打死二三十人。后日军疯狂进行报复，进村逢人就杀，见房就烧，烧毁该村民房108间，砍杀枪击无辜群众30多人。村东苏德奇一家6口人，被逼至老豆沟里，扒去上衣，用刺刀一个一个捅死。苏化邦家4个炮手，3个雇工，还有个小贩，被带到村西刘家坟地，也一一被挑死。临撤时带走18名民团，到王家坟，也全部枪杀了，制造了西河南村大惨案。

（姜涛、王春贵主编：《鞍山地区近现代重大历史事件图录》，辽海出版社2005年版，第146页）

（17）民众救国军在庄河市大孤山街与日军作战牺牲200余人（1932年9月5日）

（1932年）9月5日　以凤城民众抗日救国军第二十八路军司令邓铁梅为总指挥，庄河民众救国军第四十路军司令刘同先和岫岩民众救国军第五十六路军司令刘景文为副总指挥，组成5000余人的联合大军，向李寿山的伪安东地区警备处驻地大孤山街发起总攻，围困守敌18天，连战连攻8次，终因伪军城壕工事坚固和武器精良而未攻克，复遭日军飞机轰炸及来自岫岩的日军田野守备队500余人的包剿，三路救国军不得不撤出战斗。此战击毙伪军营长以下官兵200余人，救国军亦有200余人牺牲。

（梁毓棠、顾春发主编：《庄河县志》，新华出版社1996年版，第17页）

（18）日军在开原市以多条狼狗咬死伪军100余人（1932年9月）

抗日第四十六军的一支部队经常在老滩沟一带活动。在他们的宣传和影响下，伪军队内部发生了动摇。一次（1932年9月），一支伪军队伍配合日军去围剿抗日队伍，这些士兵不甘愿屠杀自己的同胞，只是朝天放"朋友枪"，这一情况被日军指挥官用望远镜发觉。当天下午这支百余名的伪军队伍被集中到八棵树，捆绑后押运到开原火车站，关入大铁栅栏里，然后放入许多条狼狗连咬带吃这些伪军。一连六七天，人叫狗吠，凄声刺耳！这次罹难中只有一位名叫郭明生的人幸存下来。

（政协铁岭市委员会文史资料研究委员会编：《铁岭文史资料》第9辑，1995年内部版，第223页）

（19）大刀会在攻打开原站时死伤50余人（1932年11月9日）

1932年11月9日，大刀会配合栾法章的快枪队、金山好的骑兵队进攻了开原站。他们攻入街内，并包围了日军驻守的开原火车站，放火六七处，击毙日军巡查部长秋近以下多人，使"日满官商悲痛已极"。此战术在日军强大火力反攻下，大刀会死伤50余人，被迫退回城东大康屯、上肥地一带休整。

（邬海文、武守忠著：《辽北抗日义勇军史略》，1995年内部发行，第131页）

（20）盘山县双台子大屠杀（1932年11月12日）

1932年11月12日，日本军队以招降的名义，在盘山县双台子区河南老铁桥西侧，进行了一场血腥大屠杀，杀害四五百人。盘山县沙岭乡西灰村傅万令老人，是这场大屠杀的幸存者，也是日军屠杀中国人民的见证人。老人介绍了这段悲惨的经历：1932年，日军侵占盘山以后，群众自发组织了抗日义勇军，其中部分队伍撤走了。我四叔傅忠忱等义勇军只好躲在亲戚家里。当时日军发出布告，布告中说：凡是当过义勇军的，只要到盘山受招降，把枪一交就没事，愿意当兵的留下当兵，愿意回家的可以回家，今后不准当义勇军，要当良民老百姓。如果不去受招降，只要走出就杀头，知情不举者也杀头，检举有功的受奖。布告一贴出来，日军天天枪杀人，弄得人心惶惶。11月12日早晨，我和三哥傅万荣，还有同村的林秀阁、林秀喜、林秀平为了不连累亲友们，骑着马背着枪，硬着头皮去盘山受招降。我们几个人上午9点多钟到盘山，在狼窝那个地方吃的早饭，马放在高家，下午3点多钟，日军把我们四五百人领到河南老铁路两侧，站好队后，开始点名。铁路桥南头两侧停着两辆铁甲车，离我们有几十米远，我当时也不知道是什么。检阅以前由裴司令讲话。裴司令叫裴东阁，日本人让他组织救国军，委任他当司令。裴司令讲完了，日本人讲话，当时只想快点回家，讲的什么没听清。大约四点多钟，突然枪响了，忽啦啦前面倒下一片，我才明白中了日军的奸计。我刚想跑，大腿中了一弹，鲜血顺裤子往下流，现在伤疤还在。我一看不好，就滚到沟里去了。人都打倒以后，日本兵才从铁甲车里出来，挨个检查，不管死的活的都用刺刀扎几下。我身上被扎了三刀，当时昏死过去了也没觉得疼，也没有喊叫。日本兵以为我死了，也就没管我。日军走后晚上八九点钟，来了几个人拿着枪，一边检查一边喊：有没死的吗？我们是来救你们的。这时我已经清醒，知道浑身疼了，听见有人喊就答应了，这样我才死里逃生，活到今天。而其余四五百人全都惨死在日本鬼子的屠刀下。

（李秉新等主编：《侵华日军暴行总录》，河北人民出版社1995年版，第68页）

（21）王殿忠部三角地带剿匪经过三战三捷众匪丧胆（1933年3月29日）

[凤城] 驻凤辽河地区警备军王殿忠部步兵第一营营长刘凤阁，营附李恩普，自奉命率部莅凤以来，军纪严肃，秋毫不犯，对于商民人等，谦恭和霭，毫无军人之杂气，爱护备至实施军民一体之政策，载声载誉，有口皆碑，故称为新国家之模范军，谁曰不宜，该刘营莅凤后稍事休息，乃于三月二十九日，由城出发，直赶沙里寨一带，残除匪类，当日即驻扎于该处，举日兜剿，讵于当晚二时许，竟有邓匪之部下伪七旅伪八团团长李福田等率匪二千余人，解铃衔枚，暗袭刘营，先将驻蔡家堡子第三连包围后，旋被第三连之士兵奋勇击退，匪未得逞转又袭取驻沙里寨之第四连已被该连全数击退，在匪来暗袭之时，刘营长呈接警报，当即分布关防线，以资迎击，并合李营附挑选精锐之士兵三十余人，先占领沙里寨之左翼最高山头俾资凭高视远，以逸待劳，李营附率领精锐，先行登山，而匪徒正在山左，亦欲佔领山头时早被李营附捷足先登矣，匪见地势被佔，仰攻不易，乃狼狈逃窜，相率溃散，刘营长预知李营附占领山峰，始亲率各连士卒，挹要猛击当以迫击炮猛烈扫射，结果伤匪三十余人，迫至黎明四时许，匪等分道逃窜，狼狈不堪矣，因天尚朦胧未便追击，是役也格毙匪徒二十余人，伤匪三十余人。据该村农人云，于匪逃窜时，将住户之房门，全数择去盖为抬伤匪而用，其受伤之多，于兹可见矣。但匪方经此惨败后，邓铁梅大为震怒，当即整率余匪，思图报复，于四月二日李营附率部在红旗村宿营之际，于夜一时许，匪又来袭，系由大营子、山腰冲锋而前，一时之间喊声大振，李营附预知匪等之故技，惟有袭营之一途，别无长计。故于驻扎之始，即有准备，除筑有坚固战壕外，深沟高叠，以防偷袭，并将全部士兵，暗伏于山峰及山腰之要隘处，枕戈以待，故村中无一兵之影响以示移营，讵料匪徒及大刀匪等一百余人，竟入计中，先攻进村时，见无一卒，知已中计不敢前进，夺路拟窜，李营附在山峰上督饬士兵，早发现匪之攻击，因距离较远，未便短兵相接，乃由山炮迫击炮等一举齐轰，竟毙匪三十余人，其余残匪分三路逃逸矣，但一时之间炮声枪声，并杂以匪逃之哭喊声，相继而来，震耳欲碎，迫至三时三十分匪始无踪矣。是役也，除毙匪三十余人外，并击伤匪众数十余人，盖于匪逃窜后，发现匪遗之血迹颇多，匪方受伤之多无疑也。我军一无所失大获全胜，若非李营附计划周全以及防御得当，其不为匪算者几鲜矣，故自该军莅凤以来，辗转数战，皆获奇势。正所谓攻无不取战无不胜，所到之处，匪已惊魂丧胆望影先逃，以是歼除丑类，肃清匪患指日可期云。

（《王殿忠部三角地带剿匪经过三战三捷众匪丧胆》，《盛京时报》
1933年4月13日第4版）

（22）600余义勇军牺牲于岫岩县老平顶之战（1933年4月）

邓铁梅率义勇军主力自尖山窑向东转移后，其第一支队李海山部600余人，仍活动于尖山窑以北地区，同敌人周旋，牵制敌人活动。日军步步逼近，义勇军第一支队退至老平顶。……（1933年4月）山下所有道路均被敌人封锁。义勇军多次突围，未获成功，敌人几次散发传单诱降。义勇军第一支队官兵在弹尽粮绝、饥寒交迫的情况下，坚持6昼夜，无一人投降，全部壮烈牺牲。

（岫岩县志编辑部编：《岫岩县志》，辽宁大学出版社1989年版，第496页）

（23）凌源市"下堡子惨案"（1933年5月31日）

茶棚村治安维持会组建之初，是为防匪缉盗，维持地方治安。凌源沦陷后，这一民间自卫组织遂酝酿抗日救国，虽未与日军交火，但被人告密，惨遭日军镇压。

1933年5月31日清晨，日军对茶棚村维持会采取突然袭击。日军分两路，一路从凌源出发直奔松岭子，一路经三十家子、茶棚进松岭子，两路汇合后把维持会驻地烧锅大院包围。会长王焕清、副会长章金营因事出突然来不及商议。日军翻译叫全体维持会员集合，当时一个叫娄凤廷的班长，对翻译说，来这么多人，人吃马喂的，我先去安排一下，遂只身逃出大院。另一班长王增禄趁集合混乱之机，率全班7人逃出，被日军一部分追至西北沟山弯于杖子庄前，用机枪全部屠杀。被围困于烧锅大院的50余人，被日军捆绑带走，途经北炉下堡子大庙直奔北沟。这里南北是开阔地，西面有高山，北面为通往凌源大路，中间乃是一条沟。日军将维持会人员赶往沟里，四面架设机枪向人群扫射，维持会人员全部倒于血泊中。其中孟广瑞（贾杖子人）随枪声倒下，被后死者压在下面，日军复查补刀时未发现。张希武虽被击出肠子，但未伤要害，李如忠在押送途中跑掉，这3人死里逃生。会长王焕清、副会长章金营被押送凌源城里，审讯后枪杀。

下堡子惨案遇难者57人。死在于杖子7人，死于下堡子48人，死于凌源2人。这些人分别住于松岭子、北炉、三十家子、水泉、茶棚、岳杖子等村庄。

（凌源市史志办公室编：《凌源地区日军暴行与民众抗暴录》，2002年内部版，第12页）

（24）庄河朱营子惨案（1933年6月3—5日）

1933年4月中旬，日军对庄河、岫岩、凤城三县连界的地方进行第二次"讨伐"。日军的板津羽山、贵志兼石等支队和伪军一部，分多路向抗日军邓铁梅、刘景文部猛扑过来。由于抗日军早有准备，日伪军刚到来宝沟，就遭到抗日军迎头痛击。日军守备队40余人、警察400余人在日本参事官喜多章一、警务局长苗建发等人带领下，于6月3日进犯花院朱营子骚扰，强迫附近五个村的青壮年4000余人，配合日伪军"拉大网"。他们兵分三路，向高岭、塔岭群山围攻过去，扬言凡从"大网"上搂进来的人一律砍头。于是日伪军一进入山区便大打大杀。在丛家堡子发现一人往山上跑，便开枪把他杀害，并割下耳朵。接着又用六〇炮、机枪向丛家堡子、林家店一带手无寸铁的平民百姓猛烈轰击扫射，结果打死无辜百姓孙家裕等三人，伤者数人。6月5日，各路"拉大网"的日伪军先后返回，麇集于朱营子曲家大院。日伪军把一些在山上打柴的樵夫、养蚕的蚕民和串亲的百姓抓了30多人，关在朱营子曲家大院，由日本参事官喜多章一亲自"过大堂"，一一施加酷刑。村长赵相亭出面担保，先后保出丛德仁、丛德信等20余人。剩下的七个人先后经多人具保，但被嗜杀成性的日伪军拒绝，晚上这七人便被日军杀害。

（李秉新等主编：《侵华日军暴行总录》，河北人民出版社1995年版，第69页）

（25）日军杀害岫岩县包家堡无辜百姓（1934年2月17日）

1934年（民国23年）2月17日，日军在岫岩城北包家堡"讨伐"抗日义勇军，义勇军闻讯转移，日军扑空，抓当地群众21人，施行毒打，逼问义勇军去向，群众无一提供。傍晚，日军将一名叫罗玉维的青年农民拉出，手持战刀作砍头架式，加以威逼。罗说，"不知道"，日军便挥刀将罗砍死。余下的20名群众仍不屈服，日军便将他们带到王家堡日军守备队关押，用尽各种酷刑审讯，仍无所获，遂于2月25日将在押无辜群众全部枪杀。

（岫岩县志编辑部编：《岫岩县志》，辽宁大学出版社1989年版，第486页）

（26）抚顺安家峪惨案（1934年10月20日）

抚顺县安家峪农民朱海乐于1934年组织起一支农民武装抗日队伍，在沈阳、抚顺两县交界区进行抗日游击活动。朱海乐的抗日武装队伍所需物资是通过中介人周玉金由地主、富农补给。不久盘踞沈阳县（今沈阳市）姚千户屯的日本守备队知道这情况后，命令汉奸、特务侦查，策划逮捕周玉金，以便削弱朱海乐的抗日武装力量。农历九月十日前后，周玉金被捕，在刑讯中被打得遍体鳞伤，供出了朱海乐抗日组织及家属住址。十三日（公历10月20日）中午，周玉金被推上汽车，向台沟、安家峪驶去。农民李德发在台沟西山摘收山茧，头顶满筐蚕茧向山下走去，正遇日本守备队警戒哨上山，日本士兵举刀砍下李德发的头颅。日本守备队汽车开进台沟村内，停车后，日兵和特务立即四下分散，卡住街口，许进不许出。他们挨门逐户地把居民赶出屋子，不论男女老少一律集中街心，街心南北道口架设机枪，枪口对准人群。汽车上的周玉金头缠纱布，只露一只眼睛，跪在车内，面向人群。日本兵和特务从人群中一个个往外拖人，拖出一个推到车前，问周玉金：是不是？周玉金或点或摇头，这样有梁海林、梁喜林、梁春芳、梁春山、梁广林、徐振鳌、徐振会、赵成明、朱宝福、刘大香、辛赫轩等11人被推上汽车。然后向安家峪驶去。农民朱士元听到汽车声，边跑边喊：台沟来日本鬼子兵了！正在抓人哪！大家快跑吧！朱士元跑出村西上马路，准备躲起来。恰在这时日本守备队的汽车赶到，朱士元此时此地无处藏身，只好站住。车上有人问他姓什么，他说姓朱。日兵不由分说将他拖上汽车，向安家峪驶去。午后2时许，日本守备队进入安家峪村中心，与台沟一样，把人集中在一起，让周玉金辨认，认出朱玉田、陈万兴、陈玉水、范长富、陈玉和、陈玉堂、朱士敏等七人。两村共有19人被认出。他们被推上车后立即三人一起五人一串地被绑起来。汽车出村向海浪方向开去，约20分钟左右，人们听到南边响起一阵机枪声。后来听从虎口生还的辛赫轩说：汽车开到斑毛岭上就停下，日本兵和特务立即散开警戒，将车上所有的人逼站在一条沟沿上，用机枪射杀。辛赫轩恳请翻译说情才幸免于难。朱士敏因年岁大被送进本溪县监狱，不数月也死下狱中。

（李秉新等主编：《侵华日军暴行总录》，河北人民出版社1995年版，第81—82页）

（27）北票煤矿瓦斯爆炸（节录）（1934—1945年）

二、实行野蛮的"人肉开采"政策

随着侵华战争的扩大和太平洋战争的爆发，日本侵略者加紧掠夺我国的煤炭资源。在北票煤矿，他们实行"以人换煤"的"人肉开采"政策，强迫工人开展"大采炭"、"采炭报国"等活动，并经常搞什么"努力出煤日"，不顾矿工死活，随意延长劳动时间，有时长达十六小时以上。监工、把头手拿皮鞭、鎯头，驱使工人拼命干活。然而，井下却没有任何安全措施。他们不检查瓦斯，不维修顶板，缺梁断栓现象随处可见，致使冒顶、片帮、瓦斯爆炸、透水等重大恶性事故不断发生。夺去了成千上万矿工的宝贵生命，这里仅举几例：

1934年，冠山竖井四道巷发生瓦斯爆炸，五十二名矿工死亡，伤者甚众；

1939年，台吉一井因修风机引起瓦斯爆炸，死亡矿工十九人；

1942年6月，台吉一井五片瓦斯超限，而日本把头仍逼迫工人放炮，结果造成瓦斯爆炸。日本侵略者不但不组织抢救，反而封闭了井口，致使五十多名矿工丧生；

1942年10月，冠山二井发生瓦斯爆炸事故，五十多名矿工死亡；

1943年冬，台吉一井搬运风机，在停止送风的情况下，日本把头仍强迫工人放炮，结果瓦斯爆炸，八百米巷道被摧垮，十余名矿工死亡，用了半个多月时间才把尸体扒出来；

1944年，台吉一坑运输道二片发生跑车事故，当时撞死工人五名；

1944年底，台吉一坑三片西延发生透火事故，当时烧死工人十七名；

1945年1月，台吉一坑三片采场发生瓦斯大爆炸，七十多名矿工死亡。

……

（孙玉玲主编：《日军暴行录：辽宁分卷》，中国大百科全书出版社1995年版，第155—156页）

（28）新宾县东金沟事件（1935年1月20日）

1934年之后，东北抗日联军活跃在新宾县的红庙子一带。东金沟地主崔长海勾结日本警务科特务汪明显、于景阳等，向日伪当局举报了抗联的活动及抗联家属的情况。腊月十六日（1935年1月20日），崔长海带领日本守备队和伪警察数人来到东金沟，逐户通知说："来发配给了，每户一张灶王爷，还有咸盐。"当村民们赶到分驻所前时，预先埋伏于四周的守备队员和警察便立即将群众包围起来，用枪刺副着村民，不许他们活动。随即按崔长海密告的名单，将爱国群众王臣吉、刘庆堂、刘才、白君恒、关庆武、高英杰、徐德义等人从人群中抓出，用汽车拉走投入县监狱，后带至新宾镇北山的"万人坑"，由金大刀（杀人无数的刽子手金丽轩为日本特别搜查班班长警佐，朝鲜人）砍死。不久，崔长海又向县警务科特务诬告说东金沟的杨秀凤、黄明生、周永腾、李大个子等群众参加过"抗联"召开的会议。日本守备队便将东金沟包围，当场打死六人，随后将近五百名男性村民全逮捕，分批用汽车押入县城监狱。后陆续放回二百名，其余三百余名，皆被"金大刀"等人分批杀害于北山"万人坑"。

（孙玉玲主编：《日军暴行录：辽宁分卷》，中国大百科全书出版社1995年版，第135页）

（29）岫岩县哨子河街惨案（1935年5月4日）

1935年5月4日，邓铁梅部十六团团长义立善，在其故居义家街为其父办理丧事时，驻哨子河日本守备队率伪军三百多人，将义家街包围，义立善率队边战边撤，亲属均随队撤离。日军便将另一家也因办丧事穿孝服的人抓去十三名，带回哨子河。日军在哨子河街东头柳树林子里，枪杀十二人，并割首级送到岫岩县城报功。

（孙玉玲主编：《日军暴行录：辽宁分卷》，中国大百科全书出版社1995年版，第163页）

（30）抚顺市王家店"部落"发生霍乱病死亡700多人（1935年8月4日）

（1935年）8月4日　驻抚顺县的日本山上守备队长和县公署参事官山下满男带领两辆大卡车的守备队和警察开进秋皮沟，强制集家归屯，将该屯烧毁。归屯后，由于居民集中，卫生环境恶劣，致使很多"部落"瘟疫发生，酿成灾害。王家店有居民300来户2000多人，因霍乱病死去达700多人。

（袁丁主编：《抚顺市政府志》，辽宁人民出版社1991年版，第10页）

（31）日军在清原镇屠杀居民150余人（1935年秋）

1935年秋，日本侵略者进入清原镇，先后抓来150余人。在日本守备队操场上听队长务路"训话"：什么做良民的给钱放回家，愿当兵的去领衣服。最后，让大家上车领钱或领衣服。这150人上了3辆汽车，开往清原镇西浑河桥侧的开阔地。当车到开阔地时，日本守备队全副武装，东、西、北布置妥当，手挥战刀和端着上了刺刀的"三八大盖"，喊着"哈呀哭"，露出狰狞的面目。

人们下车后，突然有人喊："我们上当了，大家快跑呀！"这一声喊，人群立即乱了营。当即，一日本军官向人群开了第一枪，跟着枪声大作。这时"快跑啊！"、"快往南跑呀！"的喊声、叫声、枪声，响成一片。

枪声停止了，150余名手无寸铁的当地居民都躺在血泊里，可是鬼子还不放过，又逐一用刺刀验看，直折腾到日过中午，日军才离开杀人场。

（邢国良、武英男主编：《抚顺军事志》，辽宁教育出版社1998年版，第495页）

（32）岫岩县小汤沟惨案（1935年冬）

1935年冬，日军在小汤沟村（现为朝阳乡）的荒地一带搜山，搜出抗日军伤病员二十九人，诡称送岫岩西山医院医治。及车行至喜鹊大岭庙前时，日军把全员驱赶下车，用机枪扫射，只有一人机警地钻进丛林中幸逃，余二十八人全部被害。当年山中积雪二尺多深，日军命令附近百姓，把二十八具尸体全部埋入雪中。及第二年春雪化时，日军又令附近屯牌长率附近村民，把死难者的生殖器全部割下，送县呈验是否有脱逃者。

（孙玉玲主编：《日军暴行录：辽宁分卷》，中国大百科全书出版社1995年版，第163页）

（33）新宾县马架子沟惨案（1936年春）

1936年春天，日本守备队在湾甸子区（原为新宾县辖区，现为清原县属乡）的马架子沟一带被"海林山林队"击溃，日军官、士兵各受伤一名。不久，日本守备队同巡官于俊卿带警队和自卫团二十余人，在马架子沟搜山，因没搜到"海林山林队"，便将在南、北、西山坡劳动的二十余名村民赶下山，当即全部枪杀。又以"通匪"为名，将张俊、张山、张贤路、杨德清、孙老十、丁宝善、张四麻子、杨老奔、杨景新、朱守义、徐长忠、周凤山等二十余名群众逮捕，除周凤山被打死在湾甸子警察署外，其余均用汽车拉至新宾县城，枪杀在北山万人坑。

（孙玉玲主编：《日军暴行录：辽宁分卷》，中国大百科全书出版社1995年版，第136—137页）

（34）红军首魁杨伪司令身受重伤频危——所部丑类狼狈溃逃（1936年4月26日）

满洲建国以来，迭在东边地带一再窜扰之红军匪首杨靖宇，已于四月二十六日在兴京县属之大脑子沟地方，被国军步兵第七团（本良少将）以下包围，激战结果，该匪首当负重务，判明该匪已经脱离所部匪团，而向其他方面治疗其负伤之处所，系肩部与乳部间，胸部负有小枪贯通之重伤，生命已陷于危笃，所部丑类，已迫离散，判明匪团末路，已返目前，兹志此役经过，及杨匪首最近种种情报如下：

该匪首率领所部匪类，当日在大脑子沟村内民家朝食中，被步兵第七团，受日军之援助，于接报化装，乘其不备，予以奇袭，经双方激战结果，匪等乃即不支，争溃相逃，是役计毙匪二十余名，伤匪四十余名，战役，据当地目视之村民声称，该匪首领已负有重伤，随同其丑类逃亡云。

又据桓仁县特务称，在县内之第八区阜康村（仙女洞西方）捕获红军指导员马英学一名，据其供称，当时杨匪曾着黄色军服，及同色之外套于败逃，溃战时，曾有多数部下，群集于其身边，大声恸哭，今后对于红匪统制及指挥，已无人处理矣。

又据杨木顶子附近土民声称，匪等逃溃之际，前记穿着黄色军服，军服骑白马之杨匪首，（该项服装从来接得杨匪之报告均系如此模样），于二十六日朝，在大脑子沟方面战败后，其残匪曾待有该项大刀鞘，及黄色外套并所骑之白马，但该穿着之人，已不知去向，现在匪众已极度悲观，狼狈不堪，但该地之讨伐队，已士气大盛，努力追击扫荡中云。

红军匪团，于四月三十日以来，彼等已分散数帮，争相逃溃，但从来随护杨匪，形影不离之杨匪少年团，近来已随同红军第六团一同行动于五月十一日，已渡过浑江，而向通化北方匪团之旧地一带逃走云。

于上项种种情报中，判明该匪帮已陷于编制乏人，且国军已开始彻底之追剿匪团末路，已属目前，约于最近期间不难一鼓荡平，东边内王道乐土之实现，已迫在咫尺矣。

（《红军首魁杨伪司令身受重伤频危——所部丑类狼狈溃逃》，《盛京时报》1936年5月14日第3版）

（35）新宾县白家村惨案（1936年4月30日）

1936年4月30日，盘踞辽宁省新宾县的日本搜查班由绪芳忠雄率队到永陵白家村一带扫荡，先后于大堡屯将农民朱玉坤、吴风云、高文斌、那子均，白家村农民李凤鸣、何文凯、丁国正，腰堡屯农民黄礼、董凤洲、黄祥、金启贵、金启云、孙作清、宁长清，樟木伙洛屯农民王俊清、刘青，陡岭屯农民刘长玉、佟作洲，砬子沟农民曲子财、佟景和等30余人逮捕，押到蒿子沟时将那子均打死，又于陡岭沟门杀死张志原、张景新二人，其余村民被押到县警务科。这些无辜村民在警务科备受严刑拷打。后来，日军将丁国正、高文斌等16人拉到县城北山"万人坑"杀害。李凤鸣、王俊清等六人被保释，但因伤势过重，出监后不数日即先后死去。

（李秉新等主编：《侵华日军暴行总录》，河北人民出版社1995年版，第87页）

（36）日军在北票市油房沟枪杀百姓（1936年5月24日）

1936年5月24日上午，有两个日本兵从北四家子驻地出来闲逛，看到一个姓孙的农民正在用犁杖翻地，非要用犁地的马骑着玩。这个姓孙的农民在他们的逼迫下，只好把马解下来交给他俩。其中一个日本兵骑上马就满地里跑起来，另一个日本兵在后面哈哈大笑。马遇生人不老实，一蹶子就把骑在马背上的日本兵摔出老远，并摔得头破血流不省人事，日军送其去北票治疗，途中断了气。日军气急败坏，冲进油房沟把大人小孩全部赶进一个大猪圈，并在周围架起机枪，指使伪警察将王希贤、王希兰、董福生、米存志拖出人群让这四名无辜者为死去的鬼子抵了命。

翌日（1936年5月25日），又将小四家子的程家父子4人抓来，硬说他们与栾天林有联系，一一枪杀。东荒医生徐仁目睹日军暴虐，不堪忍受，利用给群众治病的机会宣传抗日，汉奸告发后，被日军砍头示众。

（徐国林主编：《北票市志》，国际商务出版社2003年版，第383页）

（37）新宾旺清门大逮捕（1936年5—7月）

1936年5月，通化日本领事兴京（新宾）分馆伪警务分署长小林光夫率署员10人及当地伪警察、自卫团，以惩治"抗日有关人员"为名，逮捕新宾县旺清门居民田某等30名。他们将这些百姓倒背双手绑在一起，分乘两辆卡车押到县城，伪县警务科特别搜查班（日人）对这些居民严刑拷打。灌凉水，上大挂，或脱光衣服装进钉满无数铁钉的木箱里摇晃。7月间，在日军岩永大队墨崎中尉和县警务指导官河野指挥下，于县城北山"万人坑"将被捕30人中的20人用刀砍死，其余10余人被日军作为练习刺杀的靶子全部刺死。

（李秉新等主编：《侵华日军暴行总录》，河北人民出版社1995年版，第84—85页）

（38）新宾县刘麻子沟惨案（1936年6月13日）

1936年6月13日下午，日本驻兴京（今新宾）县汤图守备队、自卫团百余人到刘麻子沟（今属李家乡）"讨伐"时，与抗日武装相遇开火。一名日本指挥官和一个尖兵被抗日武装击毙。日军气急败坏，疯狂追击后，回头报复百姓。黄昏时，日兵把居住在刘麻子沟的居民，不论男女老幼，全部赶到河套。随之，将所有男性壮年捆绑在河南岸；把妇女、儿童圈在河北岸，让夫妻、父子心悬两地，隔河相望。在放火点着了住房之后，便命令南岸的男人向前奔跑，日军在后边用机枪扫射，让河北岸的妇女、儿童眼睁睁地看着自己的亲人一个个地倒下去。随后，用刺刀将老幼妇孺扎死。当杨常兰的母亲跪地为大伙求情时，却先遭一刀。刺刀从杨母左乳房刺进，杨当即气绝身亡。杨常兰见状，忙将身边的弟弟常林、常权搋倒在地，一起趴下，并嘱咐不要吱声。不懂事的四弟（4岁）只管大声啼叫，结果被日军连刺数刀，结束了幼小的生命。与此同时，杨常兰的婶娘也在刀下丧命。祖父杨德发已在南岸被杀。杨姓一家只有常兰、常林姐弟一个胸前受刺，一个肋下带伤，皆因强忍伤痛，佯装死去，才侥幸活命。叔父杨东文借着烟火的掩护，拼命挣断绑绳，才得以逃脱。这次屠杀，共死伤二十余人。杨常兰一家当时4人遇难，还有未满月的小妹也因无人哺乳，几天后活活饿死。此外，还有阎家绰号为"龙王爷"、"三大个子"和孟家的"孟裙子"、"老胖太太"以及陈宝元等14人同时遇难。

（中共抚顺市委党史工作委员会编：《抚顺党史资料》第7辑，1989年内部版，第13页）

（39）桓仁县"救国会惨案"（节录）（1936年9月16日）

......

民国25年（1936年）9月7日，日本宪兵队根据叛徒告密，得知桓仁爱国人士金聚亭（金祝庚）为救国会捐款和桓仁救国会在教育界、工商界开展支援抗联活动的信息，在关东军宪兵队长杉木统一指挥下，调动日本宪兵和日本驻桓领事馆、东边道特别工作部的特务和伪警察，在9月16日，逮捕了桓仁中学校长李德顺、女子师范校长宋禹言、职业中学校长吕敬五、北关小学校长关麟书、爱国人士金聚亭、县农会会长孙余三、教养工厂厂长刘怡亭、县内务局长邱春伯、商会会长钟德兹等人。9月下旬—10月初，又逮捕一批中学骨干教师、城乡小学校长、教师和各界知名人士。至11月，全县共逮捕115人。均关押在侵桓日本宪兵队院内，戒备森严，由日本宪兵审讯。审讯中一律施加酷刑，用皮鞭、大棒轮流抽打；或灌凉水和辣椒面；或将人高吊离地，身系重物加以摆动；或推进狼狗圈，任狼狗撕咬；或推进浑江冰窟之中，惨绝人寰。孙余三、金聚亭、邱春伯、王在镐4人，在刑讯中被折磨致死。11月下旬，桓仁日本宪兵队，将被关押的69人交沈阳日本宪兵队后，送往沈阳陆军监狱等处分头关押，民国26年1月，伪奉天第一军管区军法处对被关押者进行"复审"。以"思想犯"、"叛国罪"、"国事罪"罪名判处孟继武、李德恒、吕敬五、宋禹言、关麟书、富广贵、刘子藩、王居九、李剑秋、王增智10人死刑，当即执行；5人被判无期徒刑，46人被判有期徒刑；8人被释放。服刑者均押送至抚顺监狱。监狱条件恶劣，冬季囚室寒气逼人，夜间[两]鬓结霜，伙食标准低下，茄子"老吃"，不老不吃；黄瓜"种吃"，不成种不吃。劳动强度大，毫无医疗设施，数人刑期中死于狱中。

桓仁救国会大搜捕，很快涉及伪安东全省，共有300多人被逮捕，其中52人被惨杀于侵略者枪口之下，102人被判无期和有期徒刑。被释者也均列入"要监视人"名单，其行动被秘密监视。

（桓仁县地方志办公室编：《桓仁县志》，方志出版社1999年版，第578页）

（40）抚顺市小林庄大屠杀（1936年9月）

小林庄大屠杀。1936年秋，日本守备队和"讨伐队"在小林警察分驻所的配合下，连续屠杀无辜百姓。9月的一天，汉奸刘某把从贾家堡子、陈家堡子、兴沙岭、大岭沟一带"招呼"（他们遇到一个就招呼来一个）来的80多人带到小林分驻所。经过审问，一些能说清楚，证明是"好人"的放走了。一些不会说不会道的全部杀害。当问到一个姜姓老太太："你男的是干什么的？"她回答说"俺老爷们是老实人。"这一句话不要紧，姜老太太就被砍了头。因为按日军的逻辑，"老实人"就是"红胡子"的别称。这次有3人被害。第二次，这年秋天，从西麻户、小桥子带来11名群众，除一个手指有残疾的和一个老太太、一个小孩被释放外，余者8人全按"红胡子"杀害。第三次，也是这年秋天，日本守备队在小林老坟沟门砍了10余名群众。其中有一个刚结婚三天的小伙子，赶着母猪到小林"会猪"时，被日军碰上，搜查时，因发现他系个红裤腰带，硬说他是"红胡子"，而被杀害。第四次，还是这年秋天，日本守备队从东大岭、麻户、滚子沟一带抓到20余名正在山里收拾庄稼的百姓，不论妇女儿童，全被说成是"匪属"或"通匪"，一律带到小林分所杀掉。然后，对人头进行整容手术，摆在台阶上示众。被杀的孩子中，大者10岁左右，小者只有2岁。日寇仅在小林一地就屠杀了40余名中国百姓。

（中共抚顺市委党史工作委员会编：《抚顺党史资料》第7辑，1989年内部版，第12页）

（41）新宾大洛上堡惨案（1936年10月21日）

　　1936年10月21日，盘踞新宾县木奇、永陵的两地日本讨伐队闯进木奇乡大洛上堡。一看上堡的村民大部分都在场院里打场（谷物脱粒），日兵便将场院包围，命令停止劳动，立即到指定地点集合。老百姓惊恐万状，赶忙放下劳动工具向指定地点集中。日军突然挥舞刺刀，狂呼乱叫着向手无寸铁的农民刺去。刹那时，场院里血肉横飞，鲜血四溅，百姓的惨叫声和日本兵的吼叫声混成一片，打谷的场院变成了杀人的屠场。日本兵用刺刀刺，用战刀砍，有的把受伤的村民举起来，再猛力地摔在地上。20余名无辜百姓惨死在日本兵的屠刀下。

　　（李秉新等主编:《侵华日军暴行总录》，河北人民出版社1995年版，
　　第84页）

（42）"安东救国会"案（1936年11月12日）

民国24年（1935年）底，因汉奸盖洪周、杨慕平（解放后被人民政府镇压）等出卖，日本宪兵队查知抗日义勇军与各县救国会有联系，而救国会与各县教育会、商会等有联系。于是，以从桓仁县得到的安东救国会募捐名册为线索，冠之"国事犯"、"思想犯"的罪名，对安东、凤城、宽甸、庄河、岫岩、通化、辑安、桓仁等县的爱国志士实行大逮捕，制造了骇人听闻的安东教育界大惨案。先后被逮捕的爱国志士约600人，死于刑讯和谋杀、被执行枪决及判处徒刑的约300人。

民国25年（1936年）11月12日，安东约200人被捕，安东林科高级中学理化教员白玉兰等80余名无罪释放，安东县教育局局长邓士仁于11月14日死于刑讯。民国26年1月，"安东教育界大惨案"中被逮捕人员从安东全部转押到奉天日本陆军监狱。2月8日，奉天日本陆军军事法庭以"反满抗日"的罪名宣判，安东省教育厅长孙文敷、安东县教育局学务股长刘国安、安东县教育局礼教股长宋东安、安东县教育局会计王宝璋、安东林科高级中学校长秦友德、安东林科高级中学教员马令春、安东县朝阳小学校长单荣道、安东县镇江山小学校长张镇藩、安东县满商小学校长马仁田、安东县图书馆长孙德润、安东县商务会长孙朗轩等11人死刑，即日在奉天市浑河北沿刑场被枪杀。同时被判处死刑并惨遭杀害的，还有桓仁县13名爱国志士。安东林科高级中学教员王奉章、安东林科高级中学训育主任侯耀宗等83人分别处以无期徒刑或十年以上有期徒刑。被处徒刑的人士即日拨监，从奉天陆军监狱未决监移至已决监抚顺新监执行。除侯耀宗病死狱中外，其他人在日本投降后幸免于难。

同年11月初，凤城先后有19人被捕。凤城县第十一小学校长王英华、凤城县农会会长秦肃及其弟秦岭，先后释放。民国26年3月4日，奉天日本陆军军事法庭以"颠覆罪"宣判：凤城县教育局长何泮林、凤城县立中学校长李云霖、凤城县女子中学教务主任袁庆和、凤城县职业中学校长左秀海（兼教育会长、抗日救国会长）、凤城县第三小学校长姜振昌、凤城县第三小学教务主任赵忠臣、凤城县第五小学校长李绍岩、凤城县商务会长白宝山8人死刑，即日枪杀于奉天市大西边门外浑河沿。其他8人，分别被判处五至二十年有期徒刑。凤城县女子中学教员杨选青，于民国26年夏病死于狱中。凤城县第一小学主任关子荣、凤城县第四小学校长马庆贵、凤城县清真小学主任于松涛，被注射慢性毒药后特赦减刑，回家后不久死去。安东省立第二师范学校校长张乃普、凤城县女子学校长孙酉山、凤城中学校长李符新及教员孙晓林4人，下落不明。

同年11月17日，宽甸被捕21人。12月中旬和下旬，教员王冠五和宽甸县卐字会会长、救国会副会长王明仁被刑讯致死。民国26年1月11日，有12人从安东押送奉天陆军监狱。3月13日，宽甸县中学校长（救国会会长）丛树春、宽甸县财政局长蓝继先被奉天日本陆军军事法庭宣判死刑，即日杀害于奉天小北门外。教员吴凤宸、宽甸县内务局长杨春华各被判处有期徒刑十三年四个月，转送抚顺监狱。其余8人被判处有期徒刑五年，作为"要视查人"监外执行。

民国26年（1937年）1月1日、5日，庄河先后逮捕13人。3月13日，奉天日本陆军军事法庭宣判：宋良忱（庄河县师中校长、抗日救国会会长）、杨维幡（庄河抗日救国会副会长）、姜雅庭（庄河抗日救国会理事长）、孙俊卿、孙孝先、徐锦轩（均为庄河抗日救国会会员）6人死刑，即日被枪杀于奉天市浑河边。庄河中学校长戚景龙及教员林贵家、王道全、于心泉等，各被判处十三年四个月以下有期徒刑。戚景龙后经三次特赦，刑期减至七年四个月，于民国33年（1944年）6月13日刑满出狱。

岫岩被捕11人，其中4人幸存。岫岩县男中校长关英华，于刑讯中被害。岫岩县女中校长赵书伟等3人，被枪杀于奉天。

安东省立通化师范学校校长佟儒、教员马福双、兰兆环，通化县女子师中校长杨某，通化县初中校长马清川，辑安县中学校长尹传家及辽阳县教员马骧北等，皆涉此案。除马骧北被杀害外，其余情况不详。

"安东救国会"案也波及到奉天。民国24年（1935年）冬，奉天私立东亚学校校长李维仲、奉天私立共荣中学校长王殿玉及教员白曼秋等相继被捕。民国25年3月，奉天省教育厅视学巴堃龄被捕。6月18日，奉天省立第一师范学校校长兼奉天全省教育会会长陈国庆被捕。9月18日，奉天日本警察署将陈国庆等人引渡给伪满洲国第一军管区司令部军法处。10月会审，以触犯伪满洲国治安维持法，加以"国事犯"、"思想犯"等罪名，判处巴堃龄有期徒刑十三年四个月、陈国庆有期徒刑十年。即日执行，羁押日期以二日抵一日，按军法不准上诉。宣判后，即在奉天日本陆军监狱执行。民国26年，转押抚顺监狱执行。民国31年（1942年）3月1日，因逢两次特赦（1937年7月15日伪满皇帝访日回銮颁布恩赦诏书、1940年7月15日伪满洲国庆祝日本国建国2600周年颁布恩赦诏书，分别减去余刑1/4），陈国庆刑期届满出狱。但仍名之"要视查人"，由日本特务监视。

（辽宁省地方志编纂委员会办公室主编：《辽宁省志·审判志》，辽宁民族出版社2003年版，第300—302页）

（43）日伪阜新宪兵队的罪恶活动（1936—1943年）

阜新宪兵队1936年至1939年先后发展密侦和联络员分子6名，此间于1936年秋，在阜新县大平山以窝藏枪支、盗匪等为罪名，即逮捕小代来、大平山、大兴庄等地无辜群众20余名，其中被枪杀和关押毒打致死的数名，这是分遣队设立初期所制造的一大事件。

……

日本宪兵队在施展特务活动期间仅从1940年至1944年中先后制造较重大的政治事件20起，即1940年制造一起、1941年制造4起、1942年制造4起、1943年制造7起、1944年制造4起，从地区上方面看，其中主要针对我党和特殊工人中制造3起，在矿区制造10起，在社会制造5起，铁路1起，农村1起。据不完全统计，先后逮捕我党地工和无辜群众三百余名，其中职工占三分之二以上，其他是农民、市民、职员、戏子、儿童等，被其惨杀者达数十名之多。如1941年8月，阜新太平仓库失火事件，先后逮捕仓库40余名职工，并加以严刑审讯。敌特为查明放火者，锦州宪兵队派来宪兵、宪补、翻译等4人参与镇压活动。与此同时，并将所逮捕的工人王道光等5名，经过威逼利诱，发展为密侦，从事其所谓"侦察"活动。阜新市警务科特务也参与了镇压。历经三个月余将其中被捕工人董方华威逼承认为抽烟不甚将烟头扔在油桶上为罪名送交市法院处理，事实与此相反，从董的身上勒索100元伪币才告结束。1942年5月，宪兵队获悉阜新县西大街自行车铺掌柜的窦振田有了反满抗日嫌疑，宪补霍肇强，翻译张福多去县城即将窦抓至宪兵队，当庭由白川进行审讯。霍、张和日本宪兵将窦的衣服剥掉，并施以严刑直至深夜致死。1943年10月，新邱炭矿矿卫队两名矿警和密探杜子彬送来两名特殊工人（因为逃跑嫌疑），经宪兵狄原搜查，从其中高元善身上搜出有在毛边纸上用油印的"后勤员"字样的纸条，并在纸上盖有长条红戳，宪兵队认为这确是个我方情报人员，即进行轮流审讯，严刑拷打，当高脱逃时，宪兵队又组织若干搜查小组，去四面八方搜捕，历经来年到未获证据而结束。此外，如1944年3月密侦分子张井贤报告之孙家湾工人宿舍有电台后进行大搜查的活动，日军均疑为有我政治背景而列为重要案件严加侦察等事件。1943年4月间，宪兵队镇压新邱矿特殊工人"暴动"事件，即逮捕特殊工人200余名，当即被杀害数名，并将被逮捕工人押入宪兵队监狱，其中大部因饥饿而死，这是阜新宪兵分队在阜新制造的一次最大的政治事件。

（《日伪阜新宪兵队的罪恶活动》，1999年4月25日，中共阜新市委党史
研究室室存档案，档案号82—6—359，第75—77页）

（44）桓仁县"西江惨案"（1937年2月23日）

民国25年6月，县内日本宪兵队、"东边道特别工作部"的特务和伪警察分审全县各地，对抗联部队和帮头武装，采取欺骗手段，骗取有些人下山成为"良民"。根据宪兵队的部署，由当地警察对这些下山的先采指纹，后在手的"虎口"或臂膀用针扎成"品"字形3个孔，揉进墨迹，作为印记，方允许"自由"。民国26年2月21日，日本守备队、宪兵队通过伪县警务局下令各区警察署，在2月22日，将所有下山人员全部集中押送到伪警务局，谎称发放"良民证"。2月23日晨8时许，所有领取"良民证"（包括因各种原因由他人代领者）排成4路纵队，由伪警察押至西关日本守备队大院，由守备队"训话"后，又对每个人进行"审讯"。除7名年龄不足16岁小孩和1个叛徒外，全部被绑起来，堵上嘴，听候发令。为了捆人，全县城店铺中的绳子被买一空。此日晨7时左右，日本守备队对通往西江沿的道路实行戒严，强令临时征派的民工和被堵的行人、车夫，在江心（今西江桥下50米处）凿成3间房子面积大的1个冰窟窿。上午10时左右，用守备队、警务局的4辆汽车，每辆装上领取"良民证"的人30名左右，4辆汽车运至下午4时左右，共300余人，强制跪在冰窟窿旁，守备队长野田、宪兵队长指挥守备队员、宪兵队宪兵用战刀砍、刺刀挑，把这些人杀害后填入冰窟窿里。此后，日本侵略者又命令全县各警察署，继续搜捕遗漏下山为"良民"的，就地处决。2月24日，二户来伪警察署在二户来南门外，枪杀11人。2月25日，拐磨子伪警察署一夜之间捕了12人，在古城子的老黑漫子枪杀后，填进富尔江。沙尖子伪警察署在马圈子枪杀19人。全县10个伪警察署，除城关警察署外，都相继杀害过下山为"良民"者，在这次惨案中，总受害人数500余人。

（桓仁县地方志办公室编：《桓仁县志》，方志出版社1999年版，第580页）

（45）抗联本溪县老和尚帽子突围战（节录）（1937年2月26日）

……

1937年春节，1师在老和尚帽子密营过年，由于事先准备了许多物资，大家过了个痛快的春节。在当时敌强我弱的环境中，四面都有敌人，部队不宜在一个地方久住。春节过后，许多人向师长程斌提议及早转移。但程斌不听大家意见，坚持过完正月十五元宵节再走。这时，侦察人员得到敌人出动的消息，并向程斌作了报告，程斌仍未在意。正月十六这天早上，敌人在一名抗联叛兵的带领下，从东面一条山崖小路上偷袭上来，并从对面的山头上向我军打炮，掩护东面进攻之敌。老和尚帽子地势险要，东、西、南三面是悬崖，平时只有北面能上人。这次敌人偷袭，使我军陷于被动。战斗打响后，以近百名官兵在东面利用有利地势奋力阻击敌人的进攻，给敌以很大杀伤。但在敌人炮火的攻击下，扼守东面山头的官兵未能撤出，全部壮烈牺牲；最后程斌率领部队主力退守山顶，从北面比较薄弱的伪军阵地突围出去。这次战斗，毙伤日伪军200余人，我军则损失100余人。

（李秉刚著：《辽宁人民抗日斗争简史》，辽宁人民出版社1997年版，第293—294页）

（46）清原蔺家堡子惨案（1937年3月7日）

1937年3月7日，清原县夏家堡子区蔺家堡子村民，为了欢度民间传统节日——二月二，正在准备吃早饭，突然一股土匪窜进村子，抓了一些村民为他们准备早饭。时值清原日本守备队盘踞夏家堡子，得知土匪在蔺家堡子过二月二的情报后，立即出动，侵袭蔺家堡子，在山顶被土匪哨兵发现，双方交火，日军被打死两名后，土匪撤退。日本守备队抬着两具日军尸体进村，抓12名青壮农民，将两具日军尸体抬着送夏家堡子。担架出村后，日本守备队队长忽路大尉气急败坏地命令日本守备队把全村所有的男人全部抓来。30多名日本守备队和10余名伪军，逐户搜捕，见男人就抓。被抓者全部集中到村中的土井旁，人们预感到大祸临头。老农民申庆丰不顾个人安危，向日军守备队长忽路大尉说："我们这些老百姓，都是这堡子人，是安分守己的好农民。"还未等申庆丰把话说完，一个凶狠的日本兵飞起一脚，把申庆丰的下巴踢掉。随后，忽路大尉下令，逼着被抓来的36名农民跪在井台上，日军在土井东边架起两挺机枪，忽路一挥手，两挺机枪向人群猛烈扫射，跪在井台上的人全部倒在血泊中。枪声停止后，日军惨无人道地又对受害者逐一进行查看，发现有活口者就补刺一刀。70多岁的尚德恩老大爷，日军用脚踢他，他哼了一声，日军对他前胸又补了一刺刀。在这36名被害者中，只有辛玉山幸存。井台大屠杀后，日军又到各户去搜查，孟老大爷藏在家里，被日军发现，当场被日军用刺刀挑死。

（李秉新等主编：《侵华日军暴行总录》，河北人民出版社1995年版，第89—90页）

（47）岫岩大营子惨案（1937年春）

1937年春，日军从大营子北横山子抓走抗日女杰关世英之母沈氏及一个侄子、两个侄女，同时抓走同屯的胡老五、刁永胜、马老五等三十余人；到大营子镇后又抓来抗日军——"少年铁血军"第二路指挥赵庆吉之长子赵德宽、吴家沟牌长吴永祥（外号吴聋子）及群众刘庆祥等，共计五十一人，用一辆大卡车拉到鸡冠山北"棒棰岭"——沈丹线上一个涵洞。全部活埋。其中有一个白发苍苍的老太太，怀里还抱着一个哇哇哭叫的孙子，手里牵着五六岁的孙子，也同时被推落坑里，一并活埋。

（孙玉玲主编：《日军暴行录：辽宁分卷》，中国大百科全书出版社1995年版，第165—166页）

(48)凤城赛马集惨案(1937年4月24日)

1937年4月24日,日军守备队200多人和30多名警察分别出动,将赛马集附近村屯和抗日联军有联系的群众(包括一些村长、屯长)抓起来。这些人中,有赛马集和草河掌村的村长曹学苏、陈文涛,有幸福屯的张铁匠,有草河口的商人鞠某等共32人,都被押到赛马集伪警察署的监狱里。

1937年5月10日上午,日军守备队把32名爱国者押到北山下老爷庙前的刑场上。日军下令叫爱国志士跪下,志士们一个个巍然屹立,宁死不屈,气得日军小岛队长和翻译金大牙哇拉哇拉直叫。金大牙挥起大刀,先将两名爱国者砍死。志士们的眼睛喷出愤怒的火焰,一齐逼向刽子手。小岛队长见势不妙,慌忙下令用机枪扫射。随着一阵枪声,志士们纷纷倒在血泊里。残暴的日军又用刺刀在死难者躯体上猛刺,最后将汽油洒在志士们的躯体上,企图用焚尸的办法销毁罪证。

(李秉新等主编:《侵华日军暴行总录》,河北人民出版社1995年版,
第88页)

（49）朝阳县北四家子"水泉沟惨案"（1937年7月25日）

1934年初，抗日义勇军刘振东、苑九占和部曾在朝阳县北四家子的水泉沟击毙进犯的日军头目小野。当年击毙日军的战士叫徐老品，因他家住水泉沟，于是水泉沟就成了日伪极端仇恨的地方。1937年7月25日中午，日伪军出动50多骑的马队，突然包围水泉沟，以召集村民开会为名，把村里人都赶到3间房子里，然后从外面封死门窗，用机枪对准窗口进行扫射，房子周围燃起大火，屋里人拼命冲破门窗，又立即被日伪军的机枪打死，屋里的49人无一幸免遇难。此时，邻近的东杖子村听到水泉沟枪声叫声，看见冲天大火后，在村民刘喜的率领下，立即分头向山上跑去，但又被山上放哨的日军开枪打死。随后，日伪军进村挨家挨户搜查，把搜到的人集中到一起，用机枪射杀。两个小时里，日伪军在水泉沟和东杖子村共枪杀无辜居民99人。在日伪军回营路过解杖子村时，又碰见一个叫毛凤祥的人，当即用刺刀挑死，造成了"日杀百人"的惨案。

（朝阳市史志办公室编：《中共朝阳地方史》，辽宁民族出版社2001年版，第54—55页）

（50）北票娄家沟惨案（1938年11月24日）

辽宁省北票市以北25公里处的兰家堡，抗日英雄兰天林的家乡。兰天林领导的抗日灭满救国军，在北票各地给日军以沉重打击。1938年秋，绰号"活阎王"的日本侵华关东军佐藤大队长，亲带日本讨伐队，四处追剿兰天林的抗日队伍，并在娄家沟村设置了伪村公所和警察分驻所，以"强化治安"。日军还到处张贴布告，悬赏捉拿兰天林。在一次战斗中，兰天林队伍中的11名战士落入了佐藤之手。11月24日清晨，佐藤带百余名日军，乘卡车进犯娄家沟。接着，将上下三个村的居民，上至百发老人，下到会走路的孩子，统统赶到村南靠树林子的杀人场上。佐藤坐在东面指挥台的太师椅上，西、南、北三面由荷枪实弹的日军把守，并架设了四挺机枪。10点多钟，日军将前两个月抓捕的抗日灭满救国军的11名战士押到铡刀前，站在最前面的是爱国战士齐孝祥。只见他腿被打断、头部血肉模糊，对敌人怒目而视。他向家乡拜三拜，并用伤手提提袄领，便毅然躺在铡刀上。此时，佐藤从太师椅上跳下来，手挥战刀叫了一阵子。翻译官说："皇军说，谁要再反满抗日，就杀头示众！"于是，刀下头落，血花四溅，洁白的雪地顿时一片殷红。就这样，11名战士的头颅落地，其惨状目不忍睹。事后，佐藤又命令将这里铡下的11个头颅，连同从外地携来的10个人头，一起挂在路边的大杨树上示众。

（李秉新等主编：《侵华日军暴行总录》，河北人民出版社1995年版，第93页）

（51）"抗日放火团"案（1942年3月15日）

"抗日放火团"，又称"国际特科"、"国际情报组"、"国际工作班"，系苏联红军参谋部直接领导的一个以破坏日本占领区军事设施和战略物资为目标的国际性反法西斯组织。它的总部设在上海，活动中心在大连，活动范围包括北平、天津、奉天、青岛、安东等地。据日本关东军参谋部在《国际工作班的概况》一书记载："抗日放火团"从民国24年（1935年）6月开始对日本在华军事目标进行放火破坏活动，到民国29年（1940年）6月被查获的6年时间里，在大连地区放火57次，在安东爆炸铁路1次，在天津地区放火10次、爆炸铁路6次，在北平爆炸铁路1次，在青岛地区放火3次，总计78次。民国29年（1940年）6月24日，"抗日放火团"被侦破。从7月2日至28日，除洪德锡、王金泰逃出外，大连国际情报组的成员全部被捕。与此同时，日本当局对其他地区的国际情报组也加紧了破坏。在大连逮捕了上海——天津——大连联络员黄振林，在奉天逮捕了奉天国际情报组负责人秋世显，在天津逮捕了天津国际情报组的石永贵和上海——天津联络员游文清，在上海逮捕了国际情报组的实际总负责人姬守先。至此，国际情报组成员被捕100多人，大连和其他各地的国际情报组被彻底破坏。国际情报组的绝大多数成员在监狱里和法庭上，面对日本殖民者的严刑拷问，坚贞不屈，大义凛然，视死如归。据日本法庭宣称，码头更夫出身的国际情报组成员于守安，在短短几年里于码头管内的仓库放火达17次之多。日本审判官严刑拷问于守安为什么多次放火时，所得到的回答是："因为我恨你们侵略中国，杀害我国同胞。"日本审判官又问："你已被抓住，要判重刑，你该怎么办？"于守安回答："抓住了怎么办都没关系，死而无怨，抓不住就继续放火把侵略者全部烧死。"最后，于守安牺牲于狱中。审讯中，日本审判官问姬守先："你为什么放火？"姬守先反问："你们为什么侵略中国？"日本审判官无言以对，狼狈不堪。民国31年（1942年）3月15日，日本关东厅地方法院经过5个多月的审讯后进行宣判。判处：姬守先（黄振林）、秋世显、邹立升、高绪慎、孙玉成、李化钧、吴成江、王有佐、孙文凯、黄振先、赵国文12人死刑；李泽民、田文礼、马玉江、马永福4人各有期徒刑十年；包玉侠（女，邹立升妻子）等13人各有期徒刑七年。法庭审判后，日本审判官不胜遗憾地哀叹："值得惋惜的是，在一伙中竟混杂有关东州生、关东州长起来的州人。"同年5月，秋世显牺牲于大连岭前监狱。邹立升于同年8月12日越狱成功，8月25日再度被捕。同年12月9日，在旅顺监狱绞刑架上，姬守先、邹立升等9人被实行绞刑（秋世显等3人已惨死于狱中）。此案中，另有唐中选、王芝盛、赵锦江、王进臣、李顺宾、张守仁、丁兰盛、徐高氏（女）等人判刑前或判刑后被日本人活活打死。

（辽宁省地方志编纂委员会办公室主编：《辽宁省志·审判志》，辽宁民族出版社2003年版，第327—328页）

（52）北票矿台吉一坑瓦斯爆炸烧死150多人（节录）（1942年7月27日）

……1942年旧历6月15日（7月27日）下午，台吉一坑六片瓦斯超限，日本人佐佐木和中国的汉奸把头还硬逼着放炮，引起瓦斯爆炸。事故发生后，日本鬼子要煤不要人，不但不叫抢救，反而封闭了井口，结果烧死了150多人……

（徐国林主编：《北票市志》，国际商务出版社2003年版，第384页）

（53）8100余中国人死于修建金州"陆军医院"工程（1942年10月）

（1942年）10月　日本关东军在金州龙王庙修建"陆军医院"，实为以中国人为试验品的细菌工厂。在施工中，被摧残致死8100余人。龙王庙一带山沟，白骨累累，被称为"万人坑"。

（大连市史志办公室编：《大连市志·大事记》，大连出版社2001年版，
第46页）

（54）阜新煤矿特殊工人的遭遇（节录）（1942年底—1943年末）

……

据当时的辅导所伪警备队长李根贤供认：一九四二年底，冻死、病死的"犯人"很多，尸体堆在死人房里，最多时有六十人左右。到四三年二月，所长柴田和孙家湾南山满炭墓地联系，确定地点。一天吃过早饭，李根贤派在押的十多名"犯人"装了一汽车煤炭，拉到南山去烧化冻土然后挖坑，在送往南山的尸体中，多数是八路军被俘人员。

现在的满炭墓地遗址——阜新矿务局孙家湾南山万人坑，东南山坡下的"抗暴青工遗骨馆"内，共有一百三十七具尸骨，是在一九四三年二月中旬埋下的。当时用三辆汽车运尸体，上面盖着篷布，日军军官和汉奸翻译押车，埋人现场附近由全副武装的看守警担任警戒。拉尸车停下后，由同车拉来的"犯人"往下抬，尸体赤裸、断臂缺腿惨不忍睹。从现在完整的尸骨形状看，有一部分是当时活埋的。

一九四三年二月，苏联人民取得了斯大林格勒保卫战的胜利，给予法西斯德国以致命的打击，成为第二次世界大战的转折点，欧洲战场上的形势发生了显著的变化。日本帝国主义为了加强与苏军对抗，又把大批特殊工人押到我国东北的中苏边境上加紧构筑防御工事。这年春夏，日军将在阜新煤矿的三千多名特殊工人，大部分送到北满的虎林、密山、兴凯湖等中苏边境地区。那里根本没有房屋，看不到老百姓，只有被日军烧毁的残垣断壁村落遗迹，特殊工人自己砍树搭窝棚。伙食比在煤矿还差，饿了就去林子里采蘑菇，或下水坑抓鱼充饥。到了这年秋末冬初，一大批特殊工人被折磨死了。日军为了防止军事工程泄密，于工程完毕后，竟惨无人道地把特殊工人集体屠杀。到一九四三年末，幸存的六百多名阜新煤矿的特殊工人，经过多次斗争，日军才将他们押送到抚顺、本溪和辽阳烟台煤矿当劳工。

……

（中共阜新市委党史办编：《阜新党史资料》第1辑，1985年内部版，第113—114页）

（55）日伪"讨伐队"杀害白莲教徒（1944年10月30日）

中华民国33年（1944）10月30日，白塔子头道营子村伪村公所强逼110名青年去黑龙江省黑河当劳工。当时白莲教首领李印凌认为时机已到，带30多名教徒聚众暴动。教徒头罩白布巾，身穿白上衣，佩戴白莲花，上了"法"，手持红缨枪、菜刀等，冲向伪村公所和警察分驻所，捣毁电话机、门窗，打开枪库砸坏枪支，伪警察逃出去向旗公署报告，旗警务科派军警前来镇压。白莲教徒捣毁村公所后，便向建昌进攻，行至大三家东山时，与乘车前来镇压的伪警察相遇，伪警察开枪射击，教徒奋不顾身持刀而上，汽车撤退时栽进沟里，伪警察四处逃窜，白莲教徒前进到扎兰营子时与第二批前来镇压的伪宪兵、讨伐队相遇，原逃窜的警察又集合起来从后面进攻。白莲教徒腹背受敌，经过3个小时的战斗、终因力量相差悬殊，李印凌与18名教徒在战斗中牺牲。

（张德钦主编：《喀喇沁左翼蒙古族自治县志》，辽宁人民出版社1998年版，第493页）

（56）日伪镇压阜新平安监狱劳工囚犯暴动（节录）（1945年8月13—14日）

……中国要胜利了，日本人要垮台了，消息很快传开，对大家是一个很大的鼓舞。有"犯人"分队长政治犯杨守山和佐墨等，酝酿带领工人暴动。八月十三日，日本人看守全部去海州开会去了，家中只剩中国看守人员。上午十点多钟，值班看守长张秀丰到监号巡查，杨守山就问："张看守长，中国要胜利了，日本要垮台了，为什么还不放我们？"张秀丰没好好搭理他。张秀丰转身走了，杨守山就说："这塌鼻梁子不是中国人，一点中国人的骨头都没有……"。这话让张秀丰听见了就问杨守山："你骂谁？"杨守山就和张秀丰对付，张秀丰叫看守警把杨守山给提出来，提到监理科，张秀丰审问杨守山，杨守山还是和张对付，越说越多，杨守山就当众骂张秀丰："你不是中国人，你连中国人的骨头都没有"等。张秀丰让主任看守们打杨守山，当时赵恩儒、刘汉卿、史国华等都伸手打了。杨守山不但没屈服，骂得更厉害，张秀丰这个死心塌地地为日本侵略者卖命的汉奸走狗竟恼羞成怒，动用日本军刀在杨的胸部和腹部连刺了三四刀，刺死后张秀丰又把脑袋割下，尸体装在麻袋里。这事由犯人小仆役告诉了佐墨等，并说还要提佐墨、郭殿清、郭殿平呢！午后三点多钟，由佐墨领头，拆炕、拆窗台的砖往外扔，看守不敢近前。由大院西北角两趟房领头出动，并动员各监号犯人参加。到晚上五点多钟才打出去，人群首先朝南面没有电网的地方奔去，监狱内几十名日本犯人和朝鲜犯人企图拦挡，但是拦挡不住，刘汉卿等看守长在场一看形势不妙转身逃走了，其他看守人员都爬到岗楼上去了。这时南门吊桥已经吊起，沟宽水深，监理科还往外打枪，打伤一些人，犯人一看往南跑不出去，就往北门跑。这时岗楼上集中往北门打枪，犯人死伤不少。于是犯人朝西门跑，西门看守苗春丰手拿日本战刀企图阻挡，犯人一拥而上，夺下他的战刀，撵到深塘子煤仓附近用日本军刀把苗春丰扎死了。同时还打伤一名姓董的看守。当时因找不到较大的铁器砸门，于是大家一齐用力拥，人多力量大，把监狱的西大门拥开了，跑出了二百二十多人。紧靠铁门的几个人被挤坏受伤，有两个跑到铁道附近就倒下了。暴动过程中，有人到各监舍敲门说："你们不是中国人吗，是中国人的快跑呀！"

因此，大院各监舍都有逃跑的。在暴动中被打死了二十多人。跑出的人呼啸着穿过矿工住宅往韩家店方向跑去，获得了自由，取得了暴动的胜利。

当天晚上，日伪为达到其不可告人的目的，匆忙地按黑名单提出二十名重要政治犯，由褚士文带领几名主任看守在监内地沟里枪杀了，这些同志在曙光将来临时被杀害,可惜被害者的姓名都不知道,无从查证。第二天,日本人还从矿里借来汽车,把一部分重要"犯人"送到阜新县监狱。"犯人"一看还不放,还在杀人,八月十四日晚六点,平安监狱一部分"犯人"又爆发了第二次暴动……

（《日伪阜新平安监狱概况》，1985年7月18日，中共阜新市委党史研究室室存档案，档案号82—6—134，第47页）

# 3．财产损失资料

（1）东三省官银号损失概表（1931年9月19日）

| | |
|---|---|
| 现金 | 4497051 |
| 定期放款 | 1630782 |
| 定期抵押放款 | 1548089 |
| 活存透支 | 11228652 |
| 存放各同业 | 23768190 |
| 农商抵押放款 | 20000000 |
| 各署户欠款 | 35023967 |
| 各分号往来 | 25017962 |
| 附属营业资本金 | 3946000 |
| 附属营业往来 | 25846074 |
| 暂记欠款 | 4224396 |
| 未收资本 | 2500000 |
| 发行铜元票准备金 | 2515000 |
| 发行十进铜元准备金 | 151835 |
| 发行哈大洋券准备金 | 13556927 |
| 发行现大洋券准备金 | 30876421 |
| 发行奉大洋票准备金 | 20000000 |
| 辽宁省整理金融公偿 | 4000000 |
| 其他 | |
| 统计 | 约434717601元 |

统计数与各项数不符——校注

［陈觉：《"九·一八"后国难痛史》（上册），辽宁教育出版社1991年版，第65—66页，原文中的货币数值未注明币种］

（2）日军侵吞本溪炼铁公司中国职员股金（1931年9月20日）

（1931年）9月20日　日本关东军强令在本溪煤铁公司任职的中国职员撤出，中国350万银元的股金被侵吞。

（辽宁省地方志编纂委员会办公室主编：《辽宁省志·煤炭工业志》，辽宁民族出版社1999年版，第316页）

（3）日军到营口市税务稽核所强行提取盐款（1931年10月30日）

（1931年）10月30日　伪辽宁省财政厅官员山田茂二与关东军武装人员，到营口税务稽核所强行提取盐款67.2万元。

［营口市史志办公室编：《营口市志》第1卷（修订本），中国社会科学出版社2004年版，第142页，原文中的货币数值未注明币种］

（4）日军强占复县煤矿（1931年11月2日）

　　北平通信，辽宁省复县复州湾商办之东北矿业公司煤矿，本月二日，由日本关东军司令派军队四十余名，携带机关枪炮，强迫占据，将矿长王翼臣驱逐，其余职员不许离矿，同时派满铁之岩根元三为矿长，并派日本顾问六名，监视各科，按该矿由辽宁商民集股及银行投资组织而成，价值三百余万元，年出无烟煤二十五万吨左右，行销日本及中国长江一带，十余年来，纯由国人办理，苦心经营，未为外资侵入，久为日人所垂涎，今竟被日军强攫而去矣。

　　（《日军强占复县煤矿》，《申报》1931年11月16日第8版，原文中的货币数值未注明币种）

（5）伪满时期辽宁地区主要煤矿原煤产量（万吨）（1932—1945年）

| | 抚顺煤矿 | 阜新煤矿 | 本溪煤矿 | 北票煤矿 | 烟台煤矿 | 八道壕煤矿 | 复州煤矿 | 溪碱煤矿 | | 南票煤矿 |
|---|---|---|---|---|---|---|---|---|---|---|
| | | | | | | | | 田师付 | 牛心台 | |
| 1932 | 562.7 | 1.0 | 50.3 | 3.5 | 15.9 | 4.8 | 20.3 | — | 4.5 | — |
| 1933 | 706.1 | 1.6 | 61.2 | 6.7 | 17.5 | 6.3 | 19.3 | … | 6.2 | — |
| 1934 | 757.2 | 3.7 | 67.2 | 29.9 | 23.2 | 6.5 | 16.5 | 0.3 | 9.3 | — |
| 1935 | 873.3 | 3.4 | 70.0 | 28.8 | 26.8 | 8.7 | 14.4 | 0.4 | 14.7 | — |
| 1936 | 959.3 | 7.6 | 70.0 | 38.8 | 31.0 | 8.4 | 15.4 | 0.3 | 15.6 | — |
| 1937 | 953.0 | 33.4 | 77.0 | 36.9 | 34.8 | 6.7 | 14.1 | 0.4 | 16.5 | — |
| 1938 | 913.6 | 127.1 | 86.3 | 40.1 | 36.4 | 6.0 | 13.8 | 1.1 | 19.7 | — |
| 1939 | 891.9 | 278.5 | 95.0 | 74.6 | 38.1 | 10.3 | 13.6 | 7.3 | 17.9 | — |
| 1940 | 777.0 | 337.6 | 77.4 | 116.2 | 36.5 | 8.9 | 13.5 | 25.0 | 5.6 | 0.1 |
| 1941 | 680.7 | 398.7 | 75.0 | 145.1 | 36.8 | 11.0 | 14.9 | 55.7 | 6.7 | 3.1 |
| 1942 | 628.6 | 385.9 | 79.8 | 138.3 | 40.4 | 15.9 | 12.4 | 57.2 | 8.5 | 3.2 |
| 1943 | 561.9 | 410.2 | 86.5 | 152.5 | 39.6 | 25.8 | 14.5 | 69.5 | 15.5 | 3.0 |
| 1944 | 483.6 | 412.1 | 95.1 | 164.0 | 31.5 | 27.9 | 12.3 | 61.8 | 15.3 | 6.5 |
| 1945 | … | … | 55.1 | 87.9 | 16.0 | … | … | … | … | … |

资料来源：抚顺煤矿产量见到有4个资料。经核对后，1932—1935年采用《东北经济小丛书》和《东北厂矿基本统计资料》的数字。1936—1938年4个资料数字一致。1939年采用《东北经济小丛书》数字。1940年采用《东北厂矿基本资料》和《东北经济统计》数字。1941—1944年采用《东北厂矿基本资料》《抚顺煤炭统计年报》和《东北经济统计》数字。

阜新煤矿1932—1939年采用《东北经济小丛书》数字；1940—1944年采用《东北经济统计》数字。

本溪煤矿产量根据本钢计划处统计科解放后整理的统计数字。

北票煤矿根据《北票矿务局统计资料汇编》数字。

烟台煤矿根据《抚顺炭矿统计年报》和《东北厂矿基本统计资料》核对后的数字。

八道壕煤矿根据《东北经济小丛书》和《东北厂矿基本资料》核对后的数字。

复州煤矿、溪碱煤矿、南票煤矿均根据《东北厂矿基本统计资料》的数字。

[张福全著：《辽宁近代经济史》（1840—1949），中国财政经济出版社1989年版，第493页]

（6）营口市银炉损失（1933年11月3日）

九一八事变之后，日本侵略者千方百计扼杀银炉业。首先，限令炉银每锭53.5两兑换伪国币28元5角。伪国币1元折合炉银1两8钱8分，而市场实际兑换额为1两7钱5分，每元差额1钱3分。这个比价使营口商界损失甚为巨大。如长春玉茗魁欠营口货款高达20万两炉银，按所定比价玉茗魁少交2万多两炉银，营口众商家敢怒不敢言。其次，1933年11月3日，伪财政部命令：从即日起，营口所有银炉停止营业，严禁炉银的铸造、流通。凡依靠"过炉银"而存在的债权债务关系，按每炉银5两兑换伪币1元的标准价格兑换，这比1932年比价降低3两1钱8分。当时营口有6家银炉共存炉银500万两，损失150多万元伪币，使商贾市民的大批存户无不同受其害。

（营口市史志办公室编：《营口抗日风云》，中国经济出版社2005年版，第18—19页）

（7）日本在桓仁县掠夺林木（节录）（1934年）

......

桓仁木材采伐始于建县之初。由木税局、木植公司，以资金扶持伐木者，保护木把（伐木者头领）与木商。......东北沦陷期间，日本侵略者更肆无忌惮地掠夺桓仁林木资源。伪《满洲国地方事情》中记载，民国23年（1934年），在东熙和村（东西平街）采伐红松树1800株，并在普乐村采伐松树1400株，在一区采伐油松树1500株。

......

（桓仁县地方志办公室编：《桓仁县志》，方志出版社1999年版，第183页）

（8）抗日战争时期日本从桓仁铜锌矿掠夺的资源（节录）（1938—1945年）

……

1. 桓仁铜锌矿位于二棚甸子镇境内。清光绪二十二年（1896年）就有人开始采掘露出地表的铅、锌矿石，土法冶炼，为桓仁采掘工业之始。……民国16年（1927年），奉铁公司雇工50多人，用手钎开采3个月，因成本过高而停产。民国26年（1937年），日本资本家雇工继续开采。民国27年，由日本矿山株式会社经营，为掠夺资源，进行掠夺式开采。1945年"八·一五"光复前，矿工多达1500人，1938—1945年，共掘进坑道40多条，10551延长米。采出矿石17万吨，生产铅精矿粉5008吨，锌矿粉9134吨，铜矿粉181吨。除铜精矿运往奉天制冶所加工外，其部直接运回日本。

……

（桓仁县地方志办公室编：《桓仁县志》，方志出版社1999年版，第247页）

（9）日本掠夺庄河农产品情况（节录）（1938—1944年）

（一）掠夺粮谷　日伪当局的粮谷"出荷"制度出笼后，伪县公署入夏即层层召开会议，布置加强武力准备，强迫农民"出荷"，以保证达到计划的数量。从1938年开始直到日本投降为止，每年入秋后，县以伪县长、副县长（日本人）为头头，由协和会事务局长、县各科科长、合作社副理事长、警察局长、法院审判官、检察厅检察官、税捐局长、专卖局长、工商会长等参与，再加上若干"搜荷工作班"，大批人马出城，夜以继日地对广大农民进行逼迫。全县每年秋冬都有千余农民（大部为中农户）因交不齐"出荷"而被汉奸施以灌辣椒面、压杠子、毒打等酷刑。从1938年至1944年，日本法西斯从庄河掠夺粮谷约110万吨，其中大豆30万吨。由于粮谷被掠夺，全县农村连年粮荒，90%以上的中农户也过着糠菜半年粮的苦难生活。

（梁毓棠、顾春发主编：《庄河县志》，新华出版社1996年版，第269页）

（10）日本在瓦房店市掠夺工业用盐（1939年）

是年（1939年）日本在复县松木岛开辟新盐田1千副斗。年均掠走工业用盐40万吨。

（大连市史志办公室编：《大连市志·大事记》，大连出版社2001年版，第44—45页）

(11) 1939—1943年大连地区推销日本国债统计表（单位：千元）（1939—1943年）

| 年度 | 项目 | 国债额 |
|---|---|---|
| 1939 | 任务额 | |
| | 完成任务额 | 2662 |
| | 完成% | |
| 1940 | 任务额 | 2750 |
| | 完成任务额 | 4339 |
| | 完成% | 157.8% |
| 1941 | 任务额 | 4500 |
| | 完成任务额 | 4744 |
| | 完成% | 105.4% |
| 1942 | 任务额 | 9500 |
| | 完成任务额 | 11854 |
| | 完成% | 124.8% |
| 1943 | 任务额 | 14000 |
| | 完成任务额 | 16382 |
| | 完成% | 117.0% |

（大连市史志办公室编：《大连市志·金融志》，大连海事大学出版社2004年版，第248页，表中币种为日元）

（12）日本开拓团在桓仁县掠夺土地（节录）（1940年2月—1945年8月）

……

东北沦陷期间，日本侵略者为掠夺境内土地资源和农业财富，加速东北殖民地化。民国29年（1940年）2月，从日本国本州岛秋田县向桓仁移民60多户农民、260多人，在普乐堡建立所谓"开拓团"。团部设在村中大地主胡殿臣的四合院内，团长夏井永吉、副团长夏村，另有生产管理员、会计、医生和教师各1人，并设有医务所和学校。

"开拓团"到桓仁后，并未"开拓"新耕地。而是按日本人事先在县内预选好的上等地块，丈量地亩，以低价强行"购买"，立下契约，限期交地，霸为己有。逾期不交者，按反满抗日罪名论处。在普乐堡和牛毛沟村，利用这种强行手段，低价征购上等耕地1500余亩，其中水田800余亩。"开拓团"只种水田，农忙时雇佣中国农民劳作；700亩旱田全部租给中国农民耕种，收取地租。翌年2月，日本侵略者又扩大掠夺，从普乐堡"开拓团"中拨出18户、77人，移民到二户来龙头屯，建立二户来所谓"开拓分团"，隶普乐堡"开拓总团"领导，夏村为分团团长。利用同样强行手段，在龙头屯低价征购良田3000亩，其中水田1000多亩，以同样的方式经营。"开拓团"人员所住房屋，系强迫当地居民在大年初一前倒出，给"开拓团"无偿居住。

1945年"八·一五"日本投降后，"开拓团"被解散，"开拓团"在桓历时5年7个月，共掠走粮食7万余公斤，其中水稻近3万公斤、玉米和大豆4万余公斤；强占民房150余间，当地农民深受其苦。

（桓仁县地方志办公室编：《桓仁县志》，方志出版社1999年版，第124页）

（13）日人在宽甸县强购粮食导致粮荒（1940年9月）

（1940年）9月全县连降暴雨，受灾农田8.6万亩，减产粮食61万石。伪满洲粮谷株式会社又在县内强购玉米、高粱米、小米3.6万石，致全县发生严重粮荒。

（宽甸县志编纂委员会编：《宽甸县志》，辽宁科学技术出版社1993年版，第28页）

（14）桓仁县日伪强行征购粮食（节录）（1941年）

……

民国30年（1941年），随着日本军国主义侵略战争的扩大，一切重要商品都作为为侵略战争服务的手段，纳入日本关东军和日伪当局的统制之下。日伪当局强制实行的"粮食出荷"和"粮食配给制"日趋严苛，逼迫农民签订"出荷"契约，不论丰欠，均要如数交粮，拒交者以"反满抗日"论处。同年"出荷"粮食、油料5460吨，其中大豆2040吨、小麦430吨、玉米2223吨、水稻421吨、杂粮283吨、油料63吨。民国32年，全县粮豆出荷量达21725吨，占全县粮食总产量的45.1%。全县农业人口人均负担粮豆179公斤。广大农民以橡子面、瓜菜、树皮充饥。

（桓仁县地方志办公室编：《桓仁县志》，方志出版社1999年版，第271页）

（15）建昌县13个乡村民在"集家并村"中的财产损失（节录）（1943年3—5月）

......

建昌的西南山区是中共凌青绥联合县武工队最早开辟的抗日游击区。日军于1943年初，划定这一带为"无人区"，在这一地带暴力推行"无人区"化。他们组织的"拆破班"对群众自己没有拆的房屋，立即进行拆毁。群众如不拆迁或拖延，则按"私通八路"、"思想犯"予以逮捕。从1943年3月到5月，日伪军在建昌西部的老达杖子、要路沟至南部的新开岭、贺杖子13个乡，总面积约923平方公里的地区进行集家并村。日军把664个村庄、12329户、63942口人赶出原来的村子，赶进108个"集团部落（人圈）"里去住。在整个集家并村过程中，当地群众有41486间房屋被毁，529254万件器具、衣物、农具被抢走或毁掉；850头马、驴、骡被宰杀或抢走，61.2万公斤粮食被抢。

......

（朝阳市史志办公室编：《中共朝阳地方史》，辽宁民族出版社2001年版，第87页）

（16）日军在喀左县马家沟拆毁全屯民房（节录）（1944年7月）

······

（1944年）7月，就在齐英率岭上武工队撤回关内临榆县境内进行休整的时候，日伪军疯狂"围剿"岭上武工队，捕捉抗日积极分子。山嘴子伪警察署、二道营子伪警察分驻所还出动全部伪警察对岭上武工队所创建的抗日根据地——马家沟强行"集家"。仅一天工夫，日伪警察们就将全屯22户的120间房子全部拆毁。村里所有的男女老幼都被驱赶到附近的道虎沟村去住。村中不少人在集家并村中家破人亡。

（朝阳市史志办公室编：《中共朝阳地方史》，辽宁民族出版社2001年版，第76页）

# （三）口述资料

## 1．平顶山惨案幸存者杨宝山的证言

1932年9月16日上午8点多，杨宝山正在外边玩，忽然看见从市内方向开来4辆汽车。其中有3辆车全副武装的日本兵到了牛奶房子就下来了，另1辆汽车上的日本兵下了车直接进到平顶山街里去了。日本鬼子下车后就分散开来，一部分兵力把平顶山全村包围起来，严密封锁，不许进也不许出，大部分兵力则集中到平顶山东、西两个山头，把住关口，严防大刀队为了营救居民可能再度发起袭击。在平顶山街里的这一群鬼子，又分成若干伙，从平顶山北头到南头，挨门挨户地把居民往外赶。

这时，杨宝山和母亲一起收拾东西。母亲把夹袄夹裤都穿上了，又给杨宝山套上一件夹袄。杨宝山说："天这么热，穿这么些干什么？"母亲说："到晚上该冷了。"母亲包了两个苞米面大饼子和咸萝卜条，拉着杨宝山出来了。走到街上，看到好多人往南边牛奶房子方向走。他们走到牛奶房子小土坝边上，看见一个东西用黑布蒙着。杨宝山指着那个东西问母亲："那是照相机吗？"母亲没有回答。

大家簇拥在一起朝刽子手们已经安排好的屠杀场拥去，突然有人大声尖叫："洋鬼子烧房子啦！"人们回头一看，平顶山浓烟弥漫，大火冲天，人群中一阵动荡，然而手无寸铁的人们却只能眼巴巴地望着自己的房子被烧掉。

刽子手们选择的这块屠杀场，在平顶山南端，是一块播种牧草的草坪。它的西面是断崖陡壁。即当年用机器镐挖平顶山时所剩下的半边山，约有二三丈高，北面为奶牛饲养场的铁丝嶂所堵塞，只有东面和南面可以出入，中间有一块沟形的带有小坡度的平地。

午后一点多，人们差不多都被赶进了屠杀场。日本守备队从四面八方紧紧向人群包围，拼命把人群往中心压缩。在人群的南面站着手端刺刀的日本兵，人群的东面放着几个用黑布盖着的东西。人们不知道那是何物。还以为真是照相机，将要给他们照相呢！

这时，在人声喧叫当中，一位面目黝黑、个子高大的日本军官走了出来。他用朝鲜话喊："腰包，腰包……"接着有二三十个朝鲜人走了出来。在日伪统治时期，日寇常常唆使朝鲜浪人欺负中国人。人们一看朝鲜人被叫出去，才知道大事不好。在人群中掀起了大骚动。紧接着，黑布揭开了，突然有人一声尖叫："不好啦，是机关枪，快跑哇！"这时，一个日本军官一摆手，"突突突……"六挺机关枪同时疯狂地扫射，四面八方的日本守备队也同时向人群开枪。

这时，枪一响，杨宝山的母亲把他紧紧地搂在怀里就倒了，并把他压在身底下。枪在响，杨宝山在母亲身底下喊娘，娘还在答应。枪响了很长时间后停止了，鸦雀无声。就在这时，有人大声喊："日本人都走了，你们没死的快逃命吧！"一些没有受伤的人，听到喊声，都站了起来，准备跑出去。日本鬼子发现还有好多人没死，就又进行了第二次扫射。这次子弹打得更低。当时杨宝山还喊娘，娘还在答应。不一会儿，再喊娘，娘就已经死了。当时，杨宝山感到后脑勺大脖子上有热乎乎的东西淌着，一会儿流到嘴边一舔觉得咸乎乎的，就知道是血，这时突然一颗子弹从后面打到他的大腿里，没有出来。他就趴在那，也不敢出大气。心想这下可完了，非死不可。

当时，日本鬼子在杨宝山身上走个来回，用刺刀尖点他后背，他们穿着皮鞋，将杨宝山后脑勺踩破了。这时下起雨来，杨宝山听到汽车响，知道日本鬼子走了。当时，杨宝山刚要起来，听到有小孩招呼："日本人都走了，快起来逃跑吧！"这时，杨宝山看到娘一动不动，满身是血，张着嘴，瞪着眼，嘴角不时地冒着血沫子。杨宝山当时哭着喊娘，娘也不答应，他怕日本鬼子再回来，就拖着带枪伤的腿走出屠杀场。

杨宝山走到屠杀场南边千金堡的一个高粱地里，这时雨下得更大了。在高粱地里，杨宝山把受伤的右腿放在垄台上，左腿站在垄沟里，垄沟里的水都没脚脖子深。在高粱地里，杨宝山哭了一夜。这时天快亮了，杨宝山从高粱地里爬出来，来到一户人家。这家有两位老人正套着一辆牛车，车上坐着一位小姑娘，看上去像是逃难的。杨宝山向他们要了一碗粥，没喝完，就把碗放在磨上爬走了。想起惨死的娘，杨宝山哪能喝得下去呢？

第二天在路上遇到了从平顶山逃出来的张小二，还有他的哥哥和叔叔。杨宝山他们一共四个人。大家无路可走，一商量奔抚顺东边走，找大刀会去。

[采访时间为2005年9月21日，采访地点为辽宁省抚顺市顺城区将军街
　九州养老院，采访对象为杨宝山。由刘畅、范正伟、马广聪等人采访整
　理。此材料现存于抚顺市社会科学院地方党史研究室。杨宝山，男，
　1922年8月18日生，山东省平邑县人，中共党员。1928年随父亲由山东来

到抚顺平顶山村落户。1932年9月16日，在平顶山惨案中死里逃生，成为幸存者。1933年，逃难到新宾永陵。1935年，到抚顺石油三厂做工。1936年，在抚顺煤矿挖煤。1942年到吉林省胶县当管工。1945年后，到清原县落户。1946年到抚顺石油一厂做工。1949年，加入中国共产党。1951年，到抚顺石油三厂工作。1959年任抚顺市煤炼油厂（抚顺有机玻璃厂前身）厂长。1962年任抚顺合成纤维厂供销科科长。1977年任抚顺石化安装工程处党支部书记。1983年离职休养。现居住在抚顺市新抚区将军街29委35组303号]

## 2. 韩宝忠关于平顶山惨案的证言

我叫韩宝忠，我父亲叫韩树林。父亲是抚顺平顶山惨案的幸存者，他是1989年辞世。仅就父亲在世时同我讲的有关平顶山惨案情况回忆如下：

我父亲说，我的父亲家当时8口人，他大哥、二哥、嫂子、侄女殉难，他父母及妹妹幸免。1932年9月15日中秋节之夜，爷爷和大大爷22点就回来了。半夜，外边一片喊声，"大刀会来了"。大家不敢出来。当时我父亲想出去看看，爷爷不叫出去。第二天，我的父亲和我二大爷在山坡下铁道边看见一具义勇军的尸体。当时村子被日本人包围了，只让外边人进，村里人不能出。到中午时候，来了两车日本兵，大约百余人，下车就驱赶村民，说是"都到牛奶房南边的山根下集合。"有4个鬼子闯进我家，把8口人都赶出来了。在山根下，鬼子让我们坐在地上。这时，村里房子起火了，大家骚动起来。这时6挺机枪响了，爷爷把我父亲压在身下，爷爷受了伤，叫父亲不要动。枪响了一阵，又停下了，又响了一阵，接着日本鬼子分两队用刺刀复查刺杀。爷爷被刺了3刀就昏过去了。天黑了，只有我父亲和姑姑没有受伤，爷爷醒过来，问父亲："全家还有活着的没有？"于是半夜里，受重伤的爷爷拽着父亲，姑姑搀着奶奶，从死人堆里爬出来。整个屠场上呼爹唤娘的惨叫声和孩子的哭声连绵不绝于耳。我们全家逃到大官町，在一个姓刘的家里住下。后来我父亲去矿山要饭，日本人说他偷煤，放出狼狗咬他，到他死前腿上还有伤疤。

（采访时间为2005年10月18日，采访地点为抚顺市福民街6委15组3单元302室，采访对象为韩宝忠，由范正伟、乔宝安、马广聪采访，乔宝安记录。此材料现存于抚顺市社会科学院地方党史研究室）

## 3. 本溪市桓仁县救国会事件知情者孟宪友的证言

我父亲叫孟昭春，生前常和我讲过。1936年9月7日，我的叔大爷孟昭堂（县伪协和会会长）与县城盖××一同被日本宪兵队抓起来。同时还有县城中学校长李德恒、女子师范校长宋寓言①、职业中学校长吕敬五、北关小学校长关麟书等等。抓孟昭堂的原因是他组织县城救国会成员为抗联筹集钱款和医药品、武器等。他是通过沈阳的哥哥孟昭儒筹备的军用物资。他当伪协和会长也是他哥利用关系有意安排到桓仁组织抗日的。孟昭堂组织桓仁救国会抗日，还有县一中离休老师徐殿卿可以证实。省委党史学会张大庸也来做过调查。现在省委已下发文件，认定孟昭堂组织桓仁救国会抗日的有关事迹。

采访对象：孟宪友

采访人：张士海

采访时间：2008年3月2日

（采访时间为2008年3月2日，采访对象是孟宪友，由张士海采访记录。
此材料现存于桓仁县党史地方志办公室）

---

① 很多材料写作"宋禹言"。

# 4．西江惨案见证人徐殿卿的证言

我今年92岁，（桓仁）县第一中学离休教师。县城西江惨案，时间发生于民国25年①2月23日，我当时只有21岁，亲眼目睹了日本人于西江沿用刺刀将中国人刺死后，推入冰窟窿里，共有300多人被杀害。

他们原是隐藏在山里的抗联和邦头武装，后以"发良民证"为由将其骗下山，用绳子捆绑起来，装入卡车，押运至西江沿杀害。

当时场面惨不忍睹，日本人随意用刺刀刺杀这些人，有的人看难免一死，便自动跳进江中。江内冰窟窿已被塞满，日本人便用枪托往里塞。江中尸体成堆，血肉模糊。

被采访人：徐殿卿

采访人：张士海

采访时间：2005年3月5日

（采访时间为2005年3月5日，采访对象是徐殿卿，由张士海采访记录。此材料现存于桓仁县党史地方志办公室）

---

① 应为"民国26年"。

## 5．西江惨案见证人郑铭阁的证言

我叫郑铭阁，今年83岁，是在桓仁一中退休。桓仁县城西江沿发生的填江事件我知道，当时我是小学四年级学生。事情是1937年2月23日早晨7点发生的，日本守备队雇人在西江沿挖出很大的冰窟窿，将抓来的中国人用刺刀刺死推入冰窟窿里，共有300多人。

证实人：郑铭阁

调查人：张士海

调查时间：2008年1月7日

（采访时间为2008年1月7日，采访对象是郑铭阁，由张士海采访记录。此材料现存于桓仁县党史地方志办公室）

# 6. 西江惨案见证人金荣大的证言

（桓仁）县城西江沿填江事件，是发生于民国25年的事情。隐藏山上抗联的邦头被日伪骗下山来成为"良民"。后来，第二年，日伪又骗他们来县城领取"良民证"。有的本人不在家，哥哥或兄弟替他们去领"良民证"。结果他们被骗到守备队，被抓起来送到西江沿杀害填进浑江冰窟窿里了，共有300余人。

被采访人：金荣大

采访人：张士海

采访时间：2008年3月5日

（采访时间为2008年3月5日，采访对象是金荣大，由张士海采访记录。

此材料现存于桓仁县党史地方志办公室）

# 7. 阜新太平采碳所劳工芦茂贵证实材料

　　我原籍山东省日照县城北黄家河，于1940年2月14日来阜新，当时我19岁，到关里招工的叫张克森，我们从关里共来31人，光复时仅剩13人。当时招工的说每个人发给5元钱路费可迟迟不给，我们就不走，招工的无奈后来只得每人发5元钱。

　　来到阜新，我们被分配到太平矿二坑。住在太平小街西头大房子里，当时大房子里炕上没有炕席，房顶瓦都坏了，露着天，共有200多人，我们31个人也都住在这里，到了第二天每人给一个窝头和一个咸菜疙瘩。31人分三班倒。我上几天班就得病了。当时得的是伤寒病，十多天后，有一天把头到大房子清除病号，有病的就抬出来，我被抬到一个大房子房头（谁抬出来的当时我也不知道），用炕席盖着半拉身子，在我身边还躺着一个死人。把头准备将我同死尸一起扔进死人仓库。没等扔呢，这时一个挂双拐的人来到我跟前说：这是那个柜上的，又死了两个。他用拐棍扒拉我一下，发现我没死（当时每个工人身上都有个白布条，就知道是哪个柜上的工人），一看白布条，就知道我是张振学柜上的工人，他把我们老乡姓毕的一个妇女叫来，把我抬回去了。待几天，他们还背我去医院看病，医院没有给我看，又把我抬了回来，姓毕的妇女整天给我送水送饭。

　　我表兄叫毕恩滕，看我病成这个样子说：这是什么世道，光叫干活，不给饭吃，这时来一个票头和一个先生，就骂"操他妈的！谁不给你饭吃，你不会自己挣吗？"就踢我表兄好几脚（当时我心里明白，嘴里说不出来），也不知踢在什么地方，到了第二天就死了，他死后抬出去，衣服就被扒光了。

　　表弟毕恩昌下班回来一看哥哥被打死，两眼都哭肿了，后来两眼就什么也看不见了。我叫我弟弟芦茂田给他送点吃的，我弟弟说，他看不着还骂人，就这样他的病一天比一天重，把头看他不能干活，就叫人把他扔进了死人仓库。后来他从死人仓库爬出来，爬到大房子已是夜间，光着膀子边爬边哭喊着："回来叫门，我没有死，我饿得慌！"有的老乡给了他点东西吃，看房先生（姓名不记得）听到后，又把他推出门，扔进死人仓库，他第二次爬回大房门口，哭喊着叫我，此时我也病得很重，连动都动不了，只好眼睁睁的看着把头和账房管事的又将他拖走，送到死人仓库，他第三次从死人仓库爬出来，直接爬到大平小街豆腐房附近吃了几口豆渣后惨死在街上。

同来的同村劳工中有叫毕爱真、毕小枝的亲哥俩。老大挣钱不花就想逃跑，把钱都放在裤兜里，谁知却被××偷了（抽大烟的人不知叫什么名），钱丢后……一天，一个先生姓腾的来催班，用棍子打他，说你为什么不上班，他说"没吃"的，大伙也给他讲情，还不行，他被打得一瘸一拐的下坑去了，下班后就没有了。毕小枝一看哥哥没有了，他也想跑，就跟我说三爷爷咱们一快跑吧，因当时我有病不能走，就和他说再等几天吧，我病好了，咱们一起走。

没几天他把水袜子丢了，看房先生和日本人用皮鞭子打他，用凉水灌，把他打的够呛，还逼他下坑去。他病倒了，五六天后，一个老乡把他送到太平矿医院。几天后，我和一个工人还有姓毕的妇女去医院看他，他说耳朵疼，我一看耳朵里都生蛆了。就用炮线从他耳朵里抠出两个大蛆来，这时来一个穿白大褂的中国女大夫，我央求着说：先生你给他点药吃吧，她说这个人都要死了，我说他没病，我说他没病弄走吧，当时我们弄不动，我就将仅有的一块钱给了这个大夫，叫她给他点药吃，她就把钱放在小衣兜里了，给了一包药面。又过了三四天，我们几个人买了一点水萝卜去看他时人已经没有了，医院大夫说他死了。

不久把头逼我上班，当时我病还没好，走不动路，根本不能上班，扶着炕沿走两腿还打哆嗦，把头一看，我确实不能上班，就拉倒了。10多天后，病好点，我就被逼着去下井。

一起从关里家来的有个叫池德顺的，共来4口人，当时他也有病，他妈每天要点饭和豆渣吃，一天票头看见了，一脚就把老太太要的一点豆渣给踢了，当时老太太气得就哭。没几天连气带病故去。老太太死后不久，他妹妹连饿带病也死了，他二哥见母亲、妹妹都死了，一股火病倒，几天后也死了。不到2月时间，一家4口人仅剩下1个池德顺。

与我同来的老乡夏明昌，来时全家15口人，个个是好劳动力。夏明昌的双亲被账房先生给踢死啦，全家来阜新不到半个月就死了6口人，半年就死了11口。

当时工人每天上班时都排成队由把头送到坑下，升坑后手拿着一个小票（日本人给的小票），再往手上盖一个戳，这就证明你上班了。

下班后把水袜子脱下来交给小把头，再发给每个工人一个小牌，第二天上班，就拿着这个小牌去领水袜子，意思就是怕工人穿着水袜子逃跑。

［采访时间为1975年1月24日，采访对象是芦茂贵，由刘学珍、杨淑珍采访整理。此材料现存于辽宁省阜新阜矿集团档案馆，档案号第26卷

（1975年），第17—24页。芦茂贵，男，生于1921年，山东省日照县人，1940年来阜新当劳工，曾任高德矿一号井检查员］

## 8．齐学孔关于阜新新邱矿二坑冒顶事故的证言

我在1938年由表侄蒋仲林介绍参加冀中十分区政治警卫队工作。1939年部队改编为29团，我在团部通信班当战士，同年5月我在新城县由雷文久介绍入党，1941年7月我在新城县杜新庄被捕，押了一个月，8月份押送到保定。当时被捕的八路军和村干部就有100[多]人，1941年9月，敌人将我们这100多人由保定押送到阜新来，在新邱矿当特殊工人。

我们在新邱住的是大房子，不得自由行动，周围有双重电网圈着，上下班都有矿警队护送监视，生活艰苦，吃的是橡子面，穿的是更生布，劳动条件不好，每天工作都在13个小时以上，分二班倒，当时常搞"大出炭"，鬼子只管多出煤，不管工人的安全，工人的生命毫无保障，井下经常有倒塌、失火、冒顶等事故发生。鬼子和把头只关心矿山机器，而不是工人，一旦发生了事故，他们首先抢救的是机器，根本不顾工人的生命。我记得新邱老二坑有一次冒顶事故，累计压死了20多个工人。

当时新邱矿上把头子杜子久、朱培林更是对我们进行残酷剥削，我记得有安家费、予当费、埋葬费、招募费、克扣工人工资等手段。配给工人的水袜子，工人上不够班的把头就扣下不给，使有不少人光着脚下井干活，发衣服也是这样，本来是一人一身衣服，把头给2个人发一身，扣下一身不发，当冬的棉衣到开春才发，使我们到冬天还没有棉衣穿。为反剥削、反压迫，我们常与敌人进行斗争。1941年"中秋节"在新邱西部夏菜园子说书馆特殊工人痛打警察股长佟××。

在1941年"中秋节"时，我和郑玉廷、张玉林（张凤林）、雷××等6名工人到新邱西部夏菜园子说书馆打牌玩，坐在我们旁边一名警察佟××说我们没有钱，还来打牌，总是抢别人的钱，当时我听完后和他顶起来，佟××动手打我，我们几个工人就一齐动手和警察打起来了，将警察的洋刀、枪支等武装缴械。第二天，鬼子就把我们几个特殊工人送到海州警务科押了十几天，后来经过我们特殊工人斗争，警察也没有办法，我们就放出来了。

我和特殊工人赵振远（也是冀中军队来的）经常在工人中做宣传鼓动工作，宣传八路军是怎么爱国爱民，老百姓怎么拥护我们，今年打败希特勒，明年

打败小日本，不当亡国奴等革命道理。起初我认识了一个青年人谢炳忠，经过我对他的多次启发帮助。不久他跟我说："齐大叔我决不当亡国奴，我们工人出的牛马力，吃的倒不如猪狗食，受了伤还没人管，工人真是没有丝毫民主、自由，我得逃走，找八路去，你给我想点办法"。我就给他四元（满洲国票）作路费，帮助他逃了出去……

（采访时间为1960年8月25日，采访对象是齐学孔，由肖祥、张连城采访整理。此材料现存于辽宁省阜新阜矿集团档案馆，档案号第7卷，第82—83页。齐学孔，男，1938年参加革命工作，1941年7月在河北省新城县被捕，不久到阜新新邱当"特殊工人"，1945年重新入党，曾任齐齐哈尔市卜奎旅社经理）

## 9. 黄贵财关于阜新太平矿三坑冒顶事故的证言

1942年6月，有一天黄贵顺在太平二坑东三片大掌子采煤，他弟弟黄贵财在掌子外面搓炮泥，只听轰的一声，一股黑风从虎眼窜出来，大掌子冒顶了。日本鬼子祖元叫工人扒煤，工人不听他那一套，拼命抢救阶级弟兄，黄贵顺被扒出来了，紧闭两眼，满嘴流血，抬到家不久就死了。

黄贵顺死后，全家血泪未干，管账姓杨的手里拿个纸条，找上门来，对贵财爹皮笑肉不笑地说："老家伙，你儿子抬哪去了，叫他按个手印。"老黄头气愤地说："人都死了，还按什么手印？"那姓杨的说："这是衙门的规矩，你要不按，明天一早就给柜上腾房子，可别说我姓杨的不客气。"在管账先生的威逼下，黄贵财和他爹去死人仓库捣腾了半天，才在死人堆里找到了黄贵顺，爷俩一边流泪一边拉死者按了手印，就这样，把头吞吃了黄贵顺160元恤金。还假装仁义地说："这30元钱先借给你家花吧。"老黄头揣着这30元钱，心如刀绞，对贵财说："孩子，这30元钱可是你哥的一条命，咱宁可饿死，也不能花它一文。"

（采访时间为1969年12月18日，采访对象为黄贵财，由阜新矿务局高德矿革委会采访调查并整理，2006年2月刘金城、王元收集。此材料现存于中共阜新市委党史研究室，档案号阜新地方党史82—6—361卷，第32—34页。黄贵财，男，生于1927年，曾任辽宁阜新矿务局高德矿采煤段长）

## 10. 李林山等人关于凌源市三道沟"集家并村"的证言

"集家并村"时，我们三道沟大队进围子共有38户、222口人，其中进北杖子大队车台子围子人数为35户、203口。进建昌县老达杖子公社老达杖子围子的为3户、19口人。进围子共死去7人，有些不满周岁死的孩子也记不太清楚。烧毁房屋17间草房（不包括进围子后为了侍弄地，回来搭的小马架子），拆毁房屋93.5间，损失牲畜牛9头、驴17头、猪21只、羊56只。除上述外，据不完全统计：物资损失，房木24间，多数为劈柴烧火，有的是被水冲走或浇糟。柜42口，因房子被拆没处放，就在外面浇着被浇坏，有的被烧坏，有的劈着烧了。缸47口，至于大锅、被子、农具等数不胜数，不可统计，损失很大。

调查人：上杖子生产队：李林山，63岁；李玉林，58岁；任××，81岁

下杖子生产队：闫丙义

南岭生产队：韩金祥，61岁；韩金瑞，53岁

东良生产队：白永贵，67岁

记录人：马玉

三道沟大队管委会

1981年12月5日

（调查时间为1981年12月5日，调查地点为辽宁省凌源县三道沟大队，调查对象为李林山、李玉林、任××、闫丙义、韩金祥、韩金瑞、白永贵，由马玉记录整理。此资料现存于凌源市地方志办公室资料室）

## 11. 杨俊山等人关于小石门沟生产队在"集家并屯"时情况的证言

杨俊山口述：

杨玉山家进围时9口人，房子正5间，东西厢房各3间，全拆毁。在围子里死了6口人。除玉山三子杨付媳妇羞辱死外，其余5口是由于心小窝火死的。杨付妻作风有点不正。当时任部长的马尊见面就手指着她说："你也不算个人，小浪老婆，今天跟着这个，明天跟着那个，还不趁早死了，多么害臊。"杨付妻自感活着也无脸抬头见人，后来就寻机上吊死了。死时23岁。撇下一个3岁的儿子，小名林头，现名杨春生。奶奶抚养到6岁。后来奶奶病死。7岁时，林头就要饭吃。要了二年，9岁拉瞎子。杨玉山和他大儿子杨贵在修围墙时，有一回稍立一会儿，直直腰，被马友轩看见了，就用木棒朝他们爷俩的后背、胳膊上狠劲打了十几下，并口里说："该死的贱奴，打死莫论。"

曹国财家进围子4口，曹国财媳妇病死在围子里，死后撇下二子，曹国财走到哪就用条筐把两个孩子挑在那里。有时偷跑回家侍候地，来回挑着。晚上回去迟了，围门封闭，就在外待一宿。挨打是家常便饭。两儿子，长子曹文、次子曹武。

杨俊山、杨付山口述：

曹国祥家"集家并屯"时进围子5口人，老两口，一个儿两个女儿，次女因病无钱治疗，死在围子里。后来移民，因她家最穷，被划为移民户，迁到内蒙那里轰。到那地方，由于不适应当地的气候、自然环境，饮水不服，更由于思念家乡，全死在那里。至于怎么死的，没听到细情。如今这里也没有他家的人了。

杨海山口述：

集家时，我家9口人。死围子里一个7岁的丫头，是生病没钱治死的。第二年春，我大儿子杨存慧，又生霍乱病而死，年仅28岁。我心口窝长大疮，三角形3个手指粗的黑点，后来越烂越大，也无钱治，眼睁着一天天的恶化，幸亏我当时的几个亲属，凑钱、粮、物等，请来一个岭下姓孙的先生，经他手治好。那时有房被拆，有地不叫种，没有粮食吃。有一次在修公路的一个民工手买了一斗红高粱，这件事被修公路的一个小头头（还不知叫啥名）发觉了。就把我抓去，全身衣服扒光，吊在一个树杈上，抢起皮带抽打，整整打了小半天，头上、脸上、胸部、后背全打的青一块、紫一块，后来家里人托人讲情，才把我饶了。高粱给如数退回，钱也白搭了。

在住围子时，有一次，因无柴生火，我劈了马老二家（地主）一个破大门桩，被他知道了，硬要罚我一石小米子，我哪里去弄这一石米呢，事隔三天后，我回家摘了好多杏儿，送给马老二，又托人给讲讲情，才没有罚我。马老二把杏儿送给了日本鬼子的一个当官的。

还有一回，东沟地主马海臣，他家住马达子，他家没有，马海臣要梨吃，他家没有，马海臣就想到了我的头上，就把我叫去了。让我捡最好的梨给摘一挑子去，说不会亏待我。我满心不愿意，也不敢违抗，就回家给摘了一挑子梨给送去了。马海臣皮笑肉不笑地问我："要多少钱？"我没敢多要，说："半毛钱一斤吧。"马海臣一听，瞪着一对贼眼，慢条斯理地说："什么钱不钱的，就算慰劳老子了吧，把梨放这，你给我滚！"我当时气得恨不得狠狠地打他一扁担，但为了少惹是生非，我强忍怒气。只好把好好的一挑梨白送他们喂狗了。

杨占山口述：

我家被并进6口人，死2口。都是得霍乱病加上拉肚死的。

"讨伐队"在东沟后山修炮台，分派到我家送饭，记得做的是高粱米饭，烂豆腐，饭送到山上，一个家伙，掀开盖一看，就来气了，说："这哪是人吃的饭，不如狗食。"说着，一脚把饭盒踢下山去。非叫我回家另做。没办法，现东一家西一家地借鸡蛋、白面，小心又小心地把饭做完，再次送去。提起那时送饭，真是提心吊胆，十有九回挨打。饭踢洒了，家具摔了。

有一天，我偷回家侍弄地，晚上回去迟了，站岗的不容分说，抄起木棍就往后脊上打，一连打了十几下，后背打得青肿，好些日子不敢挨炕躺着。还有一次，躲避给他们修围墙，被抓去，一起抓去的还有好多人。国兵就把我们分成两人一队，互相对打。他们手提棍棒在一边监督。我和莫脐山白连富是一对，都是穷人，谁忍心打呢？我们俩面面相视，谁也不肯先下手。在几次威逼之下，不得已互相扬起手来，高扬轻落，往肩膀上对打了几下，在一旁监视的那个家伙，见我们俩没真打，就火了。抡起木棒，就照我的头上劈下来，我躲闪不及，重重挨了一棒，头一昏，眼一黑，差点儿栽倒。白连富也同样挨了几棒子。说起那时挨打，真是如同家常便饭。

杨俊山、杨付山口述：

"集家并屯"时，我家6口人。4间正房（瓦），东西厢房各3间，均被拆毁。我们哥3个。我和大哥轮流着白天偷跑回耕地，晚上再偷偷地溜进围子去。老三杨友山逃到和尚房子去扛活。俊山说："记得在东沟后山修炮台，有一个叫包彬的，是机枪班班长，这个家伙特别狠毒，只要轮到送饭，碰见他就没个好。他若打人，就不是几下，都是打够了拉倒。送去的饭，不用说看一眼，只是用鼻子一嗅，香味不大，就一脚踢下山去。鸡蛋摊糊一点不行，小米饭只要有一个沙粒，就算糟了，非挨打不可，就连盛饭的碗，有黑点也得摔碎喽。那时，尽管没少挨揍，但幸亏的是一个人没死。"

陈友口述：

我爹叫陈兴才，进围子9口人，房子被拆，初进围子时，住在马芝家的羊圈里，后来又搬家到东屋马向那。在围子里，我二哥陈付那屋死两个孩子，一个丫头，七岁死的。一个小子叫城头，四岁死的。两个孩子都是由于想家，烂牙床，长痦死的。我奶奶年岁大了，怎么也不去围子，要死就死在家里。可是房子拆了，哪有安身之地呢？没办法，我爹和我们哥几个，轮流着跑回家来照看她。白天，怕来人搜查，就用个大蒲墩抬着，藏在房附近的小山沟里，夜晚再抬回来，夏季遭雨淋，冬季受寒侵，有时一天吃上一顿半顿的，有时就整天整夜挨饿，这样折磨来折磨去，由于是年迈人，经不起折腾，集家的第二年初就得病而死了。

陈广林口述：

那时我还小，才十来岁。记得我们家进围子时是9口子，出来时剩7口子。死两个孩子，一个是我的姐姐，小名叫强头，死时十多岁，一个是弟弟，6岁死的，都是长热病，没钱治死的。那时我是孩子，没挨着打，听别人说，我爹陈贵，有一回不知因为什么事，挨顿打。究竟谁打的，我不太清楚了。那回打够呛，打完爬不起来，用两人架着回家的，在炕头上躺了六七天才能下地走路。当时我在北仗子我二姨家玩，回来后听别人对我讲的。爹爹从来没对我说这事。别的我就记不清了。

（注：进围子57口，死去21口。）

（采访时间为1981年11月28日，采访地点为于凌源县小石门沟生产队，
采访对象为杨俊山、杨付山、杨海山、杨占山、陈友、陈广林等人，由陈
广林采访记录整理。此材料现存于凌源市地方志办公室资料室）

# （四）专题资料

## 1. 辽宁境内"万人坑"专题调研报告资料

（1）日本、英国、美国、德国煤矿矿工死亡率比较表

| 国别 | 日本 | | | 美国 | | | 英国 | | | 德国 | | |
|---|---|---|---|---|---|---|---|---|---|---|---|---|
| 年代 | 矿工数 | 死亡数 | 死亡率 | 矿工数 | 死亡数 | 死亡率 | 矿工数 | 死亡数 | 死亡率 | 矿工数 | 死亡数 | 死亡率 |
| 1921 | 267614 | 643 | 0.24 | 823253 | 1995 | 0.24 | 1144311 | 756 | 0.07 | 964790 | 1776 | 0.18 |
| 1922 | 249022 | 547 | 0.22 | 844807 | 1985 | 0.24 | 1162754 | 1105 | 0.10 | 854420 | 1605 | 0.19 |
| 1923 | 278771 | 663 | 0.24 | 862536 | 2462 | 0.29 | 1203290 | 1308 | 0.11 | 847577 | 1303 | 0.15 |
| 1924 | 251069 | 839 | 0.33 | 779613 | 2403 | 0.31 | 1213724 | 1218 | 0.10 | 640153 | 1301 | 0.20 |
| 1925 | 252898 | 721 | 0.29 | 748805 | 2234 | 0.30 | 1102442 | 1159 | 0.11 | 626685 | 1564 | 0.25 |
| 1926 | 235044 | 712 | 0.30 | 759033 | 2518 | 0.33 | 1115640 | 662 | 0.06 | 606642 | 1267 | 0.21 |
| 1927 | 239167 | 909 | 0.38 | 759177 | 2331 | 0.31 | 1023886 | 1141 | 0.11 | 617227 | 1290 | 0.21 |
| 1928 | 237890 | 799 | 0.34 | 682831 | 2167 | 0.32 | 938988 | 1014 | 0.11 | 588806 | 1129 | 0.19 |
| 1929 | 228761 | 921 | 0.40 | 654494 | 2187 | 0.33 | 956673 | 1095 | 0.12 | 600588 | 1191 | 0.20 |
| 1930 | 204526 | 791 | 0.39 | 644006 | | | 943673 | 1024 | 0.11 | 508969 | 1320 | 0.26 |

（日本矿山协会资料第36辑，辽宁省档案馆馆藏档案，档案号日文资料工矿类第2124号）

（2）阜新煤矿矿工伤亡情况调查表（1940—1942年度）①

| 年度 | | 上年末在籍人数 | 年内增加数 | | 年内减少数 | | | | | | |
|---|---|---|---|---|---|---|---|---|---|---|---|
| | | | 采用 | 其他 | 解雇:依愿 | 整理 | 无届 | 惩戒 | 伤病 | 死亡 | 其他 |
| 康德7年 | 雇员 | 2196 | 991 | 952 | 607 | 94 | 339 | 25 | 4 | 12 | 88 |
| | 常役方 | 8377 | 6698 | 738 | 3260 | 709 | 1933 | 73 | 20 | 56 | 1252 |
| | 常役夫 | 17252 | 43620 | 613 | 4021 | 1361 | 32220 | 15 | 143 | 1563 | 861 |
| | 合计 | 27825 | 51309 | 2303 | 7888 | 2164 | 34492 | 113 | 167 | 1631 | 2201 |
| 康德8年 | 雇员 | 2970 | 781 | 288 | 465 | 116 | 398 | 17 | 4 | 24 | 179＋8 |
| | 常役方 | 8510 | 6857 | 765 | 2660 | 725 | 2758 | 49 | 24 | 70 | 614＋49 |
| | 常役夫 | 21301 | 54075 | 658 | 4519 | 1826 | 34437 | 5 | 224 | 1541 | 3338＋5 |
| | 合计 | 32781 | 61713 | 1711 | 7644 | 2667 | 37593 | 71 | 252 | 1635 | 4131 |
| 康德9年 | 雇员 | 2828 | 448 | 1116 | 283 | 113 | 326 | 20 | 8 | 20 | 904 |
| | 常役方 | 9183 | 5904 | 3042 | 2033 | 795 | 2850 | 41 | 35 | 68 | 3466 |
| | 常役夫 | 30139 | 54204 | 6896 | 3247 | 3348 | 35302 | 3 | 556 | 3192 | 14502 |
| | 合计 | 42150 | 60556 | 11054 | 5563 | 4256 | 38478 | 64 | 599 | 3280 | 18872 |

（阜新炭矿株式会社编：《劳务资料》，第16页，1944年4月4日，转引自李秉刚主编：《历史的见证——辽宁境内万人坑》，东北大学出版社2004年版，第22页，原件存辽宁阜新矿务局档案馆）

---

① 该表中"康德9年"在籍人数与上一年结尾数稍有出入，其差额在原表用三角号注明。此表缀于"其他"之后用+号表示。其中"无届"的"届"为日文"とどけ"，意为呈报，无届即未呈报。

（3）阜新煤矿坑内外露天别采用解雇移动情况调查表（1943年8月）

| | 前月末人数 | 本月增加 | | | 本月减少 | | | | | | |
|---|---|---|---|---|---|---|---|---|---|---|---|
| | | 采用 | 变更 | 计 | 依愿 | 整理 | 无届 | 惩戒 | 死亡 | 伤病 | 计 |
| 坑内 雇员 | 645 | 10 | | 10 | 2 | 3 | 16 | | 3 | | 24 |
| 坑内 常役方 | 672 | 19 | 43 | 62 | 3 | 11 | 12 | 3 | | | 29 |
| 坑内 常役夫 | 15161 | 3811 | 5 | 3816 | 49 | 133 | 3573 | | 377 | 24 | 4156 |
| 坑内 合计 | 16478 | 3840 | 48 | 3888 | 54 | 147 | 3601 | 3 | 380 | 24 | 4209 |
| 露天 合计 | 5897 | 898 | 4 | 902 | 9 | 366 | 589 | 1 | 34 | 1 | 1000 |
| 坑外 合计 | 14005 | 1189 | 41 | 1230 | 121 | 81 | 783 | 2 | 50 | 1 | 1038 |
| 总计 雇员 | 2784 | 39 | 13 | 52 | 20 | 9 | 28 | | | 5 | 62 |
| 总计 常役方 | 7864 | 394 | 74 | 468 | 81 | 91 | 230 | 5 | 10 | 1 | 418 |
| 总计 常役夫 | 25732 | 5494 | 6 | 5500 | 83 | 494 | 4715 | 1 | 449 | 25 | 5767 |
| 总计 总计 | 36380 | 5927 | 93 | 6020 | 184 | 594 | 4973 | 6 | 464 | 26 | 6247 |

（《阜新炭矿株式会社劳务统计月报》，1943年8月，转引自李秉刚主编：《历史的见证——辽宁境内万人坑》，东北大学出版社2004年版，第23页，原件存辽宁阜新矿务局档案馆）

（4）本溪煤矿第一回到矿特殊工人状态表

| 时间 | 雇入数 | 解雇数 | 解雇 | 内详 | | 月末现在数 | 在籍人员应出勤人次 | 实际出勤人次 | 休业人次 | 出勤率 | 休业人次内详 | | | 作业日数 |
|---|---|---|---|---|---|---|---|---|---|---|---|---|---|---|
| | | | 死亡 | 逃亡 | 其他 | | | | | | 公伤 | 伤病 | 休养 | |
| 7.11 | 1498 | 32 | 24 | 7 | 1 | 1466 | 22160 | 16277 | 5883 | 74% | 46 | 2245 | 2440 | 15 |
| 8月 | | 45 | 26 | 19 | | 1421 | 43302 | 32027 | 11275 | 74% | 545 | 4512 | 3381 | 30 |
| 9月 | | 21 | 4 | 17 | | 1400 | 32961 | 24264 | 8697 | 73% | 172 | 1901 | 4958 | 29 |
| 10月 | | 14 | 8 | 6 | | 1386 | 43212 | 31595 | 11617 | 73% | 590 | 3280 | 6104 | 30 |
| 合计 | 1498 | 112 | 62 | 49 | 1 | 1386 | 141635 | 104763 | 37472 | 74% | 1353 | 11938 | 16883 | 104 |

（株式会社本溪湖煤铁公司：《华北特殊工人及紧急募集工人入满状况》，1941年11月8日，辽宁省档案馆馆藏档案，档案号日文资料工矿类第2250号）

（5）日本煤矿产煤百万吨死亡率年度比较表

（煤产量单位：吨）

| 年度 | 产煤量 | 死亡数 | 死亡率 | 年度 | 产煤量 | 死亡数 | 死亡率 |
|------|--------|--------|--------|------|--------|--------|--------|
| 1921 | 26230617 | 643 | 24.51 | 1926 | 31426549 | 712 | 22.66 |
| 1922 | 27701731 | 547 | 19.75 | 1927 | 33530607 | 909 | 27.11 |
| 1923 | 28948820 | 663 | 22.90 | 1928 | 33860181 | 799 | 23.60 |
| 1924 | 30110826 | 839 | 27.86 | 1929 | 24257817 | 921 | 26.88 |
| 1925 | 31459415 | 721 | 22.92 | 1930 | 31376213 | 791 | 25.21 |

（日本矿山协会资料第36辑，辽宁省档案馆馆藏档案，档案号日文资料
工矿类第2124号）

（6）平顶山惨案幸存者夏廷泽证言

1932年9月15日中秋节之夜，一阵喊杀声把我惊醒。我爬上墙头向外看，一支人数很多的队伍在行进，前不见头，后不见尾，头上包着白毛巾，腰间扎着青布带子，有的人手拿大刀、长矛和棍棒，还有几个人抬着土炮，杀声不断。

9月16日早晨，我看见大街上人们议论纷纷，说大刀会把小鬼子的卖店和采炭所都烧了，杨柏堡采炭所长渡边宽一被打死了。中午我正在吃饭，外边响起汽车声。我看见4辆汽车上下来百余名鬼子兵，把村子包围起来。他们端着刺刀，杀气腾腾，挨家挨户一个不留的把人们向村南驱赶。我看见村北的80多岁的顾大娘因为是小脚走得慢，鬼子一脚把他踢倒，然后一枪刺死。我返身跑回家，告诉我二哥："不好了，鬼子来报复了，咱们快跑。"二哥抱上孩子，二嫂拿了两个包袱，我们全家跑了出来。我们跑到村子西南，那里已有鬼子把守，我们只好随着人群被驱赶到牛奶房子前面的一片草地上。我们坐在西南角，距我们2米远的地方安放着蒙着黑布三角架。二哥问我："这是什么？"这时村中火光冲天，人群大乱。一个鬼子军官嚎叫起来，三角架上的黑布被揭开，露出6挺机枪，向人群扫射起来。整个屠场上顿时一片哭声和咒骂声。儿唤娘，母寻子，乱成一团，还有人不顾一切向外冲。我二哥被一枪打倒，3岁的侄儿从二哥怀里掉在地上，全家4口人一瞬间就死了两口。我抱起侄儿，趁着鬼子更换子弹夹的机会，一鼓作气冲了出去，躲在屠场附近一块小豆地里，把已经吓昏迷不醒的侄儿放在垄沟里，我也顺着垄沟躺下了。这时，藏在附近的来（栾）大嫂小声问我："老三啊，你把小侄抱出来了，你受伤了吗？"我说："孩子没伤着，我的右臂挨了一枪。"我问她怎么样，她说："我不行了，肠子都出来了，我宁可疼死也不叫喊，让鬼子听见，你们也都没命了。"不长时间，来（栾）大嫂就死了。

枪声停止了，鬼子兵在人堆里逐个用枪刺杀，我能清楚的听到枪刺扎在骨头上的"咔哧"声和刺在肚子上"噗哧"声。有的鬼子惨无人道的挑开孕妇的肚子，一刀挑出胎儿，高高举起，向空中一甩，摔在地上。

鬼子走后，我吃力地爬起来，抱着侄儿坐在豆子地里，看见同胞横躺竖卧在地。天黑了，下起了牛毛细雨，血雨腥风扑面而来。我的右臂疼痛难忍，小侄儿哭闹着要妈妈。我忍着伤痛，抱着侄儿，告别亲人，从虎口逃生。

（夏廷泽，男，惨案发生当年27岁，全家4口人，兄嫂殉难。此材料形成于1978年，现存于抚顺市博物馆）

（7）平顶山惨案参与者于庆级供词（节录）

......1932年阴历8月初，各地（警察）分局纷纷遭到袭击，电话被截断，抚顺县的所谓治安情况陷于瘫痪状态的时候，据各分局逃回警察人员向县府情报员反映，当地居民比较安静，并对大刀队不恐惧。

......

老虎台、塔连两个地点被袭后，情报组人员反映，在搜集情报工作中，栗家沟一带老乡不爱告诉，对形迹可疑的人，问老乡也不爱告诉或不告诉真话等，由此对栗家沟等几个村屯就产生了憎恶思想。

......

在进攻市区第二天的早晨六时，由宪兵队小川挂电话来叫我去，并告诉派车来接。我马上把此事告诉了夏宜，以后坐宪兵队的车子到了宪兵队。

到宪兵队，已有川上，小川和山下，（川上表现出愤怒，暴躁，小川表现得格外冷淡，山下有些不安），都没有说什么寒暄的话。

川上首先发言说："昨夜大刀队进攻抚顺矿区是经由栗家沟等村子。据分所（附属地靠栗家沟的）反映，大刀队进入该村屯他们知道，但未通知给分所，所以受到重损失，可以确定他们与大刀队通匪，现在想核计一下处理这个屯子的问题。"山下问："怎样处理呢？"川上说："彻底烧光、杀光，你们（看着山下和我）有什么意见？不过那样做是否有些过火？"川上强调说（特别严肃的）："这是应该的"。又问我战慄地说："你有什么意见？"当时我发觉过去我想处理的意见和他谈过的处理意见全不同，知道事情糟了，但不敢说什么，看山下提出不同意见，川上满不在乎，于是我说，"我没啥意见。"川上说："既然都没什么意见我们决定这样办（表现凶恶和坚决），由现在开始把村子都看起来，不要他们跑掉了，在八点半前后开一次机关首长会议，征求意见，通过立即执行，屠杀地点为栗家沟，杀光、烧光，由守备队、宪兵队执行。集会方法是告诉群众守备队给他们讲话，把他们全部诱导到现场......"

......

十点半钟前后，有一个中尉带着几个兵跑来，向川上报告说，全部集合完毕，有一部分人跑掉。川上说："把集合的人全部打死，一个都不留。把活的东西都打死，把房子都打着，现在开始执行！"

约十分钟后，东山沟已准备好的四五支机枪开始扫射，西边村子里也响起了枪声。东山沟的老乡们纷纷倒地，有的跑出几步又倒下，都在哭天叫地，不久都倒在地上，枪已停射。

以前那中尉又跑来向川上说：已全部打死。川上说："检查一下是否全死，以后用洋油烧。我先回队，有事向队联系。"川上向我说："往回走吧。"我勉强上了车。在车上我看到西村子里的房子正在着火，牲畜死的各处都是。

……

（于庆级，事件发生时26岁，时任伪抚顺县政府外事秘书兼翻译。此材料摘自于庆级1971年9月8日交代材料，原件存于吉林省农业科学院）

（8）刘茂宣对刘恩甲等被杀的证言

1932年6月中旬，日本守备队偕伪靖安军进攻新宾县城，抓城内上百人在万人坑被杀。12月份（应是10月27日）日军再次占领县城。我亲侄刘恩甲，小时由我家养大，事变后参加李春润领导的辽宁民众自卫军第六路，任营长。部队撤离新宾，他回家看家，住了一宿，被日军发现，当夜逮捕。然后，第三天游街示众。说是"兵匪"，最后在万人坑被杀。据我所知，自卫军被杀的还有：新宾镇王副甲村康洪才、县街自卫军第二营二连王殿华、自卫军运输连于振涛、李延正、自卫军营长马锦坡、黄拱宸、李祥凯，还有平顶山杨树一个姓曲的自卫军战士。伪满前期日本军警每天都到乡下讨伐。特别春、秋，每次都抓回大批所谓"赤匪"、"土匪"、"鲜匪"等。每二三天就在北山万人坑杀百余人。大同二年，康德元年、二年、三年、四年，这五年，每年都杀二三千人。康德二年、康德四年这两年杀人最多。因为康德二年，是李春润领导的自卫军失败后，日本人抓自卫军及家属杀害；康德四年，主要抓红军（后来叫抗联）及活动的村庄里的老百姓。当时红军活动地区叫"红地盘"，没有红军的地方叫白地盘。抓来的人，不论参加没参加红军，只要住那个地方的人就杀。最后杀的山沟都没人住的，许多人都搬到县里。这些都是我亲眼所见，或听到的，也可以说是亲身经历。

（刘茂宣，男，生于1903年。此材料形成于1990年5月2日，现存于新宾县史志办公室）

（9）抚顺煤矿劳工幸存者王殿贤证言

我是1939年8月被抓壮丁到国民党军队27军45师133团1营2连当兵，1940年4月与日军作战时被俘，押到太原集中营。约1941年1月，我们被用闷罐车押送到抚顺。在车上人多，根本坐不下，一个挨一个地站着，一点风也不透，口渴又弄不到水，一路上死了不少人。到抚顺后，我们有200来人被分到北大井做苦工。到了工棚以后给每个人编个号码，只叫号码，不叫姓名。我的号码可能是叫9246（记不准确了），并给每人一张身份证，战俘叫"特殊工人"，身份证上有两条红线。工棚外面用铁丝网围着，平时不准到铁丝网外边去。要是出了铁丝网外边去，被黑帽子（汉奸）看见，就视为逃跑，抓回来绑在柱子上叫狼狗咬，用鞭子抽，灌凉水，活活整死为止。给的棉衣（棉衣钱从工资中扣除）里边絮的都是破布条子，短线头子，根本就不挡风。下井背的是盐酸电池灯，刚来不懂，弯腰干活，盐酸就流出来洒在棉衣上，全都烧成一块一块的。晚上睡觉又没有什么盖的，只好穿着衣服睡。吃的是红高粱粥，身上又冷。刚来水土不服，都泻肚子，一天还得下井干十几个小时的活。那些天，天天都死人，鬼子根本就不给医治，死一个就放到工棚山墙头。有三个四个的才叫人拉走，送到葛布街乱坟岗去那里。那些看坟的遇到死者穿得好一点的就扒下来拿到市场卖给旧衣摊，完了就草草埋掉。十有八九的尸体露在外边，叫成群的野狗拽得哪儿都是，尸骨遍地。我们工棚的王明死后，我们几个人怕看坟的胡乱掩埋，被狗吃掉，就跟车去埋。谁知那坟地的狗一群一群的个个肥壮，两眼通红通红的，根本就不怕人。看样一两个活人进去，也会被这些狗吃掉，那些被送去的死者，后果不用说也会明白的。

在井下干活，就是在水里干活。新开的巷道地上都是水，深的地方有七八寸深。有的掌子面顶板上向下漏水，把身上穿的衣服弄得湿漉漉的。鬼子看见谁干活稍微慢点，就用手中的尖嘴锤子打你，嘴里还骂"八格亚鲁"。真是一群毫无人性的野兽！到了1944年连红高粱粥也喝不上了，鬼子给的是橡子面，放到锅里蒸，都撒在屉上，怎么蒸也蒸不成个。吃到嘴里苦涩苦涩的，吃了又泻肚子，还得下井干活。有的实在干不了歇工，把头就挨个往井下赶，说什么脑袋硬不，脑袋硬就得下井干活，没有法子就得坚持干。

到了1945年8月15日光复时，"特殊工人"剩下来的也就不多了，连茨沟、龙凤几个矿的人都集合起来还不到200人呢！

（王殿贤，1920年生，河南卢氏县人，1939年参加抗日，1941年被俘，被

押到抚顺龙凤矿为"特殊工人"。此材料形成于1995年3月,现存于抚顺市社会科学院)

（10）1942年本溪湖煤矿瓦斯大爆炸劳工幸存者尚宝德证言

我叫尚宝德，1927年2月20日生，原籍山东省乐陵县小尚家村，父母原为农民。1941年春，本溪煤铁公司在天津招工，我父母听说后，因家中生活困难，就带着我和妹妹走了360多里路到了天津。招工的地点在天津大舞台。招工的说，到本溪吃得好，住楼房，楼上楼下，电灯电话，钱好挣等等，我父亲就报了名，招工的还借给我们300元钱。在天津时，我妹妹走丢了，没找到。父母就带着我随其他被招的人一起乘火车来到本溪。到本溪后，是有楼有电灯，但不是我们享受的，我们是在煤矿当劳工。我父亲被分配到采掘班，住在大房子里；我在运搬课，大把头是米寿贵。我和母亲住在家属区的劳工房里。当时，父亲每天能挣不到一元钱，每月20多元钱，我每天只挣几角钱。这些工资都用来买粮食还不够吃，有时只好吃橡子面，没钱买粮时就得到把头那里借粮，发工资时再扣。全家过着吃不饱、穿不暖的生活。

到矿上一年左右，发生了瓦斯大爆炸。我是瓦斯大爆炸事故的幸存者。1942年4月26日下午，我和另外四个矿工正在柳塘坑口干活，当时坑口外没有车，天又下起了雨，我们就进入坑口。当进到距坑口内100多米的地方时，突然一声巨响，巨大的气流将我们冲出井口，我被冲到坑口外一百来米远绞车架外面摔下来。当时，我被震昏了，醒来时只看见一个老头在我旁边说："这是谁家的小孩，怎么在这儿？"说着把缠在我腰间的一些铁丝解下来。我站起来看看，腰部、腿部、脸和一只耳朵被碰伤了。事后分析，可能是气流把我冲出坑口外的电线上又落下来，没碰到硬的地方。我醒来时直发懵，回头看看矿井，只见黑烟夹着火从井口喷出，柱地冲天，有人喊："了不得了，了不得了，着火了！"我站起来，连对老人道声谢谢都忘了，就赶紧到医院去了。我是事故后第一个到医院的伤号，检查一下还没受重伤，过了一段时间就干活了。

经过这次事故我侥幸未死，而和我一起干活的那几个工友都摔死了。听说姓马的摔在坑口外绞车架子的水泥柱子上，摔成了肉饼；姓肖的摔死在坑口外的电车道上，姓张的和姓丁的摔死在坑口外50多米的地上。

事故发生后，日本宪兵给矿井四周电网通了电，关住大门，不让家属和其他矿工靠近井口，封住井口不让井下的人上来。四坑口周围摆满了矿工尸体，柳塘矿也是一样。这次事故死难矿工，80%是庄河人和一些抓来的"特殊工人"。当时日本侵略者不敢真实报道事故真相，而实际上死的人得有三四千人。1945年后，为了恢复生产，在清理坑道时，又在这些坑道里挖出20多矿车白骨，怎么能说瓦斯爆炸只死了1000多人呢？挖出的死尸，在四坑口的山坡上用石头砌了一个大圈，炸碎的尸体已经拿不成个，就捡起来装棺材，填满算，用棺材垛五层，围了一大圈，中间干脆也不用棺材了，直接用车拉上碎尸骨倒在坑中间就完事了。填满了后，用土埋起来，剩下的埋到太平沟了。想起这些，我对日本帝国主义真是恨之入骨。

（尚宝德，男，山东省乐陵县人，生于1927年，本溪煤矿退休工人，1942年本溪湖煤矿瓦斯爆炸的幸存者。此材料根据1999年8月本人口述资料整理，现存于本溪市史志办公室）

### （11）大石桥镁矿劳工幸存者傅崇山证言

1936年，因家乡遭受水灾，生活贫困，我被日本人招工来到"南满矿业"当窑炉工。日本人说是招华工，实际上是骗局。美其名曰招"华工"，其实和抓劳工没多大区别。我们100多名被招的华工，从天津一登上火车就发觉受了骗，坐在闷罐车厢里，不要说饿了没饭吃，就是渴了连口凉水也喝不到。因此半路上就跑了一多半，到达目的地剩下不到40人。我是因为带着妻子和一个3岁的孩子，想跑也跑不掉，只好顺从地来到了这里——圣水寺，就在这"窑辘轳"上当了烧窑工。

"窑辘轳"就是日本人在圣水寺建的烧结镁砂的工场，当时叫第二工场。第一工场在蟠龙山下面。老百姓为什么管它叫"窑辘轳"呢？因为日本人管烧结镁砂的窑炉叫"熔矿炉"。这熔矿炉的日语口音的发音就是"窑辘轳"。这"窑辘轳"便是当年中国工人的人间地狱。

当时烧镁砂的窑炉，不像现在条件这么好。十几米高的窑，上料没有卷扬机，全用人抬。两个人抬着几百斤重的矿石，走在又窄又陡的跳板上，不小心就有掉下去的危险。汉奸把头和日本人还在后面监工，非打即骂。有个叫冲田的日本监工，那才坏呢，看你干活稍有懈怠，拿起洋镐把劈头盖脸就打。那时候我们也磨洋工。不磨不行啊，一天干12小时，又都是重体力活，实在累得受不了啊！我们一班4个人，连出窑带装窑，每天要抬五十多吨矿石和燃料，要从窑里掏出十多吨通红滚热的镁砂。干的是牛马活，吃的是猪狗食。一个班下来累得腰疼腿酸，没等歇过乏来，第二天又得那么累。

我当时每天挣0.7元，日本人每天挣4.5元，相差6倍多。当时日本侵略者是利用中国的封建把头来管理中国劳工，南满矿业下设许多公司分别管理采矿、烧结、运输等工作。我当时属德昌公司管。这公司分别由大把头、二把头、小把头管理。他们利用日本侵略者给的特权，为非作歹，克扣工人，层层扒皮，所以工人那点微薄的工资，难以糊口。我一家三口人，一天挣7角伪币根本维持不了生活。日本人那时实行生活必需品配给制，所谓生活必需品开始每天每人二斤高粱米，每月还给点油。后来太平洋战争爆发，高粱米连一斤也供不上，其余配给橡子面，油也没有了。橡子面做的窝窝头又苦又涩，真是难吃。为了活命，只好往肚子里咽。我那时多亏妻子缝缝补补，洗洗涮涮还能贴补点，还领孩子挖点野菜充饥。野菜比橡子面好多了，因为野菜还有一些营养啊。这样总算熬过来了。

万人坑离我干活的北沟也不远，开始每天抬进一两具、三四具尸体，后来死的人多了，一口薄棺材装上两三具尸体。再后来干脆用破草袋子套住死者的头脚，就扔了下去。那真是可怕呀。为什么会死这么多的人，就因为日本人根本没把我们中国人当人待。劳工们被骗或被抓走后，就失去了做人的自由，就不是人了，就拿你当牛马使唤。在鬼子汉奸皮鞭镐把下，干的是重体力活，吃的是糠菜橡子面，住的还不如牛棚。受苦受累受折磨哪能不得病？患病不给治，自己又没钱治，只好等死。日本人看你不能干活了，恨不得你快点死，反正中国人多的是。有的还没咽气就给扔进了万人坑。他们从天津骗来的几十个老乡中，有一个叫李凤林的，一个叫杜洪举的，还有一个姓丁的，当时都是40左右岁正壮年的汉子，都被夺去了生命，扔进了万人坑里。这些白骨中就有他们的尸骨，可有谁能认出哪个是我的老乡呢？同来的老乡中除了知道他们3人死了，其余的还有没有死的，我就不得而知了，因为不是在一起干活的。腿利索又机灵的也跑了不少，一起来的人中，到1945年光复时就剩我自己了。

关于伪营口第二监狱和矫正辅导院的事，详细情况咱也不知道，只是看见有犯人在山上采石场干活，都是两个人绑在一起，谁也跑不了，还都能干活。每天收工下山时，每个犯人后背上都背一块大矿石，叫他们既抬不起头，又跑不了。听说这些犯人是从北满抓来的抗联战士和地下党的人，还有什么思想犯、政治犯、经济犯。工人和犯人不准接触，不准说话。只是听说这些犯人被打死、累死和病死很多，也都是被扔进了万人坑。这累累白骨就是日本法西斯侵略中国、欺负中国人的铁证。而我就是个活证据。日本人想赖是赖不掉的。

（傅崇山，天津市静海县大风堆村人，生于1912年。此材料形成于1997年6月，现存于辽宁省大石桥镁矿档案室）

（12）原大石桥监狱保健长宋祝三证言

1943年我到大石桥监狱任保健长。被关押的病人由于长期缺乏营养，干瘦病，1944年春3月间开始死亡，到同年的六七月间，死亡人数增加，每天死一二人。每死一人保健长的人都要到病监验尸，后将死亡诊断填写在本人身份簿上，对死尸进行处理，再由负责内勤的看守领着杂役，到病监抬到义地（万人坑）掩埋。1944年病人增加，死亡率也增加，保健科的药品已经用没了。坦白地说，长期吃不饱，重体力劳动，长期缺乏营养，患干瘦病，只依靠当时的药品来挽救是解决不了的。曾在上班时走到监狱大门前，在一个犯人走出队，跪在我面前，要求看病，却被我拒绝。没有药是一个原因，关键是我对病人已经无动于衷了。

（宋祝三，伪满时期曾任大石桥监狱保健长。此材料摘自辽宁省大石桥镁矿
档案室室存档案，档案号大石桥镁矿万人坑档案4—88）

（13）弓长岭铁矿劳工幸存者王臣远证言

我原籍是山东省肥城市北台镇，大哥王凤远是八路军，1940年前牺牲在抗日战场上，二哥王君远在辽宁省的辽阳弓长岭铁矿当劳工，只有我和母亲一起，生活十分困难。由于我大哥是八路军，我们作为抗日军属在当地是有危险的，因此在1943年5月弓长岭铁矿到我们家乡招劳工时，我就报了名，准备投奔我二哥，村里还五六个有同去的。我们先从家乡走到济南，办完"华北劳工出国证"后上了火车。这个劳工证我一直保存到今天。火车向北开了三天三夜到了沈阳，途中只发给我三个大饼子，下车时，都饿得直打晃，实在饿得没办法，就捡车站地上别人扔的桔子皮、苹果核吃。接着，我们又转车到了辽阳弓长岭。到弓长岭见到二哥后，他很意外，他正为自己难以脱离苦海而苦恼，没想到弟弟又陷火坑。

我和二哥住在一处劳工房子里，每个房子分两个屋，每间屋子里有两铺炕，住四五十人。按劳工登记时的顺序，劳工们都被分成了组，每组五六十人不等，小的组还有二十多人的，我在第106组。矿上时常发生事故，有时若发生塌方，弄不好整个组一个不剩。劳工减少了，把头就继续去招劳工来补充。

劳工们吃的是橡子面和发霉的苞米面，有时还得去山上采野菜充饥。即使这少得可怜的伙食也是劳工们冒着生命危险辛苦干活赚来的，名义上每天工作八小时，可是要想不挨饿，必须连干两个班，用挣来的微薄收入买些咸菜、煎饼吃。

我在矿上负责取、送钻眼用的钢钎，每天山上、山下地扛着沉重的钎子来回跑，劳累极了。但更危险的是那些在矿井里挖矿的人，日本人不顾劳工的安危，只图省工省料，发给燃放炸药的药捻子不合标准，供劳工安全撤退的时间非常短。一次，我在矿井里换钎子时，里面放炮的劳工发现药捻子燃烧得异常的快，连忙把我推到坑道里的安全处，这时炸药就响了，那个救我的劳工肩头都被炸飞的碎石崩伤了。还有一次，在掌子面干活的劳工发现头上的一块巨石松动，出现冒顶迹象，建议马上撤离，可日本监工不准。我当时正在附近，只听到一声闷响，发生了大面积冒顶，可怜里面三四十劳工全部被压到石头下了。事后，足足用了两个月的时间，在巨石上钻眼、放炮才把冒顶的石头清理开，那些遇难劳工都被砸成肉酱，只得用铁耙子将碎尸收拢在一起合葬了。

在弓长岭当劳工的有三种人：一是我们这样被骗招来的劳工，处境算是最好的；二是"勤劳奉仕"，他们的境遇也算可以，最惨的是"矫正辅导院"的"犯人"劳工。"犯人"们也得每天出工,上下工要排队,有日本人和汉奸拿枪看押着。这些"犯人"几乎个个浮肿,有的脚趾都肿得高高的。我亲眼见到一个"犯人"上山时被日本人一棒子打倒,顺着山坡滚了下来,可是所有人都不敢管。

当劳工期间,发生了一场瘟疫,持续将近一年的时间,患病死去的劳工不计其数。我住的劳工房有一半人因此丧命。这期间,在山东家乡的老母亲对我们哥俩放心不下,从家乡一路乞讨来与我兄弟俩团聚。没想到母亲刚来到弓长岭几天,就死在了这场瘟疫中。我二哥也染病不起,头发全掉光了,幸好吃了别人从家带来的药才保住性命。那期间,每天都有死人往外抬,有时走在路上,几百米内就可以看到几伙抬死尸的人。死人都扔到了三道沟,沟里挖了许多深两米、长三四米的坑,死人扔到里面装满后,倒上汽油烧。尸体火化时肌肉抽搐,肢体乱动,那场景恐怖至极。那里就是三道沟万人坑。后来日本人又在沟口修了一座专门火化劳工尸体的炼人炉。

(王臣远,山东省肥城市北台镇人,1929年出生。此材料根据本人录音整理,现存于中共辽阳市委党史研究室)

（14）弓长岭铁矿劳工幸存者尚兆禄证言

我叫尚兆禄，伪满时因穷曾为村里人雇我上北满当劳工，讲去十个月，结果我多做了七天，回来管村长要钱，村长不给，等村上管我要钱（花销钱）时我说："我还有钱顶着呢。"就因为这个事，伪满日本鬼子抓"浮浪者"，说我是无业游民，就把我抓到安平警察署，后又把我带到辽阳，在辽阳时村长去说我这几年不学好，偷粮掳穗，就这样从辽阳送到鞍山，到鞍山押了七天后就把我送到弓长岭矫正辅导院。

我在辅导院里共住13个月祖国就光复了，再有一个月祖国不光复我也就死在里面了。我出来身上长疥疮，你看我手腕上的疤，就是那时候留下的。

被抓进辅导院的是以所谓政治犯、思想犯、经济犯等罪名。我进去时多少人不知道，光复时听说3800多人最后剩1500多人，进去的死了一多半。仅我知道的和我一起进去的30多人，只出来6个，那些人都死在辅导院里了。

辅导工一进来，有什么好东西、衣服、鞋就被辅导警们给没收去。不给他们，他们就揍你。

辅导院上边有院长是日本人，官佐，有日本人的也有中国人，主任是中国人，下边是辅导士，他们天天打人，去现场干活一天12小时不管你工作好坏他们是一齐打。辅导主任巴彦明，这小子打人不睁眼，一天有一个辅导工病了不能走，巴彦明叫两个辅导士每人担一条腿顺地拖，不一会儿人就给拖死了。

每顿给一小碗稀饭，吃不饱，睡在不烧火的炕上，晚上辅导警把裤子都给收去了，为的是怕我们逃跑。一床破被五六个人扯，连饿带冻得病的非常多，鬼子恐怕有病的辅导工不死，给打了一种毒针，打上针就身上起脓疮而死，人开始抬到三道沟炼人炉炼，后来炼不过来就用一个活底棺材抬到三道沟万人坑。每天都抬一回，一个棺材装三四个人，也有的还有点活气就给抬走了。

当时也有逃跑的，逃跑的抓回来就给打死，鬼子说："打死的没关系，跑了的不行"。有一次在后台沟洞子里干活有20多人，他们把辅导警抓住问他要死要活，那天在井口的辅导警叫焦海山，焦看不好忙说要活，结果大家用小车把他扣了起来，上去就把上边的辅导警也打了，然后就跑了。后来日本人在三家子抓回来一个逃跑的辅导工，用战刀给砍死了。

除此之外，这个街有个四民店，是家属来看望我们时住宿的，辅导主任巴彦明和官佐们有的要钱，有的就叫他们给强奸了。

光复时，鬼子院长给我们训话说："战争完了，辅导院开放。"把辅导工拉到辽阳，到辽阳一看没人管我们了，才各自回家。

（尚兆禄，农民，辽阳县安平区尤吉沟人。1944年被抓进弓长岭"矫正辅导院"当辅导工。此材料形成于1962年9月6日，现存于中共辽阳市委党史研究室）

（15）北票煤矿劳工幸存者徐庆连证言

我原籍河南开封，年轻时在开封拉洋车，经常挣不到钱，还受气。康德6年（1939年）6月的一天，我拉了个日本人，下车时向他要车钱，他不给钱还砍了我一刀（头部有刀痕）。我吃不上饭，又没钱交车租，生活无出路，正遇上北票煤矿宋玉大柜到高升店招工，我就报了名。招工的叫张让，我问他有伤要不要？他说要，有伤怕啥，到那有医院，治好再上班。还说，到那吃的大米白面，冬天穿棉的，夏天穿单的，住的好房子。又问我，你吃饭了吗？我说没吃。他开了门让我进屋说，这里有洋面馒头，吃多少拿多少。我拿了四个（约有一斤），他又给我倒上开水，拿了咸菜。我吃完这四个馒头没饱，又吃了两个。吃馒头时他又讲北票如何好，并给了我6元安家费，当天我们这些应招的人就上了闷罐车开往东北。车上开始时摆着馒头、咸菜和开水，出了山海关就换成了窝窝头。到了北票，拿了劳工证，照了相，矿警拿着枪、催班的拿着镐把就来领人了。我们一起来的八九十户，带家的分配到工村，我们27个独身就进了"报国寮"。

"报国寮"的墙上架着电网，门口有矿警站岗，大门白天一般不开，只开个小门，白天晚上都有人看守。"报国寮"有20个房间，从1号到20号，每个房间住50—60人。我住在第11号房间，屋里是对面大炕，炕上有个破炕席，铺的、盖的全没有，枕的是砖头，屋里非常脏。当天每人发了碗和筷子，第一顿饭每人给了一块咸菜，从第二顿起就没有咸菜了。饭是高粱米粥，干饭由催班的先捞出去了，剩下的倒在一个大桶里，又倒了许多水，有四五个人在桶边看着，我们进去先盛饭的人从水中捞饭，他们就打。我们说不捞吃不到饭，他们说，把水喝干了不就吃到饭了吗？这样，我们27个人每人喝了三碗水，才看到饭。吃了两碗稀饭，再下面就是臭的饭底子了。如果把臭饭倒了，就得挨打。没有菜，有时饭里放一点黄豆，半生不熟的，吃了就拉肚子。有一次我把黄豆吐出来被催班的看到，用胶皮管子（电缆线外裹胶皮）打了我一顿，又逼我跪着把地上的黄豆捡起吃了下去。

到"报国寮"后，当年11月发了一身棉衣，是用做衣服剩下的布头接的，里面的棉花大块的可以缝上，小块的下几次井就滚包了，没办法，只好把棉花拿出去，冬夏都穿单的，坏了就用破布补一补，冬天太冷就用洋灰袋子纸围在身上，外面用破绳头系上。冬天在外面挨冻，住处也冷，很少烧炕。从"报国寮"到矿上干活，上下井都有拿枪的矿警和拿镐把、榔头的催班看着，井下到处有淋水，经常全身湿透。一天干十多个钟头的活，要是直直腰被工头看到，就会挨榔头打，不打破也得起个大包。由于吃的不好，活又累又危险，许多人生病、受伤，病了就送到 3号、4号"病栋"里去。在平时的房间里还有弟兄们帮助送水送饭，到"病栋"里没人管。一次我发高烧，啥也不知道了，被送到"病栋"，第二天早上醒来才知道，我一看还不如在原来的房子里，就回去了，靠喝凉水喝好的。又一次我的腿被矿车挤伤，被送到医院，到那非要把我的腿锯掉不可，我不干，又要把我的脚趾锯下，我也不干，但最后还是被锯掉了一个脚趾。伤病的多，病死、饿死、冻死的就多，还有被打死的。开始时死尸用人抬走，到11月死的人太多抬不过来，就用车拉，一车拉十多个。后来死的人太多，又把9号房间腾出来专装死人。康德8年（1941年）冬，全"报国寮"1000多人，到第二年春天只剩下一二百人了。我们一起来的27个人中，从7月到12月就死了20个，其中两个人是活活被打死的。在我们到北票一个多月前，第一批从开封来到"报国寮"70多人，加上我们这批是90多人，到康德10年（即1943年）我们出"报国寮"时，从开封来的两批加一起只剩下20多人，其余都死了。后来剩下的人少了，饭也不那么臭了，死的人才少些了。

（徐庆连，河南开封人，生于1894年，北票矿务局退休工人。此材料形
成于1967年6月17日，现存于北票矿务局档案室）

（16）阜新煤矿劳工幸存者王跃宪证言

我老家是山东省梁山县刘京庄人，1941年阴历二月十九那天，被把头招工来到阜新。我二哥叫王跃珍，1939年就到阜新来了，我哥俩都在孙家湾矿露天掘干活，当时工作时间是一天一宿大班倒，一天干12个小时。但当时鬼子为了"大出炭"，完不成任务不让上来，有时干24小时，才挣四角钱饭票。

我二哥在这里干了两年多，就被折磨病了，当时没有钱看病，我只得给二哥弄点水喝，买点煎饼吃，眼瞅着他的病势一天一天重下去。后来，他被抬到16号大房子里，我去看他时，他正发高烧，跟我要水喝，当时弄不到开水，我只得给他端碗凉水。待了三天，他什么也吃不下去了，只是要水喝。最后那天，二哥对我说："我这病八成要坏，你向把头请个假，伺候伺候我吧。"我去找把头请假，把头说："大房子有炕长看管，用不着你，赶紧去上班。"我明知炕长根本不管病人死活，但在把头催逼下，不去不行，只好上班。

我上的是夜班，半夜去的，第二天一点左右下的班。下班后，我把工具放下，也没顾上吃饭，连忙往16号大房子跑。一进门看二哥不见，我就问挨他睡的工人，他说：你二哥刚才被四个人抬走了。"当时他还有气没气啊！"我急得哭出声来。那工人同情地看着我，一声也没吭。我跑到医院道北一所重病号大房子里去找，屋里有十来个人，病都很重。满屋哼哼，我一看这里也没有二哥，知道完了，连忙去找同乡李新用，叫他给我做个伴，一块到南山万人坑找我二哥。我们一人拿把铁锹，从山坡往上走，一路都是坟堆子。当时每个把头都有埋人的地段，我们把头的地在东边，上山以后，我们一直往东走，路边都是挖好的埋人坑。一排一排的，一眼看不到头。我们走到东山下边一个小坡上，看见一群野狗正在抢着吃死人。我们俩个跑过去，把狗哄跑了，发现一支离破碎残缺不全的尸体，已被狗咬的不成样子，分不出模样。我在血肉模糊的血泊里，找到了一条辫子，才认出是我二哥来。因当时梳辫子的工人为数很少，整个露天掘就我二哥梳个辫子。我当时捧着二哥的辫子，哭得什么也说不出来了。我老乡安慰我说："人已经死了，再哭也活不了。"后来我们就把二哥的辫子埋了。

（王跃宪，原籍山东梁山，海州矿铁路退休工人。此材料形成于1974年10月，现存于阜新矿务局档案馆）

（17）水丰水电站工程劳工幸存者林庆发证言

　　拉古哨大坝始建于1937年，在第二年即1938年我16虚岁，有一个姓王的来招工，因家里穷，我便应招到拉古哨工地做工。来这里干活的人都是穷人来卖苦力的。我到拉古哨开始是装砂石料和土，每天挣5角3分钱，扣除每天伙食费3角3分钱，干一天活只剩2角钱。第二年我到坝上干活，这里活重，安全没有保障，木架子上绑一块板，板上还有霜，非常滑，几乎每天都有掉下去的，人掉到江里只见冒一股血水，人就没有了。

　　工人们住的是工棚，吃的是橡子面掺的玉米面，蒸的窝窝头是红色的，吃一口又苦又涩，而且经常吃不饱，吃后肚子发胀，干活头发晕，所以经常出危险而死人。有时也吃二碴子饭（用碎玉米做的粥），这就更不够吃了，干一会活就头晕冒虚汗，有好一点的二头子，工人待遇还能强一点。

　　修整个大坝是由4个日本人包的，叫什么建都组、西松组，还有什么组就记不清了。他们把活再往下包给日本人、朝鲜人，再往下包给小工头。这里还有监工，大都是朝鲜人，负责质量监督和工人干活。这些人最坏，经常找茬打工人，他们说："日本人是爷爷，朝鲜人是儿子，中国人是孙子。"由于待遇低，危险大，工人干活也真的磨洋工，都不给他们好好干，趁夜间监工困了的时候，工人就挑着空土篮子来回走，走一趟领一张"嘎拉票子"（可在工地使用的内部流通券）。我曾有一夜领过7张"嘎拉票子"。有时被监工发现就挨一顿打。

　　那时，由于居住、生活条件差，劳动过重，瘟疫流行。有了病根本没有给医治，工棚里一屋一屋的人倒下，不能干活，很多人死去。死了的人就用席子头、草包一裹就拖出去，也有来不及弄东西就光着埋的。死的人埋在一个山坡上，整个山坡都埋满了，连脚都插不下去，就是现在唐忠祥家的后山。

　　在工地上，工人起来打日本人的事也时常发生。有一次，一个日本人打了工人，包工的气火了，他喊了一声"打！"工人们都起来了，把那个日本人狠打了一顿。还有一次是冬天，半夜里工人回去吃夜饭，监工回去休息，因天冷我们工人去偷日本人的煤，被日本人知道就领着人拿着镐把儿来打人。我们工人都起来了和他们干，打了两天，涉及的人太多，警察来讲和才了事。

　　第二年我到对岸朝鲜那边去干活，因那边每天能多挣一角钱，而且吃的是大米白面。当时在朝鲜大米白面可以随便吃，而在中国就不准吃大米和白面，要吃就是"国事犯"。

　　在朝鲜岸干活也都是中国人，中国人的小包工头。这里还发生过一次死亡

28人的事。有个姓刘的小工头,让工人挖砂石料,把这个山坡挖了一个大平坑,往里进又2丈多远。这天正干着活上面突然塌下来,把27名工人和一个监工,还有六七个轱辘马子全部埋上了,这个包工队只剩下包工的、会计、做饭的。至此,这个包工队就黄了。死的人没有找,也没有人问。

我在大坝干了4年,至发电后收尾又干了一段时间才回家。

（林庆发,宽甸县拉古哨村人,生于1923年。此材料形成于2000年8月15日,现存于宽甸县史志办公室）

（18）水丰水电站工程劳工幸存者唐宝文证言

拉古哨修大坝的时候，我家生活困难，为了多挣几个钱，我和父亲就到大坝上干活，一干就是三年。在大坝上干活有中国人和朝鲜人共2000人。刚开始干活时，就清江底子、装草包每天挣6角钱，吃饭每天得花3角钱，干一天给一个"嘎拉票子"。监工头子"西皮匠"是朝鲜人，二把头大部分是中国人。

日本人根本不顾中国人的死活，活很累，没有什么安全措施。有一天晚上打洋灰，装一个大灰罐子，灰罐子放下一半，蚂蚁绳就断了，罐子掉下去爆炸了，有10多个人打到灰罐子里呛死了。还有一次在山洞里装草包，我和父亲及其他劳工30多人轮着干，洞里突然塌方了，进去干活的人当场就压死了30多个，由于我和我父亲在洞口干活，跑得快，没砸着。转过年，我父亲由于年龄大没去，我自己去干，在坝头搅拌洋灰，然后装上轱辘码子车，往木头架子顶上推倒灰，不小心差点把我的手给搅掉了，吓得一身冷汗。有一次夜间推轱辘码子车，走在木头架子的桥上，一只脚踩偏了，眼看就要掉进下面的江里，幸亏同乡一把把我拉住，才免去一死。一次过江到朝鲜那边干活，卸灰料子，差一点掉进灰池里去，一旦掉进去就没有命了。有一次晚上干到深夜，由于又累又困，打个喷嚏差点掉进江里送命。

劳工住的工棚子是把头用木头支的用洋瓦铁盖的，一排挨一排。屋内对面铺，夏天热，冬天冷，晚上结霜，早晨化了掉下来把行李都湿了。炕有几丈长，炕头热，炕稍凉，卫生条件非常差，经常得瘟病，每个工棚每天都能死个四五个人。

大坝上天天有死人，有的是得病死的，有的是出事故死的，有的累死的，死后工头就安排人抬到碑碣子小山上埋了，或把死人扔进江里。如果有同乡就给买领席子卷上埋了。总之，日本人、朝鲜人根本不顾中国人的生命安全，活着一天就干一天活，死了埋了或一扔就了事，没人管、没人问。劳工死了埋的少，扔到江里的多，因为省劲，不用挖坑埋。修大坝共死掉中国劳工一万多人，拉古哨三茔地埋的最多，这些劳工来自黑龙江、吉林、辽宁及河北附近邻省。

（唐宝文，现住宽甸县永甸镇永甸村六组，1917年生。此材料形成于2000年10月15日，现存于宽甸县史志办公室）

（19）龙王庙军事工程劳工幸存者李春发证言

1942年春天小麦返青的时候，我家里穷的无法生活。正好来山东招工的人说，东北干活一天能挣三块钱，吃大米、白面，干六七个月就能送你回家。我与二叔就一起被招来了。我和二叔从家出来往济南走，360多里走了四天才到。这一路，一天只给一顿饭吃，不到天黑不给饭吃。到了济南后，工头就把我们看起来了，不准随便乱走。在济南住了一宿，第二天坐车到青岛，住在旅馆，一天只发一个苞米饼子，能有一斤重，也不给菜，在青岛住了5天才上了船。在船上什么也没给吃，到了大连也没给吃的，到金州是晚上十一二点。到了龙王庙给了点"咸粥"吃，是用海水做的。一个人吃一两碗就没有了。住在席子窝棚里。

第二天天亮就催着上工，有捡石子的，有挖坑的。我当时是挖地基。生活状况与招工人说的一点也不一样，一天三顿饭，每顿一个小窝窝头，是发霉的苞米面做的，也就二三两重，也没稀饭，也没菜。大家都吃不饱。再后来，一顿就给两碗高粱稀粥喝，有时就吃橡子面，肚子发坠，得病的特别多。

工人有病就送到所谓的"病号房"，也不给吃的，也不给治，用不了几天就死了。所以，工人有病谁都不愿意去"病号房"。我二叔这时得了浮肿病，我们怕把他送到"病号房"，就天天早上早起把他抬到庄稼地里藏起来，晚上天黑了，再把他抬进一个破窝棚里。后来日本人发现了，就到地里去抓。我们几个又早早起来把他抬到海边上，天黑再抬回来。由于得不到及时治疗，又没有一个很好的休息地方，又没有饭吃，人很快就要不行了，两个耳朵都生了蛆。我向做饭的大师傅要了点豆油倒在耳朵里，也不起作用。我就用棍子掏，掏也掏不干净，时间不长二叔就死了。我们几个就拆窝棚上的席子裹上二叔的尸体埋了。我们屯子来了6个人，阎春华、王孝山跑了，我二叔和一个姓李的，还有一个秃疮老头都得浮肿病死在龙王庙。和我们一起来的60多人，都是我家周围十里八村的人，就剩下我们4个人。我记得死的多，跑的少。

二叔死后，我也得了浮肿病，天不亮我就跑到外头藏一会儿，等工头催工之后，我再回来和大师傅要点吃的，再找地方藏起来。之后，我又把二叔留下的破被褥卖掉买点东西吃，后来渐渐不肿了。

以后，我又被分去抬死尸，四个人抬一个。裹死尸的席子是从窝棚上拆下来的，把死尸裹上，两头用绳子一绑，不掉出来就行。一些人还有气，甚至有的还能说话，高丽棒子工头和中国工头就叫卷起来抬去埋了。开始人死的少时，一天抬一趟，还能埋，后来人死多，一天就要抬两三趟，也来不及埋了，就往周家沟里扔，大沟也扔，小沟也扔，把沟扔满了再添上土。夏天，死尸臭味熏人，我们都用臭蒿子捂着鼻子。死在窝棚里的、"病号房"的、庄稼地里的我们都得抬，有时抬不过来，庄稼地里的死尸就让狼掏了。

后来实在是没法活，我就和王孝山逃跑了。我们顺着山路跑了好几十里，要饭时找到一家需要人放牛，而且只给吃，不给钱。我当时满身虱子，满头疥疮，瘦的皮包骨头，人家怕我不能干活，我好说歹说才留下，就这样一直干到解放没得到一分钱。

（李春发，山东省莘县人，生于1925年，金州建材厂二十里堡白石灰车间
工人。此文根据1971年7月1日的调查记录整理，现存于大连市金州史志
办公室）

（20）铁岭乱石山军事工程劳工幸存者王世福、徐永发证言

伪满时日本侵略者于1944年冬在铁岭城南10公里处，新屯至周安屯一带修建第二个"东京"工程。这个地方三面环山，中间有几十平方公里的平原，横跨哈大公路，紧靠中长铁路，又有凡河清流，水源充足，是个环境优美、交通发达的好地方。

1944年冬季的一天，日本人开着汽车到周安屯，踏着大雪搞测量。约一个月后，运来了大批木材、钢筋、水泥等物资。1945年刚过春节，日本人开始从各地强征大批劳工，从得胜台车站到新屯、周安屯、黑牛圈子一带，大道上连人带车一个接一个，聚有十几万劳工。在周安屯山上往下看，整个沟里，全是用苇席搭的劳工棚，所有的地都占上了。那一年地都没有种上。

强征的劳工分三部分人：一部分是从东北各地征抓来的，南至大连，西至绥中，北至哈尔滨、白城子一带子的人；另一部分是建筑公司招来的，公司头头叫大柜，下辖许多把头，把头管制劳工。三是勤劳奉仕队。

施工现场分三处：新屯南山为第一现场，主要是挖山洞；周安屯为第二现场，在村西修飞机场；村东高家坟修造兵所、修枪炮厂，北山建房屋；黑牛圈子为第三现场，主要是挖山洞。日本人为了管制劳工。调来两个营的兵，周安屯南沟住一个营，沟北住一个营。代号4368部队，共有700余人。

施工很紧张，进度很快。劳工进来不长时间把电就引来了。4月份从乱石山将铁路修到周安屯，并开始通车。在凡河岸边修一个直径十几米的方井，把水引到周安屯元宝山上，元宝山下的坑道是日本工兵自己打的，坑道纵横交错，长800多米，时间不长就打通了。

中国劳工们遭到日本人惨无人道的迫害，睡在潮湿的地上，吃的是谷糠、橡子面掺杂碎小米。劳工们在劳动时，不断遭到日本人和二鬼子（朝鲜人把头）毒打，劳动强度过大，得病也不给治疗。所以，每天都有若干劳工丧命，死后用席子捆着由劳工抬出工棚，扔到荒山坡上被野狗吃掉。高家坟修造兵所工地，这个工地全由勤劳奉仕队施工，计有10个大队，约12,000人，其中铁岭县大队，滨江县大队，巴彦县大队这三个大队住在一起。徐永发1943年当勤劳奉仕，先在黑龙江省做苦役，1945年春调来周安屯高家坟修造兵所，亲身遭受种种苦难，是死里逃生的。徐永发本人多次遭日本人和二鬼子毒打。有一次下大雨，勤劳奉仕队员往工棚跑避雨，日本人白浪山田便大打出手，将徐永发等人"蚂蚁拿太"（让人头朝下，后腿朝上躺在地上，往腿肚上踩）。

铁岭县大队工地监工是日本人，叫山田，身挎战刀，背着枪，非常凶狠，惨无人道，经常毒打勤劳奉仕队员。徐永发等一些人有一次要到山上看火化队友的尸体。山田说："'肯老带，（勤劳奉仕队）死了的没关系，皇军的工程要紧。"不让他们去看。由于劳动强度大，营养不良，滨江县、巴彦县的两个大队到周安屯不到一个月，很多人得了"稀屎痨"（痢疾）病，日本人不给治疗，每天都有十多人至二十多人死亡。死一个人，给一桶煤油、两根木头，由伙伴抬到山上火化。有的火化后剩下大腿，有的剩下人头，都扔到山上喂野狗，真是惨不忍睹。从1945年春天到8月15日日本投降，仅5个月，滨江县、巴彦县两个县大队的勤劳奉仕队2400人死剩600人了。日本投降后，滨江、巴彦两县，勤劳奉仕队员家属来铁岭找尸体，满山遍野是被野狗吃剩下的人体白骨残肢，北山上响起一片痛哭声。有的家属抱回一个人头，有的抱回一条大腿。村民见此惨状，无不悲痛万分。日本侵略者欠下中国人民的血债太多了。

（王世福，原周安屯村党支部书记；徐永发，原阿吉镇党委书记。二人曾在伪满时期乱石山工程中当过劳工。本文摘自政协铁岭市委员会文史资料研究委员会编：《铁岭市文史资料》第四辑，1988年内部版）

## 2. 法院判决的案件中关于辽宁省抗日战争时期人口伤亡和财产损失专题调研报告资料

（1）阜新警察署长水本匡滥用酷刑及藏匿犯人案①

国民政府主席东北行辕审判战犯军事法庭判决

三十五年度审字第　号

公诉人　　本庭检察官

被　　告　　水本匡、男、年四十九岁日本敷岛县人

指定辩护人　　张谦绍律师

主文

水本匡　连续对非军人施以酷刑处死刑，藏匿犯人处有期徒刑一年，执行死刑

事实

被告水本匡于民国二十三年来华，历任伪满警察官。其在三十三四年间任阜新警察署长任内，励行经济统制，凡遇粮米小贩均逮捕，侦讯时并滥用职权使用过电、灌凉水等酷刑，先后被害者有村民冯美治、吕洪志等，又阜新新兴区兴盛街住民许魁首（大车夫），因日人长野秀夫（在阜新开设东光公司）拖欠运费伪满币二千二百元，于三十四年八月十九日前往催讨。长野竟持刀将许魁首杀死，是时该被告任阜新伪满警察署长、尚未交代，对于许魁首之父许洪亮之告诉，不为公正处理，反使凶犯长野隐避他处，迄未缉获归案。经阜新警察局检举，解送本庭检察官侦查起诉。

理由

查被告水本匡对右开事实，在阜新警察局已供认不讳，核与告诉人许洪亮及证人张九祥、周文等指供情形相符，本庭检察官侦讯时，该被告亦自承对犯人有过电、灌凉水之事，嗣后虽辩称"长野杀人时我已离职"等语，空言狡赖，殊无可采，该被告以概括之犯意数次以酷刑加诸非军人，应构成连续对非军人

---

① 此资料原文为竖版印刷，且文中无标点符号，现文中标点符号为编者后加。资料（1）—（7）均为此种情况。特此说明。

施以酷刑之罪，并应与藏匿犯人罪并合论处。

　　基上论结合依战争罪犯审判条例第一条、第二条第二款和第四款、第三条第十六款、第十一条，刑法第一百六十四条第一项、第五十六条、第五十一条第二款前段，刑事诉讼法第二百九十一条判决如主文本案经本庭检察官齐兆武莅庭执行职务。

　　中华民国三十五年十二月十一日

　　国民政府主席东北行辕审判战犯军事法庭

审判长：阎授恩

审判官：王俊升

审判官：何崇孝

（辽宁省档案馆馆藏档案，档案号JE1—10—25，第1—2页）

（2）伪满陆军步兵第17团第3营营长木村龟登参与侵略战争、杀人、抢劫、集体逮捕人民滥施酷刑案

国民政府主席东北行辕审判战犯军事法庭判决

公诉人　　　本庭检察官

被　告　　　木村龟登　男，年四十一岁，日本广岛人，住广岛安佐郡

指定辩护人　　　张俊武律师

主文

木村龟登参预（与）侵略战争、杀人、抢劫、集体逮捕人民滥施酷刑、并肆意破坏财产、处死刑。

事实

木村龟登系日本明治大学毕业，于民国二十三年一月十日奉命来东北，入伪奉天军官训练所受训，同年九月二十日任中尉，嗣在土肥原贤二主持之专以侵略东北为目的之日本特务机关，担任哈尔滨一带特务工作，施展日本侵略政策，旋递升伪满陆军步兵第十七团第三营营长，自民国三十三年十一月间至三十四年九月止，窃据热河省属建昌县及河北省属临榆县等处，残害各该处反满抗日地下工作人员，在其伪营长任内，大施淫威，而为下列种种罪行：

一、被告于民国三十三年十二月间，诬指通匪及反满抗日，将建昌县属张杖子屯甲长张某及同县福兴号屯居民六七名，逮捕到营，用成股线香遍体烧烤，迫交巨款，张甲长因受伤过重，经白枣林子村村长石景新保出，旋即死亡，此次被告得款壹万伍千圆。

二、被告于上开年月，用同一方法，将大横岭沟甲内住户王某等三名及其他住户二十余名，集体逮捕到营，将王某用铁棍打成残废，不给饭吃，斯时正值冬季，天气严寒，被告将被害人等衣服脱尽，迫令到室外受冻，并在其身上浇以冷水，施行集体非刑，嗣经白枣林子村村长石景新保出。王某受伤惨重，亦即死亡，此次被告得款贰万余元。

三、被告于上开年月，从其部署于崇明，将东山根甲常杖子屯住民十余名，施行毒打，勒索壹万余元。

四、被告于上开年月，在建昌县属白枣林子附近，纵兵抢劫民众食粮及来往客商财物，得价叁万余圆。

五、被告于民国三十四年五月至八月间，在临榆县属义院口，抢劫民众食粮

及马牛羊猪等财物,变卖得价贰拾余万元。

六、被告于上开年月,将上平山下平山吴扬庄秋子峪龚字楼等处良民集体逮捕四十五名,拘留勒赎,予以不人道待遇,直至八一五光复后,始行释放。

七、被告于上开年月,在山羊寨屯,诬指该屯住民通匪,将该屯房屋烧毁过半,肆意破坏财产。

八、被告于民国三十四年一月间,诬指白枣林子村加壁崖甲长王某通敌,逮捕到营,于审讯时用刺刀将王某左肋杀伤,蓄意谋害,幸未毙命。

九、被告于民国三十三年春间,在青龙县属木头橙村,用木棒击毙西山甲自卫团团员一名。

本案被告上开各种罪行,经刘银清于本年四月二十三日告发由锦西县政府将被告逮捕,转解本庭检察官侦察起诉。

理由

本件理由,分别说明如次:

一、被告于民国二十三年一月十日奉命来东北担任日本特务工作,及充任伪满陆军第十七团第三营营长,叠经自白不讳。查日本特务机关之任务纯系违反国际公约,实施日本侵略政策,企图破坏我国主权之独立及领土与行政之完整。换言之,即以侵略战争为施行国家政策之工具,被告始终参与该项工作达十二年之久,显系违反华盛顿九国公约第一条及巴黎非战公约第一条各规定,极为明著应构成破坏和平罪。比照我国刑法第一百零一条第一项论科。

二、被告在伪营长任内,窃据建昌县临榆等处时,先后将张杖子屯甲长张某及福兴号屯住民六七名,大横岭沟住户王某等二十余名集体逮捕,滥用种种罪刑,勒索巨款,使被害人等不能抗拒交付财物,且甲长张某及王某受伤过重因而死亡各节,被告在本庭审讯时,自白逮捕张甲长等属实,(详见审判笔录第四十九页),又认:"我在大横岭沟抓去老百姓,大约六七名。"(详见调查笔录第十一页)。且被告前在锦西县政府,曾认:"我的部下打,也是我的责任。"又认:"我所知道的,部下仅仅勒索四五百圆。"又认:"我在大横岭沟抓过老百姓。"又认:"我的便衣密探用棒子打过张甲长。"等语。(均详见侦查笔录第九第十等页)核与证人王忠正、赵世明等之证言相符。(详见审判笔录第四十八第四十九第五十三等页调查笔录第二十二第二十六等页)是被告连赎意图为自己不法所有,以强暴胁迫使被害人等不能抗拒交付财物,且因受伤过重致死,应构成惩治盗匪条例第三条第十项之罪。

三、被告在伪营长任内,纵其部属于崇明将东山根甲常杖子屯住民十余名施行毒打，勒索一万余元，又复纵兵抢劫白枣林子村民众食粮，及来往客商财物得价三万余元各节。被告前在锦西县政府，曾认："于崇明敲索人民的钱是有的"，又认："于崇明出去做不好的事，是有的。"又认："团长把于崇明押起来，我回来给他说过情"，又认："我叫兵去搜查民粮，并派兵检查商人的东西"，又认："变卖所得的钱，过节过年给士兵花了。"等语：（详见调查笔录第十一第十二第二十一第二十二等页）核与证人王忠正赵世明等之证言相符，（详见调查笔录第二十三第二十六第四十九第五十四等页）是被告迭次故纵部属，恃虐殃民，实基于一个概括之犯意，归纳各犯行，应构成陆海空军刑法第三十四条之罪。

四、被告在临榆县属义院口，亲自抢劫民众食粮、骡、马、猪、牛、羊等财物，变卖得价二十余万元一节，被告前在锦西县政府曾认："我抢的是土匪食粮"，又认："我在战争时抢过人民的骡马十几匹"，又认："我把人民的粮食，拉到山海关、秦皇岛去"，又认："变卖得价大概有二十万元"等语：（详见侦查笔录第十三第十四第二十六等页）核与证人王忠正赵世明等之证言相符，（详见调查笔录第二十三第二十七第五十五等页）是被告抢劫财物，应构成陆海空军刑法第八十三条之罪。

五、被告诬指山羊寨屯住民通匪，烧毁该屯民房过半一节，被告在本庭审判时，自白烧毁民房属实，（详见审判笔录第五十五页）核与刘银清之证言相符，是被告非因战事上必要无故纵火烧民房，应构成陆海空军刑法第八十条第一项之罪。

六、被告在上平山龚字楼等处集体逮捕民众四十五名，拘留勒赎一节，被告在本庭审判时，供认："抓去住民四十余名属实，核与刘银清之证言相符"。（详见调查笔录第二十页）是被告意图勒赎而掳人，应构成惩治盗匪条例第二条第一项第九款之罪。

七、被告在青龙县属木头橙村，用木棒击毙西山甲自卫团员一名，此外又用刺刀将加壁崖甲长王某左肢杀伤各节，被告仅认将王某抓去问过两次，及用刀威吓等语（详见侦查笔录第十二页）但讯据证人赵明指证，眼见被告打死自卫团团员历历明绘（详见调查笔录第二十四页）更征诸王忠正、刘银清之证言相符（详见调查笔录第十九、第二十三等页，审判笔录第五十三第五十六等页），被告应构成刑法第二百七十一条第一项第二项各罪。按被告前开各种罪行，如杀戮平民，集体逮捕，烧毁民房，抢劫财物，滥施酷刑等无非企图恃虐立威，征服我国人民，以达其侵略战争之目的，实属穷凶极恶、无可宽贷（待），应与科处极刑以昭炯戒。

据上论结，应依战争罪犯审判办法第一条、第八条，刑事诉讼第二百九十一条前段，华盛顿九国公约第一条，巴黎非战公约第一条，陆海空军刑法第一条第十五条、第三十四条、第八十条□项、第八十三条，惩治盗匪条例第二条第一项第九款、第三条第一项第十款，刑法第一百零一条第一项、第二百七十一条第一项第二项、第二十八条、第五十五条、第五十六条、判决如主文。

本案经本庭检察官岳成安莅庭执行职务

中华民国三十五年十月二十五日

国民政府主席东北行辕审判战犯军事法庭

审判官　李祖庆

审判官　黄品中

审判官　阎授恩

审判官　王俊升

审判官　程守箴

（辽宁省档案馆馆藏档案，档案号JE1—10—25，第17—22页，原文中涉及货币数值的内容未注明币种）

（3）伪满鞍山警察署翻译三宅鹿卫连续有计划谋杀案

国民政府主席东北行辕审判战犯军事法庭判决

民国三十五年度审字第六十三号

公诉人　　　本庭检察官

被　　告　　　三宅鹿卫，男，年五十六岁，日本冈山县人，伪满鞍山警察署翻译。

指定辩护人　　　白永勤　沈阳地方法院学习推

主文

三宅鹿卫连续有计划谋杀处死刑，其余部分无罪。

上田利三郎部分不受理

事实

三宅鹿卫于民国二十年起至二十八年止，充鞍山警察署翻译兼充守备队及宪兵队翻译，在其任内专司计划谋杀我国同胞工作。民国二十年，曾在辽阳县鲁家村诬指该地士绅解子泉通匪，当即逮捕始而拷打纵而用刀割其脖项，终则枪毙。又民国二十二年误指王雅民、田介仁、田博仁有反满抗日嫌疑，嗾使狼犬将王雅民等三人咬死。胜利后经第一二八师五四五团发觉，转解本庭检察官侦查起诉。

理由

前开事实讯据被告虽矢口否认，然据证人毛云萍供称，民国二十年被告诬指辽阳县鲁家村地方士绅解子泉通匪，先行拷打后，用小刀将脖项割漏，再用枪毙的。又称民国二十二年十一月间被告同守备队将王雅民、田介仁、田博仁三人抓去，嗾使狼狗咬死，是我亲身看见毙的各等语。复据王雅民之子王恒泽，解子泉之侄解得喜、田介仁之妻田马氏等诉同前情，又据证人（被告同事）祝绳武供称，三宅鹿卫与我同事多年，当时他兼充守备队及宪兵队翻译属实等语，按照上例证据，被告罪行足堪认定，核其所为，实属触犯战争罪犯审判条例第三条第一款有计划谋杀罪及第十六款对非军人施以酷刑罪。依刑法第五五条之规定，应从一重处，断其连续为有计划谋杀之行为，依刑法第五六条之规定应以一罪论，至于民国二十一年屠杀沙岭首长等十二名及甲山村张自卫团长等二十九名各节，详查卷录并无确证。此外又无其他证据足资证明，依法自应谕知无异，又被告上田利三郎身患右肺门炎及神经衰弱症于本年六月二十三日午后一时四十五分病故，东北行辕战犯拘留所，有该所医官周连凯所具之死亡诊断书附卷可稽，并经检察官莅场在案，依照刑事诉讼法第二百九十五条第一项第五款应谕知不受理。

基上论结以战争罪犯审判条例第一条第一项、第二项，第三条第一款，第十一条，刑法第五五条、第五六条及刑事诉讼法第二百九十一条前段、第二百九十三条第一项、第二百九十五条第一项第五款判决如主文。

本案经本庭检察官戴庆祥莅庭执行职务

中华民国三十六年九月三十日

国民政府主席东北行辕审判战犯军事法庭

审判长　何崇孝

审判官　王天相

审判官　朱安曾

（辽宁省档案馆馆藏档案，档案号JE1—10—25，第25—26页）

（4）伪阜新县参事官萩原四郎连续以非法方法剥夺人之行动自由致人于死又连续强迫使人为无义务之事案

国民政府主席东北行辕审判战犯军事法庭判决

民国三十五年度审字第十四号

公诉人　　本庭检察官

被　　告　　萩原四郎，男，年四十四岁，日本宫崎县人，前阜新县参事官在押

指定辩护人　　宋玉嘉律师

主文

萩原四郎连续以非法方法剥夺人之行动自由致人于死，处有期徒刑十年，又连续强迫使人为无义务之事，处有期徒刑十年，应执行有期徒刑十五年。

事实

被告萩原四郎来华已十五年，民国三十一年起至胜利时止充阜新县参事官，在其任内极尽荼毒我同胞之能事，每年强征同胞五六千人，三年间共征一万六七千人，均送往阜新炭矿充当劳工，以增加日本之生产而充实其战力，伊等因受日寇严密监视以是（使）行动自由全被剥夺，更兼待遇恶劣冻馁毙命者不下数百人。又在此期间用强暴胁迫之手段，使阜新县同胞向伪满洲国每年纳粮谷五六万吨，三年共纳十六七万吨，而行无义务之事。胜利后经阜新县警察局逮捕，转解本庭检察官侦查起诉。

理由

以上事实业经被告萩原四郎迭次自承不讳，核与阜新县党部书记长李桂林填具附卷之被告罪行调查表相符罪证以臻明确，虽据诿称系奉省令不得不遵办云云，但查罪犯审判条例第八条第一款之规定□□□，因此而除其责任，核其所为实犯刑法第三百〇二条第二项及战争罪犯审判条例第三条第三十八款之罪，应予并合论处，又其两罪均系连续数行为而犯同一之罪名，依刑法第五十六条之规定仍各以一罪论查，被告假其威势对我国同胞滥行职权横施苛政，实属无可宽宥，应予科处有期徒刑十五年以示重惩。

基上论结合依刑事诉讼法第二百九十一条前段战争罪犯审判条例第一条，第二条第二款、第四款，第三条第三十八款，第四条，第八条第一款，第十一条，刑法第三百〇二条第二项，第五十条，第五十一条第五款，第五十六条判决如主文。

本案经本庭检察官高造郡莅庭执行职务

中华民国三十六年二月十九日

国民政府主席东北行辕审判战犯军事法庭

审判长　朱安曾

审判官　王天相

审判官　何崇孝

（辽宁省档案馆馆藏档案，档案号JE1—10—25，第43—44页）

（5）伪阜新县委任巡官指导官堀泽庄六有计划之屠杀案

国民政府主席东北行辕审判战犯军事法庭判决

民国三十五年度审字第十号

公诉人　　　本庭检察官

被　告　　　堀泽庄六，男，年55岁，日本新泻县人，任阜新县复兴区日口善后联络支部前阜新县指导官。

指定辩护人　　　张尊武律师

主文

堀泽庄六为有计划之屠杀处死刑。

事实

被告堀泽庄六于中华民国十四年来华，二十三年至二十五年间历充伪满盘山县及阜新县之委任巡官指导官。在其任内，甘心为日本军阀之利用而为残害我国同胞之生命，我同胞被其屠杀者数以百计，是以博得"人屠夫"之威名。民国二十五年四月五日在阜新塔营子乡兴隆地，因住民宁永臣家有大枪两支，竟妄指为反满抗日思想不良，当即加以逮捕。嗣又严刑拷打，使宁永臣重受不法之身体刑，旋将其枪决于平安地附近。胜利后，经被害人宁永臣之侄宁养廉诉①，由阜新县警察局转解本庭检察官侦查起诉。

理由

以上事实本庭检察官侦查时讯问被告堀泽庄六："一般人说你是人屠夫的外号你知道不？"据答称："我知道，可是那个时候人民对于宪兵队守备队也叫'屠夫'。"（见侦查卷宗第十四页笔录）又问："阜新塔营子村兴隆地屯的宁永臣不是被你毙了吗？"答："我们一共去了六十多个人去讨匪人，我是巡官指导官，抓住五六个人在现场讯问完了，当时就毙了一个人。"（详见侦查卷宗第十二页笔录）又问："不是从他家搜出两支枪来吗？"答："是。"审判时被告亦供认："决不是我单独杀人，当时有池田准尉，还有我的上司。"等语。又讯问证人张九祥："为何抓宁永臣？"据答称："堀泽庄六用严刑拷问，问出有枪两支以其反满抗日，故领警察捕之。"又称："那时没有宪兵，当时堀泽庄六作警察指挥官下命令杀的。"等语。核与宁永臣之子宁养廉所书之《敌人罪行结文》情节相符，罪证足堪认定，核其所为实犯战争罪犯审判条例第三条第一款及同条第

---

① 后文记录为"宁永臣之子"。

· 385 ·

十六款之罪，应从一重处断，查被告滥施酷刑及杀戮我国良民等种种罪行，无非逞其威势助长侵略政策，实属无可宽贷，应予科处极刑以昭炯戒，又本件起诉意旨认被告尚有杀害兰殿元、兰殿忠之罪嫌，惟该被告既已受重刑之判决，依刑事诉讼法第二百八十九条之规定，此部分应停止审判合并说明。

基上论结应依陆战法规及惯例章程第四十六条，刑事诉讼法第二百九十一条前段、第二百八十九条，战争罪犯审判条例第一条、第二条第二款、第三条第一款第十六款、第四条、第十一条判决如主文。

本案经本庭检察官戴庆祥莅庭执行职务

中国民国三十六年二月十一日

国民政府主席东北行辕审判战犯军事法庭

审判长：朱安曾

审判官：王天相

审判官：何崇孝

（辽宁省档案馆馆藏档案，档案号JE1—10—30，第51—52页）

（6）植村良四郎、和田久四郎连续非法征用、共同为有计划之谋杀案

国民政府主席东北行辕审判战犯军事法庭判决

民国三十五年审字第五十三号

公诉人　　本庭检察官

被　告　植村良四郎，男，年五十六岁，日本宫崎县人，前南满洲铁道株式会社本溪县桥头街事务所主任兼桥头街街长；和田久四郎，男，年五十一岁，日本大阪市人，前本溪县桥头街富田屋旅馆经理兼桥头街日本在乡军人会分会长。

指定辩护人　　张绍谦律师

主文

植村良四郎连续非法征用处有期徒刑八年，共同为有计划之谋杀处死刑，应执行死刑。

和田久四郎共同为有计划之谋杀处死刑。

事实

被告植村良四郎系日本宫崎县人，于中华民国十六年间来华，任职于南满洲铁道株式会社，二十三年四月转任本溪县桥头街事务所主任，二十六年十二月间兼充桥头街街长；被告和田久四郎系日本大阪市人，于中华民国七年来华，在本溪县桥头街开设富田屋旅馆并担任该地日本在乡军人会分会长之职，是以被告等二名均为该街之有力人物。

第一，被告植村良四郎在其街长任内屡次奉伪满官属之命令，对于我国人民强行非法收集食粮并以极低廉之价格，强行收买大宗山葡萄供给敌伪，而为非法征用之行为。

第二，被告植村良四郎及被告和田久四郎相处极为亲密，除其担当前开职务外，并暗中共同监视我反满抗日分子之活动，因居华年久，深知该地我同胞刘汉臣对于敌伪有所不满，并因刘汉臣时常反对征发食粮及强征兵役等事，被告等遂于中华民国二十七年三四月间乘敌伪实施肃清抗日分子之机会，竟在该街俱乐部共同谋议诬指刘汉臣为桥头救国会之首领，加以思想不良之罪名，诉诸敌伪搜查班将其逮捕至赛马集地方，由搜查班用木棒乱击身死。胜利后，经被害人刘汉臣之子刘维箴告诉，由日侨俘管理处将被告等逮捕，解送本庭检察官侦查起诉。

理由

查被告植村良四郎向我人民强征食粮、山葡萄等情，不但该被告于侦查中业经历历自白，即于审理时亦自认不讳，核与证人指首力一郎在侦查中之陈述均相符合，犯罪事实足堪认定，被告虽辩称系奉伪省署命令所为，但依战争罪犯审判条例第八条第一款之规定，亦不得因此而免却非法征用之罪，又被告和田久四郎、植村良四郎两名共同谋议使搜查班杀害刘汉臣之事实，被告等虽坚词否认，但经证人刘维箴到庭陈述刘汉臣如何被捕、如何遇害，被告如何处心积虑谋议杀害等情形甚详，核与附卷之桥头街绅民公证书内所载各情形亦相吻合，其犯罪事实至臻明确，被告等自应负共同为有计划谋杀之罪责，依法各处极刑以昭炯戒，原检察官依战争罪犯审判条例第三条第三十八款及刑法第二百七十六条，提起公诉尚嫌未洽，应变更之。

据上论结应依战争罪犯审判条例第一条第一项、第二条第二款、第三条第一款第二十五款、第八条第一款、第十二条、第十四条，陆战法及惯例章程第四十六条，刑法第二十八条、第五十条、第五十一条第二款、第五十六条，刑事诉讼法第二百九十一条前段、第二百九十二条判决如主文。

本案经本庭检察官戴庆祥莅庭执行职务

中华民国三十六年三月十三日

国民政府主席东北行辕审判战犯军事法庭

审判长：王天相

审判官：朱安曾

审判官：何崇孝

（7）惩办抚顺"平顶山惨案"祸首案

国民政府主席东北行辕审判战犯军事法庭判决

三十五年度审字第三七号

三十六年度审字第二十号、第九三号

公诉人　　本庭检察官

被　告　　久保孚，男，年六十岁，日本高知县人，前伪满阜新炭矿长、现物资调节委员会研究部员，住和平区清华街五番地之一。

被　告　　山下满男，男，年四十四岁，日本熊本市人，前抚顺炭矿业务部参事。

被　告　　金山弓雄，男，年四十八岁，日本大分县人，前抚顺炭矿调查员。

被　告　　满多野仁平，男，年四十六岁，日本宫崎县人，前抚顺炭矿劳务班职员。

被　告　　西山茂作，男，年四十三岁，日本福冈县人，前抚顺炭矿工作系班长。

被　告　　藤泽未吉，男，年四十九岁，日本长崎县人，前抚顺炭矿庶务科管理员。

被　告　　坂本春吉，男，年四十二岁，日本茨城县人，前抚顺富士见町派出所警察。

被　告　　加藤作三郎，男，年四十七岁，日本福冈县人，前抚顺炭矿矿务局工程师，住抚顺市。

被　告　　广田繁，男，年五十岁，日本爱媛县人，前抚顺炭矿龙凤坑工作员。

被　告　　久米庚子，男，年四十八岁，日本茨城县人，前抚顺炭矿电力事务所所长。

被　告　　有濑真雄，男，年四十四岁，日本大分县人，前抚顺炭矿井工处助理工程师。

指定辩护人　　张俊武律师

主文

久保孚、金山弓雄、满多野仁平、藤泽未吉、西山茂作、坂本春吉共同实施有计划之屠杀各处死刑，共同纵火恐吓人民各处有期徒刑十年，共同毁损尸体有期徒刑五年，应各执行死刑。

山下满男共同实施有计划屠杀处死刑，共同纵火恐吓人民处有期徒刑十年，共同毁损尸体处有期徒刑五年，应执行死刑，其余部分无罪。

加藤作三郎、广田繁、有濑真雄、久米庚子均无罪。

事实

抚顺炭矿会社系日本在我东北投资设立之特殊煤矿公司。民国十年间东北民众抗日情绪渐炽，该矿恐有他变，遂由炭矿长与矿区警察等计议，以炭矿退役军人组成武装防备队，在炭矿长指挥监督之下以期保护炭矿之安全。迨至民国二十一年，因我东北同胞不甘受敌寇铁蹄蹂躏，遂组成武装抗日团体，于同年九月十五日夜，有抗日救国军领袖唐聚五者率队约五百余人，由抚顺县境千金堡前大岭塔连河分三路向抚顺发电所东乡本坑、老虎台、龙凤坑等重要地点进攻。当与日本守备队、防备队及宪兵、警察等展开激战，双方均有伤亡。至十六日拂晓，救国军遂将栗家沟工人卖店焚毁，并将该店面粉携走，经由平顶山向南转进。事后日人衔恨未伸，遂四处搜索发觉面粉遗迹沿平顶山方向而消逝，乃疑及平顶山工人住宅居民有通敌之嫌，于当日（十六日）午后一时许，由守备队、防备队、宪兵、警察等分乘卡车三辆赴平顶山工人住宅搜查。抵达该村则对居民佯称将有战事发生，为安全计宜异地逃避，遂由全体武装戒备之下，强令平顶山工人住宅及全村居民驰赴该村附近牛奶房子一带（即山田牧场）避难。当时，全村居民约二千八百余人，因事出紧急携老扶幼纷纷向牛奶房子出发。行至中途，被告等将鲜人调出。及至现场，遂令居民临崖围坐成半圆形，被告等于较高地点分置轻机三挺作半包围形势，枪口向外，声言将与土匪作战。迨至全体坐定，乃将枪盘旋转向内对无辜居民开枪扫射持续达二小时以上，哭声震野，惨绝人寰。扫射后复派士兵分别检查，对未断气者更以刺刀戳戮，血肉模糊，生还无几。同时，被告等更将该村房屋全部焚毁。次日，命该地鲜人将全部尸体集成数堆，浇以煤油，佐以木柴焚毁、掩埋。其掩埋方法系将炸药装于高约数□之悬崖，然后，引火使之崩溃厄土堆下将崖下之尸体自然掩盖、掩埋后，将现场周围绕以铁丝网禁绝通行。□览参加此次屠杀事件备计。（一）被告久保孚，系日本东京帝国大学矿山科毕业，于民国元年即来中国，历充抚顺炭矿次长及阜新炭矿长等职。民国二十一年九月，抚顺炭矿长为伍堂卓雄，但因其兼充鞍山制钢所所长，所有抚顺炭矿一切事务皆由炭矿次长被告久保孚负责。是年九月十五日夜救国军攻击抚顺炭矿之际，被告久保孚指挥该矿所有武装防备队员与守备队、警察、宪兵等共同作战。翌日（十六日）午后一时许，复命防备队员协同守备队宪兵及警察等将平顶山无辜百姓尽行屠杀并将全村焚毁。同日午后三时，于屠杀行将终止并检查尸体之际，被告久保孚乘黑色小轿车亲莅现场指示机宜，指示毕当即登车先行。参加屠杀之日军警宪遂亦停止戳戮尸体工作，相率登车而去，此项惨案由发生至停止均由被告指挥完成。（二）被告山下满男，系日本熊本市人，毕业于上海同文书院，于民国二十年十二月即参与日本经济侵略机构之抚顺炭矿担任劳务班长，从事于武装监督开采工作，于民国二十一年九月十五日夜救国军攻击抚顺炭矿之际，被告即以劳务班长身份指挥传达该坑之防备队员，于何时赴何地戒护并颁发枪支帮助守备宪兵、警察等共同对救国军作战。翌日（十六日）午后一时，复奉命率所属队员持枪携弹与守备队宪兵、警察等将平顶山居民尽行屠杀，并将全村焚毁。（三）被告金山弓雄、藤泽未吉系抚顺炭矿防备队小队长；西山茂作、满多野仁平系抚顺炭矿防备队员，于民国二十一年九月十五日夜救国军攻击抚顺之际，被告等均分别防守该矿各重要据点。翌日午后，被告等与守备队宪兵及警察等共同参与前开惨案分担屠杀任务。（四）被告坂本春吉于民国二十一年充当抚顺富士见町派出所巡查，九月十五日夜间，救国军攻击抚顺炭矿之际，被告正担任该所之警戒工作，十六日被告恰值休班，遂与逸犯佐藤巡查、柿元派出所长、儿玉派出所长等，参加日本守备队、防备队、宪兵、警察等屠杀平顶山平民毁全村事件。日本投降后，各该被告经抚顺县警察局先后逮捕、解送本庭检察官侦查起诉。

理由

民国二十一年九月十六日，由日本守备队、防备队及宪兵、警察等将平顶山居民约二千八百余人尽行屠杀，并将全村焚毁等情，经本庭讯据被告久保孚等均各供认不讳（见卷十三、卷六、卷十一、卷八讯问被告各笔录），核与证人桑本作藏、井口义雄、江崎伊三、大山辰二等之供述（见卷十三第十一页，第二十四页，第二十八页）及证人吴景祯、洪振儒、王永深、黄海山、张常氏、白香九、关刘氏等三十二人之结证均相吻合，并经本庭派员于本年七月二十九日赴肇事地点实施勘查，则见所谓平顶山工人住宅均已荡然无存，发掘掩埋尸体地点仅掘数丈即发现尸骨三百余具，刀剑弹痕犹可辨识，并有煤油桶及烧焦未腐之木材等，有本庭拍摄之照片在卷可稽（见卷十三之一六零页至一六二页）。关于被告等当年实施屠杀情形并经当时负伤未死，由现场逃出之证人吴景祯、夏廷泽、程吉祥、王永珍、潘喜贵等历历供明如绘，证人白香九、夏廷泽、程吉祥、李连贵、王永珍、杨占有、杨宝山、张李氏等且均负有刺刀及枪弹之伤痕，亦经医师王粹然鉴定属实，有填具之验断书在卷可凭。是于二十一年九月十六日，守备队、防备队、宪兵、警察等共同将平顶山居民实施集体屠杀之事实已昭然若揭，无可掩饰，参加此事件之（一）被告久保孚于民国二十一年充当抚顺炭矿次长，于同年九月矿长伍堂卓雄前往鞍山出差之际，被告自认以次长身份代理矿长职务，所有该矿一切行政归其负责，并供认十六日午后一时，防备队确曾参与守备队等将平顶山居民尽行屠杀属实（见卷三第六七页），核与证人桑本作藏之供述"我只知道守备队之外有一个中队的防备队或少数的警察及宪兵"（见卷十三第十一页），证人井口义雄之供述"不是防备队员就没有枪，我听说有枪的全去了"（见卷十三第二十四页），江崎伊三之供述"我听说防备队全去了"等语（见卷十三第二八页）均相符合，虽被告以（甲）防备队悉由防备队长大桥懒三担当指挥监督与被告无关，（乙）"实际这件事情是发生了以后我才知道的，在事情发生的以前我根本一点也不知道，不过我听说那是井上小队长办的"各等语为卸责之辩解。但查关于（甲）项本庭讯据被告久庚米子时，曾据供称"因为经费的关系矿长是有指挥监督之权"，被告满多野仁平供称"我们编成防备队是久保孚命令"，被告加藤作三郎供称"防备队之组织和军队相同，大队、中队、小队，炭矿长久保孚为总指挥"（见卷三第四三页）。证人桑本作藏供称"防备队长在矿长的指挥监督之下监督所属队员"云云。查被告久庚米子、满多野仁平、藤泽未吉均兼充防备队员、队长等职，被告加藤作三郎及证人桑本佐藏等又均系该矿之重要职员，是其所供久保孚有指挥监督防备队之事实当无疑义。被告久保孚自难卸却指挥监督造成惨案之责任。关于（乙）项被告对于在平顶山屠杀居民之事实，虽诿称："不知"，并云："此项事件系以井上小队长为中心"等语。但据被告久米庚子供称："守备队不能直接调用防备队，因为防备队是炭矿的职员，必须经过炭矿长的认可。"（见卷八第七页）又据被告满多野仁平供称："在那时候我未正式参加平顶山惨杀，但我以抚顺炭矿长久保孚之命令，拿着大枪上刺刀携带子弹六十粒，在距平顶山二里之地塔连坑防卫参加啦"。（见卷三等二五页）又称："我们编成防备队是久保孚命令，平顶山惨杀案实在是他首犯。"（见卷三第三四页）复据由现场逃出之证人吴景祯称："于枪杀之后，被告久保孚身着灰色西服手持手杖，与另外日人三名亦均着用便服同乘该矿矿长之专用黑色小汽车莅临现场。下车后，与逸犯川上、井上、小川等交谈并用手杖指挥。"等语，核与证人及被告等指称："被告久保孚确惯穿灰色西服，手提手杖乘用该矿矿长之黑色专用小汽车"等语，均属相合。是被告久保孚于惨案发生之际曾经莅临现场，已不能谓为无据。参以被告所供："在九月十五日夜晚我曾由炭矿至守备队约五百米的中间来回打听消息"。各节尤足证被告对于屠杀平顶山居民事件,事前计划指挥,事后到场监督确属实在,应与川上、井上、小川等共负集体屠杀平顶山居民及纵火之责任。(二)被告山下满男,于审理中对于前开事实一概坚决否认。查民国二十一年九月十六日,平顶山惨案系由日本守备队、防备队、宪兵、警察共同造成,已为不可掩饰之事实。被告竟一概否认其事,显系畏罪情况,被告当时系抚顺炭矿劳务班班长,其职务系监督警备该矿之开采工作,对于该矿安全负有戒护义务。据共同被告西山茂作所供:"我到发电所戒备是受劳务办命令"。(见卷七第十六页)被告加藤作三郎所供:"我去的原因是因为在九月十五日的那天晚上,我奉命参加警备是到劳务班集合去的",又:"他们是拿劳务班的枪"各等语。依据上开证言,被告于同月十五日夜曾经奉命召集防备队员并颁发枪支指挥作战,十六日午后曾共同参加屠杀平顶山居民,均属信而有征(证)。被告虽以无军人身份不能指挥在乡军人为辩解,但查共同被告藤泽未吉并非在乡军人,又非防备队员而能担当防备队小队长。被告满多野仁平系山下满男之直接部属,亦供认:确曾参与防卫工作,被告为该矿之中坚分子乃竟以此辩解,自属不足采信,依法应与川上、井上、小川及久保孚、柿元、儿玉、佐藤等共负刑责。至被告山下满男被诉于二十三年九月至二十五年间,在伪抚顺县参事官任内,曾以"收缴民枪""集甲集村"为名,以收回民间自卫之武器并强令人民集中居住,以达成其非法统治中国人民之恶政各点,迭经研讯,尚未发现有力证据足以认定被告山下满男应负直接责任。又关于集甲集村究竟是否有悖于人民之意旨,并何人因此受害均属无从调查,依法均应谕知无罪。(三)被告金山弓雄、西山茂作、满多野仁平、藤泽未吉等四名,对于参加守备队共同作战之点,在本庭审理中均供认不讳。唯对于十六日午后一时参与守备队、宪兵、警察等共同屠杀平顶山居民及纵火焚毁平顶山工人住宅各节,则一致诿称不知。查被告金山弓雄、藤泽未吉、防备队小队长西山茂作、满多野人平亦系武装整备之防备队员,被告等均为防备队中之中坚分子。民国二十一年九月,防备队发动如此之重大事件而被告等均不参加,且语称:"并未闻悉"显属不能令人置信,况证人井口义雄、江崎伊三、桑本作藏等对防备队如何参与屠杀平顶山居民,如何纵火焚毁平顶山工人住宅,均已具结,证明属实,被告等应负共同屠杀及纵火责任,殊无疑问。(四)被告坂本春吉系富士见町派出所重要巡查,于十五日夜间,救国军攻击抚顺之际,被告曾供认担当警戒工作,十六日系属休班。共同被告久保孚、金山弓雄等亦供:"警察也参加杀害平顶山的百姓了。"(见卷七第六十页、第六十七页)是被告板本春吉利用休班之机会,随同佐藤巡查、柿元派出所长、儿玉派出所长共同参与平顶山屠杀之事亦不能谓为无据。以上各被告，于十五日夜，当救国军攻击抚顺之际，与守备队、宪兵、警察等本于意思之联络，共同防守。十六日午后，又基于共同之犯，意将平顶山无辜平民二千八百余名尽行屠杀，依法应负共同责任。

综上所论，被告久保孚、山下满男、金山弓雄、满多野仁平、藤泽未吉、西山茂作、坂本春吉等因救国军攻击抚顺，即将平顶山无辜居民二千八百余名诱至牛奶房子附近，集体屠杀并将尸体焚毁，应各构成有计划之屠杀罪及毁损尸体罪外，被告等复共同以恐吓之目的，以纵火为手段，将平顶山居民住宅全部焚烧，又构成陆海空军刑法第八十条无故纵火恐吓人民罪，应合并论处。查平顶山居民并非攻击抚顺炭矿之救国军，而平顶山工人住宅更非战事上之必要有必须破坏之价值，乃被告竟不顾人道，蔑视法律，为此惨酷绝伦穷凶极恶之举，实为史所未见，均应各处极刑以昭炯戒。被告川上、井上、小川、柿元、儿玉、佐藤等所在不明，应俟获案另结。

被告加藤作三郎、广田繁、久米庚子、有濑真雄，迭经本庭审讯尚未发现有参与屠杀平顶山居民之证据，且查被告加藤作三郎于十五日夜因左脚中弹负伤就医，久米庚子左目久经失明，被告广田繁、有濑真雄均非防备队员，且未参与屠杀及纵火之事件，自应分别谕知无罪。

据上论结，应依刑事诉讼法第二百九十一条前段、第二百九十三条第一项、战争罪犯审判条例第一条、第二条第二款、第三条第一款、第十一条，海牙陆战规例第四十六条陆海空军刑法第十五条、第八十条，刑法第二十八条、第五十条、第五十一条第二款、第五十七条、第二百四十七条判决如主文。
本案经本庭检察官戴庆祥莅庭执行职务
中华民国三十六年十二月二十四日
国民政府主席东北行辕审判战犯军事法庭

审判长：王天相

审判官：朱安曾

审判官：何崇孝

（辽宁省档案馆馆藏档案，档案号JE1—10—32，第88—95页）

（8）抗日义勇军骑兵九路司令田振东等被秘密杀害案（节录）

审判长：提被告人今吉均入庭。

审判长：你是今吉均吗？

答：是，我是今吉均。

审判长：现在由本庭审判员军法上校王许生讯问。

审判员：今吉均，你在伪满洲国都担任过哪些职务？

答：我在一九三二年七月到一九三三年五月，任伪满洲国奉天省昌图县参事官。……

问：你在任伪昌图县参事官时，曾命令部下抓捕过我国抗日救国人员及和平居民吗？

答：是的，我在任伪满洲国奉天省昌图县参事官时，逮捕过中国抗日救国人员及和平居民二十四名。田振东司令和朱小飞参谋长以及田振东司令的父亲田旺也包括在内。

问：你是怎样将田振东杀害的？

答：我把田振东司令逮捕起来，关押在伪县公署的监狱里面。因为怕他逃跑，我就命令部下五十岚伪装把他送到开原宪兵队去。让他坐着火车，在半道上把他杀害了。

审判长：传证人田文到庭。

问：你是田文吗？

答：我是田文。

审判员：你把你知道的你父亲和你祖父被杀的情形，在这里向法庭讲一讲。

证人：我父亲田振东是东北康平县抗日联军①骑兵第九路军司令员。在一九三三年旧历正月初五晚上，日本鬼子今吉均领导下的伪昌图县公安队，在黄河屯小三家子把我父亲抓去了，押送到七家子。当时又到我们家（吴家窝棚），想要杀害我们全家二十几口人，我们全家听到后都躲开了，剩下我祖父田旺一人没有来得及，也被鬼子抓去，也送到七家子。鬼子把我家锅也砸了、缸也打了，箱子、柜子也给劈了。抢去粮食、骡马、牲畜，都被那些强盗给抢去了，抢的我家一扫而光。当时，他又派一部分人到河西康平县三门朱家，抓去我父

---

① 实为抗日义勇军。

亲的参谋长朱小飞和他的通讯员朱兴德。把他们四个人带到昌图县，给我父亲灌了凉水，用铁条烙等，连打带摔十几天，说把我父亲往开原解，在昌图南门外去马仲河的大道上，就被这杀人的强盗把我父亲杀害了，我们连尸体也没得到。（证人哭泣）今吉均！你家也有父母吗？你为什么杀害我父亲？你不是人吗？（证人放声哭泣）一九三三年旧历五月间，我祖父田旺在昌图县的北门外的大坑里，也被这杀人的强盗给杀了。因为鬼子要消灭我们全家，我母亲领我们兄弟三个，逃在康平县二河屯的苇塘里，没什么吃，也没有地方住。因此，我的三弟四岁连冻带饿死在苇塘里。我的母亲在苇塘中连吓连饿带冻，得了精神病和半身不遂的病，到现在已成了废人。我本人连冻带饿得了长期的晕迷病，身体衰弱到如今不能参加重体力劳动。（证人哭泣，放声大哭）

我对于日本鬼子今吉均，这样的仇恨是永远也不能忘掉的！别说我不忘，就我子子孙孙也不能忘掉你！（指着今吉均义愤地说）现在我家四十多个人，黑夜白天记着你！今吉均，你杀了我父亲，你为什么还要杀我们全家几口子呢？！（证人放声哭泣）你把我们逼到池塘，使我成了残废。我奶奶活活饿死，我母亲28岁就守我们哥三个，这都是你给我造成的。（哭泣）今天，我要你的脑袋也不解我心头之恨。你们多么野心狼啊！我父亲和我祖父的尸体，你都没给我得到，把我们二十几口逼得东的东、西的西。想一想，你也有父亲（哭泣）。今天我不能打你，我不能骂你，因为我们是伟大的中华人民共和国的一个公民。不然，我就千刀万割，割到你这里（哭泣）。我要求法庭对这杀人的凶犯严加惩办。

问：今吉均，你有什么话要说的？

答：正象刚才田司令的少爷田文所说的那样，我真是一个杀人鬼，没有任何理由的害了那些反抗我们侵略者的真正的爱国者。不仅杀害了田振东司令，我还把田司令的父亲也害死了，使得一家离散。我真不知说什么才好，我真是一个犯了重大罪行的罪人。像刚才所说的那样，我自己认识到自己罪行的严重性。即使把我千刀万剐了，也不能够还回这些罪过的。我是这样一个犯了重罪的人，我真不知如何谢罪才好，只有请求给我严加惩办，哪怕是这样能解去对我心中仇恨的万分之一也好。

（中华人民共和国最高人民法院档案馆馆藏档案，档案号[56]特军字四号副卷7号，第181—184页）

（9）"一分委员会"案（节录）

七月十日下午四时二十分继续开庭。

被告人筑谷章造受审笔录。

审判长：提被告人筑谷章造入庭。

问：你叫什么名字？

答：叫筑谷章造。

审判长：现在由本庭审判员军法上校王许生讯问。

审判员：筑谷章造，你在伪满洲国中曾担任过哪些职务？

答：从头到尾一直讲下去吗？

审判员：你把主要的职务讲一讲吧？

答：我从一九三二年四月担任伪满洲国的官吏，在伪满洲国民政部警务司任属官，后来又主任特务科检阅股长，一九三五年三月充任沈阳警务厅特务科长，……

问：沈阳伪警务厅特务科的任务和做些什么事情你讲一讲？

答：刚才问我在警务厅的工作，其实我是在警察厅任特务科长。至于特务科长的任务，主要是有关思想方面的业务。举例来讲，如逮捕共产党及其他救国活动的人员和取缔集会结社、取缔言论和新闻等，我任沈阳警察厅特务科长的时候，重大的罪行是关于逮捕一分钱委员会和奉天特委的事情。

问：警察厅特务科里面还有个特搜班吗？

答：我当时没有组织特搜班。关于特搜班的事情由特高股来进行或者在必要的时候让管辖内的警察署的特务系来进行这个事情。因为当时没有直接做的必要，所以并没有组织。

问：一九三五年十月逮捕牛光仆等三十八人，是你主谋策划指挥所属逮捕的么？

答：正是那样。

问：对这些人逮捕之后施用过什么刑罚，最后是怎样处理的？

答：我逮捕了这些人，加以刑讯，因为他们不能按着我所想的来供认。根据这些嫌疑分子的话，我判断他们是救国会，认为这些爱国者是对日本帝国主义的侵略要进行反抗斗争的，因此我就加以猛烈的拷问，当寒冷的冬天来临时，我不给他们火炉、饮食只给他们吃高粱稀饭和一碗盐水。同时每天用竹棍没头没脑的打，直打到流血。并且还灌凉水、用猪鬃刺尿道，把他们装进钉笼，然后用开水浇。我用这种比野兽还凶狠的手段进行拷问，于是按照我所想的那样制造了案件，送到检察厅。我想，这个法庭上面可能有受到我这种残害的人出席了，也有被我残害而牺牲的，在这里也可能有由于遭受我的拷问以及内脏受伤或四肢变成残废的人。现在我就在我的犯罪地点沈阳，在被害者的面前站着，受过我害的人，他们会想要咬死我的。而我是应该被咬死的一个鬼。我衷心向中国人民谢罪，并请求严厉的惩处我。由于我的酷刑拷问致使被送往检察厅的人当中有两个死去了。另外一人在被释放后死去了。他的家属很多一定是痛恨我的，我不知道用什么话来向中国人民特别是向中国共产党的被害者谢罪。

审判长：传证人林竹次入庭。

问：你叫什么名字？

答：我叫林竹次。

审判员：林竹次，你把你知道的筑谷章造抓捕牛光仆等三十八人及残害的情形向法庭讲一讲。

答：筑谷章造在任伪沈阳警察厅特务科长期间指挥命令逮捕、迫害抗日救国工作人员和和平居民的罪行，现在我来证明这个事件：

一九三五年十月中旬，某日将近下午四时，筑谷章造通过特务股长西尾斧次郎，命令我在那天的晚上十二时的时候穿便衣到特务科集合。我去集合看到集合的人有：特务股长西尾斧次郎、特高股长盐塚俊太和外事股的上田静卫等共计三十余名，还有警察署署员十余名，还有伪奉天省警务厅特务科伊藤某及其他三名，共计四十五名在那里集合。筑谷章造命令特高股长盐塚俊太把所有警察编成十个搜索班，向各班布置逮捕的名单后，筑谷章造当时命令说：从现在开始对沈阳市内进行逮捕中国共产党的大逮捕，你们事前认识清要逮捕者的房屋，绝对不能使被逮捕的人逃走，一进屋内，要首先逮捕被指定的人，此外，在那家里的男人，除了少年以外，要全部加以逮捕，不许任何人到房外面，从外面进来的人，要全部逮捕起来，被指定的人不在的时候，要立刻将其所去的地方用电话来报告，为了搜集证据物件，要进行搜查住宅。不用说，信件要检查，对天棚、墙、衣服、衣服箱子及其他的箱子、家具、坑、地板、厕所和屋子外的一切地方，都要彻底地无遗漏地进行搜查。搜查完了之后，要及时撤回来，把一切交给审讯系，再等待以后的命令，审讯系要预料到事件扩大，要在最短的时间内结束初步的审讯。审讯的状况，要随时向我报告。就这样，进行了对中国抗日救国工作人员及和平居民的大逮捕。我和其他两个人，遵照他的命令，将沈阳市城内的巩天民先生逮捕，交给审讯系盐塚俊太。在这次事件中，逮捕的人仅在沈阳就有二十五六名。筑谷章造命令特高股长盐塚俊太等对被逮捕的人进行拷问，我到搜查股审讯室去看了，连室外都可以听到痛苦的呻吟声。我进到屋子一看，濑口和姓洪的两个人，把一个男人使他仰卧在刑讯台上，头向下，把手、脚、腰捆缚着，从嘴里、鼻子里给他灌凉水，有时候停止，问他："讲不讲实话？还是喝得不够，要喝多少有多少。"问完，又灌凉水。那个人被缚着不能动，把身体摇动后，发出难于形容的痛苦的呻吟声。不久，在胃部因灌了凉水好象要破了似的高起来了，就把绳子解开，让他吐水。又反复地给他灌水，这样反复几次之后，这个人终于昏过去了。在这个期间，其他在司法股、特高股、外事股的审讯室也同样进行着审讯，我都看到了。这样残酷、非人道的审讯，约进行了两个星期。在这个期间，城内的日本宪兵分队的穿便衣的宪兵，每天有二三名出入于特高股。我看到了宪兵把在这件事中被逮捕的，缚了三人带出去了。在这事件后，大约两个月之后，我奉筑谷章造的命令把巩天民先生从城内日本宪兵分队带回到伪沈阳警察厅特务科。关于这些被逮捕者如何处理，我不知道，我的证言到此完了。

问：筑谷章造，你听了证人林竹次的证言你有什么要讲的，对证人有什么要问的？

答：完全象他证实的那样，没有什么要问的。

（中华人民共和国最高人民法院档案馆馆藏档案，档案号[56]特军字四号副卷7号，第235—240页）

（10）锦州铁道警护队案（节录）

七月八日上午八时继续开庭。

……

审判长问：你是佐古龙祐吗？

答：是，我是佐古龙祐。

审判长：现在由本庭审判员杨显之讯问。

审判员杨显之问：佐古龙祐，你在伪满洲国担任铁道警护队队长是在什么时间？

答：我初次在伪满洲国任铁道警护队长是在一九三四年十二月。从一九四〇年五月到一九四三年七月任锦州铁道警护本队本队长。

……

问：根据伪满康德九年牡丹江铁道警护本队第六一三号关于"锦州本队长发来贞星工作审讯的情况通报"档案记载，由你召开会议，布置和命令所属铁道警护队在大虎山、锦州、山海关、彰武、通辽等地共抓捕我国抗日救国人员四十人，这个记载属实吗？

答：完全是事实，没有错误。

问：你把在一九四一年十二月到一九四二年一月间，怎样召开会议，部署命令所属铁道警护队抓捕我国抗日救国人员的情况讲一讲。

答：一九四一年十二月，由齐齐哈尔宪兵队及齐齐哈尔铁道警护队的联络员来到锦州铁道警护队，与池田警卫门队长联系，向池田队长说在锦州附近潜有抗日救国人员，池田队长根据这个报告，逮捕了嫌疑人，然后向我作了报告，我鼓励了他们，叫他们努力干。因而池田队长召集了队员包围了锦州铁路员工宿舍，进行了逮捕，结果又判明在山海关、叶柏寿、阜新、通辽、大虎山等地还潜有抗日人员，把这个情况又向我作了报告。因此，我在一九四二年一月中旬，召集有关各铁道警护队的警察主任，命令他们彻底进行逮捕，关于详细情况我让本队长蜂须贺雄重作了指示。因此在一月间，在铁道警护队逮捕了这些人，并把他们送锦州高等检察厅。

审判长：传证人周化祯入庭。

问：你是周化祯吗？

答：我是周化祯。

审判员杨显之问：周化祯，你在什么时候被满洲国铁道警护队抓捕过？

答：是在一九四一年十二月。

问：你把被害的情况讲一讲。

周化祯答：时间是在一九四一年十二月十六日晚六点，伪锦州铁道警护队的警察，有十余人，把我家大门踢开，像恶狼似的闯进屋中。进屋什么也没说，首先打我几个嘴巴子，同时用刺刀按在我七岁幼童的脖子上威吓我的孩子，问他："你爸爸上哪去了？"同时又问我："你丈夫周振环到哪里去了？"这时我那两个孩子，一个是5岁，一个是3岁，看见这种凶恶场面都吓的大哭起来，日寇就把两个孩子由被窝里拉出来，用被裹上扔到炕里边去了。接着打我的打我，翻的翻，屋里屋外没有一个地方不翻到，甚至耗子窟窿也翻出来。就这样，铁道警护队的这些警察们一直闹到十点半，就给我戴上手铐子押到警护队拘留所。

第二天，十二月十七日早晨五点，就把我提出来过堂，问我："你丈夫到哪里去？"我说："不知道"。又问："你丈夫有什么朋友，都是谁？"我说："不知道"。这时这些野兽们，铁路警察就下了毒手。那时我怀孕近7个月，过堂当中，首先用胶皮板子打嘴巴，顺嘴往外流鲜血，接着就用胶皮鞭子抽，我穿一件麻线棉袍，完全被抽得露出棉花，一条大襟都撕掉。完了拿出又细又尖的竹签子刺指甲，扎进去拿出来，拿出来扎进去，我十个手指头刺伤了七个，满手流着鲜血，我还是不说。这时拥上来了4个铁道警察一脚把我踢倒，按在地上，把我全身衣服完全扒掉，下了毒手，拿出一整束香，点着了，先烧头发，接着从上往下烧，一直烧大腿里子，烧得最为严重（哭）现在还有很大伤疤。烧完后，又开始过电，电匣子有两个铜丝，拴在两个大拇指头上，日寇用手一摇，心好似蹦出来似的，实在难受得很。一会儿，这群野兽们换了方式，又把匣子的铜丝拴在两个乳头上，用力一摇，我就昏过去了（痛哭）。就用这种惨无人道的刑罚过七次，当我苏醒过来以后，又用细绳子拴在乳头上牵着走，不走就打。前头牵着，后头赶着，在审讯全屋里走，还污辱我。这样，日寇觉得还不解恨，又用惨无人道、没有人性的毒辣手段，用又细又尖的竹签子刺阴道（被害人哭不成声，旁听席上很多人哭了）。当我疼痛难忍骂他们时，他们拿破布头，沾上辣椒面塞在我嘴里，使我不能呼吸，又把我弄疼昏过去了。昏过去后，他又用一桶凉水浇我。当我苏醒过来后又来了两个铁路警察，连打带拉，把我拖到拘留所里，我在警察队就这样被折磨了二十天。

由十二月十四日到十二月三十一日，共逮捕抗日人员四十名。当我被警护队押着的时候，我听到伪警察说，周振环在十二月三十一日晚八点钟抓来了，当时我听到这个话时，好象乱箭刺我的心一样（哭）。我知道人要是到了警护队，那就是到了虎口，决不能出去。当时我精神一紧张，心里难受，加上受刑折磨，我就昏倒在拘留所里了。在一九四二年一月五日把我放了。在一九四二年一月三日，还把我提到审讯室里，我一进门，就看见我丈夫伸着臂膀在挨打，吊在那里满头大汗，这时铁路警护队的警察强迫我跪在一边，叫我亲眼看着我丈夫受刑。（哭）把铁钳子烧得通红，往身上挟，烙得吱吱的响，烙出了黄油，钳子拿下来肉也掉下来了，连烙几次，人就都昏过去了。放下来，用凉水苏醒过来后，又开始灌辣椒水，从鼻子、嘴里把人灌得肚子挺大，用脚在肚子上踏，从嘴、鼻里倒流出来，不醒人事。还叫我瞪着眼睛，瞧着丈夫受那样的罪，不看的时候就打我。苏醒后又用惨无人道、灭绝人性的手段（哭），用猪鬃捅尿道，刺得小便流血，人马上疼昏过去了，苏醒过来，把小便用细绳子绑上，垫着高凳子，把人托上头去。然后把凳子往底下一拉，把全身体重用这么一点力量吊住，当时人马上就死过去了。比这更残酷的刑罚就是滚钉笼子（痛哭）。钉笼子是椭圆的，三面是钉子，钉子有三寸左右，把人放在中间，两个铁路警察用脚蹬的来回滚，当时鲜血淋漓，肉都挂在钉子上，当人从笼子拿出来时，已成了血人。就这样的毒刑，我亲眼看到三次。在一九四二年一月把我放出来了，以后他受什么刑罚我就不知道了。

另外，有一次我给他送饭时，他正在审讯室受罪，他们叫我把饭送到审讯室我就去了。我看见我丈夫在坐老虎凳，把人绑住，两手背在后边，后面垫砖头，腿上面两个杠子压在腿上，一边一个日本铁路警察，狠狠地压，腿肚子要压两半了，鲜血直流，当时我心疼得昏在当地了，这时饭也没让我丈夫吃，就把我打回去。周振环在锦州铁道警护队押了八十多天，于一九四二年三月二十四日又押送到伪锦州监狱。

在一九四三年四月七日中午十二点，在伪锦州监狱的执刑场把人活活地用绳子给绞死了。那天一同绞死三个人，周振环、杨景云、张化堂。第二天四月八日早八点我去领尸。他们把人给我抬出来，头上蒙着一张白纸，当我把白纸揭开时，凄惨万分（哭）。眼珠子完全冒出来了，舌头伸在嘴外，鼻子、耳朵都流着血，脖子底下没有皮了。在我给他换衣服时，看见他的身上一点好地方也没有，伤疤顶上是伤疤，腿肚子两半了，骨头长在外面。左边屁股上有碗大一块伤还没有好，很深一个黑窟窿，左手少了两个手指头，右脚短了两个脚指头。

佐古龙祐，你这杀人的强盗，你指挥你的部下铁道警护队，抓捕了我和我的丈夫周振环，严刑拷问、毒打。你折磨我们，你污辱了我，你杀死了我的丈夫，你这野兽！佐古龙祐，我问问你：你有没有父母，你有没有妻子，你有没有孩子？当你自己这样的时候，你怎么样？你这野兽，你不是人，你杀人的强盗、杀人的魔王。佐古龙祐，我问你：你有没有父母，你有没有妻子，你有没有孩子？假使你碰到这样事情，你应该怎么样？你害得我失去了丈夫，我7岁、5岁、3岁、不满1岁的孩子死去了爸爸啊！（痛哭）我们母子5个人没法生活。佐古龙祐，你害了我的丈夫，你污辱了我，你简直把我不当人，用绳子拴着我的奶头走，难道说你没有父母吗？你不是人哪！佐古龙祐，你说，你害得我多苦啊！满洲警察摔我，让我抱着7岁的孩子在雪堆里站着，你还有一点人味没有。你杀人的魔王，你不知道害了多少中国同胞，杀害了多少爱国志士。佐古龙祐，今天我咬了八块也不解我心头之恨。我请求法庭给这杀人的强盗狠狠的惩办，我丈夫和那些死难的同胞才能瞑目，替我伸冤。（被害人脸色发白，站立不稳，被人扶住坐下）

审判长：佐古龙祐，你对周化祯的话还有什么话说？

答：我对铁道警护队所作出的各种非人道的残酷刑罚（哭）是无法表示谢罪的。我心里虔诚地表示谢罪。这是我一言难尽的罪行，今后誓不再作这种事情了。同时也为了不让别人再发生这样残暴的行为，我去作出最大的努力，我从心中对中国人民谢罪。

审判长让证人周化祯回休息室休息。

审判员：你在一九四二年五月至九月，曾命令伪锦州铁道警护队在关家站、锦县、义县等地抓捕我国抗日救国人员及和平居民吗？

答：有。

问：根据伪满康德九年六月锦警特秘收第三七九三号"关于逮捕一部分东北雪耻抗日军"的通报和昭和十八年关东宪兵队司令部"发来翰缀"等档案记载，你这次曾命令锦州铁道警护队抓捕了中国抗日救国人员及和平居民四十七人。这个档案照片，你看过吗？

答：看过。

问：这是事实吗？

答：是事实，没有错误。

问：你在这档案照片上签字了吗？

答：签了名字。

……

问：一九四三年五月，你曾命令伪山海关铁道警护队在兴城东站、北关村、花园村等地抓捕中国和平居民吗？

答：有的。

问：根据西村哲夫的证明及被害人刘福廷、王福升的控诉，这次共抓捕了十四人，这些证词都在侦察案卷中，你都看过了吗？

答：看过。

问：你在上面签了字吗？

答：签了字。

问：你承认这些控诉是真实的吗？

答：我承认。

问：在你任锦州铁道警护本队本队长期间，你命令所属铁道警护队实施过几次"查察周间"？

答：实施了三次。

问：在实施"查察周间"中，用什么办法来鼓励所属抓捕中国人民？

答：把各铁道警护队的主力放在警乘业务上，从本队向现地派遣领导人，鼓励部下逮捕无辜的中国人民。

问：在鼓励所属实行"查察周间"时，你用了什么办法？

答：以文件下达命令时记载我刚才这些内容，同时派领导人去对具体做法进行指导。

问：所谓"查察周间"的内容是什么？

答：根据我现在的记忆，这次命令的内容是"查察周间"，是非常重要的。也可以说是铁警业务的总结，因此望各警护队把主力放在这次"周间"里面，以收预期效果。

问：在实施"查察周间"中，用什么奖励办法，你知道吗？

答：我现在记忆，逮捕一名抗日救国人员记分一百分，主要经济犯记分八十分，有关妨碍铁路运输的嫌疑者记七十分，以这样记分奖励办法让各铁道警护队互相竞争。情报也是同样的，搜集有关反满抗日情报记分三十分，一般情报记分二分，用这种记分并加以总结，让各铁道警护队互相竞争。

审判长：传证人张国柱入庭。

问：你叫什么名字？

答：我叫张国柱。

审判员杨显之：张国柱，你能证明被告人佐古龙祐命令所属实施"查察周间"的事实吗？

答：我能证明。

问：那么你讲一讲。

张国柱：我在一九四一年十二月到一九四五年八月间，在伪满锦州区检察厅办理经济案件的统计报告和记录工作。所以，我知道伪锦州铁道警护本队长佐古龙祐指挥命令所属锦州、山海关铁道警护分队抓捕和囚禁我国和平警民的一部分罪行。

一九四一年末到一九四三年间，锦州、山海关铁道警护分队，在现在沈山线之锦州站到山海关站间来往的火车上，及沿线各车站内，除经常的抓捕我国和平居民外，这在年关的时候，因为这时坐火车的人多了，佐古龙祐指挥命令出动大批铁道警察，更加疯狂地进行搜查和抓捕我国和平居民和爱国志士。我记得在一九四一年末和一九四二年末，他们举行年末"查察周间"后，仅将其中所抓捕和囚禁携带有粮食、伪币的人的所谓"经济犯"送向锦州区检察厅的每回两个队就有二百五六十人。还有一九四二年十一月间，仅伪山海关铁道警护分队在山海关车站内及附近，以及通向山海关的火车上进行大搜查，一共进行了四五天，共抓捕八百多人。因为人多，不能往锦州区检察厅送，他们要求伪锦州检察厅派人到那处理。当时伪锦州区检察厅派去了八九个人，绥中区检察厅也派去二三个人到山海关铁道警护分队，一共处理了四五天。

在一九四一年十二月到一九四三年七月间，那时锦州区检察厅每月收案四百多件，仅锦州、山海关两铁路警护分队在平常情况下，以各种经济统治法令的罪名，如违反"汇兑管理法"、"粮谷管理法"、"特产物专管法"等送来的人数，每月各有一百多人到一百二三十人。他们送案的情况，当时我们作记录工作人员所亲自办理过的事实。

送去的这些人，都因为在坐火车当中携带伪币和少量粮食、布疋的布。伪满时，在城市实行粮食配给制度和棉布统制，老百姓吃不饱、穿不暖的，有的把自己在乡村生产的粮食、棉花、棉布带到城内使用，有的在乡村买一点粮食、棉花自用，也要遭到他们的抓捕。甚至进出门带一些路费也被没收和把人捕去。经抓捕之后，并在他们拘留所内，囚禁一周到三周期间，都遭受了他们的刑讯拷问和过电等毒刑。以后送伪法院，判处罚金和没收所携带物品，如交不起罚金就被强迫去服劳役。这都是我亲眼见过的事实。

在"查察周间"和平常抓捕的我国人民不仅是送向锦州区检察厅这一部分所谓"经济犯"，同时还抓捕诬赖有反满抗日嫌疑送向锦州高等检察厅迫害的不在少数。

以上我所证明的锦州、山海关铁道警护分队，就这样残暴地抓捕和囚禁我国的和平居民。这都是佐古龙祐指挥其所属铁路警察所作的这些罪恶事实，这就是他所犯的罪行。

审判员杨显之：佐古龙祐，你对张国柱所讲的有什么话说？

答：刚才证人所讲的全部是事实，这是我的罪行。对中国人民实在是犯下了滔天罪行，我从心中向中国人民谢罪。

审判长：提证人西村哲夫入庭，张国柱到证人席上坐下。

审判长问：你是西村哲夫吗？

答：我是西村哲夫。

审判员杨显之问：西村哲夫，你把佐古龙祐在火斗山事件、贞星工作事件、锦龙工作事件、上谷事件、兴城事件中命令所属抓捕中国抗日救国人员及和平居民以及实施"查察周间"的事实讲一讲。

西村哲夫：我现在对佐古龙祐的火斗山事件、贞星工作事件、锦龙工作事件等罪行，作证如下：

佐古龙祐在一九四〇年六月至一九四三年六月任伪锦州铁道警护本队长兼西南地区防卫委员会委员期间，我一直是他的部下，担任伪金岭寺铁道警护队警察系主任和伪锦州铁道警护本队本部警察科情报系主任等职务。兹就佐古龙祐在此期间的具体罪行证实如下：

一、关于火斗山事件。在一九四一年四月至八月，佐古龙祐命令伪古北口铁道警护队，在前承古线火斗山车站附近的张家沟、兴隆庄等村抓捕中国抗日工作人员郑廷兰先生以及和平居民约六十名，将其中约四十名送伪锦州高等检察厅加以迫害。

二、关于上谷事件。从一九四二年十二月至一九四三年三月，佐古龙祐命令伪承德铁道警护队，在前锦古线上谷地区抓捕中国和平农民李凤鸣先生等约四十名，将其中约二十名送伪锦州高等检察厅加以迫害。

三、关于贞星工作事件。在一九四一年十二月至一九四二年二月期间，佐古龙祐根据齐齐哈尔铁道警护队长的通报，命令伪锦州铁道警护队抓捕了在锦州车站的抗日工作人员季兴。在刑讯后，知道了在锦州市内锦州铁道局管内各机关里有抗日组织。佐古龙祐为了镇压这些抗日组织，便命令伪锦州、山海关、大虎山、彰武、通辽、金岭寺、叶柏寿铁道警护队进行了一齐逮捕。结果，在锦州铁道局，锦州、山海关、沟帮子、大虎山、皇姑屯、彰武、通辽、义县、叶柏寿等各铁道现场机关里抓捕中国爱国者周振环先生等三十九名，包括季兴先生在内，并且将其中约三十三名送伪锦州高等检察厅加以迫害。

四、关于锦龙事件。在一九四二年五月至九月期间，佐古龙祐命令伪锦州铁道警护队，在前奉山线关家车站和锦州市内以及义县附近镇压了抗日组织。结果，抓捕中国爱国者申品一和张某等四十七名送锦州高等检察厅加以迫害。因为这个事件发生在锦州，又是佐古龙祐指挥命令的，所以命名为锦龙事件。

五、关于兴城事件。一九四三年五月，在前奉山线兴城车站货物列车发生了运行障碍事故。佐古龙祐则认为是破坏嫌疑事件，很重视这个问题，便命令伪山海关铁道警护队及锦州铁道警护队本部警察科特务木船丰等进行镇压。结果，在兴城街附近抓捕中国和平居民王福升等十三名至十四名，以其受关内抗日组织的命令进行扰乱铁路运输的名义，将其中约十名送伪锦州高等检察厅进行了迫害。

关于实施"侦查谍报训练周"。佐古龙祐命令所属各铁道警护队，每年发动全体队员举行一次"侦查谍报训练周"，以资提高队员的侦查谍报能力，并根据成绩优劣分别给予队和个人以奖状和奖品，以此来鼓励对中国人民的镇压。其成绩评定，是采取如下记分方法。关于抓人的记分规定：抓捕抗日爱国者一名记一百分；抓捕违反伪满刑法者一名记五分至十分；抓捕违反伪鸦片法者一名记三分；抓捕违反经济法者一名记一分至二分。关于搜集情报的记分规定：搜集有关反满抗日情报一件记十分；其他一般有关时局情报则根据其价值大小适当记分。"侦查周"实施的具体情况如下：一九四一年十一月在实施侦查谍报周中，伪山海关铁道警护队在其管内前奉山线韩家沟至山海关之间的铁道沿线，各车站、各列车内抓捕中国和平居民约九百名，将其中约五百名送伪锦州区的和地方的检察厅进行迫害。

以上是佐古龙祐以伪锦州铁道警护队本队长兼西南地区防卫委员会委员的身份，阴谋策划所谓"西南地区治安肃正工作"，并指挥命令所属各伪铁道警护队在执行所谓西南地区治安肃正工作同时所造成的在其管区内镇压中国人民的结果。而且，这仅是其中的一部分事实。

以上这些罪行，根据他的命令下亲身参加执行的和我根据所属各铁道警护队的报告文件所知道的事实。

我的证言完了。

审判员杨显之问：西村哲夫，你所说的"侦查谍报训练周"是不是就是"查察周间"？

答：是的。

问：佐古龙祐，刚才证人西村哲夫所证的你在火斗山事件、上谷事件、贞星工作事件、锦龙工作事件、兴城事件以及实施"查察周间"命令所属抓捕我国抗日救国人员及和平居民的事实,你还有什么话说?

答:刚才证人西村哲夫所讲的完全是事实,我全部承认。正如证人所讲的那样,我曾经领导部下对中国人民犯下的重大罪行。我从心中表示谢罪。

（中华人民共和国最高人民法院档案馆馆藏档案,档案号[56]特军字四号副卷7号,第98—118页）

（11）抚顺地区各惨案（节录）

被告人柏叶勇一受审经过。

继续开庭（一九五六年七月九日下午五时五十分）。

审判长：提被告人柏叶勇一到庭。

问：你叫什么名字？

答：柏叶勇一。

审判长：现在由本庭审判员杨显之讯问。

审判员问：柏叶勇一，你从一九四〇年十一月到一九四四年十一月在伪满洲国担任什么职务？

答：抚顺市警察局长，不对啦，是抚顺市警务处长，从一九四二年四月改为警察局长。我就担任了这个职务。

问：在这个任职期间，你指挥所属警察，经常抓捕中国人民吗？

答：是，抓捕过。

问：根据伪抚顺市警务处"犯罪事件致送书"的记载，在一九四二年十一月六号到十二月十八号，你将被抓捕的六十八名中国人民送交抚顺市伪司法机关残害，这一事实属实吗？

答：是，这是与事实没有出入的。

问：这一事件有你当时署名的"犯罪事件致送书"这个档案照片在侦查卷中，你看过吗？

答：是，看过。

问：你在上面签字了吗？

答：是，签过了。

审判员：你现在看看是不是你的签字？

（书记员把卷宗拿给了被告人过目）

答：是我的签字。

问：你承认这个档案的记载属实吗？

答：是事实。

问：像这样大批抓捕中国和平居民，把他们送伪司法机关残害，你是经常进行吗？

答：是经常的，我谢罪。

问：在一九四四年五月进行所谓"大搜查"时，你命令过所属警察大批抓捕过我国和平居民吗？

答：是，命令过。

审判长：传证人石宝华到庭。

问：你是石宝华吗？

答：是，我是石宝华。

审判员：石宝华，你把你所知道的柏叶勇一在伪抚顺市任警务处长和警察局长期间，命令所属警察抓捕中国和平居民的事讲一讲。

石宝华：我从一九四三年的五月到一九四五年八月，在伪抚顺地方检察厅当检察官，因此我知道伪抚顺市警务处长柏叶勇一，就是他（以手指着被告人）指挥命令所属全市警察抓捕我国人民的罪行。

伪抚顺市警务处长柏叶勇一任伪职期间，在抚顺市积极执行迫害中国人民的"保安矫正法"、"经济统制法"等法令。同时指挥命令其所属全市警察，大批抓捕我国和平居民和被俘人员，然后严刑拷打和关押。

在一九四三年末（十二月下旬），柏叶勇一亲自布置进行年末大搜查，指挥命令其所属的全市警察在全抚顺市各市场、各人群聚集的地方、各街头、公共场所、车站进行盘查抓捕。所抓捕的人都是失业的工人、农民、商人等，以及他们认为一切可疑的人，或正是因为被他们压榨而失业的人。他们把这些人叫做浮浪者。有一天过午的时候，我看见在抚顺市欢乐园千金市场周围的各胡同口都布置有便衣和武装警察封锁街头，很凶恶地进行搜捕。比如说，他擒住一个人就用枪威胁着说："你干什么的？拿的什么东西？偷的吗？你不知道拿这些东西犯罪吗？"不管被问的人怎样回答，只要他们认为是形迹可疑的人，说一声不是好人，当时就连踢带打抓捕起来，最终押送到警务处去。与此同时，在抚顺市各矿区抓捕他们认为想要逃跑的被强迫服劳役的被俘人员。他们把强迫服劳役的被俘人员称为特殊工人。在这次年末大搜查被抓捕的我国和平居民三百余人。

一九四四年五月间，柏叶勇一指挥命令其所属全市警察在抚顺市进行大搜查，抓捕我国和平居民及被俘人员。在这次被抓捕的人有商贩，有街头摊贩，也有从农村来的人，还有从外地来抚顺市办事的人。也有开豆腐房和在街头上卖豆腐的人，有失业工人以及各矿区被强迫服劳役的被俘人员。在这次抓捕的人有七百多人，当时在警务处的拘留所里、院子、礼堂及周围的街头上都押满了被抓来的人。

柏叶勇一每年多次指挥命令所属警察抓捕我国和平居民及被俘人员；有时几十人，有时三四百人，最多到七百多人。柏叶勇一在每次抓捕的时候，在将他所属的警察布置完了之后，有时候他就骑着马跑到街上，横冲直闯地进行指挥。

自一九四三年末到一九四四年十一月柏叶勇一离职，在这将近一年的时间里，他多次指挥命令全市警察所抓捕的我国和平居民及被俘人员当中经刑讯后，以所谓触犯"保安矫正法"的罪名押送检察厅，经伪检察厅转交抚顺矫正辅导院被强迫服劳役的人计达二百四十多人，其中有一半以上是被俘人员。

这些人被押送到矫正辅导院以后，是在极端恶劣的环境中被强迫服劳役，吃不饱，穿不暖。在打骂的情况下，在做完重体力劳动之后，还在跳蚤、臭虫吃人的房间里睡觉。由于环境恶劣，有病又得不到治疗而死亡的人很多。死了之后，都扔在新屯的南山啦。因为被押在矫正辅导院的我国和平居民及被俘人员不能忍受这样残酷的奴役和虐待，而在一九四四年十二月间要想逃跑，柏叶勇一就命令警察将被关押在矫正辅导院的我国和平居民及被俘人员又抓去七八十人，经刑讯以后押送到伪检察厅起诉到伪法院判了徒刑。其余的人，都送回矫正辅导院强迫劳役。

从一九四三年五月我到伪抚顺地方检察厅以后，到一九四四年十一月柏叶勇一离职，在这个期间里，柏叶勇一多次指挥命令所属警察抓捕的中国人民经严刑拷打逼供以后，以所谓经济犯、国事犯、思想犯等罪名，押送伪检察厅的有张仁海、徐庆春等一千七百多人，其中由检察厅向法院起诉的占95%，由法院判处了罚金、有期和无期徒刑。因此，造成很多人妻离子散、家败人亡。

据由警务处以所谓经济犯的罪名押送检察厅的徐庆春等人向我讲，警务处所抓捕的我国和平居民及被俘人员，在审讯时都受到了严刑拷打。残酷的刑罚有上大挂、灌凉水、过电、香火烧、烟头烧、用手指夹钢笔杆，还有的警察用手掐被捕人的大脖子等。徐庆春说，他在警务处拘留所被押时亲眼看到有一人被严刑拷打，死在拘留所里。还有一个在抚顺大官屯，是个卖破烂的，姓姚。被警务处押去之后，活活地用灌凉水给灌死。由于警务处对在审讯的时候严刑拷打，造成死亡和残废的人很多。

以上这些事实，有的是我在执行伪抚顺地方检察官职务的时候知道的，有的是我亲眼看见的，都是伪抚顺警务处长柏叶勇一在任职期间指挥命令全市警察抓捕和迫害中国人民的罪行。

他是指挥者、命令者，他在中国人民的身上犯有严重的罪行。

问：柏叶勇一，你对石宝华刚才所讲的还有什么话要说？

答：我没有什么可讲的，正如石宝华刚才所讲的，也就是他把我做的事情照着原样给讲出来了。我使得很多的中国人民遭受了灾难，我谢罪。

问：你对这些被抓捕的和平居民怎样处理了？

答：这些都是我命令部下对这些人进行拷打，用尽了各种办法，像过电、殴打、灌凉水、压杠子等方法，并且将他们送交给伪抚顺市检察厅，这些人遭受了残酷的虐待。我谢罪。

问：有关这一事实的被害人和被害人亲属的控诉书及证人的证词都在侦查卷中，你看过了吗？

答：是，全部给我看了，没有错误。我底（的）确给各位被害者先生带来了数不尽的灾难。我谢罪。

问：你都签字了吗？

答：是，全都签字了。

审判长：现在宣布休庭（一九五六年七月九日下午六时三十五分）。

把被告人柏叶勇一还押。

证人回到休息室去休息。

明天上午八时继续开庭。

一九五六年七月十日上午八时继续开庭。

书记员让值庭员提被告人柏叶勇一到庭。

审判长、审判员入庭。

辩护人毛文明：审判长，在法庭开始调查以前，我想有一个情况提请注意，就是被告人的年纪大、身体不好，必要时法庭是否可以让他坐下？

审判长：可以，值庭员给被告人放个凳子。

审判长：现在继续由杨审判员讯问。

问：柏叶勇一，你在任伪抚顺市警务处长、警察局长期间，对被迫在煤矿劳动的中国被俘人员，是怎样进行镇压、杀害的？

答：我对被俘人员在抚顺煤矿使用了极其残酷的办法加以虐待。在抚顺煤矿被俘人员进行斗争的时候或提出什么要求的时候，我认为不像话，我自己想，他们被俘时本应被杀掉的，现在救了他们的命，在这个煤矿做工，他们就应该在这里好好工作，就应该服从一切。正因为我有这样的想法，因此，我就派了部下特务混进到被俘人员当中去刺探被俘人员的活动，对于有不守法的就带到警察局加以各种刑讯。当根据抚顺煤矿的规定报告被俘人员有了各种斗争、要求和怠工的时候，我就把他们带到警察局来加以各种拷问，有的受到严重的刑讯。等到四三年的十月，在煤矿的劳务科的地下室，设立了拘留所。犯人关在这里进行各种虐待，其中有的人被虐待致死，也有被杀害的。一九四三年后成立了矫正辅导院，我通过地方检察厅送往矫正辅导院的也很多，况且那个院长（矫正辅导院院长）也像我一样是个杀人鬼。也用各种残酷的手段来拷问，因此有好多因拷问致死的，也有被杀害的。我就用这样极其残酷的虐待来对待被俘人员，我谢罪。在这个中间，名字我是不记得了。曾经命令过密山司法科长杀害了二名大尉、三名中尉、二名下士官，一共七名。而且把高林投到浑河里淹死了。我就作了这些残酷的事情，我谢罪。

审判长：传证人王义侠入庭。

问：你是王义侠吗？

答：是，我叫王义侠。

问：王义侠，你知道被告人柏叶勇一在任伪抚顺市警务处长、警察局长期间，抓捕、囚禁、杀害中国被俘人员的事实吗？

答：知道一部分。

审判员杨显之：那你讲一讲吧。

证人王义侠：我从前是抗日游击队战士，在一九四〇年十月在河北省献县被日本军俘虏。一九四一年一月将我们三百多人押送到抚顺，其中我们四十多人被送到抚顺轻金属厂作劳工，那里已有三百多个被俘人员。日本人把我们被俘人员叫作特殊工人，每天强迫我们一天到晚搬运矿石、抬铁水等重要工作。还不给吃饱，冬天我们住的穿的也不暖，有病还不给治疗。抚顺市警务处处长柏叶勇一，他（证人指着被告人柏叶勇一说）！还命令他的警察，经常抓捕我们特殊工人。一九四二年三月，在抚顺市轻金属工厂工人宿舍，抓捕了我和高林、边起和等七个人，押在警务处拘留所里。在那里我还看见有三十多个被俘人员，是由龙凤、老虎台、露天等煤矿当天抓来的。这天晚上提我过堂，问我为什么不好好干活，是不是想逃跑，紧接着就用胶皮鞭子和镐把打我。打得我满身都是伤，我就昏过去了。以后又把电匣子上边的两根铜丝绑在我大拇手指上，警察用力一摇，我满身都麻木了，心里也闹的很，就昏过去了。这样过了我三堂，折腾得我死去活来，不但我受到这样的刑讯，其余的人也是同样受到这些毒刑，还有比我重的。如在关押我们的第五天晚上，从拘留所里提出我和高林、边起和等六名，用布将眼睛蒙上，用汽车把我们拉到抚顺市九町目北浑河边上。把我们眼睛打开，叫我们五个人看着，将高林带到水边。我没有听到日本人问他什么，高林大声喊着说："要杀就杀，要毙就给个痛快的。"这时日本人怕他喊，不知道将他嘴里塞上了什么东西，就按在水里浸。浸了一次就拉起来，再按下去浸。就这样接连着几次，就把高林活活淹死了，他把尸体扔在浑河里。还有边起和，不但遭受到拷打、过电、灌凉水，还将他送到狗圈里叫狗咬。当他回到拘留所时，他的衣服都被扯烂了，满身是血。在咬后的第三天就死了，死在拘留所里了。以后把我送到轻金属厂强迫做苦工，并且威吓我说："你回去好好干活，不要说他们两个人的死，如不然和他们两人一样的处死。"其余的人有的送到监狱，有的也送回轻金属厂去。一九四三年八月十六日的早晨，在抚顺市朴屯工房子，我还没有醒，有警察将我的门砸开，闯进四个人，都拿着手枪，按在我胸口上，这时由后窗户又蹦进来两个人，上炕就把我捆起来，带到抚顺市警务处押在拘留所里。有日本人亲自提我过堂，强迫我承认是反满抗日，并问我有过什么活动，我说不知道，他们就用胶皮鞭子打我，还给我过电和灌凉水。又有一次，将我带到地下室（是个特设刑讯室）过堂，当我走到门口的时候，后面的警察上边给我一拳下边就是一脚，将我打倒在门里，见里边坐着一个鬼子，一边放着胶皮鞭子、镐把、棒子、绳子，一边放着一个炭火盆，上边烧着一些通红的铁条，还有手指粗的香点着放了一堆；在一个拐角上还放着一个床，是一头高一头低，低的那头还有一个胶皮管接在自来水管子上，这是为了灌凉水特设的床。这时日本鬼子叫我承认是反满抗日，我不承认，他就把我上衣服扒光，把12支粗香绑在一个薄竹板上，然后就绑在我的后背。这样，烤的我又痛又痒。我就一动，就烧得肉皮"吱啦"响，将这个地方烧起了泡。随后，还用竹针刺我的指甲，一连将我两手6个手指头都刺上竹针，疼的我两眼就像冒出来一样，双脚直跺。好像扎到我心上一般，我就痛得昏过去了。有一次，他们给我上大挂，用一个小皮带将我两个大拇手指和手腕绑起来，再用绳子吊起，使我的两脚离地一二尺高。一边还站着一个警察，拿着藤棒子打我，这样的连悠带打，疼得我昏过去了。结果，把我两只胳膊吊脱节了，押回拘留所后，是我一起被押的一个老头给我端上的。我趴在地上去用嘴啃，这样使得我吃饭两年不能拿碗。这还不算，他们还用惨无人道的穿心杠子压我，是用碗口一样粗的四根木棒子，二根一头绑在一起。把我按倒在地上，用二根夹在胸部，用二根夹在腿上，一边上去一个人压，我还是不承认时，他们又在上边搭上一根横木棒，再站上去两个人压。这时他们4个人，将我压得胸部骨头直响，疼的我两眼直冒火光，鼻子流血，我昏过去了。他们这些野兽当我死过去的时候，他们还用烧红的铁棍烙我的脚，烙出了一个洞，到现在我的右脚上下还都有疤。他们还对我使用灭绝人性的刑罚，就是用猪鬃探我的小便尿道。他把猪鬃插到我的小便尿道里头，那么使劲一拧，痛的我浑身在哆嗦，疼的我小便直流血，我昏过去了。用这样刑，审过我四次，每次都是探到小便直流血，疼的我死过去。以后把我押在拘留所，我小便疼的小便不下去。我小便的时候，头顶着墙，我每小便一次就等于死一次。他们用以上这些刑罚过了我六十多次堂，我始终没有承认什么。有一天他拿一个本子，强拉着我的手，在上边摁了一个手印。以后将我送到伪抚顺地方检察厅，又在那里过了一堂。以后押送伪奉天高等检察厅，起诉伪高等法院，将我判了十五年徒刑，便将我押回抚顺监狱第二新生队，地址就是现在的石油一厂，强迫劳动，抬铁、抬石头、装卸火车等重体力劳动，还不给吃饱，一直到"八一五"我才被解放出来。另外，在一九四四年五月警察又抓捕了张鹏云、李超、刘双顺等九十多名被俘人员，带到警务处经过严刑讯问后，将张鹏云、李超分别押到矫正辅导院，将刘双顺送在监狱第二新生队和我押在一起。以上是我亲身遭受到的，亲眼看到的伪抚顺市警务处处长柏叶勇一，他（指着被告人）！你命令你的部下，命令指挥抓捕、杀害我们被俘人员的滔天罪行。柏叶勇一，我问你：你为什么要杀我们手无寸铁的被俘人员？你犯下滔天罪行，是人类不能允许的。你这杀人的野兽、强盗，我今天吃了你的心、喝了你的血，也不能解我心中之恨！我要求法庭，给死者报仇，给生者申冤，依法惩办这些杀人的凶犯。

问：柏叶勇一，你对证人王义侠所讲的还有什么话要说？

答：没什么说的，我的确是鬼，犯下了比鬼还厉害的罪行。对王义侠先生及其他先生加以残酷地拷问，使他们受到痛苦。我现在在这里被王义侠先生杀掉了，也没有什么话可说。我是个应该被杀掉的鬼，我没什么可说的，我只有谢罪。我干了极其残酷的事，我谢罪。我做了以上所说的坏事，我谢罪。我今后即使怎样来谢罪，也是谢不完了。即使处我死刑，我也会心悦诚服地接受，我谢罪。

审判长：证人王义侠到证人休息座位上去。

审判长：传证人董兴言入庭。

审判长：被告人可以坐下（被告人未坐）。

问：你叫什么名字？

答：董兴言。

问：董兴言，你知道被告人柏叶勇一任伪抚顺警务处长、警察局长期间，抓捕、囚禁、杀害中国被俘人员的事实吗？

答：我知道一部分。

审判员杨显之：你讲一讲吧。

证人董兴言：我从前在抗日军队，在河南省被日本鬼子所俘后，到一九四二年就把我们三百多人押送到东北抚顺煤矿当劳工。到这以后，给我们起名叫特殊工人，强迫我们下井给他们挖十四小时的煤炭，给我们吃的是橡子面和发霉的棒子面，这些不能吃的东西还不给我们吃饱，拿着我们被俘人员当牛马使唤，不但是这样虐待我们，在抚顺警务处处长柏叶勇一领导下的警察还经常去抓我们，据我知道就抓了三次，有的在房子里抓的，有的在矿区道上抓的。第一次在一九四三年三月有一天晚上，就抓去六个人，有李占玖、陈有财和老钱等四人，把他们四个人给杀害了。把张庆泽和陈铎他两人押了很长时间以后送辅导院，一直到现在还没有回来。在第二次一九四三年八月抓去七个人，其中有我和杨振清、朱鹏飞等七个人带到警务处，就把我们衣服给扒去。他问我们到哪开会去了，我说我不知道，用胶皮鞭子往身上打，打的身上青一块、紫一块。打完以后，身上直流血，就把我们绑在凳子上，仰面朝上，灌凉水，灌的鼻子和嘴不能喘气。灌完凉水以后，又把我们送到狗圈里直不起腰来，就得弯着腰站着，叫狼狗咬得浑身都是血，把我的衣服都给撕烂了，身上现在还有疤。把我们咬完了从狗圈里放出来，又把我们押到警务处，押了有三四天，就把我们五个人放回煤矿去了。放回去的时候他们说："你们回去好好上班，如果不好好上班，还要把你们抓回来。"第三次在一九四四年四月抓去十六个人，有梁振基、朱连芝、杨成印、朱元德等十六个人。把他们带到警务处里押了十几天，经过严刑拷打以后，放回十个人，到了我们工房子一看，他们的身上都成了血人啦，衣服都烂了，有5个人躺在炕上昏迷不醒。我们问他们："你们的身上怎么啦？"他们说："这都是在警务处叫鞭子打的，送到狗圈里叫狗咬的。"他们说："还给我们灌凉水，给我们过电。"完了我们又问他们："六个人哪里去了？"他们说："把我们绑那天送到司令部的时候，就把梁振基打死在那个地方了，把那五个人送矫正辅导院了。送辅导院那五个人有杨成印、朱元德，直到如今也没有回来。"以上我说这些，都是我亲身受到的，也是我亲眼看见的。这是由抚顺警务处长柏叶勇一，命令警察抓我们被俘人员。柏叶勇一！就是你（证人指着被告人激愤地说），你这杀人的凶犯，命令警察抓捕我们送去叫狗咬我们。你看看叫狗咬的，我腿到现在还有疤（证人把裤子卷起来让被告人看）！你这杀人的野兽！你给我灌凉水，用胶皮鞭子打我，你为什么杀我们被俘人员？陈有财和老钱等4个人，都被你们杀害了。你这杀人的强盗、野兽！你是什么东西！你说，你为什么随便杀害我们被俘人员，你杀了我们多少被俘人员？我抽了你的筋！你这日本帝国主义的杀人强盗，我今天剥了你的皮也不能解我心中之恨！我要求法庭，对这杀人的强盗严加惩办！

问：柏叶勇一，对董兴言所讲的你有什么话要说？

答：没有什么讲的，我使得抗日爱国者董兴言先生遭受了痛苦，并杀害了很多其他的人，或也有的被送到辅导院他们没有回来，我想是被杀害了，我谢罪，我惭愧极了。即使在这儿打死我，我也没什么可讲的，如我刚才所讲的那样，如把我打死，我也没有话说的。刚才我也讲过，我是应该被处死刑的，处我死刑，也会高兴的接受。我谢罪。

问：根据被害人王义侠、董兴言的到庭控诉作证和证人肖有连、牛德义、迟德发、赵金祥、徐殿才、赵明举、夏庆山等的证词，自一九四一年到一九四四年十月共抓捕三百余人其中五人被杀害，三十余人被送伪司法机关和矫正辅导院，六十余人没有下落。有关这一事实的控诉书、证词都在侦查卷中，你看过了吗？

答：看过。

问：你在上面签了字吗？

答：签字了，这些都是事实，没有错误，都是我干的，我谢罪。

问：你对事实调查部分还有什么要说的？

答：没什么讲的，我使这样多的人陷入了饥饿和贫困，使他们遭受了言语不能形容的痛苦，我谢罪。正如证人所讲的那样，极其残酷的，我做的这些事情，甚至超过鬼兽所做的事情，即使鬼也不能做这些事情。因此，使他们至今仍陷于苦难之中，杀了很多人，使这些人永远也不能复活，当我每想起他们的家属陷入多大苦难的境地，而他们是都想要千刀万剐我。如果我不犯了这些罪，这些人就有可能参加人民解放军，而且立功。这些人可能在现在发展中的中国里，在各方面活动，为社会人类贡献。当我想到这些事情的时候，我真不知如何来谢罪。我深深知道自己干的是错误的事情，我谢罪，我实在惭愧。

（中华人民共和国最高人民法院档案馆馆藏档案，档案号[56]特军字四号副卷7号，第193—211页）

（12）奉天日本宪兵队案（节录）

一九五六年七月七日下午四时二十五分继续开庭。

书记员让值庭员提被告人小林喜一到庭。

书记员让值庭员请审判长、审判员入庭。

审判长：继续开庭，小林喜一到前面来。

问：你是小林喜一吗？

答：是，我是小林喜一。

审判长：现在由本庭审判员军法上校王许生讯问。

审判员：小林喜一，你在日本帝国主义侵略中国的战争期间，曾担任过哪些职务？

答：……后来，又从一九四二年二月十二日起担任了奉天日本宪兵分队分队长，从一九四三年十一月二十七日到一九四五年四月十六日担任了日本奉天宪兵队本部战务课课长。

……

审判员王许生：小林喜一，根据昭和十九年，奉天日本宪兵队档案"状况报告"的记载，你在一九四三年十一月至一九四四年八月，曾以奉天日本宪兵队战务课长身份，命令抓捕我国抗日人员及和平居民五十五人，这一记载属实吗？

答：是的没有错，一九四三年十一月末，我任奉天本部战务课长，当时我以为奉天是抗日救国组织的中心地，必须彻底破坏，因此亲自做了计划，并且也以此命令了战务课的部下，又直接指示命令了各个分队长。保卫祖国，保卫民族，这是完全应该的事情，而我破坏了这些人们的组织，进行了镇压。我完全是想以统治中国来使自己升官发财的一个真正的侵略者的姿态支持了日本的侵略。

一九四三年十一月，最初干的事情就是由抚顺分队向我报告在抚顺煤矿，正逼使奴役一些被俘人员进行劳动，这是违反国际法的。分队还报告说，煤矿里头有二百余人企图逃跑，对此既然有那样计划，必须把其领导人逮捕起来，不然就不能够不使那些俘虏不逃跑，就不能进行奴役。就这样，命令了抚顺分队将其中的二十名抓起来了，对他们进行殴打、灌凉水、脚踢、上大挂等一切毒辣手段来加以刑讯，并把他们全部送伪检察厅判处了徒刑、劳役，就这样使那些人们和他们的家族们受到了苦难，这是第一个事情。

问：根据被害人克安万的控诉，在一九四五年二月，奉天日本宪兵队在奉天第三国民高等学校抓捕了学生三十余人，这一个事情是你指挥部下干的吗？

答：是的，我像刚才所讲的，抚顺分队接着又在奉天把中国青年的抗日军和从关里来的抗日人员，经过数次抓捕了一百二十一人，对他们用尽一切残酷方法进行了拷打，并将其中六十余人送到伪法院，把二十名判处无期或有期徒刑的重刑。就这样的对他们进行迫害，我夺取了他们家族的幸福生活和中国的发展。我接着又在一九四四年七月正当"七七"和"九一八"事变纪念日的时候，中国人民在反抗日本帝国主义的侵略，这种斗争是完全应该的，我看到当时进行斗争的传单以后，我就判断有奉天的学生为中心的抗日组织，这样我就命令部下进行搜查。以后我就接到了说是在第三国民学校的学生中有复华党，这一抗日救国组织的报告，一心在想着要破坏中国的抗日组织和屠杀中国人民的我，就认为一定是有这个组织，我就对此进行彻底地逮捕，我就定出这样计划，命令了部下进行，我对此采取了卑鄙的方法，宪兵的极为卑鄙的方法，对学生当中的一人进行威胁，使他背叛了民族，像这样，在进行的过程当中我采取了这个毒辣不能容许的方法，就逐渐地弄清楚了。后来，就在一九四四年二月，宪兵本身捏造了在第三国民高等学校及其他学校中有三十六个爱国学生组成了这一组织。因此我就决定要对此进行破坏和镇压。

问：在这些被抓捕的爱国人士当中，有五人被送司法机关判刑了吗？

答：对的这是事实。在二月中旬，就把这三十六名加以逮捕了，在逮捕中有个学生进行了斗争，这是应该的，当时就被宪兵枪杀了。我就是这样子，干下了残暴的事情。在一个地方于午前三点夜间就像强盗似的，宪兵从房顶钻进去，把这三十六个青年抓来之后，在很冷的天，把他们全部关在一间很小的拘留所里，用凉水灌、上大挂、殴打、脚踢，或给吊在梁上。在二月冷天里剥光衣服冻，对妇女也是如此，不给吃的，不给喝的，就这样我这恶鬼对他们进行了人所不能干出来的拷打刑讯。以后把其中五人送到伪奉天检察厅判了无期徒刑、二十年徒刑，其中一人由于监所进行的残酷非人道的拷打，身体衰弱而死在监狱中，其他的人也因受刑关系，健康也都受到了很大的影响，身体也都衰弱了，使他们的家属也遭到了灾难，被剥夺了幸福，破坏了这些青年的正义的抗日斗争，破坏了人民的和平生活，这些都是我干的事情。

问：对事实调查部分，你还有什么要说的？

答：我作为一个最凶恶的宪兵干部侵入到中国，对中国人民犯下了滔天罪行，这一些仅仅是我罪行的一部分，另外我在司令部任职的五年期间里，我自己或者指示部下，不知道逮捕了多少和迫害了难以计数的中国抗日救国的爱国人民和过着和平生活的人们，不知有几万人，而且我用尽一切残酷的刑讯拷打，像我刚才说那样接连不断地加以残杀了，特别我干了不可饶恕的是，把人活生生地送到医院作解剖实验，在沈阳把爱国活动的人们送到哈尔滨石井部队作为细菌效能实验给残杀了，这是在人道上，在国际上都是绝对不能容许的事情。

……

（中华人民共和国最高人民法院档案馆馆藏档案，档案号[56]特军字四号副卷7号，第76、90—94页）

（13）伪奉天省警察特务案（节录）

一九五六年七月九日上午十时十五分。

书记员让值庭员提被告人三宅秀也到庭。

书记员让值庭员请审判长、审判员入庭。

审判长：现在继续开庭。

审判长：被告人三宅秀也到前面来。

审判长：现在由本庭审判员杨显之讯问。

……

问：你任伪满洲国奉天省警务厅长兼地方保安局长是从什么时间到什么时间？

答：在从一九四四年七月一日至一九四五年八月十五日。

问：你在任伪奉天省警务厅长时，怎样策划和命令所属特务警察镇压抗日救国活动，抓捕残害抗日救国人员的？

答：我在任伪奉天省警务厅长时，认识到伪奉天省是个工业最重的一个地点。为了推行帝国主义侵略战争，绝对要维持奉天省的工业生产的。因此，为了确保这种工业的生产，必须将治安维持工作列为重点，来运用警察行政业务。因此，我把工作的重点放在伪奉天省的奉天市、营口、抚顺，以及沿铁路的市和县上来进行的，以防卫为重点去进行指导的。同时，以彻底扑灭以国民党为中心的抗日救国活动的组织，来确保治安的目的。我把特务和地方保安局的力量很好地团结在一起，实施了各项工作。在我到任以前，检举国民党的工作已经在伪警务总局的领导上实施了。到了我到任的七月的时候，这工作已经基本上结束了。这个工作的名称叫"桃园工作"，但在这个工作当中并没有逮捕到国民党的领导者罗青森、张宝慈等先生。因此，我对在"桃园工作"所逮捕来的人加以刑讯。根据被逮捕人的口供和从查获的文件中所得到的材料，以彻底地抓捕国民党党员、破坏抗日组织为目的，又继续进行了侦查和逮捕工作。

问：你在此期间为了残害抓捕抗日救国人员，也曾经召集过会议吗？

答：有过，曾召开过伪警察厅警察局长和各市县警务科长会议，并召集了伪市长特务科长会议。

问：你在一九四五年五月召开特务科长、股长会议，在这个会议上部署了些什么事情，你讲一讲。

答：一九四五年五月的伪奉天省各市县特务科长、股长会议，是在前伪警务总局召开的。在这个会议上传达了：以伪总务局在全国各省特务科长、股长会议上指示为基础，规定了伪奉天省警务厅该年度特务警察的工作方针。同时也讨论了大逮捕国民党的准备工作，并作了必要的指示。

问：在一九四五年五月，由于你的布置和命令，你的所属警察在沈阳、鞍山、本溪、辽阳、铁岭、盖平、营口等地一次抓捕中国抗日救国人员三百二十余人，并加以残酷的刑讯。这一事实有被害人的控诉书、证人证词，这些文件都在侦查卷中，你看过吗？

答：我看到了，并用日本语念给听了。

问：你在这上面签了字吗？

答：我都签字了。

问：你承认他们控诉的是事实吗？

答：我承认这是事实。

审判长：提证人前渊秀宪入庭。

问：你叫什么名字？

答：我的名字叫前渊秀宪。

审判员：前渊秀宪，你把被告人三宅秀也策划命令抓捕镇压中国人民的事实讲一讲。

答：三宅秀也在一九四四年七月至一九四五年八月十五日期间，任伪奉天省警务厅长兼奉天省地方保安局长期间，我是三宅秀也的部下，担任了伪奉天省盖平县警务科特务股长职务。三宅秀也在这一期间曾两次指挥命令部下逮捕和迫害中国爱国者的事实，证明如下：在一九四四年七月至一九四五年四月期间，三宅秀也以奉天省伪警务厅长兼奉天省地方保安局长的身份，指挥命令伪奉天省所管辖的各县市警察官，根据所谓"桃园工作"所逮捕的于家麟、李袗人、门文东等约三百余名中国爱国者实行了监禁拷问。并且还派伪奉天省特务科长今岛寿吉、该科科副森警清净，到现场督促鼓励拷问。在一九四四年九月，三宅秀也在伪奉天市朝日区杨武街兴亚垫召开了伪奉天省所属各市县的特务科股和特务科长、股长会议，我也参加了这个会议。三宅秀也在这个会议上指示说，随着太平洋战局的变迁，要加强镇压中国爱国者。然后，由伪奉天省特务科长今岛寿吉和各市县的特务科股长报告了对"桃园事件"中所逮捕来的中国人民的审讯情况。最后，三宅秀也又命令叫继续彻底地审讯。在这事件中抓捕的中国人民的人数计在伪奉天市约三十名、本溪市约一百名、营口市约一百名，在伪盖平县约六十名、海城县约十名，总的约三百余名。对他们以毒打、灌凉水、过电等所有的方法进行了拷打和虐待。后来，我到伪奉天省警务厅联系工作的时候，从特务科长今岛寿吉那里和其他特务科股那里听说，其中将奉天市的约三十名、营口市约五十名、本溪市约五十名、盖平县约五十名、海城县二名，共一百六十名，其中包括于家麟、李衿人、门文东等，送交到伪奉天省高等检察厅进行了迫害。三宅秀也以伪奉天省警务厅长兼伪奉天地方保安局长的身份，在一九四四年十二月上旬，让伪奉天省特务科长今岛寿吉在伪奉天市朝日区杨武街兴亚垫召集所管辖下的各市县的特务科股长会议，我也参加了这个会议。三宅秀也在这个会议上指示说，命令在各市县要分别组成一个或两个特别搜查班。从一九四五年一月，这个搜查班开始了活动，在同年四月得到了在东北的中国爱国者名簿。其后，三宅秀也派遣了伪奉天特务科长今岛寿吉到满洲国警务局，在全伪满各省特务科长会议上将这个名簿发表了。另外，伪奉天省特务课又分别召集伪奉天省市县的特务科长布置了按照中国爱国者名簿进行抓捕的任务。

其结果，仅在伪奉天省管区内就抓捕了冯某、裴某等三百二十余名中国爱国者，进行毒打、灌凉水、过电等一切严刑拷打和虐待迫害。后来，将其中一部分人送到伪奉天高等检察厅进行了迫害。对其余的人继续进行审讯，一直到"八一五"。

上述事件，因我是三宅秀也的部下，在伪奉天省盖平县警务科任特务股长时，受三宅秀也的指挥命令而直接参加执行了的罪行。以上我的证明完了。

审判员：三宅秀也，你对证人所讲的你还有什么话说？

答：证言全部是事实，另外有一个关于"桃园工作"结束的时期，我想问一问证人。

审判员：你问吧。

三宅秀也：我向证人打听一下"桃园工作"结束的日期，根据你的记忆是在什么时候？

证人前渊秀宪：关于"桃园工作"结束的时期我讲一下，是在一九四五年的四月。如以上我所讲的，在第二个事件开始的时候，这个"桃园事件"就已经结束了。也就是说，自四月开始了"晓"事件，开始抓捕中国人民的时候，"桃园工作"就结束了。

三宅秀也：根据我的记忆，"桃园工作"的结束时间不是一九四五年四月，而是在一九四四年七月结束的。关于这个事情，我是根据伪奉天省警务厅特务科长今岛寿吉的报告所知道的。除去这一点与证人的证言有出入外，其他的全部是事实。

审判员：前渊秀宪，对这一点你还有什么说的没有？

前渊秀宪：刚才三宅秀也说，他是在一九四四年的七月他受到今岛寿吉的报告，"桃园事件"结束的日期是在七月。但我记得，"桃园事件"一直继续到一九四四年的九月。我是直接参加执行了这个事件的。同时，将被抓捕在送往伪奉天高等检察厅的日期，我记得是在一九四四年十二月下旬。因而，我记得"桃园工作"在一九四四年七月并没有结束。

审判长：现在休庭。

……

一九五六年七月九日下午三时继续开庭。

检察员李放：审判长，我有一个问题需要说明一下。上午证人前渊秀宪所证"桃园事件"结束时间问题，根据侦查中查明证人所讲的是审讯结束时间，被告人供的是逮捕结束时间。我认为并没有矛盾，因此证人的证词是真实的。

审判长：现在继续讯问。

问：三宅秀也，你在任伪北安、奉天省警务厅厅长期间，你曾强征中国居民充当劳工和抓捕和平居民押送矫正辅导院吗？

答：是，我在伪北安省和奉天省的警务厅厅长任内，强征了很多中国人民，使他们从事很苦的劳役。同时，也根据所谓"保安矫正法"抓捕了很多的中国人民，使他们从事苛重的劳动。

传证人赵德馨入庭。

审判长：你叫什么名字？

答：我叫赵德馨。

审判员：赵德馨，你知道三宅秀也命令警察抓捕我国抗日人民充当劳工的事实吗？

答：我知道。

问：你就讲一讲吧。

答：一九四四年到一九四五年，我在伪奉天市大西警察署工夫市派出所担任所长。因此，我知道三宅秀也从一九四四年七月到一九四五年八月任伪奉天省警务厅长期间，曾多次命令指挥所属奉天市的警察抓捕和平居民的罪行。在此期间，仅大西警察署召集各派出所全体警察到警察署集合，由署长编队分班命令到大西派出所管辖内的旅店、公共场所、娱乐场所以及街道重要路口施行封锁进行搜查，同时所有警察，手持武器，依"保安矫正法"的名义大肆抓捕就有四次。

第一次，在一九四四年八月五日，被捕的工人有孟吉庆、赵福代、何敬仁等一百四十多名。

第二次，一九四四年十月十日，被抓捕的有侯继纯、周志有、张志良等一百六十多名。

第三次，在一九四四年十二月三十日，抓捕的居民有白广礼、齐俊等一百五十多名。

第四次，在一九四五年二月十日，在大西菜行市场抓捕的失业工人和农民有王明、唐守田等一百七十多名。

前后这四次共计抓了六百多名，抓的都是失业工人和农民。每次抓捕后，用大汽车拉到大西警察署。在审讯时有的灌凉水，有的棒打，然后送交警察局，由警察局转送到密山等地矫正辅导院强制服苦重劳役。这是我被三宅秀也命令下亲自参加抓捕的。此外，在一九四五年五月间，由大西警察署特务警察以"思想犯"的名义抓捕的和平居民，有杨继勋、王福祥等四十五名。在刑讯时，把他们绑在凉水床，前头底，后头高，用胶皮管放在嘴里，把肚子灌大了用双手推起来，然后再灌。又把他们绑在一个架子上刮肋条，把身上刮的变成紫色。有的过电，把人过昏过去后，再把人放在地上还苏，然后再过。这样刑讯后，经送检察厅又由检察厅再送到监狱。不久几天，杨继勋因受刑严重就死在监狱，这是我亲自见过的。以上我证明伪奉天省警务厅长命令指挥所属警察抓捕中国人民的罪行，三宅秀也他要负主要责任。

审判员：三宅秀也，你承认证人所讲的事实吗？

答：我承认，全部是事实。

问：在你任伪北安、奉天两省的警务厅长期间，这两省的警察在你命令之下是否都是这样做的吗？

答：我在伪北安省和奉天省两省的警务厅长任内，强征劳工是当时的重要的国策之一。而且，这样强征如果没有警务的暴力支持是不可能实现的。因此，我命令所属警察要克服困难，行使警察的权力，并严令他们，无论如何要完成分配给本省的强征的任务。特别是我就任伪奉天警务厅长时，也就是7月的时候，当时美机已轰炸了奉天市，奉天省的一部分地区已经变成了战场状态。因此，所谓强征劳工则愈趋困难，那些警察暴力就更加必要了。我就在这种情况下，严令部下要行使彻底的暴力。

问：你讲一讲，你怎样执行劳务政策和"保安矫正法"的？

答：根据刚才我所谈的方针，我曾严格地命令我的部下，有必要的时候要把街道、娱乐场所和其他方面要以警察的实力加以包围，然后进行强抓。这种情况，正如证人所谈到的情况。

问：有关你抓劳工的事实，有被害人和被害人亲属的控诉书以及证人的证词。这些文件都在侦查卷内，你都看过了没有？

答：我都看过了，同时也用日本话给我念过。

问：你在这上面都签字了没有？

答：我在上面签字了。

问：你承认这都是事实吗？

答：我承认是事实。

问：你在任北安、奉天省警务厅长期间，是怎样推行"粮谷出荷"政策和各种经济统制法令的？

答：……

另外在经济统制方面，特别是在伪奉天省，因城市多的关系，所隐藏物资的非法贩运的，或者黑市交易的囤积居奇等，各种所谓违反经济统制的情况很多。因此，我命令部下要彻底地进行统制。曾叫他们侵入到各个商店来检查账目、商品仓库，或者是随时进行一齐的检查。并根据所谓"粮谷管理法"、"农产物管理法"等等残酷的经济统制法令来逮捕和平居民，来进行严刑拷打或者罚他们大量的罚金，并把他们送到检察厅进行起诉。用这些手段，以期彻底地实施所谓经济统制法令。

审判长：传证人刘玉瑶入庭。

问：你叫刘玉瑶吗？

答：是，我叫刘玉瑶。

审判员：刘玉瑶，你知道被告人三宅秀也命令所属抓捕所谓经济犯的事实吗？

答：知道。

问：你讲一讲吧。

答：一九四四年，我在伪辽阳县警务科当警长，在拘留所担当看守的职务，所以我知道三宅秀也的一部分罪行。

在一九四四年七月到一九四五年八月，三宅秀也任伪奉天省警务厅长期间，仅辽阳县警务科拘留所就羁押过我国和平居民二千多名。我记得起名字的有孙起海、陈锦堂、沈振洲等人。这些人主要是以违反各种经济统制法令的所谓经济犯，而逮捕囚禁在拘留所内的。刑讯时，有的用胶皮鞭子打，有的灌凉水。我还记得最清楚，有一个姓高的老头，因受刑不过竟被逼自己拿筷子从肚脐子扎进去而死去。其他人经刑讯后，大部分送交辽阳检察厅，起诉法院被判罚金或徒刑。在一九四四年八月，由特务股警尉弓田从辽阳东卧房铁道旁边抓来一名五十岁左右的一个人，拘押在拘留所。当刑讯过堂的时候，被害人大声喊叫说："你把我打死没有关系，中国人有的是，将来是有人替我报仇的。"他这样说以后，日本人用残酷的刑罚将他四肢倒背绑上，将他按在地上用药棉花沾酒精点着，放在被害人的后背上。烧的满身流汗全身发抖，并烧的吱吱冒油，药棉花和酒精着完了，后背被烧成黑窟窿，就这样受刑约半个月，因受严刑拷打伤重就死去了。

在一九四五年五月，由特务股弓田从辽阳东卧房铁道旁边抓来三十多名，其中我记得有庄福纯、袁克芳、张长发、杜重华、刘云岫等，把以上这些人，主要是所谓思想犯，押在拘留所内。将他们每一个人用布口袋将头套上，编上号，昼夜过堂。把人面向上绑在前头低、后头高的凉水床上灌凉水，将肚子灌大了用脚蹬肚子，饭和水都蹬出来了。就这样来回灌了多次以后，从凉水床上放开时，被害人起不来，还用胶皮鞭子打，打的全身变成紫色。一连刑讯了一个月，将那三十多人送交辽阳检察厅去了。这都是三宅秀也任伪奉天省警务厅长时，命令指挥辽阳县警务科抓捕和残酷迫害中国人民的罪行。

问：三宅秀也，证人刘玉瑶所讲的你还有什么话说？

答：没有什么可说的，完全是事实。

……

（中华人民共和国最高人民法院档案馆馆藏档案，档案号[56]特军字四号副卷7号，第155—176页）

## 3. 关于日军遗留武器造成辽宁省人口伤亡和财产损失专题调研报告资料

（1）关于陈景德被日军遗留化学武器伤害事件的结案报告

一、受害人自然情况

经查，受害人陈景德，男，1922年12月7日出生，籍贯为山东省新奉市，汉族，文盲，现住沈阳市和平区北四经街1号1-1-3。

二、线索来源

2000年8月15日，沈阳市公安局和平公安分局在区民政局走访了解相关情况时，获得陈被日军遗留化学武器伤害事件线索。之后，由分局秘书科李蔷副科长等人展开调查取证工作。

三、事件经过

陈景德于1940年从山东来到奉天（沈阳），靠给日本兵搬运化学武器库挣钱为生，当时居住的地点系日军化学武器库（即日本滨崎株式会社）临屋。1945年日本投降后，此库房处于无人管理，内存化学武器随处乱放，下雨造成室内积水，库内化学武器长期浸泡在水中，积水浸湿了紧邻此库外墙搭建的陈景德等十几户居民简易民宅的墙壁。1945年8月，陈发现自己四肢抽搐，大小便不能自理，无法行走，曾去过医院未查出病因。后来这十几户30多人相继出现了同样的症状，较严重的达15人，陈的弟弟症状较严重，四肢不能动，终身未婚，于2005年去世。解放后，政府组织他们到中国医科大学附属第一医院进行检查仍未查出病因，后经一位中医诊治，确诊为化学药品中毒致神经麻痹。由于错过治疗的最佳时期，致使陈终身残疾（双腿无力，不能行走），由于陈不能自理，生活困难，属低保户家庭，现由区政府进行救济。

四、调查结论

市局课题办会同和平分局课题办多次到陈的家中走访调查，陈引领课题办同志到原为日本滨崎株式会社（现为解放军驻沈部队所用）进行了确认。根据陈的确认和陈述，陈被日军遗留化学药品毒害致残情况属实。

承办人：李蔷

2006年8月30日

（沈阳市公安局和平分局抗战损失课题调研办公室承办人李蔷出具的《结案报告》，辽宁省公安厅档案处藏档案，档案号2006年W—1—2521）

（2）金占忠、金占员被日军遗留武器炸死炸伤事件调查终结报告

金占忠，男，1945年被炸死，时年10岁，籍贯：鞍山市千山区宁远镇回族村，回族，小学文化，住同籍贯。

金占员，男，1945年被炸伤时6岁，1994年去世，籍贯：鞍山市千山区宁远镇回族村，回族，小学文化，农民，住所同籍贯。

简要经历：小学毕业在家务农。

课题调研工作人员在回族村召开老人座谈会上，杨会发（83岁）老人提供金占忠、金占员哥俩被炸死，炸伤情况。

经查，1945年光复后，金占员去飞机场捡日军遗留炸弹一枚拿回家，在屋里倒药时，不慎弄响，当场其兄金占忠被炸死，金占员左眼睛炸失明，三间房屋被炸塌，造成家破人亡。

经市局课题调研办公室讨论意见：根据中华人民共和国2004年195号文件和鞍山市2005年58号文件规定，金占员评定本1级伤残，造成直接经济损失8000元人民币，间接损失23764元人民币，合计：31764元人民币。

根据省公安厅有关规定精神，对当场已死亡的不作经济损失评估。

承办人：唐树义、冯玉学、徐杰

鞍山市公安局抗战损失课题调研办公室

2006年11月13日

（鞍山市公安局抗战损失课题调研办公室承办人唐树义、冯玉学、徐杰出具的《结案报告》，辽宁省公安厅档案处藏档案，档案号2006年W—1—2521）

（3）魏正国、魏正齐被日军遗留武器炸死炸伤调查终结报告

魏正国，男，汉族，小学文化，原籍：鞍山市千山区达道弯镇邢阳气村，1945年秋死亡，年仅14岁。

魏正齐，男，汉族，大学毕业后在鞍山师范学院从事教育工作，教授，原籍：鞍山市千山区达道弯镇邢阳气村，2003年病故。

课题调研办工作人员在走访老农民邢满昌、魏绍春等人时发现，1945年秋日军投降不久，村民魏正国去鞍山飞机场玩，在机场捡到一枚航空弹，拿回家后在摆弄中爆炸。魏正国当即被炸死，魏正齐右眼被炸失明。魏家为死伤者，操办丧事和治病出卖了一垧土地。造成了重大人身伤亡和财产损失。经调查属实。

鉴于魏正国已当场被炸身亡，故予结案。魏正齐，经市局课题调研办公室讨论意见：根据中华人民共和国民发2004年195号文件和鞍山市民发2005年58号文件的规定，评为2级伤残，造成直接和间接经济损失共计79170元人民币。

承办人：冯玉学、刘群

鞍山市公安局抗战损失课题调研办公室

2006年11月13日

（鞍山市公安局抗战损失课题调研办公室承办人冯玉学、刘群出具的《结案报告》，辽宁省公安厅档案处藏档案，档案号2006年W—1—2521）

（4）日军遗留武器造成李广信伤残事件调查结案报告

李广信，男，76岁，汉族，小学，农民，辽宁省铁岭市昌图县老四平镇金山村三组。

1945年秋（大约10月中旬）金山村三组李广仁、李广信、李淑芬玩从新乡农场二里半弹药库（原日军弹药库）捡回来的引火帽，引火帽发生爆炸，当场将李广仁炸死，李广信左手食指、拇指、中指被炸残，左眼被炸瞎。

根据被害人李广信陈述及李玉发证人证言，确认日军遗留武器造成李广信伤残。李广信伤残等级为四级。直接财产损失5000元人民币，间接损失25156.25元人民币，合计30156.25元人民币。

昌图县公安局抗战损失课题办公室同意调查人员和鉴定人员的意见，特此报告。

昌图县公安局老四平派出所民警：何银辉、刘东。

昌图县公安局

2006年11月20日

（昌图县公安局抗战损失课题调研办公室承办人何银辉、刘东出具的《结案报告》，辽宁省公安厅档案处藏档案，档案号2006年W—1—2522）

（5）李羽林、解××被日军遗留的武器炸死炸伤事件的调查终结报告

李羽林，男，21岁，鞍山市人，汉族，初中文化，学生，住鞍山市千山区东鞍山镇东西河新村。

主要简历：8岁以前儿童，8岁至17岁在小学、初中读书，18岁至20岁在村务农。21岁被炸死。

解××，男，找不到下落，无法写自然情况。

抗战课题调研办工作人员到东西河新村走访座谈时，村民苏德强、李树金介绍，1945年秋天日军投降后，在飞机场日军的枪没有缴械时，本村村民李羽林与姓解的男人（是旧堡村人）一起去飞机场捡东西，他二人在飞机场捡到一枚机关炮弹，李羽林拿起来摆弄时，解在旁边站着，结果把炮弹摆弄爆炸了，李羽林被当场炸死，解被炸掉一只胳膊。经调查属实。

根据省公安厅抗战课题调研办领导批示，对于当场死亡的人员不予定伤残，不予赔偿。

承办人：冯玉学、刘群

鞍山市公安局抗战损失课题调研办公室

2006年11月13日

（鞍山市公安局抗战损失课题调研办公室承办人冯玉学、刘群出具的《结案报告》，辽宁省公安厅档案处藏档案，档案号2006年W—1—2521）

（6）三十里堡镇山西村于锡玖被日军遗留武器炸伤致死案被害人自然情况

于锡玖，男，1898年或1899年出生，1945年10月被日军遗留武器炸伤致死，金州区三十里堡镇山西村人，农业家庭户。

简要案情

1945年10月的一天，三十里堡镇山西村村民于锡玖（时年46岁或47岁）在三十里堡镇老爷庙机场附近捡拾了一箱日军侵华投降后遗留的手榴弹。于锡玖在用手提拉手榴弹拉线时手榴弹发生爆炸，于锡玖被当场炸伤，后经三十里堡镇医院抢救无效于当天死亡。

调查经过

金州分局抗日调研办公室在开展抗日调研工作后，经向本局离退休民警宣传并广泛征集，获取此案线索。经调研人员询问本局离休民警于英仁，被害人于锡玖的女婿王喜财、二女儿王金英，三十里堡镇卫国社区出具的证明材料，证明此案的发生及所造成的严重后果真实可靠。

调查结论

依据本局离休民警于英仁，被害人于锡玖的女婿王喜财、二女儿王金英等人的证人证言以及三十里堡镇卫国社区出具的证明材料，结论如下：被害人于锡玖于1945年10月被日军遗留武器炸伤致死情况属实。

综合意见

鉴于此案已侦查完结，呈请结案。

办案人：赵刚，金州分局办公室副主任

王治贵，金州分局退休民警

2006年11月15日

（大连市公安局金州分局抗战损失课题调研办公室承办人赵刚、王治贵出具的《结案报告》，辽宁省公安厅档案处藏档案，档案号2006年W—1—2521）

（7）张世森被日军遗留武器炸死调查终结报告

张世森，男，原籍：鞍山市千山区宁远镇周孙新村，小学文化，一直务农，1945年冬死亡。

课题调研办工作人员，在走访调查村治保主任孙汉福和农民张茂连发现，1945年初冬季节，村民张世森去鞍山飞机场捡"洋捞"时，捡到一个类似铁盒带风翅的东西，在摆弄中爆炸，张当场被炸身亡，年仅33岁。

上述调查属实予以结案。

承办人：冯玉学、刘群

鞍山市公安局抗战损失课题调研办公室

2006年11月13日

（鞍山市公安局抗战损失课题调研办公室承办人冯玉学、刘群出具的《结案报告》，辽宁省公安厅档案处藏档案，档案号2006年W—1—2521）

（8）铁岭县下甸子村地雷坑爆炸事件调查结案报告

1946年3月，铁岭县腰堡镇三家子村及李千户乡柴家村14名村民到下甸子原日军仓库铁路专用线的站台上捡拾日军遗留物质。在捡拾物资过程中，村民不慎引发了爆炸，将在场的14人全部炸死，此外还炸毁了5辆马车及12匹牲口。炸死的村民有三家子村李万林、李孝师、王松林、王俊德（王胜俊）、李祥及其外孙子、李合丰、李华丰、宁宝珍、宁维明、刁恒山、刁青山的大儿子及柴家村的郭永奎、郭永新。

根据马国栋、张振亚、郭素香、代成发、潘仁的证人证言及铁岭县档案馆档案资料、铁岭县志的记载，确认日军遗留武器造成下甸子地雷坑爆炸事件。

铁岭县公安局治安大队民警：赵永纯、常胜利。

铁岭县公安局

2006年11月10日

（铁岭县公安局抗战损失课题调研办公室承办人赵永纯、常胜利出具的《结案报告》，辽宁省公安厅档案处藏档案，档案号2006年W—1—2522）

（9）薛绍信、薛绍志、苏××被日军遗留武器炸死炸伤致残事件调查终结报告

薛绍信，男，现年69岁，籍贯：鞍山市千山区东鞍山镇旧堡村，汉族，小学文化，农民。现住同籍贯。

简要经历：小学毕业后在家务农。

薛绍志，男，1946年8岁（1987年去世）籍贯：鞍山市千山区东鞍山旧堡村，汉族，小学文化，农民，现住同籍贯。

简要经历：小学毕业在家务农。

调研人员在了解解生平本人被日军遗留炸弹炸残情况时，解提供本村村民薛绍志也遭遇日军遗留武器炸伤线索。

经查，薛绍信、薛绍志，1946年4月间薛绍志等人从村外捡一枚日军遗留的炸弹，他们想取里面的炸药，结果一磕打就响了，苏××当场被炸死。薛绍信的胳膊、腿和肚子等7处被炸伤，薛绍志的右眼睛被炸失明。

经市局课题调研办公室讨论意见：根据中华人民共和国民发2004年195号文件规定和鞍民发2005年58号文件规定薛绍信评定9级伤残，造成直接经济损失2000元人民币，间接经济损失2209元人民币，合计：4209元人民币。

根据中华人民共和国民发2004年195号文件规定和鞍民发2005年58号文件规定，薛绍志应评为2级伤残，直接经济损失6000元人民币，间接损失9117元人民币，合计：15117元人民币。

苏××当场被炸身亡，根据省厅意见对当场死亡不作评估。

承办人：冯玉学、刘群、徐杰

鞍山市公安局抗战损失课题调研办公室

2006年11月13日

（鞍山市公安局抗战损失课题调研办公室承办人刘群、冯玉学、徐杰出具的《结案报告》，辽宁省公安厅档案处藏档案，档案号2006年W—1—2521）

（10）王庆盛、李玉库、尚庆海、张忠相、王庆富被日军遗留武器炸伤亡事件的调查终结报告

王庆盛，男，12岁，鞍山市人，汉族，小学文化，学生，住鞍山市千山区宁远镇张忠堡村。

主要简历：玩童，学生，12岁，被炸身亡。

李玉库，男，74岁，鞍山市人，汉族，初中文化，农民，住鞍山市宁远镇张忠堡村。

主要简历：8岁以前儿童，8—17岁，在小学、初中读书，18岁至今务农。

尚庆海，男73岁，鞍山市人，汉族，初中文化，工人，住鞍山市立山区灵山办事处，灵西委49栋48号。

主要简历：8岁以前儿童，8—17岁，在小学、初中读书，19岁至今工人退休。

张忠相，男69岁，鞍山市人，汉族，初中文化，大夫，住鞍山市市立山区深沟寺5203栋26号。

主要简历：8岁以前儿童，8—17岁，在小学、初中读书，19岁至今就医。

王庆富，男，73岁，鞍山市人，汉族，小学文化，农民，住鞍山市宁远镇张忠堡村。

主要简历：8岁以前儿童，8—14岁，在小学读书，15岁至73岁在村务农，2003年因病去世。

市公安局课题调研办公室工作人员8月22日在张忠堡召开座谈会时，村民金吉有提供，我村村民李玉库、尚庆海、张忠相、王庆富、王庆盛5人在日军撤离的飞机场捡到一枚炮弹引火帽，李玉库拿着摆弄时爆炸，炸死1人，伤4人。

经调查，1946年6月份居住在日军的飞机场附近的张忠堡村民，李玉库、尚庆海、张忠相、王庆富、王庆盛等人到飞机场放牛时捡到一枚机关炮的炮头，4个人围着看，李玉库拿着炮弹头在石头上砸时，炮弹爆炸，当场将年仅12岁的王庆盛炸死，李玉库的右手拇、食指炸掉，尚庆海的左胳膊和右大腿被炸伤，张忠相的右眼，王庆富的右眼均被炸瞎。

经市局课题调研办公室讨论意见：根据中华人民共和国2004年195号文件和鞍山市2005年58号文件规定，对李玉库评定为2级伤残，直接经济损失6000元人民币，间接经济损失9411元人民币，合计：105411元人民币。

尚庆海评定为8级伤残，直接经济损失2000元人民币，间接经济损失33137

元人民币,合计:35137元人民币。

张忠相,评定为2级伤残,直接经济损失7000元人民币,间接经济损失99411元人民币,合计:106411元人民币。

王庆富,评定为2级伤残,直接经济损失6000元人民币,间接经济损失39171元人民币,合计:75171元人民币。

根据省公安厅抗战课题调研办公室领导指示,王庆盛被当场炸死,不予评定伤残。不予赔偿。

承办人:唐树义、徐杰

鞍山市公安局抗战损失课题调研办公室

2006年11月14日

(鞍山市公安局抗战损失课题调研办公室承办人唐树义、徐杰出具的《结案报告》,辽宁省公安厅档案处藏档案,档案号2006年W—1—2521)

（11）日军遗留武器造成许井和、孙万昌死亡事件调查结案报告

受害人：

孙万昌，男，时年25岁，汉族，无文化，农民，昌图县老城镇爱中村11组。

许井和，男，时年25岁，汉族，无文化，农民，昌图县老城镇爱中村11组。

1946年夏天，孙万昌和同村的许井和在本村沟里捡回一颗炸弹，抠着玩时炸弹被抠响，当场把孙万昌和许井和炸死。

根据孙亚田、李景阳、王永发的证人证言，确认日军遗留武器造成许井和、孙万昌死亡。

昌图县公安局老城派出所民警：张耀忠、侯岩

昌图县公安局

2006年11月20日

（昌图县公安局抗战损失课题调研办公室承办人张耀忠、侯岩出具的《结案报告》，辽宁省公安厅档案处藏档案，档案号2006年W—1—2522）

（12）张玉铎、康学贵、康文平、康文生、姜英德、姜英昌、刘敬国、康兆会、刘振愚、康文学被日军遗留武器炸死炸伤事件调查终结报告

被害人张玉铎，男，12岁，原籍：鞍山市千山区达道弯镇烟狼寨村，汉族，小学文化，学生，住所同原籍。

被害人康学贵，男，11岁，原籍：鞍山市千山区达道弯镇烟狼寨村，汉族，小学文化，学生，住所同原籍。

被害人康文生，男，15岁，原籍：鞍山市千山区达道弯镇烟狼寨村，汉族，小学文化，学生，住所同原籍。

被害人康文平，男，11岁，原籍：鞍山市千山区达道弯镇烟狼寨村，汉族，小学文化，学生，住所同原籍。

被害人刘振愚，男，12岁，原籍：鞍山市千山区达道弯镇烟狼寨村，汉族，小学文化，学生，住所同原籍。

被害人姜英德，男，12岁，原籍：鞍山市千山区达道弯镇烟狼寨村，汉族，小学文化，学生，住所同原籍。

被害人姜英昌，男，12岁，原籍：鞍山市千山区达道弯镇烟狼寨村，汉族，小学文化，学生，住所同原籍。

被害人刘敬国，男，12岁，原籍：鞍山市千山区达道弯镇烟狼寨村，汉族，小学文化，学生，住所同原籍。

被害人康兆会，男，13岁，原籍：鞍山市千山区达道弯镇烟狼寨村，汉族，小学文化，学生，住所同原籍。

被害人康文学，男，15岁，原籍：鞍山市千山区达道弯镇烟狼寨村，汉族，小学文化，学生，住所同原籍。

此案在走访群众刘敬国、康兆会等人陈述，于1946年的夏天，张玉铎、康文生等12名小学生一起去本村的北端大水坑里洗澡，同时在坑里洗衣服的康小珍发现的炮弹。这时康文生等一群孩子把炮弹捞上河岸，在摆弄中爆炸了，康学贵、康文平、张玉铎3人当场被炸身亡。康兆人左眼和肚子被炸伤，姜英德左腿左胳膊和头部炸伤，姜英昌胸部炸伤，刘振愚胳膊炸伤，刘敬国眼睛被炸失明，康文生腿、康文学腿被炸伤，被炸伤的7人都经较长时间治疗，花费了不少经费方能治愈，造成了重大的人身伤亡和财产损失。

上述经调查属实。

鉴于张玉铎、康学贵、康文平已经死亡，刘振愚早年迁出原籍，经多方查寻

下落不明，故对上述4人予以结案。

另外六人，经市局课题调研办公室讨论意见：根据中华人民共和国民发2004年195号文件和鞍民发2005年58号文件规定之精神。

对康文生定9级伤残，造成直接经济损失和间接经济损失共42100元人民币。

康文学定5级伤残，造成直接和间接损失共计58500元人民币。

康兆会定8级伤残，造成直接和间接损失共计36000元人民币。

姜英德定9级伤残，造成直接和间接损失共计241000元人民币。

姜英昌定2级伤残，造成直接和间接损失共计36000元人民币。

刘敬国定2级伤残，造成直接和间接损失共计107400元人民币。

承办人：唐树义、孙怀钦、冯玉学、徐杰

鞍山市公安局抗战损失课题调研办公室

2006年11月13日

（鞍山市公安局抗战损失课题调研办公室承办人唐树义、冯玉学、孙怀钦、徐杰出具的《结案报告》，辽宁省公安厅档案处藏档案，档案号2006年W—1—2521）

（13）大魏家镇前石村王发被日军遗留武器炸伤致死案

**被害人自然情况**

王发，男，1934年出生，1946年10月被日军遗留武器炸伤致死，金州区大魏家镇前石村人，农业家庭户。

**简要案情**

1946年10月的一天，金州区大魏家镇前石村王发（时年12岁）在家中炕上用剪刀摆弄一枚捡拾来的日军遗留的手雷发生爆炸。王发被当场炸死，同在炕上坐着的王发的奶奶（姓名不详）和一名孙姓女孩也被不同程度炸伤。王发奶奶和孙姓女孩伤在何处、花费多少医疗费因无线索已无从调查。

**调查经过**

金州分局抗日调研办公室在开展抗日调研工作后，通过向本局离退休民警宣传并广泛征集线索，本局退休民警王继禄向调研办公室提供此案线索。经调研人员询问被害人王发的弟弟王继禄、姐姐王银英、哥哥王继福、姑姑马莲英，大魏家镇前石村出具的证明材料，证明此案的发生及所造成的严重后果真实可靠。

**调查结论**

依据被害人王发的亲属王继禄、王银英、王继福、马莲英等人的证人证言以及大魏家镇前石村出具的明材料，结论如下：被害人王发于1946年10月被日军遗留武器炸伤致死情况属实，其经济损失未计算。

**综合意见**

鉴于此案已侦查完结，呈请结案。

办案人：赵刚，金州分局办公室副主任

王治贵，金州分局退休民警

2006年11月15日

（大连市公安局金州分局抗战损失课题调研办公室承办人赵刚、王治贵出具的《结案报告》，辽宁省公安厅档案处藏档案，档案号2006年W—1—2521）

（14）唐宝林被日军遗留武器炸死事件调查终结报告

唐宝林，男，8岁，籍贯：鞍山市千山区大孤镇谢房身村，汉族，小学文化，无业，现住同籍贯。

课题调研工作人员，召开座谈会时，金广善老人提供的线索。

经查，1948年2月份唐宝林（8岁）在本村东头大水坑边上玩时，发现一枚日本带引信的手榴弹（冒上带金色）捡起来之后，扔地上就响了，结果唐宝林当场被炸身亡。

承办人：冯玉学、徐杰

鞍山市公安局抗战损失课题调研办公室

2006年11月13日

（鞍山市公安局抗战损失课题调研办公室承办人冯玉学、徐杰出具的《结案报告》，辽宁省公安厅档案处藏档案，档案号2006年W—1—2521）

（15）关于我市桥头镇富家村村民付宝珍等人被日军遗留武器炸死炸伤事件调查终结报告

2006年10月13日，北台分局民警张振清、杨继来（北台分局负责抗战课题调研工作）走访到桥头镇富家村时，发现一起村民付宝珍等人被爆炸物炸死炸伤的案件线索，张、杨二人立即将情况上报市局，市局战抗课题调研办的负责同志将此情况上报省厅抗战课题调研办后，与北台分局组成联合调查组对此案件进行了调查，经对被炸伤的付宝珍、富玉桂、富荣起及富家村村民委员会调查和现场勘查，情况已查清如下：

付宝珍（小名九云子），女，1940年10月25日出生，满族，小学文化，原系平山区桥头镇富家村村民，现住南芬区新兴街6组。

富玉桂，女，1941年7月14日出生，满族，高中文化，原系平山区桥头镇富家村村民，现住平山区北台镇北钢社区30组，户籍所在地平山区梨树沟村2组。

富荣起，男，1937年12月29日出生，满族，小学文化，系平山区富家村村民。

经查，1949年阴历年底，时年9岁的付宝珍与富玉桂、富荣起、付友清（女，其余不详）、付荣梅（女，其余不详）等人在细河边玩耍时捡到一长约一尺，上面是圆的，下面有个肚，后有一个轮的物体，拿至村边的井台时被路过此处的村民富贵显（男，时年16岁左右，小名当锁子）看到，富贵显对付宝珍说九云子你手里拿的是炮弹，付宝珍随即把炮弹给了富贵显，富拿到手中摆弄了两下，炮弹发生了爆炸，当场将富贵显、付友清和付荣梅炸死，付玉珍的左手中指炸掉其余手指和左腿不同程度的炸伤，富荣起右腿和右脚炸伤，至今生活不能自理，富玉桂的双腿、左胳膊、前胸、小腹及右眼下部炸伤。

抗战时期日军入侵本溪后，为了加强对本溪的控制，在平山区桥头镇金家村修建了飞机场和储存弹药的仓库。而付宝珍捡拾炮弹的地点是在飞机场附近。因此，案件的发生系日军遗留武器发生爆炸所致。

此案造成3人死亡，3人受伤的严重后果，按民发[2004]195号文件规定，付宝珍系7级伤残，直接损失2000元人民币，间接损失17773余元人民币，合计19773余元人民币；富玉桂系8级伤残，直接损失1800元人民币，间接损失11848余元人民币，合计13648余元人民币；富荣起系5级伤残，直接损失5000元人民币，间接损失29621余元人民币，合计34621余元人民币。总计68042元人民币。

以上情况有被炸伤的3名当事人、富家村村民委员会等证人证言及伤者受伤部位照片、户籍证明和现场勘察照片等在卷佐证。

调查人：张振清（北台分局副处级主任科员）

杨继来（北台分局助理调研员）

吴成斌（市局抗战损失课题办副主任）

于秀枝（市局档案科科长）

2006年12月15日

（本溪市公安局抗战损失课题调研办公室承办人张振清、杨继来出具的《结案报告》，辽宁省公安厅档案处藏档案，档案号2006年W—1—2522）

（16）日军遗留武器造成张再文死亡事件调查结案报告

张再文，男，时年20岁，汉族，无文化，农民，昌图县八面城镇丁家村九组。

1951年至1952年间，八面城镇丁家村九组的张再文在本村丁永存家院子墙外的西南角，捡到一个炮弹壳，用镰刀一敲炮弹爆炸，被炸死。

根据丁永存、杨洪军证人证言，确认日军遗留武器造成张再文死亡。

昌图县公安局抗战损失课题办公室同意调查人员的意见，特此报告。

昌图县公安局八面分局民警：张国义、宋丹民。

昌图县公安局

2006年11月20日

（昌图县公安局抗战损失课题调研办公室承办人张国义、宋丹民出具的《结案报告》，辽宁省公安厅档案处藏档案，档案号2006年W—1—2522）

（17）丛家寿、丛金凤被日军遗留武器炸死炸伤事件调查终结报告

（甘公字第68号）

丛家寿，男，9岁，汉族，死前住大连市甘井子区革镇堡镇棋盘村，1958年5月8日被日军遗留武器炸死；丛金凤，女，现年50岁，汉族，现住大连市甘井子区革镇堡镇棋盘村，农民。1958年5月8日被日军遗留武器炸伤。

2006年9月22日，甘井子分局抗战课题调研办公室在查阅本局历史档案文书材料过程中，在本局《自杀误亡》（全宗号39，目录号1，案卷号357）卷宗中发现1958年5月8日甘井子区革镇堡镇棋盘村曾发生一起废旧炮弹爆炸致人伤亡事件，遂立案进行调查。

甘井子分局抗战课题调研办公室调查人员在此事件调查过程中，查阅了此事件的现场勘查记录材料和有关档案材料，走访询问了此事件的受害人和知情人，拍摄了受害人受伤部位照片。经查，此事件的情况如下：

家住甘井子区革镇堡镇棋盘村的丛家寿（当时9岁，为棋盘村村民丛选贤之次子）事发前到棋盘海边玩耍时，在海边河滩上捡到一枚日军遗留的旧炮弹头，便拿回家天天摔着玩。1958年5月8日上午，丛家寿带其妹丛金凤、弟丛家连以及堂弟一起到其祖父住屋里去玩耍，丛在其祖父住屋玩耍时又把此炮弹头拿到其祖父住屋里玩。开始在屋里摔着玩，丛摔玩够了便爬到屋里炕上的窗台上坐着用铁钉抠，在用铁钉抠的过程中炮弹发生爆炸。丛左手被炸掉，身上多处受伤，在送往医院救治途中死亡；丛金凤头部被炸去一块皮，两大腿各被炸一个洞，后经治疗近三个月才痊愈；屋里窗户玻璃全部被炸碎，墙、屋顶、炕以及放在炕上的炕柜等多处被炸坏。

丛家寿事发当时为顽童，把捡到的炮弹头拿回家玩耍把胞妹丛金凤炸伤、把自己炸死，属日军遗留炮弹爆炸致人伤亡事件。

此事件人员伤亡及财产损失情况：死亡1人；重伤1人。事件造成的财产损失：直接损失2350元人民币，间接损失20000元人民币，共计22350元人民币。其中丛家寿死前的急救及死后的丧葬费用500元人民币；丛金凤住院手术治疗费用、住院后续治和营养费用以及因受重伤影响生产劳动而导致家庭正常经济收入共计21400元人民币；房屋维修费用450元人民币。

至此，此事件事实全部查明，造成财产损失计清，故呈请结案。此报告

调查人：刘金普、陈玉荣

甘井子分局抗战损失课题调研办公室

2006年11月14日

（大连市公安局甘井子分局抗战损失课题调研办公室承办人刘金普、陈玉荣出具的《结案报告》，辽宁省公安厅档案处藏档案，档案号2006年W—1—2521）

（18）光明街道韩亨宪被日军遗留武器炸伤致死暨宋运渭、郭子船、郭子江3人被日军遗留武器炸伤致残案

被害人自然情况

韩亨宪，男，1947年8月出生，1958年5月11日被炸伤死亡，金州区光明街道人，农业家庭户口。

郭子船，男，1945年11月14日出生，汉族，小学文化，籍贯大连，农民，住金州区光明街道，农业家庭户口。

宋运渭，男，1949年9月30日出生，汉族，大专文化，籍贯大连，职业劳动管理，住金州区光明街道，非农业家庭户口。

郭子江，男，1942年10月1日出生，汉族，初中，籍贯大连，职业退休工人，住金州区先进街道，非农业家庭户口。

简要案情

1958年5月11日，金州区光明街道南山小学四年级学生郭子船与同学韩亨宪及同院里的孩子宋运渭等三人一起用斧头砸击一枚日军遗留的炮弹头。砸炮弹头过程中炮弹头发生爆炸，韩亨宪、宋运渭、郭子船三人被炸伤，路过此地的郭子船的哥哥郭子江及一个小名叫"当生"的孩子也被炸伤。韩亨宪经金州区第一人民医院抢救无效死亡；宋运渭左小腿被炸掉；郭子船右小臂被炸掉，左手食指、中指及无名指被炸掉；郭子江的两条小腿被弹片崩伤；小名叫"当生"的孩子伤情不详。

调查经过

金州分局抗日调研办公室在开展抗日调研工作后，经查阅《金县公安局文书案卷》21号卷宗获取此案线索。经调研人员询问被害人宋运渭、郭子江、郭子船和韩亨宪的姐姐韩翠月，调取案件发生时金县公安局临场制作的照片，光明街道出具的证明材料，证明此案的发生及所造成的严重后果真实可靠。经金州公安分局鉴定，宋运渭等三人伤情分别构成不同等级伤残。

调查结论

依据《金县公安局文书案卷》21号卷宗资料，被害人宋运渭、郭子江、郭子船三人的陈述，韩亨宪的姐姐韩翠月的证人证言，案件发生当时金县公安局临场制作的照片，光明街道出具的证明材料以及金州分局为被害人所做的法医鉴定等材料，结论如下：

1. 被害人韩亨宪于1958年5月11日被日军遗留武器炸伤后经金州区第一人

民医院抢救无效当天死亡情况属实。

2. 被害人宋运渭于1958年5月11日被日军遗留武器炸伤后于当日入住金州区第一人民医院治疗。住院治疗病志因超期已被销毁，住院费用因其父母去世已无从查清。经鉴定宋运渭伤情构成六级伤残。按照国家统计局公布的1949—2005年国民年人均收入标准，宋运渭自被日军遗留武器炸伤后从成年18岁（1967年）至2009年损失经济收入260905元人民币，加之更换假肢费用16100元人民币，宋运渭共计损失人民币277005元人民币。

3. 被害人郭子船于1958年5月11日被日军遗留武器炸伤后于当日入住金州区第一人民医院治疗。住院治疗病志因超期已被销毁，住院费用因其父母去世已无从查清。经鉴定郭子船伤情分别构成四级和六级伤残。按照国家统计局公布的1949—2005年国民年人均收入标准，郭子船受伤后从成年18岁（1963年）至2015年损失经济收入392332元人民币，加之安装假肢费用600元人民币，郭子船合计损失人民币392932元人民币。

4. 被害人郭子江于1958年5月11日被日军遗留武器炸伤后于当日入住金州区第一人民医院治疗。住院发生的费用因其父母去世已无从查清，除当年住院发生费用外未另处发生费用。经鉴定郭子江不构成伤残。

综合意见

本案现健在的三名被害人被日军遗留武器炸伤后造成直接经济损失16700元人民币，间接经济损失653237元人民币，总计损失金额669937元人民币；死亡被害人韩亨宪的经济损失未计算。鉴于此案已侦查完结，呈请结案。

办案人：赵刚，金州分局办公室副主任

王治贵，金州分局退休民警

2006年11月15日

（大连市公安局金州分局抗战损失课题调研办公室承办人赵刚、王治贵出具的《结案报告》，辽宁省公安厅档案处藏档案，档案号2006年W—1—2521）

（19）日军遗留武器造成张成祥死亡及王兆宇等4人伤残事件调查结案报告

张成祥，男，汉族，死时13岁。

王兆宇，男，汉族，现年54岁，小学文化，农民。

徐作良，男，汉族，现年52岁，小学文化，农民。

王者田，男，汉族，现年52岁，小学文化，农民。

以上4人现住铁岭县腰堡镇下甸子村。

1965年春天，张成祥等多名小孩到村南边一边挖草药一边玩，在山坡上一个坑里发现一个炸弹，张成祥、王兆宇等人就用石头砸，后来就砸响了，张成祥最重，在送医院的路上就死了，王兆宇双腿受伤，右腿至今留有弹片，徐作良头部腿部受伤，王者田胸部腿部受伤。

根据被害人王兆宇、徐作良、王者田的陈述及张成顺的证人证言，确认日军遗留武器造成张成祥死亡及王兆宇等3人伤残。王兆宇伤残等级为10级，直接财产损失约4000元人民币，间接财产损失3154元人民币，合计7154元人民币。

徐作良不够成伤残，直接损失1500元人民币。

王者田不够成伤残，直接损失1400元人民币。

铁岭县公安局抗战损失课题办公室同意调查人员和鉴定人员的意见，特此报告。

铁岭县公安局治安大队民警：赵永纯、常胜利。

铁岭县公安局

2006年11月10日

（铁岭县公安局抗战损失课题调研办公室承办人赵永纯、常胜利出具的《结案报告》，辽宁省公安厅档案处藏档案，档案号2006年W—1—2522）

（20）日军遗留武器造成姚金、张成荣死亡事件调查结案报告

姚金，男，时年19岁，汉族，中学，农民，昌图县双庙子镇双庙子村。

张成荣，男，时年19岁，汉族，中学，农民，昌图县双庙子镇双庙子村。

2006年7月17日，双庙子派出所在走访调查工作中发现，1965年双庙子镇双庙子村村民姚金，男19岁，张成荣，男，19岁；在粪堆里发现一颗炸弹，炸弹长一尺左右，后面有飞轮式的六个叶片，二人用铁挟子砸炸弹时将炸弹砸响，俩人当场被炸死。

根据强永芹、张成友、陈景林、方玉和的证人证言，确认日军遗留武器造成姚金、张成荣死亡。

昌图县公安局双庙子派出所民警：张威、刘玉学。

昌图县公安局

2006年11月20日

（昌图县公安局抗战损失课题调研办公室承办人张威、刘玉学出具的《结案报告》，辽宁省公安厅档案处藏档案，档案号2006年W—1—2522）

（21）吕笃绍被日军遗留武器炸死事件调查终结报告

（甘公字第71号）

吕笃绍，女，6岁，汉族，死亡前住大连市甘井子区原椒房街八委。1967年6月17日傍晚被日军遗留武器炸死。

2006年9月22日，甘井子分局抗战课题调研办公室在查阅本局历史档案文书材料过程中，分别在本局甘公史编（1987）第3号《公安大事记》和《自杀误亡》（全宗号39，目录号1，案卷号90）卷宗中发现1967年6月17日甘井子区椒房街八委曾发生一起废旧炮弹爆炸致人死亡事件，遂即立案进行调查。

甘井子分局抗战课题调研办公室调查人员在此事件调查过程中，查阅了此事件的现场勘查记录材料和有关档案材料，走访了此事件的见证人郑宝琪（时任大连市公安局甘井子区分局刑侦科现场勘查员）和有关知情人。经查，此事件的情况如下：

1967年春节过后的一天，家住甘井子区椒房街八委的王子文（男，15岁，椒房小学六年级学生）与其同伴李玉成2人到椒房北山上去玩耍时，发现山上一石缝中有一枚日军遗留的旧炮弹头，王觉得好玩，遂将炮弹头拿回家并藏于家中草垛下的煤堆里。事隔三四个月后即6月17日傍晚七点左右，王无意间见到了藏在煤堆中的炮弹头，便取出并拿到家门口附近大道上扔着玩耍，当扔到第四下时炮弹发生爆炸，此时王的邻居小女孩吕笃绍正好在爆炸现场中玩耍，炮弹发生爆炸后，吕笃绍当即被炸伤，前胸被炸裂，肺被炸出，未及送往医院救治当即死亡。

吕笃绍在玩耍时被邻居男孩王子文投扔着玩的炮弹头炸死，属日军遗留武器爆炸致人死亡事件。

此事件人员伤亡及财产损失情况：死亡1人；无人受伤。造成财产损失情况即死亡1人的丧葬费用565元人民币。

至此，此事件事实全部查明，造成财产损失计清，故呈请结案。此报告。

甘井子分局抗战损失课题调研办公室

调查人：刘金普　陈玉荣

2006年11月14日

（大连市公安局甘井子分局抗战损失课题调研办公室承办人刘金普、陈玉荣出具的《结案报告》，辽宁省公安厅档案处藏档案，档案号2006年W—1—2521）

（22）友谊街道兴民村刘铁魁被日军遗留武器炸伤致死案

被害人自然情况

刘铁魁，男，1949年出生，1969年秋天被日军遗留武器炸伤死亡，金州区友谊街道兴民村人，农业家庭户。

简要案情

1969年秋天的一天，友谊街道兴民村石矿工人刘铁魁和工友李树本在石矿工地上砸击一枚捡拾来的日军侵华时期遗留的高射机枪子弹头。砸击中该高射机枪子弹头发生爆炸，刘铁魁和李树本分别受伤，刘铁魁被日军遗留武器炸伤后于当日经金州区第一人民医院抢救无效死亡；李树本左腿受伤，后李树本于2004年因病死亡。

调查经过

金州分局抗日调研办公室在开展抗日调研工作后，在走访群众中获取此案线索。经调研人员询问被害人刘铁魁的姐姐刘云环、外甥王伟，刘铁魁的工友靳玉昆、王良贵，友谊街道兴民村出具的证明材料等，证明此案的发生及所造成的严重后果真实可靠。

调查结论

依据被害人刘铁魁的姐姐刘云环、外甥王伟，刘铁魁的工友靳玉昆、王良贵等人的证人证言以及友谊街道兴民村出具的证明材料等，结论如下：被害人刘铁魁于1969年秋天被日军遗留武器炸伤致死情况属实，其经济损失未计算。

综合意见

鉴于此案已侦查完结，呈请结案。

办案人：赵刚，金州分局办公室副主任

王治贵，金州分局退休民警

2006年11月15日

（大连市公安局金州分局抗战损失课题调研办公室承办人赵刚、王治贵出具的《结案报告》，辽宁省公安厅档案处藏档案，档案号2006年W—1—2521）

（23）张生宝、石绍军、马连山、张生友被日军遗留武器炸伤、亡事件调查终结报告

张生宝，男，15岁，鞍山市人，汉族，小学文化，学生，住鞍山市千山风景区庙尔台村。

主要简历：9岁前儿童，9岁至15岁在庙尔台村上小学。

石绍军，男，50岁，鞍山市人，汉族，初中文化，农民，住鞍山市千山风景区庙尔台村。

主要简历：9岁以前儿童，9岁至18岁在小学、初中读书，19岁至今在本村务农。

马连山，男，50岁，鞍山市人，汉族，初中文化，农民，住鞍山市千山风景区庙尔台村。

主要简历：9岁以前儿童，9岁至18岁在小学、初中读书，19岁至今在本村务农。

张生友，男，50岁，鞍山市人，汉族，初中文化，农民，住鞍山市千山风景区庙尔台二组。

主要简历：9岁以前儿童，9岁至18岁在小学、初中读书，19岁至今在鞍山市水泥厂，工人。

根据鞍山市退休干部郭秀清（女）提供：70年代，庙尔台村被日军遗留的炮弹炸死1人，炸伤2人。经调查，1971年受害人，张生宝、石绍军、马连山、张生友在庙尔台村西山刨药材时，刨出一枚日军遗留的炮弹，张生宝把炮弹拧开后，把炮弹药倒出2/3，把倒出的药和捡的山药放在一起用火药点着烧炮弹，剩余1/3药没倒出来。张生友用刨药材的镐头尖插到炮弹眼内往石头上刨，刨四五下，炮弹爆炸，张生宝被炸死，石绍军、马连山、张生友分别被炸伤。

经市局课题调研办公室讨论意见：根据中华人民共和国2004年195号文件和鞍民2005年58号文件精神，对石绍军、马连山、张生友三人均定为10级伤残，每人各直接经济损失1000元人民币，间接经济损失10909元人民币，合计：11909元人民币。三人共损失35727元人民币。

根据省公安厅课题调研办的批示精神对当时被炸死的张生宝不予赔偿。

承办人：唐树义 孙怀钦

鞍山公安局抗战损失课题调研办公室

2006年11月13日

（鞍山市公安局抗战损失课题调研办公室承办人唐树义、孙怀钦出具的《结案报告》，辽宁省公安厅档案处藏档案，档案号2006年W—1—2521）

（24）日军遗留武器造成王贵轩死亡、王贵新伤残事件调查结案报告

王贵新，男，48岁，汉族，小学文化，农民，现住：辽宁省铁岭市昌图县老四平镇汉沟村二组。

王贵轩，男，时年16岁，汉族，农民，辽宁省铁岭市昌图县老四平镇汉沟村二组。

1972年正月初六早晨，旱沟村二组村民于士臣、王贵轩、王贵新在王贵新家砸日军遗留的炮弹头（引火帽），炮弹头爆炸，当场将王贵轩炸死，当时16岁。王贵新左侧上肢功能轻度受限；后背部有10×9.1厘米的疤痕；左上臂下段有8.0×7.1厘米的疤痕；左小腿有3处大小分别为3.0×2.1厘米、6.0×4.0厘米、5.0×3.5厘米的疤痕。

根据被害人王贵新陈述及于士龙证人证言，确认日军遗留武器造成王贵轩死亡、王贵新伤残。王贵新伤残等级为7级。直接财产损失3500元人民币，间接财产损失13500.2元人民币，合计17000.2元人民币。

昌图县公安局抗战损失课题办公室同意调查人员和鉴定人员的意见，特此报告。

昌图县公安局老四平派出所民警：何银辉、刘东。

昌图县公安局

2006年11月20日

（昌图县公安局抗战损失课题调研办公室承办人何银辉、刘东出具的《结案报告》，辽宁省公安厅档案处藏档案，档案号2006年W—1—2522）

（25）孙长朋等5人被日军遗留武器炸伤致死暨孙长俊等5人被日军遗留武器炸伤致残案件调查终结报告

一、日军遗留武器爆炸事件造成人口伤亡名单

爆炸事件造成死亡的人员有（共5人）：

孙长朋，男，时年21岁，住黑岛镇黑岛村楼上屯

孙长好，男，时年21岁，住黑岛镇黑岛村楼上屯

孙长成，男，时年11岁，住黑岛镇黑岛村楼上屯

孙长山，男，时年16岁，住黑岛镇黑岛村楼上屯

孙冬梅，女，时年9岁，住黑岛镇黑岛村楼上屯；

爆炸事件造成受伤的人员有（共5人）：

孙长俊，男，53岁，汉族，中学文化，住黑岛镇黑岛村楼上屯。

个人简历：（略）

孙长武，男，44岁，汉族，中学文化，住黑岛镇黑岛村楼上屯。

个人简历：（略）

孙长清，男，45岁，汉族，中学文化，住黑岛镇黑岛村楼上屯。

个人简历：（略）

孙乐业，男，44岁，汉族，中学文化，住黑岛镇黑岛村楼上屯。

个人简历：（略）

孙长东，1962年出生，男，住黑岛镇黑岛村楼上屯，1991年因交通事故死亡。

个人简历：（略）

二、调研开展情况

接到开展《日军遗留武器造成我市人口伤亡和财产损失》课题调研任务后，我局召开了专门的科所队长会议，强调这次调研工作是省委和上级公安机关交给我们的一项光荣的政治任务。我局成立了以副市长、公安局长刘富玉任组长的"抗战课题调研领导小组"，制定下发了工作实施方案，明确了派出所、治安大队、办公室等相关职能部门的任务和责任。工作中，我们共查阅档案4436卷，各类相关材料2210卷，走访群众3736人次，排查各类线索近百条。从中发现黑岛镇黑岛村楼上屯于1973年12月28日发生过炸弹爆炸事件，围绕这一线索，我们办公室的民警和当地派出所民警本着对事实负责，对被害人负责的积极态度，围绕黑岛爆炸事件进行了深入细致的调查，到爆炸涉及的楼上屯查

看了当年的爆炸地点，走访了当事人、知情人，逐一进行调查取证，通过仔细甄别，认真核实，我们初步确认黑岛镇黑岛村楼上屯发生的炸弹爆炸事件系日军遗留武器造成的。……通过我们认真工作，共制作被害人及见证人调查笔录13份，拍摄照片50余张。我们还积极联系法医，对被害人进行了伤残鉴定，出具了伤残鉴定书，使证据资料形成了完整的证据链条。

三、黑岛村楼上屯炸弹爆炸事件基本经过

1973年12月28日16时，黑岛镇黑岛村楼上屯居民孙长朋到家门口海滩赶海，在离海岸四五十米远处拣拾到了一枚旧炸弹，出于好奇，孙长朋将炸弹带到本屯居民孙长良家，并引来居民围观，就在孙长朋与本屯居民孙长好摆弄炸弹时，不慎引起爆炸。此次爆炸造成孙长朋、孙长好等5人死亡，孙长俊、孙长武等5人受伤，并造成孙长良房屋损坏，房屋玻璃全部破碎，损失价值达百余元。

我们在调查中得知，此次爆炸事件除了给被害者本人带来了无法挽回的身体伤痛，甚至生命外，还给被害者的家庭带来了无法言表的痛苦。一个不到20户的小村庄有10余个家庭受到意外死伤子女的打击，使整个村庄到处充满撕心裂肺的哭声，弥漫着沉沉悲哀。那些受害家庭不仅因为爆炸事件丧失了正当壮年的劳动力，花季少年的子女，使家庭生活状况大受影响，而且其亲人的精神也遭受到了巨大的打击。被害人之一孙冬梅的父亲就因为过度思念女儿而中年早逝，其母现在还精神恍惚。

四、死亡及伤残等级评定及财产损失评估

依照被害人孙长俊、孙长武、孙长清、孙乐业四人的陈述和吕淑荣等人的证人证言，及大连市公安局文书档案目录73号3卷记载证明，1973年12月28日孙长朋、孙长好、孙长成、孙长山、孙冬梅被日军遗留炸弹炸死，孙长俊、孙长武、孙长清、孙乐业、孙长东被日军遗留炸弹炸伤。

死亡及伤残等级评定。被害人孙长朋、孙长好、孙长成、孙长山、孙冬梅5人当场被炸身亡，应属于意外事故死亡，情况属实。孙长俊伤残等级评定为6级，孙长清伤残等级评定为9级。孙乐业、孙长武、孙长东3人根据受伤程度，比照标准，达不到伤残等级，应属于轻微伤害。

伤残人员及财产损失评估。其财产损失，比照当年大连地区国民经济统计报表，并按其职业分类逐年（月）核算至退休年龄，财产损失分别为：孙长俊住院费用为2300.00元人民币（1973年的住院治疗标准），安装假肢累计十次，费用共计17444.00元人民币，右下肢缺失，构成六级伤残，根据当年庄河市黑岛镇黑岛村国民经济统计报表，财产损失共计66170.76元人民币；孙长清住院费用800元人民币（1973年的住院治疗标准），出院后药费2500元人民币，根据伤残等级评定标准评为九级伤残，根据当年庄河市黑岛镇黑岛村国民经济统计报表，财产损失共计5649.64元人民币；孙乐业医疗费用为300元人民币（1973年的住院治疗标准）；孙长武医疗费用为1000元人民币（1973年的住院治疗标准）；孙长东医疗费用为800元人民币（1973年的住院治疗标准）。孙长良房屋损坏，房屋玻璃全部破碎，损失价值130元人民币（1973年的物价标准）。

鉴于此案已侦查完结，呈请结案。

以上报告

庄河市公安局

2006年10月18日

（大连市公安局庄河分局抗战损失课题调研办公室承办人张忠厚、孙义宇、翁明刚出具的《结案报告》，辽宁省公安厅档案处藏档案，档案号2006年W—1—2521）

（26）陈希凯、冯富、张富敏、薛吉明被日军遗留武器炸死炸伤事件调查终结报告

（甘公字第72号）

陈希凯，男，当时12岁；冯富，男，当时13岁；张富敏，男，当时12岁；薛吉明，男，当时13岁，4人当时为甘井子区周水子小学学生。

2006年9月23日，甘井子分局抗战课题调研办公室接到市局抗战课题调研办公室转来的关于1974年6月2日周水子小学学生陈希凯、冯富等四人被日军遗留武器炸死炸伤事件线索移交单后，遂即立案进行调查。

甘井子分局抗战课题调研办公室调查人员在此事件调查过程中，由于未能找到有关此事件的其他任何调查线索，未能获取有关此事件的其他证据材料。但大连市公安局历史档案《每日情况》（目录号12，案卷号97）卷宗中却明确记载炸死炸伤的情况。该记载如下：6月2日13时，甘井子区周水子小学学生冯富（男，13岁）、张富敏（男，12岁）、薛吉明（男，13岁）、陈希凯（男，12岁）在市蔬菜公司种子仓库院内拾到一颗废旧炮弹头后用石头砸响。陈被炸死，其余重伤2人、轻伤1人。据此记载，此事件真实无疑。

陈希凯被炮弹炸死，冯富、张富敏、薛吉明被炮弹炸伤，属日军遗留炮弹爆炸致人伤亡事件。

此事件人员伤亡及财产损失情况：死亡1人；重伤3人。事件造成财产的损失情况：直接损失2715元人民币，间接损失8000元人民币，共计10715元人民币。其中，陈希凯丧葬费用843元人民币；冯富等三人治疗等费用9872元人民币。

至此，此事件事实全部查明，造成财产损失计清，故呈请结案。

此报告

甘井子分局抗战损失课题调研办公室

调查人：刘金普、陈玉荣

2006年11月21日

（大连市公安局甘井子分局抗战损失课题调研办公室承办人刘金普、陈玉荣出具的《结案报告》，辽宁省公安厅档案处藏档案，档案号2006年W—1—2521）

（27）王志新被日军遗留武器炸伤致死事件调查终结报告

王志新，男，14岁，原籍鞍山市千山区东鞍山镇中所屯村，现住同原籍，汉族，小学文化。

在座谈中该村村民姚景顺提供14岁的王志新被炮弹炸死。

经查，王志新在1974年秋天的一天傍晚在自家的菜园里捡到一枚日军遗留的高射炮弹，拿回家院内倒药取铜抠响，当时把王的左腓骨和臀部炸成重伤，因流血过多和伤口感染，抢救无效死亡。

经市局课题调研办公室讨论意见：根据中华人民共和国民发2004年195号文件和鞍民发2005年58号文件精神对王志新炸伤后死亡按直接经济损失处理应损失10000余元人民币。

承办人：刘群、金立卿

鞍山市公安局抗战损失课题调研办公室

2006年11月13日

（鞍山市公安局抗战损失课题调研办公室承办人刘群、金立卿出具的《结案报告》，辽宁省公安厅档案处藏档案，档案号2006年W—1—2521）

（28）宽甸满族自治县青椅山镇三道沟村李霞被日军遗留炮弹炸死事件调查的终结报告

李霞，女，16岁，住青椅山镇三道沟村5组，1986年春被日军遗留炮弹炸死。

1986年春，三道沟村5组村民李发库家6岁男孩李宝军，在自家自留地里玩耍时，捡回一个铁疙瘩（手雷），玩后丢在自家院内的玉米茬子堆里，李发库夫妇并不知情，几天后，李发库在烧玉米茬子做饭时，误将铁疙瘩填入灶坑发生了爆炸，李家16岁的女儿李霞在锅台往饭盒里装饭，被当场炸死。

针对此情况，调研组对此事件进行了详细调查。经找当年目击证人李发明、朱启德等人证实，该人被炸死情况属实。当调查炮弹来源时，村民个个义愤填膺，痛恨侵华日军当年在此打仗的情景。据老年人介绍，当年，也就是日伪时期侵华日军在此驻扎过，并和东北抗联在此交过火，战斗十分激烈。

依据被害人李霞父亲李发库及证人证言，李霞实属被侵华日军遗留武器炸死。鉴于李霞被炸死情况，按每月300元人民币，计20个月为7200元人民币；因当时被炸时锅被炸碎，房屋震塌损失1.5万元人民币，总计为2.2万元人民币。

承办人：冷福科

2006年11月18日

（宽甸县公安局抗战损失课题调研办公室承办人冷福科出具的《结案报告》，辽宁省公安厅档案处藏档案，档案号2006年W—1—2522）

（29）李树林被日军遗留武器炸伤致残调查终结报告

李树林，男，53岁，汉族，小学文化，原籍：海城市毛祁镇八里村，一直从事农业，农民。

课题调研办工作人员在调查中发现，于1989年4月27日被害人李树林在自家铸造厂与其姐夫张守栋归拢废铁，李在废铁中捡到一个350cm×600cm带风翅的东西（系日军遗留的迫击炮），在往铁堆上扔时爆炸了，张守栋当即被炸死，李树林肚肠子被炸出来，经过20多天的治疗，花人民币34000元。经调查属实。

经市局课题调研办公室讨论意见：根据中华人民共和国民发2004年195号和鞍民发2005年58号文件精神，定为8级伤残，造成直接经济损失44000余元人民币，间接经济损失30101余元人民币，合计：74101余元人民币。

承办人：冯财、唐树义、徐杰

鞍山市公安局抗战损失课题调研办公室

2006年11月13日

（鞍山海城市公安局抗战损失课题调研办公室承办人冯财、唐树义、徐杰出具的《结案报告》，辽宁省公安厅档案处藏档案，档案号2006年W—1—2521）

（30）张立明、张国明兄弟二人被日军遗留武器炸死致残案件调查终结报告

一、案件来源

我们日军遗留武器调查组接到任务后，在调查线索来源中，20世纪90年代初，阜新日报周末版的一篇有关阜蒙县七家子乡由于日军遗留武器爆炸致两名少年儿童一死一伤的报道引起了我们的回忆。在阜新日报周末版有关领导和工作人员的积极协助下，找到了当年的相关报道，即是1993年9月11日阜新日报周末版记者陈僖的有关报道，标题为"不明爆炸物惹祸，无辜两村童遭殃"。我们随即按有关内容进行了案件专题调查。

二、案件有关受害人、证人自然情况

此案发生在阜蒙县七家子乡毛岭沟村（原十二台村），受害人为两个族亲家庭的四个主要受害人，一个现场见证人，一个历史见证人，具体如下：

受害人：张国明（又名张小明），男，1987年出生，汉族，家住阜蒙县七家子乡毛岭沟村。1993年8月1日爆炸发生时年仅6岁，当场死亡。

受害人：张信，男，1958年出生，现年48岁，汉族，是受害致死的张国明之父，现住址同上，世居农民，初中文化。

受害人：张立明，男，1979年出生，现年27岁，小学文化，1993年爆炸发生时年14岁，当年爆炸发生后被炸成重伤，先后经阜矿总医院和七家子乡医院四个多月的抢救医治，最后被截掉右上肢和右下肢小腿部左手食指缺失，左下臂和左下肢小腿有严重疤痕。依有关规定已构成二级伤残，伤残后，丧失基本劳动能力，生活不能自理，一直在父母照看下生活，家庭住址同上，现职为农民。

受害人：张俊，男，1955年出生，现年51岁，汉族，是受害人张立明的父亲，是张信的亲叔伯哥哥，现住同上，世居农民。

案件证明人：张友，男，1942年出生，现年64岁，汉族，初中文化，是受害人张信的亲叔伯哥哥，是张俊的亲哥哥。住址同上，世居农民，现任村党支部书记。张友是当年日军遗留武器爆炸伤人现场的见证人，也是当年侵华日军清剿抗日武装屠杀无辜农民知情人和本案日军遗留武器来源知情人。

案件证明人：王洪章，男，1921年出生，现年85岁。毛岭沟世居农民。小学文化。该人为当年侵华日军清剿阜新地区抗日武装，屠杀本村无辜农民的知情人。

其他证人略。

三、爆炸案发生经过

1993年8月1日晚七时左右，家住阜蒙县七家子乡毛岭沟村时年14岁的张立明在家把他父亲张俊春季上山开荒时从乱石堆里捡回家准备卖废铁的一块长满铁锈的长圆形铁疙瘩（实际是日军手雷）拿到房后河滩上玩，当时张信之子6岁的张国明出于好奇也凑前来观看，在用东西触击过程中发生强烈爆炸，爆炸发生后，张国明全身被炸的伤势极其严重，两条腿被炸烂，两只胳膊被炸碎，肚子里的肠子也被炸出来，他当时只是睁着眼睛没说什么，待一会儿就没气了。张国明因为年龄小，按当地风俗其尸体被其父母简单地送到山上埋葬。当时张立明也被炸倒地，身上、脸上满是黑色烟灰，右上肢被炸碎，右下肢小腿被炸断，左手食指被炸掉，左前臂被炸伤，左下肢小腿有伤。张立明父母及其他乡亲们闻讯赶来后把他连夜送到市内矿务局总医院抢救。爆炸还造成了张信家的正被赶回家经过此处的1匹马、1头驴、3只羊死亡。

四、爆炸物（即日军手雷）的来源

在此案调查中，我们重点了解了造成此次爆炸伤亡案件的爆炸物品的来源。在调查中我们一方面查阅了大量阜新近代史志材料，一方面走访当地年长的原住地居民。据史料记载：1904年日俄战争时期，就有日本和沙俄军队侵入到我们阜新地区，在我爱国军民的反抗打击下被赶出阜新地区。"九一八"事变后日本帝国实施了先占领东北进而灭亡全中国的侵华计划。1931年12月日军占领了彰武县，1933年4月占领阜新，阜新地区广大爱国民众不甘心做亡国奴，纷纷拿起武器反抗，与日军及其伪满反动殖民统治开展了殊死的斗争，阜新地区涌现出了以金子明、苑九占、贾秉彝、田霖、英若愚、徐福、高鹏振等为代表人物的众多抗日武装，他们不畏强暴到处打击敌人，使日军对阜新地区的占领付出了沉重的代价，为此，日军也以优势兵力和武器对我爱国军民进行了残酷的清剿和杀掠，前后屠杀残害了我大量抗日军民和无辜百姓，制造了多起惨案。

在调查中，据当地老人王洪章讲，大概是在1937年至1938年前后一年的秋天，有一小股日军二十多人进山清剿抗日武装，当时村子里有一个叫尹柏春的村民，他手拿一杆旧称为洋炮的土枪，这天他正在村东的东山岗上，看见这队日军后，朝敌人放了一枪，日军随后一边开枪开炮一边往村里追赶，敌人进村后没有找到尹柏春本人，却把正在场院秋收打场的五六个无辜村民用刺刀杀死后撤离该村。后来张信的伯祖父张云在东山岗上放牛时，发现了两颗炸弹，其中一颗用牛粪烧炸了，另一颗埋在乱石堆里。1993年春，张俊到山上开荒时将这颗炸弹从乱石堆里翻了出来，拿回家去准备卖废铁，不幸被张立明看见拿出去玩而造灾难。

五、案件发生后处理情况及造成的损失

案发后，七家子派出所接到报案后，在赶往出事现场后，立即报告给县公安局领导和刑警大队。当时派出所长于今朝和县局刑警大队长陈荣国共同指挥现场民警和勘查人员对案发现场进行了详细的勘查制作了笔录，由于此案属非重大刑事案件，有关部门没能把有关案件的原始材料保存下来。

此爆炸案当时造成的直接损失情况如下：

1. 造成村民张信6岁儿子张国明当场被炸身亡。

2. 造成村民张俊14岁的儿子张立明失去右上肢和右下肢小腿，左手食指，并造成左前臂肌肉皮肤严重缺失。依据2004年11月5日颁发的民政部、劳动和社会保障部、卫生部、总后勤部关于印发《军人残疾等级评定标准（试行）的通知》中有关二级伤残标准里的第5种情况：双前臂缺失或双手功能完全丧失；第6种情况：双下肢高位缺失。参考以上两项说明张立明应构成二级伤残。

3. 张立明被炸后在医院抢救医治过程中的直接医药费约3万元人民币（这里不包含社会捐助部分）；护理费、误工费、伙食补助费5000元人民币；4次更换假肢2万元人民币（每次5000元人民币）；从张立明16岁失去劳动能力计算从1995年到2006年共12年，按当地七家子乡人均年收入1650人民币元计算，共损失近2万元人民币。以上给张立明本人及家庭共造成直接财产损失约7.5万元人民币。张立明终身伤残损失20元人民币。

4. 爆炸造成受害人张信家一匹马，一头驴、两只羊当场死亡，直接财产损失5000元左右人民币，间接损失估计有5至6万元人民币。

以上爆炸案给两个家庭造成严重灾害，一个六岁儿童失去生命，十四岁少年造成终生严重伤残，直接财产损失约八万元人民币。间接财产损失26万元人民币。

六、认定为日军遗留武器所致的依据：

1. 根据调查：日军小股部队确定于1937或1938年在这里扫荡，追杀过我抗日军民，危害多名无辜村民；

2. 国民党占领阜新时和解放前时，该地及其周围从未发生过大小战事。

承办人：张玉杰　熬冬青　梁万臣

冯国平　刘宇昆　刘喜贵

阜新市公安局

2006年11月15日

（阜新市公安局抗战损失课题调研办公室承办人张玉杰、敖冬青、刘喜贵出具的《结案报告》，辽宁省公安厅档案处藏档案，档案号2006年W—1—2522）

（31）日军遗留武器造成刘力死亡事件调查结案报告

刘力，男，初中文化，住开原市孙台街，被炸死时36岁，系开原市老城自行车零件厂内一小型炼钢厂工人。

1997年9月28日，开原老城自行车零件厂内一小型炼钢厂工人刘力在院内用水焊切割一旧炮弹，引起爆炸，刘力当场被炸死。

事件发生后，开原市公安局治安大队、刑警大队，铁岭市公安局治安支队到达现场，经现场勘查，爆炸炮弹系钢厂回收废铁所带。经法医鉴定，刘力系被炸致死。根据证人张立国、齐德昌、孙忠仁证人证言及对炮弹的初步鉴定，确认日军遗留武器造成刘力死亡。

开原市公安局抗战课题办公室同意调查人员和鉴定人员的意见，特此报告。

开原市公安局办公室主任　何凤森　齐力

开原市公安局

2006年11月14日

（开原市公安局抗战损失课题调研办公室承办人何凤森、齐力出具的《结案报告》，辽宁省公安厅档案处藏档案，档案号2006年W—1—2522）

# 四、大事记

## 1931 年

**9月18日**　夜，日军将南满铁路（今长春市至大连市铁路）沈阳北郊柳条湖段路轨炸毁，并以此为借口派兵进攻中国军队驻地北大营。至19日上午，日军攻占北大营。据日军统计，直接埋葬中国军人尸体320具，实际战死在400人左右。而据东北军参谋长荣臻的报告统计，驻北大营东北军军官死亡5人、士兵夫死亡144人，军官负伤14人、士兵夫负伤172人，总共伤亡官士兵夫335人，士兵失踪生死不明者有483人。

**同日**　夜，沈阳民众死127人，伤270人；工人死220人，伤110人。

**同日**　日军侵占辽宁省清原县海阳乡，造成全乡农业直接损失总价值2694300元（币种不详），其中：房屋1038700元，器具314700元，现款30000元，农产品124500元，工具128600元，牲畜910800元；其他衣裳被褥日常用品147000元。

**9月19日**　晨，日军攻占沈阳城，炮轰警察驻所，警察死180多人，伤300余人，被缴枪支约四五千支。很多市民被惨杀。日军占领沈阳兵工厂，占据厂内存步枪8万支、机关枪4000挺、炮600尊、枪弹300余万发、炮弹10万发、火药4万磅，并杀死守厂军人约300名；占有飞机厂飞机百余架；抢夺粮秣厂、被服厂所有物品；抢夺讲武堂器械观测器具，大炮30余门，等等，并破坏各种军事设施。全部损失在20000万元以上（币种不详）。

**同日**　日军入侵辽宁省丹东市，缴械枪支1000余支、弹药无数、海龙靖海等炮舰、机枪12挺、炮弹300余发、小枪12挺、弹药120发。

**同日**　日军入侵辽宁省凤城县（今丹东市凤城市），缴械大枪600余支、手枪50余支、迫击炮10门、机关枪6架、弹药约10万发、中国军警450余人被俘。

**9月20日**　日本关东军强令在本溪煤铁公司任职的中国职员撤出，中国350万银元的股金被侵吞。

**同日**　日军围攻辽宁省昌图县兵营，并纵火焚毁，中国军民死亡100余人。

同日　日军侵占葫芦岛，枪杀30余人。

9月29日　日军飞机轰炸辽宁省台安县第五区桑林屯（今桑林镇桑林村），造成平民孙广吉、任赵氏、王房氏、王女丫头4人死亡。

9月　日本关东军在辽宁省辽阳、铁岭、抚顺一带进行军事"讨伐"，打死中国人41人，打伤13人。

同月　日本关东军守备队包围辽宁省复县（今大连市瓦房店市）政府，解除中国警察武装。爱国人士宋魁五召集400余人组成抗日武装队伍，不幸被日军杀害。

10月4日　日军飞机对辽宁省抚顺上章党村进行轰炸，炸死村民张云票一家7人，另有村民5人被炸伤。

10月8日　日军12架飞机对辽宁省锦州地区进行轰炸，炸死36人，重伤21人，省署、车站、学校被毁。同日对打虎山、沟帮子等站进行空袭。

10月14日　日军在辽宁省沈阳市新民、皇姑屯、巨流河三处各增兵，并运送大批械弹。此间派往巨流河的日军与抗日武装发生交火，中方战死11人。

10月17日　日军在辽宁省抚顺市千金寨强抢居民枪支11支，子弹5000发，并枪杀1名中国工人。

10月18日　驻沈阳市日军警备队一个小队，在山梨屯附近攻击约80名抗日义勇军，打死义勇军9人，缴获步枪1支、弹药200发。

同日　日军守备队在辽宁省开原县（今铁岭市开原市）马仲河北一带与中国地方武装交火，地方武装战死16人，马2匹。

10月21日　日军与退至辽宁省铁岭一带的东北军王以哲部遭遇，此战东北军战死60余人。

10月30日　伪辽宁省财政厅官员三田茂二与关东军武装人员到营口税务稽核所，强行提取盐款67.2万元（币种不详）。

10月　日本关东军在辽宁省铁岭、沈阳、抚顺一带进行军事"讨伐"，打死中国人434人，打伤151人，打死马16匹。

11月2日　日本关东军司令部派日军40余名，携带机关枪炮，强行占据辽宁省复县（今大连市瓦房店市）复州湾商办的东北矿业公司煤矿。任命岩根元三为矿长，并派日本顾问6人。该矿价值300余万元（币种不详），年生产无烟煤25万吨左右。

同日　日军在饭田大尉率领下，在辽宁省开原县（今铁岭市开原市）西北镇压抗日武装，抗日武装战死50余人，伤3人。

同日　日军在辽宁省昌图县头道沟与抗日武装遭遇，双方激战6小时。抗日武装战死80人，伤100余人，损失长枪17支、手枪3支、马8匹。

11月5日　日军由沈阳调兵至鞍山千山西部一带，围攻抗日义勇军"老北风"队伍。"老北风"部战死30人，被俘6人，损失马匹若干。

11月9日　日军独立守备队第3大队、步兵19旅一部赴辽宁省海城（今鞍山市海城市）西北"围剿"抗日武装，抗日武装战死30人，损失马20匹。

同日　日军在辽宁省海城古城子与抗日义勇军交战，义勇军战死260余人，损失马61匹。在土台子村，日军与辽南抗日义勇军交战，义勇军战死30人。

11月22日　日伪警察200余名在大队长韩荣萱率领下与抗日义勇军"金山好"部在辽宁省开原二社窝堡交战，义勇军死10余人，被俘5人，伪警察死5人。

11月24日　驻防辽宁省新民县巨流河的日军在巨流河北方约5公里的腰高台子村附近与当地保安队交战，保安队死60人，马死10匹，负伤多人，并被日军虏获枪械多支、迫击炮1门、马6匹。

同日　日伪军警在辽宁省熊岳城（今营口市熊岳镇）北芦家屯附近与抗日义勇军交战，义勇军战死10余人、受伤10余人、被俘1人，损失枪械多支、迫击炮一门、马5匹，伪巡长王某被流弹打死，当地村民姜姓父子二人被打死。26日，日军在辽宁省熊岳附近海岸追击抗日义勇军，义勇军战死11人，被俘1人，损失大枪8支、手枪3支。

11月25日　日军在辽宁省营口熊岳西河口与抗日义勇军交战，义勇军战死13人，被俘1人，当地船夫1人被打死。

12月2日　日军进犯辽宁省黑山县长岭村五台屯，给村民造成财产损失达219100元（币种不详）。

12月5日　日军轰炸辽宁省黑山县长岭村双山屯，炸毁房屋12间，炸死牲畜26头，造成财产损失达168000元（币种不详）。

12月6日　日军以肃清土匪为由，派出飞机10余架向辽宁省新民县附近及辽阳西北各村落肆意轰炸，村民被害者300余人。

12月12日　日军在辽宁省锦州后红石槽村烧毁房屋170间，炸死2人；在四道沟扎死、扎伤各1人；在康屯打死无辜群众1人，烧毁一座院落；在三台子烧毁房屋20间，枪杀群众3人；在陈八道壕扎死村民1人，烧毁房屋十几户，抓走10多人并严刑拷打，导致多人致残。

同日　日军向辽宁省锦州地区进行"扫荡"，从白厂门到北镇闾山北尾村，抗日义勇军战士及妇孺伤亡50余人，损失大车9辆、骡马30多匹。

12月22日 日本独立守备步兵第2大队在辽宁省法库县李贝堡与约300名抗日义勇军遭遇，义勇军战死约百人。

12月29日 日军进犯辽宁省盘山县，东北军第19旅655团两连士兵进行抗击，当地兵民150余人牺牲。

12月30日 日军由朝鲜调来的混成旅参加向辽宁省锦州沟帮子（今锦州市沟帮子镇）进攻的作战，其先锋部队过白旗堡时与黄显声部警队发生激战，由于武器较差，黄显声部警士死伤达150余人。

同日 日军向辽宁省锦州沟帮子派飞机进行轰炸，将铁道炸毁数处，东北军死伤官兵37人，铁甲车被炸毁一辆。

12月31日 日本独立守备队之一部实施对辽宁省鞍山西部地区"扫荡"。午后在鞍山西北方约20公里之唐马寨与约300名抗日义勇军交战，义勇军战死约10人。

同日 日军在辽宁省锦州沟帮子大凌河间与抗日义勇军交战，转战三昼夜，义勇军450余人的队伍伤亡众多。

**是年冬季** 日军派百余人的队伍到辽宁省沈阳苏家屯（今沈阳市苏家屯区）大沟村攻打抗日队伍。杨长庆、杨长凯兄弟2人，杨德发夫妻2人，尹氏祖孙3人及李多福等村民被打死，抗日义勇军"保胜部"战士2人战死，另有10余名村民受伤、1人致残。全村40余间房屋被烧毁。

# 1932 年

1月4日 日本独立守备步兵第6大队主力自辽宁省鞍山出动，"讨伐"刘二堡附近的抗日义勇军。在刘二堡西北方受到约500名抗日义勇军的抵抗，义勇军战死约70人。

同日 日军驻新民部队派遣步兵1个中队，与袭击新民的抗日武装交战，打死约40人。

1月6日 日本独立守备步兵第3大队第4中队在辽宁省辽阳北部地区"讨伐"抗日义勇军，打死义勇军40人，毙马20匹，掳获马20匹。

同日 日本守备队在辽宁省新民县梁山杨家岗子枪杀农民杨德玉、冯春才等13人。

1月7日 日本独立守备步兵第3大队"扫荡"辽宁省辽阳西北方地区抗日义勇军约600人，打死义勇军40余人、毙马20匹，掳获马30匹。

**1月10日**　日军独立守备步兵第4大队两个中队"扫荡"辽宁省凤凰城（今丹东市凤城市）西南部地区抗日义勇军，打死义勇军五六十人。

**1月11日**　日军以报复地方抗日义勇军袭击为由，将辽宁省黑山县大虎山"第一楼"旅馆经理及旅客19人逮捕，其中18人被杀害，仅冯玉才受伤后逃生。

**同日**　日军在锦西（今辽宁省葫芦岛市）一带"扫荡"，在进入锦西城后与抗日义勇军发生激战，义勇军战死20余人。

**1月15日**　午后，驻守辽宁省锦州火车站的日军在距车站东约6里处与抗日义勇军约六七十人交战，义勇军战死6人。

**同日**　日军以剿匪为名，在辽宁省黑山县四台子村杀害村民20余人。

**1月中旬**　日军全线"清剿"辽宁省锦州间山地区抗日武装，并对当地村庄进行报复，先后在田园子、史屯等地，残杀无辜群众5人，焚烧民房40余间。

**1月17日**　日军侵占辽宁省锦州北镇县（今锦州市北镇市），后纠集伪警务队等武装约千人进剿城西山区抗日武装，先后枪杀中国百姓3人、刀砍李姓母子2人，烧毁民房40余间。

**同日**　日军独立守备队在辽宁省辽阳小烟台与地方抗日武装人员交战，打死武装人员130人、伤者数字不详，打死马60匹、虏获马40匹，并剿获大量枪械子弹。

**同日**　孙铭武等人领导的抗日"血盟救国军"在辽宁省新宾县大苏河一带与日伪军发生遭遇战，救国军牺牲20余人，负伤16人。击毙伪公安队队长1名，队员4人。

**1月18日**　日军守备队在一支千余人的抗日义勇军往辽宁省新民八道沟行进时突然袭击，义勇军战死30人。

**1月20日**　日军1500人与东北民众自卫义勇军第6路军司令袁佐唐部千余人在辽宁省辽阳市与辽中县之间激战，义勇军伤亡40人。

**1月23—25日**　日军在辽宁省阜新蒙古族自治县国华乡梨树营子村杀死村民24人，烧毁房舍30多间，杀、烧牲畜30多头。

**1月25日**　日军突袭辽宁省北镇城南三台子村，枪杀群众杨连芳等4人。入夜后，日军包围关三家子村，杀害村民陆广德等16人，烧毁民宅30多间。

**1月26日**　日军铁甲车队、骑兵和炮兵进占辽宁省北镇正安堡，枪杀王忠义、王忠德2人。同时，正安、马市和西赵村也遭到日军的"血洗"，有34间房屋被烧毁，还有村民5人被杀害。

同日　日军飞机在辽宁省黑山县胡家投弹，4枚未炸，后被群众引爆，炸死村民12人、伤12人。

2月1日　日军第77联队突然袭击辽宁省新民县公主屯，该屯抗日组织"红枪会"首领及村民23人被打死。

2月5日　日本关东军某部步兵第1小队在辽宁省昌图县东南马仲河附近进行军事"讨伐"，打死中国人10人，缴获7匹马，步枪5支。

2月6日　日本关东军某部步兵1大队在辽宁省锦州小黑山西南地区进行军事"讨伐"，打死中国人4人，打伤20人。

2月8日　日本关东军某部步兵1中队在辽宁省铁岭东南方地区进行军事"讨伐"，打死中国人6人。

2月9日　日本关东军某部步兵1中队在辽宁省盘山县大孤家子地区进行军事"讨伐"，打死中国人18人、抓捕7人，打死马17匹，没收马8匹。

2月10日　日伪公安队与抗日义勇军于澄、耿继周、金子明等部在辽宁省彰武县附近交战，义勇军战死20余人。之后又多次与日、伪军在此地交战，义勇军战死106人、负伤数十人，日伪公安队刘国勋、高凤九、冯占山、高文、吴春贵、李海山、丁贵林等7人被打死，成珠、宗振东等7人受伤。

2月11日　日本关东军某部步兵3大队在辽宁省新民县大三家子附近进行军事"讨伐"，打死中国人1人，打伤多人，打死15匹马。

2月12日　日本关东军某部步兵1中队在辽宁省沈阳市陈相屯史家沟地区进行军事"讨伐"，打死中国人15人。

2月13日　日本关东军某部步兵1小队在安奉铁路线祁家堡附近进行军事"讨伐"，打死中国人21人，打死9匹马，缴获6匹马。

2月13—15日　日本关东军某部步兵2中队在安奉铁路（今辽宁省丹东至沈阳铁路）沿线草河口崔家堡赛马集附近进行军事"讨伐"，打死中国人54人。

2月15—16日　日本关东军某部步兵1中队在辽宁省大虎山（今锦州市大虎山镇）安正堡附近进行军事"讨伐"，打死中国人7人。

2月16日　日本关东军某部步兵1中队在辽宁省昌图县肃家沟附近进行军事"讨伐"，打死中国人20人。

2月17日　日本关东军某部步兵1大队在辽宁省沈阳市沙河大武镇营附近进行军事"讨伐"，打死中国人30人，缴获30匹马及8辆马车。

2月18日　日本关东军某部步兵1中队在辽宁省新民白旗堡地区进行军事"讨伐"，打死中国人14人，缴获7匹马、步枪5支。

2月中旬　伪军王殿忠部在辽宁省海城与辽南抗日义勇军多次交战，义勇军牺牲23人，义勇军首领"久胜"、"海乐"、"天元"、"海红"、"五省"、"占中原"等及战士被俘40人，损失枪械660支、马匹268匹、骡马29匹。王殿忠部伪军死2人、负伤2人。

2月25—26日　日本关东军某部步兵1大队及炮兵1中队在锦西附近进行军事"讨伐"，打死中国人约200人，打伤多人。

2月26日　日本关东军某部步兵1中队、骑兵1中队及炮兵1中队在锦西附近进行军事"讨伐"，打死中国人30人，俘获马2匹。

2月29日　日本关东军某部步兵1中队及炮兵两个中队在辽宁省沟帮子镇附近进行军事"讨伐"，打死中国人30人。

同日　日、伪军"讨伐队"与抗日义勇军刘海泉部100余人在辽宁省沈阳市红旗台附近发生激战，义勇军战死30余人。

同日　日本关东军某部步兵2中队在辽宁省铁岭李千户屯及陈千户屯附近进行军事"讨伐"，打死中国人5人。

3月1日　日伪民团与辽宁省新民抗日武装500余人激战3小时，抗日武装人员战死15人，马匹死亡11匹。日伪民团队员被打死2人。

3月2日　日本关东军某部步兵1中队在辽宁省抚顺附近进行军事"讨伐"，打死中国人约百人。

3月6—7日　日军在辽宁省法库县二台子地区与抗日组织"红枪会"发生激战，"红枪会"首领杨法师等30余人被打死，俘虏10余人。

3月7日　日本第77联队百余人包围辽宁省新民公主屯，该村抗日武装"红枪会"在首领杨全声、张宏图率领下进行抵抗，后不敌失败。日军共杀害"红枪会"首领和群众23人，杀伤、烧伤60余人，烧毁房屋60多间。次日，日军又在马蹄岗子村杀死杀伤村民3人，烧毁房屋80多间。

同日　日本关东军汤山城分遣队在辽宁省丹东市五龙背、汤山城间进行军事"讨伐"，打死中国人10人。

同日　日本关东军某部步兵1大队在辽宁省新民公主屯附近进行军事"讨伐"，打死中国人83人，俘虏18人，打死马5匹。

3月8日　日本关东军某部步兵4中队在辽宁省锦州市高桥附近进行军事"讨伐"，打死中国人30人。

3月14日　日本关东军某部步兵1中队在辽宁省绥中县三道沟附近进行军事"讨伐"，打死打伤中国人约150人。

3月15日　日军鞍山守备队与日伪警察队约230人在辽宁省首山县（今辽阳市首山镇）车站附近进行军事"讨伐"，打死中国人40—50人。

同日　日本关东军骑兵1中队在辽宁省锦州杂木林子一带进行军事"讨伐"，打死中国人50—60人。

3月17日　日军绥中守备队在辽宁省绥中县附近进行军事"讨伐"，打死中国人5人。

3月18日　日本关东军步兵1中队在辽宁省沈阳南方新庄附近进行军事"讨伐"，打死中国人7人。

3月21日　日本守备队120余人从辽宁省庄河（今大连市庄河市）窜至青堆子，搜捕抗日人员，抓捕群众10余人，就地枪杀6人。

3月22日　日本关东军步兵1中队、骑兵1中队在辽宁省庄河县附近进行军事"讨伐"，打死中国人80人。

同日　日本关东军步兵1联队在辽宁省绥中县西方一带进行军事"讨伐"，打死中国人16人。

3月23日　驻辽宁省锦州沟帮子的日军数十人窜至凌海市石山镇良屯村，村民四五十人在北山沟被日军围堵，其中刘文正、黄金昌、赵清选、郑老质和李老相父子等6人被日军杀害。村民王恩波被刺中7刀，被村民救起，得以幸存。

同日　日本关东军在辽宁省绥中县西南一带进行军事"讨伐"，打死中国人约200人。

3月27日　日军900余人在辽宁省兴城县（今葫芦岛市兴城市）西部山区"扫荡"，杀害高家岭等村屯无辜村民36人，烧毁村民房屋300余间，制造了高家岭惨案。

4月3日　日伪军警数千人对辽宁省辽阳附近的抗日救国铁血军进行"围剿"，铁血军战士有25人牺牲，40余人被俘。4日，日伪军警在辽阳西关外大壕沟旁将抗日救国铁血军战俘曹广大、陈春一等22人杀害。日伪警宪又于10日上午5时，杀害抗日救国铁血军16名战俘。不久，日伪巡捕韩子晶伙同日司法主任泽春等来到沙岭，先后将杜兴武（村长）、金亮玉（副村长）、金子清、金朝关、金朝贡、闵豹文、曹忠恕等9人抓走，转押至鞍山八挂沟杀害。

4月4日　日军警备队与刘同先、王宝绪率领的抗日武装600余人在辽宁省庄河（今大连市庄河市）展开近战，抗日救国军伤亡20余人。

4月7日　日、伪军与王宝绪独立团在辽宁省庄河双塔岭交战，独立团200余人被俘，其中32人被日、伪军杀害于英那河畔。9日，伪军又将12名抗日独立团战士和无辜群众杀害于庄河镇街东空地，并割下被害人头颅悬挂在街旁电线杆上示众。

4月　日、伪军在辽宁省辽中县一带与辽南抗日义勇军"三胜"部交战，义勇军战死60人，30余人被俘，义勇军首领"治国"亦被俘，"中胜"、"忠臣"2人负伤，损失枪支马匹甚众。

同月　辽宁省本溪湖煤矿2坑13道瓦斯爆炸，死亡劳工10余人。

5月6日　日军进攻辽宁省台安县桑林村桑林屯（今桑林镇桑林村），村民李海等4人死亡，烧毁房屋610间。

5月20日　伪军邵本良部与辽宁民众自卫军王彤轩部500余人在辽宁省新宾县东部的东昌台进行了激烈战斗，两军相持9个小时，自卫军官兵伤亡18人，伪军死50余人，伤30余人。

5月24日　日军和伪警察120余人进犯辽宁省义县肖家屯，共杀害无辜群众25人，焚毁民房数间，制造了肖家屯惨案。

同日　日军与抗日义勇军在辽宁省庄河县青堆子发生激战，义勇军战死70余人，伤30余人。

6月6日　刘凯平、曹玉仁、郭砚田、杨森、岳宗岱、王德山、穆某及另外2人（名字不详），共9人，被驻沈阳的日本宪兵团以"反满抗日国事犯"的罪名判处死刑，秘密执行。

同日　日军第20师团第4越境部队一部140人，由井平大尉带领从朝鲜昌城渡鸭绿江侵占永甸（今辽宁省丹东市宽甸县永甸镇），另一部120人由福良中尉带领沿鸭绿江乘汽车至小蒲石河进攻太平哨。侵入永甸日军在永甸碑沟门杀害正在捕鱼的杨氏兄弟2人，又在王胖子沟门开枪打死蚕民王玉生。当日，仅永甸一地就有9人被日军打死。

6月7日　日军与抗日武装自卫军张宗周部在辽宁省宽甸县狗鱼汀发生激战，自卫军团长孟继圣及官兵40余人牺牲。

6月9日　日军驻大虎山守备队对辽宁省鞍山桑林子村进行"扫荡"，将留守在村子里的7位老人全部杀害，还有1人被抓走，几天后被折磨致死。6月10日，日军将全村100多间房子烧毁。

6月16日　日本步兵第32联队长佐藤大佐指挥以步兵4中队为基干的部队，在辽宁省黑山县新立屯南方地区"讨伐"抗日义勇军，义勇军战死20余人。

6月21日　日军从辽宁省辽阳、海城、大石桥等地调来300多名军警，分3路包围鞍山市郊区西河南村，与抗日武装队伍"绿林好"展开激战，"绿林好"

部王国选等14人牺牲,后日军为进行报复又杀害村民苏德奇等32人,烧毁房屋108间。

同日　日本独立守备步兵第6大队1个中队在辽宁省鞍山市火车站西南方"讨伐"抗日义勇军,义勇军战死80余人。

6月24日　伪辽河地区警备司令部所属剿捕军队在辽宁省辽中县姜家窝堡与抗日义勇军交战,义勇军战死5人、受伤3人(后死于麦田中),损失匣枪1支。

同日　日军在辽宁省朝阳县羊山一带进行报复"扫荡",在南广富营子村将244间半房子全部烧毁,并杀死羊倌刘老头、谢云魁等村民31人。

6月28日　伪辽河地区警备司令部所属剿捕军队在回防辽宁省海城牛庄的途中于六台子与抗日义勇军"三胜"部遭遇,用炮火轰击炸死义勇军17名、伤10余名。

6月29日　伪辽河地区警备司令部所属剿捕军队在辽宁省鞍山刘家甸附近与抗日义勇军激战,义勇军战死20余人、伤10余人,损失马5匹。

同日　日、伪军在于芷山的率领下于辽宁省新宾县附近与辽宁民众自卫军李春润部发生激战,日军飞机向新宾县城投掷炸弹多枚,将40余间房屋民宅炸毁,商民伤亡10余人。于芷山率部进占新宾县城后,残害爱国知识分子100多人。

6月　日军在辽宁省海城县黄县屯村杀害辽南抗日义勇军自卫团队长王玉田等19人。

同月　日军警和伪警察队与辽宁省凤城抗日首领李福冈率领的2000余人发生激战,义勇军战死5人。

7月1日　日伪安奉地区警备司令部所属军队与东北民众自卫义勇军第28路军司令邓铁梅所部千余人在辽宁省凤城县龙王庙发生激战,王静波等27人被打死,损失小枪12支、大刀5把、大枪4支。

7月6日　抗日义勇军第12路军在辽宁省锦州市北镇城南何营子伏击日军,当晚,日军实行报复"血洗"何营子村,杀害无辜群众7人,烧毁房屋120余间,并将该村炸为平地,制造了何营子惨案。

同日　日军在辽宁省锦州市北镇南方与抗日义勇军发生交战,日军从北镇及沟帮子部队中各急派一部参战。义勇军战死约30人。

7月18日　日军5架飞机轰炸辽宁省朝阳市,炸死居民11人、伤21人,炸死马21匹,炸毁民房10余处。

8月2日　日伪军队与抗日义勇军首领"老北风"等率领的4000余众在辽宁

省营口市附近发生激战，义勇军战死约80人，损失枪40余支。

8月11日 日、伪军与辽宁省沈阳地区的抗日救国军发生激战，抗日救国军战死10余人，伤20余人，损失扎枪6支、手榴弹2箱。

同日 日、伪军在辽宁省岫岩县与东北民众自卫义勇军第28路军司令邓铁梅率领的2000余人发生激战，战斗持续3昼夜，义勇军阵亡30余人、被俘26人，损失枪支40余支。

8月12日 日伪护路军与辽宁省沈阳地区的抗日武装发生战斗，日军铁甲车等赶来支援，激战中抗日军战死3人、受伤30余人，损失扎枪3支，车站房屋被焚毁。

8月19日 日军5架飞机在辽宁省盘锦市高升镇轰炸，炸死民众50多人、炸伤百余人，炸死牛马等牲畜40多头，炸毁房屋数百间。

8月20日 日、伪军在辽宁省海城县周正堡村与200余名抗日义勇军发生交战，义勇军战死10余人，伤五六十名。

同日 日、伪军与辽宁民众自卫军刘克俭部在辽宁省清原县发生激战，自卫军牺牲200余人。

8月22—23日 日、伪军与辽宁省海城腾鳌堡抗日义勇军激烈交战，义勇军战死27人，损失骡子5头、马6匹、大车2辆、枪11支。

8月 日军30多人包围辽宁省义县以东40公里的霸王庄，强行将村里30多名群众赶下河去，而后对他们进行疯狂射击，造成3人死亡，10多人受伤。随后，日军又焚毁了29间民房。

9月3日 日、伪军为报复抗日义勇军"老梯子"部和第12路军的抗击，在辽宁省闾山十字口、闵家店（今属北镇市）一带村屯中，烧毁民房500余间，杀害群众400余人。

同日 日军步兵第5联队附中佐永村十造指挥的"讨伐队"在辽宁省绥中县附近与抗日义勇军约70人交战，义勇军战死20多人。

9月5日 以东北民众自卫义勇军第28路军司令邓铁梅为总指挥，庄河民众救国军第40路军司令刘同先和岫岩民众救国军第56路军司令刘景文为副总指挥，组成5000人联合大军，向李寿山的伪安东地区警备处驻地大孤山街发起总攻，激战18天，联军遭日军飞机轰炸和来自岫岩日本援军"围剿"，救国军有200余人牺牲。

9月10日 日军为报复之前被袭，出动500多人包围了辽宁省抚顺大东洲村，村民冯老六等13人被杀，全村520多间房屋被烧得只剩下11间，家具全部毁掉,所有牲畜或被烧死或被抢走。

9月11日　日、伪军在辽宁省营口李家堡子铁道附近与抗日武装150余人激战约1小时,抗日军人战死5人,损失马2匹、驴3头。

9月15日　约有1000名抗日义勇军袭击辽宁省抚顺,遇到日本守备队抵抗,义勇军战死40余人。

9月16日　日本驻辽宁省抚顺守备队、警察署、宪兵队计200多人,将抚顺煤矿附近的居民集中屠杀,3000多人死亡,800余间民房被烧毁,制造了平顶山惨案。

同日　日、伪军在辽宁省铁岭百官屯与赵亚洲及大刀会首领刘大法师率领的抗日义勇军交战,义勇军战死20余人,伤28人。

9月20日　日本关东军强令在辽宁省本溪煤铁公司任职的中国职员撤出,中国350万银元的股金被侵吞。

9月　抗日义勇军46路军在辽宁省开原县老濞沟一带活动,其抗日主张影响了开原伪军,这些伪军不愿杀害自己的同胞,日军将100余名伪军捆绑后押运到开原火车站后圈入铁栅栏内,然后放入狼狗将其全部咬死。

10月7日　日军200多人在辽宁省义县刘龙台杀害当地4名无辜百姓,烧毁民房200多间,制造了刘龙台惨案。

10月9日　日军500余名攻打辽宁省朝阳三宝营子村抗日义勇军,并派飞机、大炮轰炸,杀害村民约百人,炸毁房屋100余间,焚烧柴草、粮食、财物等价值难以数计。

10月12日　日军飞机在辽宁省新宾县境内投掷炸弹,炸死3人,伤4人。

10月17日　抗日义勇军在辽宁省台安县遭日军袭击,死100人,损失枪支80支、马匹47匹;次日又在路家店受袭,死12人。

同日　日本关东军一个联队入侵辽宁省盘山县高升镇,用机枪向当地居民射击,被打死打伤者比比皆是。当日军至高升警察署时,将中国警察署长、巡官、警士和警察队员共40人,召集在一起,以"反满抗日"的罪名,将他们驱至西街阚振山的家中,用机枪全部射死,再纵火烧了房屋。这次大屠杀,当地居民死伤百余人,中国警察死亡40人,打死打伤牛马等牲畜70多头,烧毁房屋10间。

10月19日　日军第8师团义州警备队与飞行队及锦州、朝阳等部队相配合在辽宁省义州站附近与约2500名抗日义勇军交战,义勇军战死250余人。

10月24日　日、伪军与原辽宁省岫岩县伪军公安队800余名投诚人员激战7

小时，公安队战死25人，伤60余人。

**10月27日**　日军出动100多人到辽宁省锦州大雷家沟进行"扫荡"，因村民大部撤离，日军便放火烧村，全村328间房子全部烧光，烧死村民2人，致使500多人无家可归。

**10月**　驻辽宁省法库县的日本守备队将在押的所谓盗字的33人，拉到陶屯南甸子杀害。

**同月**　日、伪军对辽宁省新宾县清源村进行军事"讨伐"，当地民众抗日人士约400余人，只逃走20名，其余全部被射杀。

**同月**　日、伪军在辽宁省新宾县干沟子进行军事"讨伐"，打死当地民众抗日人士16人。

**同月**　日、伪军在辽宁省桓仁县大恩堡进行军事"讨伐"，打死当地民众抗日人士80余人。

**11月12日**　日军在辽宁省盘山县双台子河南岸枪杀受"招降"的抗日义勇军四五百人。

**11月**　日军守备队在辽宁省法库县秀水河子村一带，将10名50岁左右的农民，以"惯匪"的罪名集体活埋。

**同月**　抗日义勇军之自卫军攻打辽宁省开原县城，日军将杨世昌等30余名自卫军战士抓捕后枪杀。

**12月10日**　日军一架双层机翼飞机在辽宁省开原县莲花孤榆树集市上，向赶集的人群俯冲扫射、投弹，当即炸死农民于文祥等10人（其中儿童占了半数）。

**12月16日**　日军攻占辽宁省岫岩县城，大肆杀害无辜群众，仅北城下就抛尸30余具。

**是年末**　驻辽宁省新民的日本守备队在队长山杉亲自指挥下，于新民东站前日本守备队大院内，将31名中国爱国人士，用刺刀挑死。


# 1933 年

**1月9日**　日、伪军在辽宁省海城西北韭菜台与抗日义勇军"老北风"部交战，义勇军战死18人，刘道清、岳佩珊等2人被俘。

**2月10日**　张学良自北平派遣抗日义勇军到东北抗日，孙耀祖等20名将校军官奉令经由大连登陆，拟北上抗日，因叛徒出卖，被殖民统治当局逮捕，不久全部被杀害。

2月13日　日军"讨伐队"在辽宁省新宾县旺清门镇向江东、西山堡等村屯发动突然袭击，当即打死3人，后又抓走40多名村民并全部杀害，共约180余间房屋被烧毁。

3月13日　日军在辽宁省新宾县旺清门镇等地抓走无辜群众40余人，不久后全部杀害。还烧毁民房1000多间。

3月16日　日军宪兵分队在辽宁省沈阳市小南关大什字街对汤玉麟公馆进行搜查，以"逆产"名义收缴马10匹、汽车10辆及大量枪支武器。

3月29日　日、伪军与东北抗日武装在辽宁省岫岩沙里寨一带发生激战，抗日人员战死20人，伤30人。

4月21日　日伪军警与刘景文、刘同先等率领的抗日义勇军在辽宁省岫岩县青堆子交战两小时，义勇军战死29人。

4月　日军与东北民众自卫义勇军邓铁梅部第一支队李海山率领的600余人在辽宁省老平顶（凤城、岫岩两县界山）交战，一支队600余人全部牺牲。

5月31日　日军在辽宁省凌源县（今朝阳凌源市）制造了下堡子惨案，杀害57人。

6月3—5日　日本守备队40余人、伪警察400余人在辽宁省庄河花院乡朱营子村附近"讨伐"，平民百姓被杀害11人，伤者数人。

6月16日　日、伪军300多人在凌源县东赤里赤村（今属辽宁省朝阳市喀左县），肆意践踏庄稼，抢夺牲畜，殴打村民。当受到村民邹立田、白万升等人反抗后，日、伪军枪杀村民32人，打伤5人，烧毁房屋59间。

7月26日　辽宁省阜新地区抗日义勇军田霖、英若愚部1600多人在向抚顺转移的过程中与日、伪军多次交战，所部义勇军伤亡1000余人。次日，被日、伪军包围在抚顺三岔子附近，战斗中义勇军又损失大半。29日，再次被敌人包围在苏地沟，义勇军又在战斗中牺牲20余人，义勇军首领田霖、英若愚战死。

8月13日　日、伪军与刘老疙瘩、"东来好"率领的辽宁省锦县（今锦州市凌海市）抗日义勇军发生激战，义勇军战死5人，损失步枪1支、骡1头。

8月17日　日军在辽宁省岫岩县塔沟包围保护隐藏军火的抗日义勇军李春润部300余人，义勇军在突围中伤亡营长以下官兵20余人，李春润腿部负重伤，军火全部被日军搜走。

8月　日军守备队在辽宁省清原县南山城杀害无辜群众20人。

同月　日军驻开原守备队逮捕辽宁省西丰县5区自卫团第2分队长籍魁山及

其部下等32人，将其全部杀害。

9月5日　日伪统治下的辽宁省本溪湖煤矿5坑发生瓦斯爆炸，中国劳工死亡27人。

9月　日军在辽宁省辽阳西沙岭村将村长杜兴武、李福江、金朝英、金朝共、裴俊生、胡忠树、闵茂文和金朝凯等10余人逮捕，并送交驻鞍山日军守备队杀害。

同月　日军在辽宁省义县班吉塔村烧毁房屋868间。

是年秋　日军在辽宁省朝阳县王伦沟乡二车户沟村放火烧毁村民放在场院上的庄稼，随后又将下窝铺村60户人家的200多间房子全部烧毁。

10月　日军守备队在辽宁省清原县崔庄子逮捕抗日武装大刀队的24名成员和无辜村民王福祥、赵洪亮等5人，这29人被日军枪杀在打谷场院内，又烧光100余间房屋。

同月　日军在辽宁省凌源县三家子小巨车沟与抗日武装红枪会进行战斗，红枪会刘法师和辛长海、韩秀峰、张立柱等47人被打死。

11月3日　伪满洲国财政部命令辽宁省营口所有银炉停止营业，严禁炉银的铸造、流通，造成营口6家银炉兑换损失150多万元伪满洲国币。

11月9—15日　日军袭击辽宁省朝阳县二车户沟村，村中57名成年男子被杀害。

12月20日　日伪统治下的辽宁省抚顺炭矿东乡采炭所西部第10卷扬机坑道第3水平巷道2号巷道内发生火灾事故，中国矿工死亡14人。

是年　日军在辽宁省岫岩县境内实行"集屯并户"，制造无人区，当年烧毁民房1000余间，至1936年，境内共烧毁民房2万余间，建"集团部落"20余处，村民无处安身，死者众多。

# 1934 年

1月27日　日本守备队"进犯"辽宁省清原县于家沟，放火烧毁了几十户人家的房屋，所有粮食、财物也被烧光，1名村民被烧死，致使因冻饿、疫病蔓延而死者达50多人。

1月31日　日伪警察在辽宁省凤城九沟堡村与抗日义勇军遭遇，发生战斗，义勇军战死7人。

2月17日　日军在辽宁省岫岩县城北包家堡"讨伐"抗日义勇军扑空，抓捕当地群众罗玉维等21人毒打逼问抗日义勇军去向,当日将罗玉维杀害,又于当月25日将余者20人枪杀。

**同日**　日军闯入辽宁省岫岩县哨子河乡虎岭村赵家堡,不问情由,将赵连文等5人绑至二道河子杀害。

**3月6日**　日军在辽宁省岫岩县苏子沟乡古龙村北限子前河无故开枪将陈永芳等5人打死。

**3月**　日伪统治下的辽宁省抚顺炭矿老万井5区1采煤掌子发生冒顶事故,有5名中国矿工被砸死。

**是年春**　日、伪军百余人在辽宁省岫岩县三道沟用机枪射杀当地群众60余人。

**4月3日**　驻辽宁省营口的日、伪军下乡"讨伐",在南亮子沟附近与20余抗日义勇军遭遇,交战后,义勇军战死4人,被俘10余人。

**4月**　日军在辽宁省岫岩县大营子一带逮捕抗日义勇军家属和参加过义勇军的农民50余人,用两辆车载至鸡冠山棒槌沟活埋。

**同月**　抚顺洋灰株式会社(抚顺水泥厂前身)成立,日本开始对辽宁省抚顺水泥进行掠夺。到1938年,日本每年从抚顺掠夺水泥25万吨。

**5月9日**　日伪警察队在安东县(今辽宁省丹东市东港市)长山北村朝阳岗与抗日义勇军"海蛟"部独立团交战,团长孙正余被俘,义勇军士兵战死3人、伤30余人,损失枪械若干。

**5月10日**　日伪统治下的辽宁省抚顺新屯坑中部人车通行坑道第14水平巷道发生瓦斯爆炸事故,中国矿工死亡24人,受伤13人。

**5月17日**　日军在辽宁省凌南县(今葫芦岛市建昌县)王砬子沟杀害村民13人。

**5月19日**　日军用飞机和大炮轰炸辽宁省朝阳县羊山镇南营子村,杀害村民27人,烧毁民房400多间,各家财产被日军洗劫一空。

**同日**　日、伪军300多人在辽宁省建昌县王峦沟杀害村民李振发等13人,李学成、李清芳二人受重伤。

**5月30日**　因叛徒出卖,日伪警宪将因患痢疾秘密养病的东北民众自卫义勇军第28路军司令邓铁梅逮捕。9月28日,日本宪兵将邓铁梅秘密杀害于伪奉天陆军监狱中,并于同日将邓妻张玉姝活埋在浑河沿。

**5月**　日本守备队第5大队把"讨伐"中抓捕的抗日民众救国军战士赵洪理、李奎武等16人,在辽宁省庄河县花院乡朱营村曲家大院集体杀害。

**6月9日** 日、伪军在辽宁省西丰县王家沟与抗日义勇军遭遇，双方交火数小时，义勇军战死15人。

**8月21日** 日伪统治下的辽宁省本溪湖煤矿2坑15道西1道发生瓦斯爆炸，中国劳工死亡8人。

**是年秋** 日军在辽宁省新宾县长垫地村（今属清原县）枪杀26名无辜农民。

**10月1日** 日军守备队与东北人民革命军独立师某部百余人在辽宁省新宾县库仑沟激战2小时，东北人民革命军牺牲12人。

**10月20日** 日本守备队在辽宁省抚顺台沟、安家峪两个村先后抓捕梁海林、朱玉田等村民30人，在斑毛岭将其中28人杀害。此前日军还在台沟村杀害村民李德发1人。

**10月下旬** 日军在辽宁省岫岩县张家堡（今哨子河乡永贵村）包围苗可秀等正在开会的抗日义勇军干部，激战1小时后，苗可秀率几名干部脱险，随从义勇军战士20人阵亡。

**10月** 日军连续7天对辽宁省凌南县药王庙及其附近的鸡冠山、施杖子、响水甸子、锥子山等村庄进行搜捕、烧杀，抗日义勇军营长李云阁等人被捕，并有21名义勇军战士同时被杀害。

**11月** 日军在凌南县药王庙一带进行大搜捕，17名爱国人士被杀害。

**12月7日** 日军出动军警宪特1000余人，包围辽宁省朝阳县石明信沟，"扫荡"六七天，共杀害群众34人，烧毁房屋300多间。

**12月25日** 日伪统治下的辽宁省北票煤矿冠山竖井发生瓦斯爆炸，中国工人死亡52人。

**同月** 日伪统治下的辽宁省北票煤矿冠山竖井发生瓦斯爆炸，当场死亡中国矿工23人。

**是年冬** 日本守备队在辽宁省新宾县泉眼沟（今属清原县）抓到17名无辜百姓，将他们全部投入江中淹死。

**是年** 日本关东局和"关东州厅"警察部，先后出动2322名警察，在南满铁路沿线进行了1371次"讨伐"，先后有2727名中国爱国者惨遭杀害，有2280人被打伤，493人被逮捕。

**是年** 日本在辽宁省桓仁县东熙和村（今属新宾县四平乡）采伐红松1800株，在普乐堡采伐松树1400株，在一区采伐油松1500株。

# 1935 年

1月4日　日、伪军在辽宁省营口张家塘一带与辽南抗日义勇军交战，义勇军战死16人，伤8人。

1月20日　地主崔长海带领日本守备队和伪警察数人在辽宁省新宾县东金沟村抓捕爱国群众王臣吉、刘庆堂、刘才、白君恒、关庆武、高英杰、徐德义等人，并杀害。之后不久，日本守备队又再次到东金沟，打死村民6人，并将约500名男性村民逮捕，后将其中300余名杀害。

1月　日军1个小队在辽宁省岫岩县哨子河被抗日义勇军打败，退至大山嘴附近砬子沟，以"通匪"罪名将该沟30余名无辜群众押到洋河沿，用机枪全部杀害。

2月5日　日本守备队在佐藤小队长的带领下在辽宁省岫岩县朝阳乡抓捕当地一家丝房主人刘俊卿及缫丝工人等30多人，后带到汤沟郭家店村用土雷炸死林懂、张品山、刘绍忱、姜老四、顾奎生等24人。

2月12日　日军驻平顶山守备队将辽宁省桓仁县仙人洞村80多户房子烧光。从1935年春到1936年秋，桓仁县横道河子、高台子两村，被日军烧毁房屋280余间，死亡平民80余人。

4月10日　日伪统治下的抚顺炭矿万达屋坑东部小卷扬机坑道第14水平巷道发生瓦斯爆炸，中国矿工死亡12人，重伤39人。

4月18日　日军守备队在辽宁省清原县北三家村上芋沟屯杀害无辜群众16人，烧毁民房100多间。

4月28日　驻辽宁省宽甸县日、伪军在夹河口与抗日义勇军王国良、"常山好"、吴殿臣等部300余人遭遇，双方交战3小时，"常山好"等6人战死。

4月　日军守备队和伪警察在辽宁省清原县马架子村杀害无辜群众20人，将该村房屋全部烧毁。

5月4日　日本守备队在辽宁省岫岩县文家街抓捕东北民众自卫义勇军邓铁梅部16团团长文立善未果，遂将当地群众12人带至哨子河街东柳树林子里枪杀，并将其首级送到岫岩县城报功。

7月29日　日伪统治下的辽宁省本溪南芬庙儿沟铁矿发生山啸，中国矿工死亡300余人。

8月1日　日伪当局公布《矿业法》《矿业税法》《矿业法施行细则》，同日还公布了《满洲矿业开发株式会社法》，24日，设立满洲矿业开发株式会社，以此加强对中国矿产资源的掠夺。

8月4日　驻辽宁省抚顺日本守备队队长、伪满抚顺县公署参事官山下满男带领日军及伪警察开进秋皮沟，强行"集家并屯"。凡是在山林附近盖的房子一律烧毁。并屯后，由于居民居住集中，卫生环境极差，致使许多"部落"瘟疫频频发生。辽宁省抚顺王家店村发生霍乱病，700多人死亡。

9月23日　上午，日军指导官千叶率2个伪警察中队和公主屯伪警察署长等160多人，包围了辽宁省新民东蛇山子乡李家窝堡屯李万发家大院，以"藏枪通匪"、"反满抗日"的罪行，抓去了李万发和他的雇工贾云清、二掌柜、陈三秃子等4人，放火烧毁房屋30余间和7个圆仓的粮食数万斤。然后，用大车将4人拉到公主屯西松树坟附近枪杀。

是年秋　驻辽宁省清原县日军先后抓捕无辜群众150余人，将他们带到清原镇西浑河桥边，在开阔地集体杀害，制造了清原镇惨案。

是年秋　日、伪军在辽宁省新宾县响水河子无辜杀害70多人，将另外60人在手腕上用刀划一个"×"，声称，如果再被抓到时就枪毙。

11月3日　日军松井部队与伪军在辽宁省朝阳西部段木谷"围剿"抗日义勇军张得胜部300余人，张得胜部战死20人。

11月15日　日军在辽宁省北票县北四家子王增店长条沟包围并杀害抗日义勇军战士张宝三等15人，随后日军将长条沟42间房子全部烧毁。

11月16日　日、伪军重兵突袭辽宁省朝阳县缸窑岭乡下五家子村（今属葫芦岛市），烧杀3个多小时，全村387人被杀害，400多间房屋被烧毁。

11月22日　日、伪军在辽宁省台安县沙岗子村与辽南抗日义勇军遭遇交战，义勇军死3人；之前义勇军一部遭日军飞机轰炸，死80人。

11月26日　日军惣道部队在兴京（今辽宁省新宾县）火石咀子与抗日义勇军梁司令部40人遭遇，义勇军战死27人，被俘1人，受伤12人，损失大量物资。

12月8日　日、伪军在辽宁省台安县袭击辽南抗日义勇军，义勇军死20人；之前，义勇军战士孙老疙瘩在皇姑屯车站被俘，押往大虎山被日军杀害。

是年冬　日军在辽宁省岫岩县小汤沟村的荒地搜出抗日军伤病员29人，除1人逃脱外，其余28人全部被枪杀。

是年　辽宁省建平县北部地区的康家营子、前敖包朵、后敖包朵等地发生"鼠疫"，由于日伪当局不采取任何防范措施，任凭"鼠疫"发展蔓延。当年有86人发病，80人死亡。

是年　日军在辽宁省北票西部的大黑山地区强行"集家并村"，制造无人区。北票34个乡镇中，被并村的村庄达900多个，6500多户农民财产遭到重大损失。仅在潭乡就被烧毁房屋1507间。

# 1936 年

1月5日　日本守备队在辽宁省新宾县碱场镇以"通匪"罪名，将当地居民30余人逮捕，全部杀害。

1月9日　日伪统治下的辽宁省本溪南芬庙儿沟铁矿坑道内发生炸药爆炸，矿工死亡29人。

1月14日　伪军30余人在辽宁省宽甸县安平河与抗日武装"九省军"30余人遭遇，"九省军"部战死5人，伪军死2人、伤1人。

1月27日　日伪统治下的辽宁省抚顺炭矿新屯西部第二水平巷道常盘层铁管管路斜巷处发生瓦斯爆炸，中国矿工死亡4人，受伤9人。

2月8日　本日、11日、19日，日军守备队以"通匪"罪名，先后在辽宁省岫岩县四道河村（今兴隆乡平阶村）进行3次大逮捕，分别于15日、20日分两次将村长马玉珍等53人杀害。日军又在该村附近山区制造"无人区"，将佟家堡子以北王家沟等地130余户民房全部烧毁。

2月9日　日、伪军在辽宁省凤城刀岭沟与抗日武装"和义"等部交战，抗日人员遭受重大损失，伪军死5伤2；同日，日、伪军在凤城保家沟与抗日武装阎生堂部遭遇，阎生堂部战死86人，伤5人。

2月10日　日军在辽宁省昌图县与抗日武装遭遇，交战数小时，抗日人员战死60人。

2月11日　日、伪军某连在辽宁省宽甸县大青沟与抗日武装70余人遭遇，交战3小时，抗日人员战死5人。

2月25日　日军在辽宁省清原县北部与抗日武装"金山好"等部遭遇，激战3小时，抗日人员战死26人，损失小枪8支，手枪1支。

3月4日　伪军第1军管区第1步团五连在辽宁省本溪韩家堡子村与抗日武装"老北风"部百余人遭遇，激战3小时，"老北风"部战死4人，伤8人，损失步枪1支。

3月7日　伪军警出动"讨伐"抗日武装"老梯子"部，在辽宁省彰武五家甸子与之遭遇，交战2小时，"老梯子"部战死8人，伤10余人，马死6匹。伪军伤2人。

同日　伪军孙汉臣指挥两个连在辽宁省宽甸关门砬子与抗日武装"占林"等部遭遇，双方交火，"占林"部战死16人、伤10余人，损失刀1把，洋炮1门。伪军死2人，伤3人。

3月8日　日、伪军合力"追剿"袭击辽宁省新民兴隆店的抗日武装400余人，据日伪报称，400人几乎全被打死。

3月12日　日、伪军在辽宁省岫岩县蝲蛄沟包围正在开会的抗日武装各部代表，在突围战中，赵伟牺牲，战士伤亡20余人。

是年春　日本守备队在辽宁省新宾县湾甸子区（今属辽宁省清原县）的马架子沟将在山坡劳作的村民20余人枪杀，又以"通匪"为名将张俊、张山等20余人逮捕，之后全部杀害。

是年春　日伪当局实行"集家并屯"，将辽宁省丹东市宽甸县东部、北部地区3584户居民房屋烧毁，农民被赶进8个"集团部落"（伪村公所驻地）和43个"集家部落"（自然屯）居住，以割断抗日群众与抗日联军的联系。

是年春　日、伪军在辽宁省北票北部的二龙台川"集家并屯"2个月内就有35人被杀害。

4月4日　日本守备队80余人在辽宁省新宾县的下湾子村搜查抗日联军，在村中杀害村民曹庆山，抓走村民赵长明等15人并全部杀害。

4月24—26日　日军飞机轰炸辽宁省桓仁县木盂子、高俭地、马鹿泡等地，致使平民王金亮等15人被炸死，王玉山、王福山、梁福珍等多人被炸伤。

4月26日　日军在辽宁省兴京（今抚顺市新宾县）大脑子沟包围抗日联军杨靖宇部，双方激战中，杨部战死20余人，伤40余人。

4月30日　驻辽宁省新宾县的日军到永陵白家村一带"扫荡"，将村民朱玉坤等30余人逮捕，先后杀害那子均等19人。李凤鸣、王俊清等6人虽被保释出狱，但因受刑伤势过重而死亡。

5月4日　日、伪军在辽宁省凤城与抗日武装赵庆吉部交战，抗日人员战死21人，损失轻机枪1挺，小枪2支，手枪8支。

5月7日　日、伪军在辽宁省宽甸县与凤城县交界一带，包围抗日联军500余人，双方激战6小时，联军战士战死27人，伤30余人，损失机关枪数挺，大小枪械子弹若干。

5月9日　日本制定《向满洲移住农业移民百万户的计划》，确定以20年间移民100万户、500万人为目标，计划占地1000万町步，从次年起每5年为1期，分期实施。以图通过大量移民改变东北人口成分，变东北为其永久殖民地。

5月24日　日军枪杀了辽宁省北票县（今北票市）北四家子乡油坊沟村农民王希贤、王希兰、董福生、米存志等4人。

5月25日　日军在辽宁省北票县（今北票市）北四家子乡小四家村枪杀了程家父子4人和东荒地村医生徐仁。

同日　日军在辽宁省朝阳黑城子与抗日武装苑九占等部150余人交战一小时，苑九占部战死10人、伤约10人。

5月26日　日军在辽宁省北票县（今北票市）北四家子乡王增店村抓捕农民王景阳，将其残害致死。后又抓捕王海、苏九等5人，把他们摧残致死。

5月31日　日伪统治下的辽宁省抚顺炭矿发生矿井瓦斯爆炸事故，中国矿工死亡20余人。

5月　日伪统治下的辽宁省抚顺炭矿东乡坑发生瓦斯爆炸事故，中国矿工死伤31人。

同月　日伪警察在辽宁省抚顺郑家堡子将当地22名中国百姓以"通匪"罪名逮捕，除一名12岁小姑娘和一个老太太被释放外，其余20人全部被杀害。

同月　通化日本领事兴京（今辽宁省新宾县）分馆伪警务分署长小林光夫率署员10人及当地伪警察、自卫团，以惩治"抗日有关人员"为名，逮捕旺清门居民田某等30人，并于7月全部杀害。

6月12日　日、伪军"讨伐队"在辽宁省建平县与抗日武装"二虎"等部300余人遭遇，"二虎"被俘，其部下战死33人、伤40人、损失马43匹。

6月13日　日军守备队和自卫团在辽宁省抚顺刘麻子沟屠杀当地居民，造成20余人伤亡。

6月24日　日军30余人在辽宁省兴京县莫家沟逮捕农民孙好善、王德法、曹庆吉、黄春辉等38人，押到县街警察署，全部折磨致死。

7月7日　日军在辽宁省凤城县刘家堡子与抗日武装"老北风"等部交战两小时，"老北风"部战死9人。

7月　日军在岩永大队墨崎中尉和辽宁省新宾县警务指导官河野指挥下，在新宾县城北山万人坑将被捕的20名群众用大刀砍死。还有10名群众被日军作为练习刺杀靶子，全部刺死。

8月　日军在辽宁省丹东宽甸县青山沟村庙岭强制实行"集家并屯"，将当地村民潘某和刘某2人杀死。同期，将宽甸县柏林川、二台子、三台子、八里、大边沟等村屯700余户房屋焚烧。在石柱子村将1000余间房屋烧毁，并将21名不愿搬迁到"集团部落"的农民沉入鸭绿江淹死。

9月16日　日伪当局在辽宁省桓仁县逮捕了桓仁中学校长李德顺等人。之后，自9月下旬至10月初，又逮捕了一大批中学教师、城乡小学校长、教师和各界知名人士。至11月，全县共逮捕115人。孙余三、金聚亭、邱春伯、王在镐4人被刑讯致死。1937年，孟继武、李德恒、吕敬五、宋禹言、关麟书、富广贵、刘子藩、王居九、李剑秋、王增智等10人被判处死刑，当即执行。数人在狱中被折磨致死，其余者除8人获释外，均被判处徒刑关押。

是年秋　新宾县伪警务科日本指导官河野正植将辽宁省抚顺土门子农民吕仁、吕海等10人抓去后，以"通匪"的罪名枪杀。

是年秋　日本守备队和"讨伐队"在辽宁省抚顺小林庄先后4次杀害中国百姓40余名。

10月21日　日本"讨伐队"在辽宁省新宾县木奇乡大洛上堡村无故杀害正在场院劳作的村民20余人。

10月26日　驻扎在沈阳姚千户屯的日军守备队在辽宁省抚顺县安家峪屠杀无辜村民17人。

10月31日　日伪统治下的辽宁省抚顺煤矿东乡采炭所的东部第12卷扬机巷道内的西侧第8水平巷道掌子处发生火灾事故，中国矿工死亡6人，受伤12人。

10月　日军在辽宁省新宾县苇子峪将抗日战士及农民、道士共31人，分2次杀害。

11月12日　日伪当局在安东县（今辽宁省丹东市东港市）逮捕与救国会有联系的教育界等爱国人士约200人。安东林科高级中学理化教员白玉兰等80余名无罪获释，安东县教育局局长邓士仁于11月14日死于刑讯。1937年1月，其余被捕人员转押到沈阳。2月8日，安东省教育厅长孙文敷等11人被奉天（今辽宁省沈阳市）日本陆军军事法庭以"反满抗日"的罪名判处死刑，即日被枪杀。安东林科高级中学教员王奉章等83人分别处以无期徒刑或10年以上有期徒刑，除侯耀宗病死狱中外，其他人在日本投降后幸免于难。

11月15日　日本奉天省特别工作班和驻辽宁省新宾县苇子峪伪警察队到南山村抓了20余名反日同盟会会员，在平顶山集体杀害18人。

同日　日伪统治下的辽宁省抚顺境内新屯矿中部的副坑道内第2水平巷道第3巷道常盘层第2地段处发生火灾事故，中国矿工死亡13人。

11月17日　日伪当局在辽宁省宽甸县逮捕与救国会有联系的教育界等爱国人士21人。12月中下旬，宽甸县救国会副会长王明仁和教员王冠五被刑讯致死。

1937年3月13日，宽甸县中学校长（救国会会长）丛树春、宽甸县财政局长蓝继先被奉天日本陆军军事法庭判处死刑，即日被杀害。

**11月初** 日伪当局在辽宁省凤城先后逮捕与救国会有联系的教育界等爱国人士19人。1937年3月4日，奉天日本陆军军事法庭以"颠覆罪"为名，判处凤城县教育局长何泮林等8人死刑，即日被枪杀。除王英华、秦肃、秦岭3人先后获释外，其余8人分别被判处5—20年有期徒刑。杨选青于1937年夏病死于狱中。关子荣、马庆贵、于松涛被注射慢性毒药后特赦减刑，回家后不久死去。张乃普、孙酋山、李符新和孙晓林4人，下落不明。

**同月** 日军守备队在辽宁省清原县清原街西河套杀害抗日武装山林队36人。

**12月10日** 日军守备队逮捕秘密进行抗日活动的岫岩县教育局局长江敦友、男中校长关英华、女中校长赵书伟、男中教务主任曹甫瀛、男中训育主任谢钟厚、男中语文教师孔昭伦、男中历史教师寇绍准、县教育会长关馨亭、县内务局长夏祥祺、县农务会长于瑞廷、县商务会长王凤武、县财政局长李廷枢等12人，史称"教育事件"。江敦友、关英华、赵书伟、于瑞廷、曹甫瀛5人被杀害，其他人被判刑坐牢，直到抗日战争胜利才出狱。

**12月16日** 日本守备队饭尾准尉带领20多名日军及伪安东县警务局局长张忠臣带领的100多名伪警察在安东县南岗头村杀害全村34户共270多人，烧毁房屋156间，烧毁全村的大部分粮食、衣物、家具，仅逃出40来人。

**12月18日** 日军中代部队在辽宁省凤城大山头部落包围抗日武装阎生堂部，阎生堂等20余人战死。

**是年冬季** 日伪统治下的辽宁省阜新境内孙家湾采炭所发生冒顶事故，中国劳工死亡20多人。

**是年** 日本"东边道支部"和搜查班在查家堡子逮捕100余名无辜村民，并将他们押到兴京县（辽宁省新宾县）大狱进行审讯。半个月后，仅放回50人，其余全部被杀害在县城北山。

**是年** 日伪搜查班和苇子峪警察署长李耀洲等先后将为抗联做秘密工作的南山村村长李汉三等26人抓去，经严刑拷打后，在平顶山后大坑集体屠杀。

**是年** 日、伪军"讨伐"辽宁省桓仁县抗日武装，杀死抗日军首领4人，抗日武装人员死128人，负伤173人；因其他原因杀死28人。伪军死3人、伤15人；警察死2人，伤8人，自卫团死2人。

**是年** 日、伪军警实施"集家并屯"，烧毁辽宁省桓仁县铧尖子民房三四百间，川里谷草垛平民李春阳家6口人以及碑登村程绍清、由长东、王某、"曲老王"4家11口人，共17人均被杀害。

**是年** 辽宁省桓仁县由于日伪施行"集家并屯"，导致瘟疫流行，全县死于天花、斑疹伤寒的平民达4000余人。

**是年** 日本驻阜新宪兵分遣队成立。该组织于是年秋在辽宁省阜新县太平山以窝藏枪支、盗匪等罪名，逮捕小大来、太平山、大兴庄等地无辜群众20余人，并枪杀、打死数人。在1940—1944年期间，该组织共制造较重大的政治事件20起，先后抓捕共产党地工和无辜群众300余人，被其惨杀者达数十人之多。

# 1937 年

**1月1日** 驻辽宁省庄河县日本警察署（对外称领事馆）与伪庄河县警务科日本指导官合谋，以新年团拜为名，将庄河抗日救国分会会长宋良忱诱捕。几天后，又将庄河抗日救国分会副会长杨维嶓，理事长姜雅庭，会员孙俊卿、孙孝先、林贵家、戚景龙、张彦果、王俊峰、许三辰、于心泉等10人逮捕。孤山区警察署同时逮捕徐锦轩、王道全。后将上述人员押送至沈阳市监狱。3月14日，宋良忱、杨维嶓、孙孝先、孙俊卿、徐锦轩、姜雅庭等6人被日本当局枪杀在沈阳浑河边。戚景龙、林贵家、王道全、于心泉等4人被判有期徒刑。

**1月25日** 日军在辽宁省岫岩县大山嘴村枪杀从三道干沟子抓捕的农民姜春海、张俊曾等12人。

**1月28日** 驻扎在辽宁省新宾县的日军守备队在红庙子村将8名爱国抗日群众抓到县城杀害。之后，日本守备队又包围了东金沟村，当场打死6名中国百姓，并逮捕500余人，其中300多人先后被杀害。

**2月13日** 日本守备队及警备队在辽宁省岫岩县哨子河杀害抗日军首领文立善的家属及亲属文恒亮等14人。

**2月23日** 日伪当局以发放"良民证"为由，将辽宁省桓仁县各地300余名无辜群众骗至县城，以"通匪"为名，填进县城西浑江冰窟里，制造了"西江惨案"。次日，桓仁县二户来伪警察署在二户来南门外，枪杀11人。25日，拐磨子伪警察署一夜之间逮捕了12人，在古城子的老黑漫子枪杀后，填进富尔江。沙尖子伪警察署在马圈子枪杀19人。

**2月24日** 40余名日、伪军到辽宁省新宾县大洛村小台宝沟抓到冷奎等18

名村民，并将其全部杀害。

2月26日　数百名日、伪军在辽宁省本溪县和尚帽子山上的密营围攻抗日联军，在突围战斗中，抗联100余名指战员牺牲。

3月6日　辽宁省法库县农民出身的宫良栋、苏义等人组织建立的抗日组织"白刀会"，在辽宁省彰武县后新秋一带起义。日军参事官浅野官三率彰武县伪警大队等日、伪军百余人进行镇压，"白刀会"起义者战死48人，余者23人被俘后遭杀害。

3月7日　日本守备队在辽宁省清原县蔺家堡子村杀害村民36人。

是年春　日军在辽宁省岫岩县大营子镇先后抓捕抗日武装成员家属及当地无辜群众51人，全部活埋。

是年春　日军将辽宁省本溪县东营坊等8个村的1238间民房烧毁，杀死平民19人。

4月24日　日本守备队200多人和30多名伪警察将辽宁省凤城赛马集附近村屯与抗日联军有联系的曹学苏、陈文涛、张铁匠等32人逮捕，于5月10日全部用机枪射杀。

4月　日伪警察署在辽宁省岫岩县爬虎岭小东沟枪杀了被捕的抗日军首领曹国仕族亲曹奎元等以及之前被捕的抗日军战士和无辜群众，一共24人。

5月8日　日本军警在辽宁省庄河县逮捕曾为民众抗日救国军提供食宿的21名群众，对他们施以酷刑后，于秦家窝堡（今庄河市花院乡秦家村）西山集中枪杀，制造了"秦家窝堡惨案"。

5月11日　日、伪军围剿辽宁省喀左县三道沟等地的抗日武装人员，造成抗日人员很重的伤亡，武装首领之一李天龙也中弹牺牲。后又闯进三道沟村，把牲畜、粮食、衣物等抢劫一空，放火烧毁全村60余间房屋。

6月　日军守备队在辽宁省庄河县花园乡朱营村，杀害东北民众抗日救国军战士于德森的母亲和王录生妻子及战士高某3人。

7月24日　伪满新京（今吉林省长春市）宪兵司令部为报复7月21日的火车颠覆事件，在辽宁省昌图县西沙河子村抓捕钱丰太及其亲属，还有满井车站的员工以及西沙河村受牵连的村民，一共28人。其中的23人于8月24日在吉林省四平市被杀害。此前，被捕的铁路员工王山东的妻子和孩子被迫自缢身亡。

7月25日　日、伪军突袭辽宁省朝阳县北四家子的水泉沟。以开会的名义将村民集中到3间房子里后扫射，屋内49人无一幸免。随后又到邻近的东杖子村挨家挨户搜查，把搜到的人集中后用机枪射杀。2个小时里，日、伪军在2个村共枪杀无辜村民99人。日、伪军回营路过解杖子村时，又用刺刀挑死村民毛凤祥，制造了"日杀百人"的惨案。

8月23日　日伪警察与自卫团在辽宁省新宾县永陵街逮捕了37名平民，除刘国宣、于成贵获释外，其余35人皆被杀害。刘国宣因受刑过重，终身残废。

10月15日　日伪统治下的辽宁省抚顺境内老虎台矿第5采煤区第28巷道第8斜巷内发生瓦斯爆炸，中国矿工死亡15人，受伤25人。

10月22日　日军承德宪兵队在辽宁省建昌县以整顿该地区的治安为名，打死6名中国人，打伤若干人，收缴4匹马。

10月25日　日、伪军到辽宁省喀左县（今喀喇沁左翼蒙古族自治县）羊角沟乡的三道沟村一带逼迫当地人民"集家并村"，在三道沟村枪杀了不愿搬家的丰振伍等12名农民，并放火烧毁沟里的西窝铺、郑杖子、西涯、窝瓜沟4个屯的51户共214间房子。

10月27日　日、伪军将辽宁省本溪县（今本溪满族自治县）东营坊、洋湖沟、小东沟、红土甸子、小四平、老营沟、大阳屯等地300余间民房烧毁，村民侯庆东家有6口人被日军杀害。

同日　日本满洲矿山株式会社开始对辽宁省桓仁县铅矿进行掠夺式开采，至1945年"八一五"光复前，共掠采矿石17万吨，生产铅精矿粉5008吨，锌矿粉9134吨，铜矿粉181吨。除铜精矿运往沈阳制冶所加工外，其余全部直接运回日本。

11月　原日本关东军伍长星原稔到辽宁省阜新五龙采炭所担任劳务系负责人，同时负责劳工宿舍管理及招工等工作。星原稔在任职期间（至1945年7月中旬），与军方勾结，抓捕中国居民11170人充当劳工，并造成劳工大批死亡；虐杀中国劳工327人；毒打劳工361人；侵吞工人伙食费、修理宿舍费、运送劳工费、工人工资等53.7万元伪币。

12月3日　纪儒林、张佐汉、王绍纯、张贵恒、周鼎仲、李壮猷、许士博、朱成业、佟保功、石振华、丁宝珩、肖启亮、佟书庵13人，被伪奉天第1军管区司令部军法处判处死刑，被执行于辽宁省沈阳市小河沿刑场。

是年　日伪统治下的辽宁省抚顺境内煤矿共有矿工49637人，因产煤发生事故伤亡6258人。

是年　辽宁省桓仁县由于日伪实行"集家并屯"，导致瘟疫大流行，仅一年全县病死70000余人。

是年　辽宁省本溪县由于日伪实行"集家并屯"，导致瘟疫大流行，全县死于斑疹伤寒5126人。1937年至1938年，全县霍乱流行，两年共感染者522人，死亡428人。

# 1938 年

**4月30日**　日、伪军从辽宁省本溪县桥头、胡家堡子、城门沟等地将30多人抓到赛马集（今属丹东市凤城市），将他们全部杀害。

**11月24日**　日本关东军大队长佐藤率百余名日军"进犯"辽宁省北票县的娄家沟乡，将附近3个村的人民群众集中起来后，杀害抗日民众齐孝祥等11人。

**是年**　日本统治当局开始实行"出荷"制度，还制订了其他名目繁多的掠夺农产品方案。从1938年至1944年，从庄河掠夺粮谷约110万吨，其中大豆30万吨。由于粮谷被掠夺，当地农村连年粮荒。

**是年**　日伪统治下的辽宁省抚顺境内老虎台矿－225米第8水平西第3马机处发生瓦斯爆炸，中国矿工死亡28人，受伤30余人。

**是年**　日本矿山株式会社开始经营辽宁省桓仁县境内的铜锌矿，进行掠夺式开采。至1945年，采出矿石17万吨，生产铅精矿粉5008吨，锌矿粉9134吨，矿铜粉181吨。

# 1939 年

**2月**　由于日伪当局在辽宁省本溪县"集家并屯"，导致天花流行，中国平民死亡1000多人。

**3月**　由于日伪推行"集家并屯"政策，在辽宁省喀左县的"人圈"里发生传染病，12天就死去青壮年12人，小孩16人。

**4月26日**　日伪统治下的辽宁省抚顺炭矿龙凤二坑发生瓦斯爆炸事故，中国矿工死亡70人，受伤70人。

**是年春**　日军逮捕了藏匿于深山中的抗日武装"少年铁血军"一个姓于的小队长、战士蒋某、张成德等26人，在辽宁省岫岩县城西爬虎岭集体活埋。

**9月20日**　伪铁岭县副县长日本人小岛龙象为了给开拓团建造房舍，向全县发出了征集建筑用材的训令，全县共征集木料4495根、砖50万块。

**12月26日**　日伪统治下的辽宁省抚顺境内东乡坑零号卷扬机坑道第11水平巷道发生瓦斯爆炸事故，中国矿工死亡2人，受伤9人。

是年　日本统治当局在复县（今辽宁省瓦房店市）松木岛开辟新盐田1千副斗，年均掠去工业盐40万吨。

是年　日伪统治下的辽宁省抚顺境内万达屋坑东斜井发生了瓦斯爆炸事故。在井口劳动的中国矿工当即死亡2人，井下的中国矿工死亡17人，重伤20多人。

是年　辽宁省桓仁县由于日伪实行"集家并屯"，导致瘟疫流行，全年死于天花、霍乱、伤寒等疾病的平民达5000多人。

是年　日伪统治下的辽宁省北票煤矿台吉一井发生瓦斯爆炸，中国矿工19人死亡。

# 1940 年

1月　日伪统治下的辽宁省阜新新邱采炭所第3坑发生瓦斯爆炸，为保护井口，矿业所当局将井口封死，致使100余名劳工死亡。

2月14日　日伪把头张克森把芦茂贵及其同乡31人从山东省日照县骗招到辽宁省阜新太平采炭所2坑当劳工。至抗日战争胜利，毕恩滕、毕恩昌等18人就因病、冻、饿而死。

2月　日伪当局在辽宁省桓仁县普乐堡建立"开拓团"，从日本秋田县迁来农民60户、260多人。强行低价购买上等耕地1500余亩，由"开拓团"经营。1941年2月，日伪当局从普乐堡"开拓团"拨出18户迁至二户来龙头屯，用低价强购良田3000亩。"开拓团"人员所住房屋，系强迫当地居民倒出给其无偿居住。至日本投降，"开拓团"共掠走粮食7万余公斤，抢占民房150余间。

3月　日伪统治下的辽宁省阜新新邱采炭所1坑发生瓦斯爆炸，中国矿工死亡40多人。

4月2日　日伪统治下的辽宁省抚顺龙凤坑发生爆炸事故，中国矿工死亡159人。

4月26日　日伪统治下的辽宁省抚顺龙凤坑发生瓦斯爆炸，中国矿工死亡58人，伤200多人。

4月29日　日伪统治下的辽宁省抚顺境内龙凤坑第5本部21路发生瓦斯爆炸事故，中国矿工死亡80多人，150多人受伤。

5月23日　日伪统治下的辽宁省抚顺境内万达屋坑东斜井16路三道盘发生瓦斯爆炸事故，中国矿工死亡32人、受伤20人。

6月27日　日伪统治下的辽宁省抚顺万达屋坑东斜井坑发生瓦斯爆炸事故，前后连续爆炸7次，中国矿工死亡30人、负伤20人。

7月4日　日伪统治下的辽宁省抚顺煤矿发生爆炸，中国工人死13人。

7月29日　日伪统治下的辽宁省阜新新邱采炭所东1坑发生瓦斯爆炸事故，中国矿工死亡31人。

8月16日　日伪统治下的辽宁省本溪湖煤矿大斜坑电车道三平上发生瓦斯爆炸，中国劳工死亡30余人。

9月　辽宁省宽甸县连降暴雨，受灾农田8.6万亩，减产粮食61万石。伪满洲粮谷株式会社又在县内强购玉米、高粱米、小米3.6万石，致全县发生严重粮荒。

12月　抚顺煤矿发生斑疹、伤寒、回归热等传染病，日本工头不予治疗，造成中国工人死亡187人。

# 1941 年

4月19日　日伪统治下的辽宁省本溪湖煤矿第3坑发生瓦斯爆炸，中国矿工死亡10人。

6月　日伪统治下的辽宁省北票煤矿台吉1坑东5片发生瓦斯燃烧，中国矿工死亡20人。

9月　日伪统治下的辽宁省阜新新邱采炭所2坑发生冒顶事故，中国矿工死亡20多人。

11月6日　日伪统治下的辽宁省本溪湖煤矿柳塘压风机房着火，发生瓦斯爆炸，中国人死亡9人。

12月8日　营口日伪特务机关策划"一二·八"大逮捕案，共72人（有中国人，也有欧美人）被捕。在半年多的审讯中，无一不惨遭酷刑。伪协和会部员王殿三、启东烟草公司职员暨永和、第4国民学校校长马庆谭等均死于狱中。

是年　日军在辽宁省台安县抓劳工1372人，其中被折磨致死致残的800多人。

是年　日伪从辽宁省桓仁县以"出荷"名义掠夺粮食、油料5460吨，其中大豆2040吨、小麦430吨、玉米2223吨、水稻421吨、杂粮283吨、油料63吨。

是年　日伪统治下的辽宁省阜新平安采炭所3坑东2路半本层采煤掌子发生冒顶事故，中国劳工死亡16人。

是年　日本人石本勇、高桥等9人，分资在辽宁省铁岭县西营盘村北开掘斜井，称铁岭煤矿，最高日产80吨煤。

# 1942 年

1月　日伪统治下的辽宁省本溪湖煤铁公司劳工死亡183人，负伤50人。

3月15日　日本关东厅地方法院判处国际情报组成员姬守先、黄振林、秋世显、邹立升、高绪慎、孙玉成、李化钧、吴成江、王有佐、孙文凯、黄振先、赵国文等12人死刑。同年底，在辽宁省大连旅顺监狱对姬守先、邹立升等9人实行绞刑（秋世显等3人已惨死于狱中）。此案中，另有唐中选、王芝盛、赵锦江、王进臣、李顺宾、张守仁、丁兰盛、徐高氏（女）等人，判刑后被日本人活活打死。

同日　日伪统治下的辽宁省清原县英额门乡50人被征集到沈阳市服劳役，因此损失工资总额9000元。

4月24日　辽宁省辽阳市首山村高压电线铁塔被破坏，昭和制钢所生产受到影响。鞍山日伪当局派宪兵和警察20余人赴首山，逮捕当地工人、农民多人，电业工人王广明等6人被杀害。

4月26日　本溪湖煤矿发生瓦斯大爆炸，造成大量中国矿工死亡。关于死亡人数，日伪当局有1296人、1496人等数字，但根据亲历者李永普、包景阳等人证言称，中国人实际死亡数为3000多人。

5月　在日伪统治下的辽宁省本溪湖煤铁公司工作的中国劳工死亡1550人，负伤42人。

同月　日伪统治下的辽宁省阜新新邱采炭所东2坑日本监工为了搞"大出炭"，强迫工人冒险作业，致使采煤掌子连续两次大冒顶，死伤100多人，当场就死亡70余人。

6月23日　辽宁省阜新太平采炭所3坑掌子面发生冒顶事故，中国劳工死亡12名，重伤16人。

7月27日　日伪统治下的辽宁省北票煤矿台吉1坑6片瓦斯超限，日本人佐佐木硬逼中国矿工井下放炮，引起瓦斯爆炸。日本人强行封闭井口，致使井下150多名中国矿工全被烧死。

7月　在日伪统治下的辽宁省本溪湖煤铁公司工作的中国劳工死亡296人，负伤70人。

9月2日　日伪当局调集日本驻阜新宪兵队、驻阜日军满洲第387部队和吐默特左旗警察队、阜新炭矿警备队镇压辽宁省阜新新邱采炭所进行暴动的300名矿工。戴绪书、韩玉波等5人牺牲，重伤45人，230余人被捕。被捕者中除56人被营救出来外，余者全部死在狱中。

9月　在日伪统治下的辽宁省本溪湖煤铁公司工作的中国劳工死亡198人，负伤71人。

10月　日本统治当局和关东军在辽宁省金州（今大连市金州区）龙王庙村修建"陆军医院"（实为研制细菌武器的工厂），施工中征用中国数万劳工，其中有8100人被折磨死亡，被掩埋到龙王庙附近荒山沟坡一带。

同月　日本关东军在辽宁省黑山县双山子屯（今新立屯乡双山子村）圈地4500亩，修建机场，1944年竣工。

11月　日伪统治下的辽宁省北票煤矿台吉1坑发生瓦斯爆炸，中国劳工死亡30人。

是年　伪宽甸县公署在辽宁省宽甸县收缴各种铜器1250余公斤，充做军需。

是年　大石桥（今营口市大石桥市）南满矿业株式会社1车间6名装窑工人在窑内被瓦斯熏死。在工人下窑抢救时，日本人将窑门关闭，致使抢救人员全部被烧死。

是年　日军在辽宁省开原县三家子乡的茨林子村西、六社村北、南营城子一带，以最低的价格，强行征收当地农民好地4500余亩，成立开原县开拓团。

是年　日伪统治下的辽宁省北票煤矿冠山2井发生瓦斯爆炸，中国矿工死亡50余人。

是年　日伪统治之下的辽宁省北票煤矿台吉1坑1斜井3片采场发生瓦斯爆炸，中国矿工死亡5人。

是年　日伪统治下的辽宁省北票煤矿三宝1坑发生瓦斯爆炸，中国矿工死亡32人。

是年　日伪统治下的辽宁省北票煤矿三宝1坑3片采场发生瓦斯爆炸，中国矿工死亡12人。

是年　由于日伪军在辽宁省喀左旗（今喀左县）一带推行"集家并村"、制造惨案、抓劳工、搞移民等，喀左旗人口比1939年减少33879人，其中仅男性就减少25605人。

# 1943 年

**1月8日**　日伪统治下的辽宁省抚顺境内老虎台坑330米西第4水平第43号大掌子发生瓦斯爆炸事故,中国矿工死亡15人、伤10人。

**1月13日**　日伪军警包围凌源县(今朝阳市凌源市)刀尔登乡的尖山子、柏杖子、西沟三个村庄,逮捕了其中的43名男性中青年,其中11人被绞杀或死于狱中,32人被押送到阜新当劳工。

**2月**　日本警察在旅顺(今辽宁省大连市旅顺口区)猪岛逮捕运送抗日物资的崔志良、周振东、于洪林等人,刑讯后又捕30余人。其中有7人在狱中被折磨致死。

**同月**　日本关东军为加强与苏联的对抗,从辽宁省阜新煤矿调出3000多名特殊工人,押送到中苏边界的虎林、密山、兴凯湖一带构筑军事工程,在其残酷虐待、杀戮下,至年底时,这批特殊工人仅幸存600多人。

**3月22日**　日伪"讨伐队"到凌源县草篓沟村进行大搜捕,烧毁房屋14间,将村民韩友一家5人先后折磨致死。之后,日、伪军又多次到草篓沟村进行"讨伐",先后抓捕高万福、张金、陈宗明等40余人,陈宗明等8人被杀害。据统计,草篓沟村村民先后被杀死17人,还有一些被押送矿山服劳役,下落不明。

**3—5月**　日、伪军在辽宁省建昌县西部的老达杖子、要路沟至南部的新开岭、贺杖子等13个乡总面积约923平方公里的地区进行"集家并村"。日军强行把664个村庄、12329户、63942口人赶进108个"集团部落"("人圈")里居住。在整个集家并村过程中,当地群众有41486间房屋被毁,529254万件器具、衣服、农具被抢走或毁掉;850头马、驴、骡被宰杀或抢走,61.2万公斤粮食被抢。

**5月15日**　日伪统治下的辽宁省清原县英额门乡100多人被征集到抚顺服劳役,因此损失工资总额18000元(币种不详)。

**8月25日**　日伪统治下的辽宁省抚顺龙凤矿第6主斜巷道西侧零号水平巷道掌子处发生瓦斯爆炸事故,中国矿工死亡27人,伤49人。

**9月15日**　日伪统治下的辽宁省辽阳灯塔(今辽阳市灯塔市)的烟台采炭所西大斜井右发生瓦斯爆炸,炸死中国矿工12人,伤11人。

**11月末**　日本宪兵队将关押在大连日本宪兵队本部的沈得龙、李忠善、王耀轩、王学年等4人,秘密押到哈尔滨日军731部队,被残忍地当作活体解剖实验而杀害。

是年冬　日伪统治下的辽宁省北票煤矿台吉1坑发生瓦斯爆炸，中国矿工死亡10余人。

是年　日伪统治下的大连盐区年内共生产海盐1269000吨，这些海盐绝大部分被日本掠夺回国。

是年　日伪从辽宁省桓仁县以"出荷"名义掠走粮食21725吨。

是年　日、伪军集中力量在凌源县推行"集家并村"。1943年至1944年，强迫11705户、70100人住进"集团部落"内。"集家并村"过程中，有3030人被打死，65521间房屋被拆掉，1050间房屋被烧毁。同时损失牛、马、驴610头（匹），猪、羊1540头（只），家具84000件，粮食640石。

是年　日、伪军在山嘴子成立挺身队，由喀喇沁左旗公署警务科特务股统辖，活动于山嘴子、平房子、牛营子、沟门子（今属辽宁省喀左县）一带，抓捕和杀害抗日军民20多人。

# 1944 年

1月31日　抗日武装岭上武工队队员王起先、李殿威、张义、张玉书、李凤、朱文秀等6人在凌源县窑沟村被日伪军逮捕后押往伪喀喇沁左旗政府所在地建昌街，在监狱里惨遭杀害。

4月1日　日伪统治下的辽宁省清原县英额门乡200人被征集到黑龙江省牡丹江服劳役，因此损失工资总额36000元（币种不详），其中4人死亡。

7月　伪阜新炭矿警备队长孙国荣将17名工人严刑拷打致死。此外，孙在其任职期间内还虐杀劳工3人。

同月　日、伪军到辽宁省喀左县山嘴子乡马家沟强行"集家并村"，仅一天之内，就把全屯22户的120间房屋全部拆毁。

是年秋　日伪当局在辽宁省宽甸县内抓劳工600余人，送到大栗子铁矿，仅20天就因累、饿、病等而死亡30多人。

10月30日　辽宁省喀左县白塔子乡白莲教教徒李印凌不甘心被日伪当局抓去当劳工，率30余名教徒砸了当地伪村公所、伪警察分驻所，并抓住伪村长。在去建昌攻打伪旗公署途中，与日伪"讨伐队"遭遇，李印凌与18名白莲教徒牺牲。

12月　日、伪军所管理的辽宁省北票煤矿株式会社转为满洲制铁株式会社管辖，日军当年从北票掠走1238300吨煤炭。

同月　日伪统治下的辽宁省北票煤矿台吉1坑3片、2片等处3次发生瓦斯爆炸和透水事故，共有62名中国矿工死亡，8人受伤。

**是年冬季**　日伪平安监狱煤矿3坑井口绞车拉的1列煤矿小矿车发生"跑车"事故，将正准备入井的囚犯劳工被撞死10余人。

**是年底**　日伪统治下的辽宁省北票煤矿台吉1坑发生透火事故，中国矿工17人死亡。

# 1945 年

1月25日　日伪统治下的辽宁省抚顺老虎台斜井东部一330米第4平巷与第5平巷间发生瓦斯爆炸事故，中国矿工死亡10人，受伤3人。

1月　日伪统治下的辽宁省北票煤矿台吉1坑3片采场发生瓦斯爆炸，中国矿工70余人死亡。

3月1日　日伪统治下的辽宁省清原县英额门乡444人被征集到抚顺服劳役，因此损失工资总额79920元（币种不详），其中有3人死亡。

6月4日　日军"讨伐队"、日本守备队、警察和自卫团分4路向辽宁省绥中县的塔子沟、张家坊村搜捕抗日军，在张家坊村烧毁房屋400余间，在塔子沟附近打死刘福余、刘福良等抗日军人和村民10余人。

8月初　在辽宁省抚顺东洲矫正辅导院关押的八路军被俘人员集体逃跑。日伪军警利用电网阻拦，并当场打死打伤30余人。

8月13日　辽宁省阜新平安监狱400余名囚犯劳工举行暴动，杨守山、佐墨等20余人牺牲。当晚，还有20多名所谓的重要政治犯，被监狱看守提审后杀害。

8月15日　日伪统治下的辽宁省抚顺龙凤矿采炭所派日本人到井下，点燃井下火药库，使井下部分设备遭到破坏，并有10余名工人死亡。

（执笔人：郭作为）

# 后　记

　　辽宁是中国人民抗日战争开始的地方，从九一八事变到日本八一五投降，辽宁遭受日本帝国主义的军事侵略和高压统治长达14年之久，人口伤亡惨重、财产损失巨大。虽然前人的历史研究成果很多，铁证如山，不容置疑，但一直没有系统、全面、具体地统计核查。因此，开展辽宁省抗日战争时期人口伤亡和财产损失调查研究，是意义十分重大、影响极其深远、学术价值很高的一项课题工作。

　　鉴于本课题涉及的年代久远、地域广阔、内容复杂，我们联合全省各相关部门，依托各市、县（区）级党史部门，展开了长达8年多的调研考证和统计汇总工作。在大家的通力合作和不懈努力下，此次调研取得了丰硕成果。最后经过辽宁省委党史研究室的组织协调、统筹编纂，并对上报的所有材料进行反复考证，最终编纂完成了《辽宁省抗日战争时期人口伤亡和财产损失》一书。全书收录了省级调研报告1篇、专题调研报告3篇，还编选了具有代表性的档案、文献、口述等资料248份以及大事记400余条、珍贵历史图片40幅。

　　此次课题调研以及本书的编纂得到了辽宁省档案局（馆）、辽宁省图书馆、辽宁省地方志办公室等档案文献部门的鼎力支持。这些部门组织力量查阅整理了省内现存的相关档案、文献资料，不仅汇集了前人的研究成果，还以此为线索扩大范围，收集新的资料。参与工作的同志们的辛勤付出为调研工作全面深入开展提供了必要保证。

　　辽宁省内有关部门、单位也分别承担了其（工作或业务）领域内的调研任务，提供了大量资料和数据。省政协文史委、省社会科学院、省委党校、省公安厅、省统计局、省文化厅、省教育厅、省法院等部门受我们委托还开展了专题调研，分别完成了"抗日战争时期辽宁义勇军伤亡和财产损失"、"抗日战争时期东北抗联在辽宁地区伤亡和财产损失"、"抗日战争时期辽宁境内'万人坑'"、"日军遗留武器造成辽宁省人口伤亡和财产损失"、"抗日战争时期伪满洲国对外出口"、"抗日战争时期辽宁省文物损失"、"抗日战争时期辽宁高等院校人口伤亡和财产损失"

以及"法院判决的案件中关于辽宁省抗日战争时期人口伤亡和财产损失"共8个专题的调研报告。虽然受篇幅所限,在本书定稿之时仅收录了其中3篇,但这些成果却是对总的调研工作的有益补充,突出了辽宁特色。省财政厅及各市财政部门对于全省调研提供了经费保障。

全省各市、县(区)级党史部门齐心协力同时开展工作,真正地实现了此次调研的"系统、全面"。它们不仅承担了极为繁重和艰苦的口述资料收集任务,还负责最为关键的各市、县(区)资料的搜集和数据统计。并在此基础上,撰写了沈阳、大连、鞍山、抚顺、本溪、丹东、锦州、营口、阜新、辽阳、铁岭、朝阳、盘锦、葫芦岛共14篇市级调研报告,分别登记了《伤亡人员名录》,统计填报了《人口伤亡统计表》和《财产损失统计表》,各自编选了大事记条目等内容。可以说,它们的工作是此次课题调研取得成功的基础。

编委会主任王意恒、副主任赵焕林精心组织、指导本书编纂工作。副主编高峰、施海程、许晓敏对本书书稿进行了认真审阅。刘颖萍负责本书的组织与统筹书稿编选;许进负责专题调研报告的沟通和联系;刘滨负责各市、县(区)稿件材料的联系以及历史图片筛选;王全有撰写了省级调研报告并统筹书稿的编选;郭作为编辑了本书大事记,还负责全书资料的录入校对工作。在最后一次修改校正阶段,李景峰、肖四汉、刘一力、初卓、王超、王锐、韩巍巍、杨晓陶、王莹、刘欣、蒋振、贾晓川、陈岩宏、詹鑫等同志也付出了辛苦的劳作。此外,省档案局(馆)和省统计局的多位同志,也参与了本书的编纂。程兆申对全书进行了统稿并对调研报告的内容和有关统计数字做了认真的核实和校正;高源、王崇、王扬负责资料摘选、翻译、录入和校对;裴雷、孙敉涵对辽宁省抗日战争时期人口伤亡和财产损失的具体数据进行了统计。我们还得到了蒋建农、霍海丹、李蓉、姚金果、李颖、谢忠厚、卞修跃等专家的悉心指导。对这些同志的辛勤劳动,我们一并表示感谢!

在本书出版之际,我们还要衷心感谢参加课题调研的辽宁省省直部门和省内各市党史研究室(史志办)的全体工作人员。正是他们调研撰写的综合报告、收集整理的资料、统计核查的数据为此书编纂提供了扎实可靠的根据。为本书编纂提供直接帮助的人员有(按姓氏笔画为序):丁立新、丁美艳、万照华、于之伟、于校冰、马广聪、马骋、马翠丽、马德宝、王元、王凤山、王天平、王天宇、王连捷、王卓杰、王学武、王宝铼、王春贵、王莹、王爽、王惠宇、付宇峰、冯村、卢骅、田茂纯、田晓光、申桂涟、石俊儒、任婧、刘卫国、刘汉兴、刘成、刘畅、刘金城、刘娇、刘恒华、刘素英、刘竟、刘维、刘野、刘淼、刘颖、华岩、孙东权、孙刚、孙景太、孙黎、朱秀兰、朱芳、池凤辰、宋文官、宋玉宝、宋丽敏、宋时林、张万杰、张亚华、张宝彦、张冠、张恺新、张洪军、张恩仲、张晓春、张绪进、李云涛、李凤荣、李让、李秀萍、李良秋、李秉刚、李虹、李振华、李淑芳、李维、李燕平、杜兆顺、杨呈纲、杨孝君、杨宝侠、杨松亮、杨俊成、杨笑、邵宇春、陈均、周丛一、周治贵、孟祥卫、杲树、郑小林、金龙善、修国金、姜丽萍、姜磊、荣书发、赵绍普、赵春丽、赵锦凡、徐文玉、徐杰、徐桂英、徐斌、徐翠华、贾伟志、郭世昌、钱樾雷、顾国荣、高平原、高嵩峰、崔维、曹国辉、梁志国、盖宇、阎利、阎莹、黄永清、傅利民、傅波、喻君、程广友、董砚国、韩晓东、韩雪峰、鲁颖、赫远扬、颜世彬、魏庆杰等。

此外，据不完全统计，辽宁全省约有44000余人参与了课题调研工作，限于篇幅，不能一一列举，在此仅对所有给予本书关注、帮助和支持的单位与同仁一并表达由衷的谢意。

"前事之不忘，后事之师。"了解历史，以史为鉴，是此次课题调研和本书编纂的根本目的。真诚地希望我们的调研成果，能够唤醒世人对于和平的珍视，坚持走和平相处、共同发展的道路。

《辽宁省抗日战争时期人口伤亡和财产损失》编纂组

2015年1月

# 总　后　记

历时多年的《抗日战争时期中国人口伤亡和财产损失调研丛书》终于问世了。参加这套丛书编纂工作的，主要是承担《抗日战争时期中国人口伤亡和财产损失》课题调研任务的各省、自治区、直辖市及其下属市、县的领导同志和课题组成员，以及部分著名专家。他们以高度的责任心和使命感，竭尽全力，攻坚克难，终于完成了各自承担的任务，并按统一要求，形成了调研成果的 A 系列书稿。同时，有关省、自治区、直辖市还从实际情况出发，编纂了主要反映市、县调研成果的 B 系列书稿。由于各地情况不尽相同及其他原因，呈现在读者面前的丛书，将分批陆续完成和出版。

为了保证质量，我们对本丛书中由各省、自治区、直辖市完成的 A 系列书稿（即省级调研成果）实行了四级验收制，即：所有的省级调研成果，先由有关省（自治区、直辖市）课题领导小组及其聘请的省级专家验收组分别审读通过、写出书面意见；然后提交到中共中央党史研究室课题组。中共中央党史研究室课题组审读后，再聘请国内知名专家审读书稿，提出书面意见。对每次审读提出的意见，各省、自治区、直辖市课题组都认真研究落实，对书稿进行反复修改，或是说明相关情况，直到符合要求。由一批专家完成的 A 系列书稿（即带全局性的专门课题调研成果），也通过类似的办法验收。主要反映市、县调研成果的 B 系列书稿，则由有关省、自治区、直辖市党史研究室组织验收。各种调研成果验收修改的过程，同时也是调研的深化过程、提高过程。经过反复修改补充的成果，在质量上都有明显提高。

中共中央党史研究室课题组在中共中央党史研究室室委会和分管室副主任的具体领导下开展工作。中共中央党史研究室几任主要领导同志即曲青山和孙英、李景田、欧阳淞主任，非常关心和重视本课题调研工作的开展。分管这项工作的室副主任李忠杰同志始终严格把握政治方向，精心部署和安排，明确提出创建"精品工程、基础工程、警世工程、传世工程"的要求，给工作指明方向，还及时领导解决调研过程中遇到的种种困难和问题。各地同志和有关专家同中共中央党史研究室课题组保持密切联系，对中共中央党史研究室课题组的工作给予了积极配合和支持。

中共中央党史研究室课题组由李忠杰、霍海丹、李蓉、姚金果、李颖、王志刚、王树林、杨凯等同志组成。先后担任中共中央党史研究室第一研究部领导职务的黄修荣、刘益涛、蒋建农同志参与了课题调研和审改的部分工作。中共中央党史研究室科研管理部、办公厅的部分同志也参与了有关工作。特别是在北京市和山东省召开的两次全国性会议，中共中央党史研究室科研管理部、办公厅的有关同志自始至终参与了繁忙的会务工作，付出了大量心血和辛勤劳动。

在李忠杰同志直接领导下，中共中央党史研究室课题组承担了组织指导与协调推进各地课题调研和联系有关专家完成全局性专题调研的繁重任务。在人手十分有限的条件下，课题组同志们近10年如一日，以对民族负责、对历史负责的自觉精神，克服困难，埋头苦干，为圆满完成任务做了大量工作。计先后编发213期达60多万字的《工作简报》，同各省、自治区、直辖市的同志和有关专家进行了数以千次、万次的电话联系及当面沟通，先后到10多个省、自治区、直辖市实地调查、参加会议，了解情况，当面指导，协助各地完成调研工作，或邀请有关地方的同志到北京进行座谈；还组织22个省、自治区、直辖市课题组编纂《抗日战争时期全国重大惨案》，同中央档案馆联合编辑《抗日战争时期解放区人口伤亡和财产损失档案选编》，同中国第二历史档案馆、中国人民解放军档案馆联合编辑其馆藏的相关档案资料，撰写有关专题报告，等等。将近10年来，课题组成员虽有变动，但工作始终如一，没有延误和懈怠。

需要说明的是，《抗日战争时期中国人口伤亡和财产损失》课题，有时也简称为抗战损失课题或抗损课题。虽然有学者认为"抗战损失"或"抗损"通常只能反映抗日战争中财产方面的损失，人口伤亡不能称作损失，但考虑到当年国民政府习惯采用"抗战损失汇报"或"抗战中人口与财产所受损失统计"等表述，所以本课题参照前例，以"抗战损失"或"抗损"作为课题简称。

2014年初，根据中央领导同志的指示精神和中共中央党史研究室室委会关于做好出版和对外宣传全国抗战损失课题调研成果准备工作的要求，我们组织部分省、自治区、直辖市的分管领导和课题组成员对已经印出样本的A系列书稿再次进行复审和互审，并邀请部分承担了抗战损失专题调研任务的专家参加审稿工作。这次集中复审和互审的主要任务是：审核已经印出样本的A系列书稿，对相关数据、史实严格把关，保证课题调研结论的真实性，保证书稿没有重大差错。中共中央党史研究室主要领导同志和分管领导同志也提出要求：把工作做得再深入、再扎实一些，统一规范，责任到人，把问题消灭在书稿正式出版之前。

在复审和互审过程中，地方同志和邀请的专家以多种形式及时沟通，围绕审稿发现的问题研究讨论，和中共中央党史研究室分管领导进行交流，对一些重要的共性问题达成一致。经过复审和互审，对有关的A系列书稿做出进一步修改。在此基础上，中共中央党史研究室课题组同志又对拟第一批出版的每一部A系列书稿进行多环节的审读、检查、修改、校对，严格审核把关，尽可能如实、客观地反映调研情况和成果。

中共中央党史研究室的其他同志及一些外聘同志、从地方党史部门借调的同志，如徐玉凤、谢忠厚、杨延力、郭明泉、戴思厚、王俊云、梁亿新、宋河星、毛立红、王莹莹、茅永怀、庚新顺、李蕙芬同志等，满腔热情地参加了本课题调研的部分工作。不论是调研选题的讨论、同有关各方的联络，还是资料的整理、归类、建档等，他们都付出了辛勤的劳动。

这里，还要特别感谢国家社会科学基金规划办公室、国家新闻出版广电总局有关领导和同志对本课题调研工作的支持和帮助，感谢有关部门对丛书出版经费的支持和保证。中共党史出版社的领导汪晓军以及陈海平、姚建萍等同志，也为这套丛书的出版花费了很多心血。

我们相信，本丛书 A 系列和 B 系列各卷的陆续公开出版，必将大大有助于抗战损失课题调研成果的推广利用，有利于固化历史，更好地发挥以史为鉴、资政育人的作用。但是，我们也深知，本课题调研迄今所取得的成果，还只是阶段性的、部分的、不完全的成果。在已经取得的来之不易的成果的基础上，今后，这一课题的调研工作还要深入不懈地继续进行下去。

中共中央党史研究室课题组

2014 年 4 月 30 日